国家社科基金
GUOJIA SHEKE JIJIN HOUQI ZIZHU XIANGMU
后期资助项目

上海商业联合会兴衰史

The History of Rise and Fall of the Shanghai
Commercial Association

王永进 著

上海人民出版社

国家社科基金后期资助项目
出版说明

　　后期资助项目是国家社科基金设立的一类重要项目,旨在鼓励广大社科研究者潜心治学,支持基础研究多出优秀成果。它是经过严格评审,从接近完成的科研成果中遴选立项的。为扩大后期资助项目的影响,更好地推动学术发展,促进成果转化,全国哲学社会科学工作办公室按照"统一设计、统一标识、统一版式、形成系列"的总体要求,组织出版国家社科基金后期资助项目成果。

全国哲学社会科学工作办公室

目　　录

表 图 目 录

1

序

　　1927 年前后是 20 世纪 20 年代中国政治局势发生剧烈变动的历史时期。1926 年 5 月，广东革命政府举行了北伐战争，北伐军迅速击溃了吴佩孚、孙传芳势力，占领了湖南、江西等地区，把革命势力由珠江流域扩展到长江流域，国民革命军摧枯拉朽，北洋军阀的统治摇摇欲坠。在北伐战争期间，湖北、湖南等地区的工农运动持续发展。在北伐战争取得一定胜利的同时，革命统一战线内部的反革命势力也进一步增长，革命统一战线内部孕育着严重的分裂危机。在国际上，帝国主义在华列强密切关注中国革命形势的发展，唯恐中国的革命运动危及它们的在华利益，不断使用"和平"与"炮舰"并举的手腕，寻求新的在华利益代理人。在中国国内政局、中国所处的国际环境发生重大变化之际，上海的商界也不宁静，上海总商会内部已有的矛盾进一步激化。为了适应新的政治形势发展的需要，与蒋介石关系密切的虞洽卿成立了新的商会组织——上海商业联合会。

　　1927 年 3 月 22 日，上海 19 个商业团体发起成立了上海商业联合会。随后，在短短的两周内，上海商界其他的一些商业团体陆续申请加入。最后，发起与加入上海商业联合会的商业团体一共有 64 个。上海商业联合会成立以后，先后颁布了暂行章程和章程，确立了委员会制，推举了主席和各科委员等领导层，逐步建立起组织与制度。从行业构成来看，上海商业联合会基本上包含了当时上海比较重要的工商行业。上海商业联合会的组织形式与规章制度，与上海总商会相比，既有一定的继承性，又具有一定的差异性，体现了上海商业联合会对上海总商会组织形式、规章制度、商会功能等方面的传承与嬗变。

　　为了体现上海商界与国民党政权的合作关系，兑现上海商界与国民党政权早先前达成的交易承诺，上海商业联合会代表上海商人为国民党政权进行了筹款、认销二五库券、垫款等活动，但是，由于种种原因，上海商界的捐款、认购二五库券、垫款等数目都不能够满足国民党政权的要求，由此引

1

发蒋介石政权与上海商界之间的矛盾。在上海商业联合会与工人运动的关系方面,当上海工人运动处于高涨时,出于自身利益的考虑,上海商业联合会代表上海商界试图向工人妥协;当工人运动遭到国民党的镇压时,它又代表上海商界以各种形式抵制工人运动,有时甚至不惜请求国民党军队镇压工人的反抗。此外,上海商业联合会还代表上海商界与列强进行各种交涉,在国民党政权与西方列强、租界当局之间进行联络与沟通。

由于历史条件及其自身原因,上海商业联合会存在不到一年的时间便匆匆解散。上海商业联合会解散的原因除了国民党政权统治的确立、上海商界理想与现实的背离以外,更重要的是,它毕竟只是一个过渡性的商会组织。虽然上海商业联合会存在的时间不长,但是作为1927年上海最重要的商会组织,它对上海商界、上海地区的经济、国民党政权都产生了一定的影响。

第一章 绪 论

第一节 研究背景

一、商人

商人是我国历史上"士农工商等级秩序所构成的四民社会"的一个重要阶层，[1]他们是从事"阜通货贿"、以商品流通为职业的社会群体。早在春秋战国时期，商人从"工商食官"的桎梏下解脱出来，成为一个极为活跃的社会阶层。秦汉至明清，随着商品交换的不断发展，商人通过贱买贵卖积累了大量的财富，以致在一定程度上受到了官府与权贵们的嫉妒。长期以来，在中国封建社会，由于统治者实行重农抑商政策对商人进行打击，商人长期处于经济实力雄厚、但社会政治地位低下的尴尬境地。

商人可以分为不同的类型，人们通常把我国早期商人分为行商与坐贾两大类。后来，人们又根据资本与经营规模的大小，把商人分为大商人、中等商人、小商人三种，如《商人通例》规定凡是资本在500元以上而"又有商业规模之布置者"，一律称为商人；资本不足500元者称为小商人；[2]如果从商人与政府关系出发，商人可以分为官商与私商。如果依据经营行业的差异，商人则可以分为盐商、茶商、米商、木材商、珠宝商等，如果根据地域来源，商人可以分为晋商、徽商、蜀商、粤商等商帮。[3]

一些学者在对商人进行研究时，对商人的定义与范畴往往随着商人所处时代的不同而变化。有的学者把自古代至清代早期的商业经营者直接称

---

[1] 马敏、付海晏：《中国近代商会通史第一卷(1902—1911)》，社会科学文献出版社2015年版，第420页。

[2] 《商人通例》，第2编，上海法政大学1914年刊本，第11、17页。

[3] 中华文化通志委员会编：《中华文化通志》(社会阶层制度志)，上海人民出版社1998年版，第349—351页。

为商人。严中平将自有资本经营贩卖业务、为外国资本家服务的买办、商贩、地主及高利贷者统称为商人。[1]近些年来,随着对商人研究的进一步深入,一些学者开始用有特定含义的概念来替代商人阶层,比较常见的有绅商、[2]早期资产阶级、[3]资本家阶级[4]等。本书所指的商人包括各种行业的资本家以及中小工商业者。

二、行会、会馆、公所

商人出现以后,随着商品经济的进一步发展和商人活动领域的不断扩大,商人组织也逐步产生。早在唐宋时期,中国已经出现了与业缘关系紧密联系的古老行会组织"行"或者"团""市""作"。[5]在唐代,同一行业的手工业者和商人就曾经聚集在一起,进行推举行头、应付官府的摊派、处理行业内部事务等活动。后来,同一行业中逐步形成比较固定的商人组织形式,即行会。[6]当时,有的商人组织曾经被命名为"堂""会""宫""庙""殿"等。当然,某些工商业的行会组织往往也需要借助官府,保护其"合法"性,如请求官府帮助压制本地同业中其他行会的产生、维护行规的权威性等。当面临其他社会恶势力侵扰勒索时,一些行会组织也需要官府的力量来保护行业利益。[7]

会馆、公所作为商人组织形式,反映了一定历史时期商人的集结与活动。明清时期,我国的商品经济有了进一步的发展,一些旅居异地的同乡商人为了联络乡谊,结成团体,兼营善举,集资兴建"会馆"。商人会馆在各地的兴起,与明清长途运输业的发展,以及以"地缘"为纽带的社群——商帮的

---

[1] 严中平:《中国棉纺织史稿》,科学出版社1963年版,第176页。

[2] 持此观点代表性的有马敏、付海晏:《中国近代商会通史第一卷(1902—1911)》,社会科学文献出版社2015年版,第249页;马敏:《官商之间:社会巨变中的近代绅商》,天津人民出版社1995年版,第80页;徐鼎新、钱小明:《上海总商会史(1902—1929)》,上海社会科学院出版社1991年版,第379页;朱英:《中国早期资产阶级概论》,河南大学出版社1992年版,第87页;贺跃夫:《晚清绅商群体的社会构成辨析》,《中山大学学报》1994年第4期。

[3] 马敏:《过渡形态:中国早期资产阶级构成之谜》,中国社会科学出版社1994年版,第68页;朱英:《中国早期资产阶级概论》,河南大学出版社1992年版,第87页。

[4] 丁日初:《近代中国的现代化与资本家阶级》,云南人民出版社1994年版,第90页;马敏:《早期资本家阶级与近代中国社会结构的演化》,《天津社会科学》1999年第3期。

[5] 马敏、付海晏:《中国近代商会通史第一卷(1902—1911)》,社会科学文献出版社2015年版,第224页。

[6] 曲彦斌:《行会史》,上海文艺出版社1999年版,第11页。

[7] 彭南生:《行会制度的近代命运》,人民出版社2003年版,第60—62页。

兴起密切相关,"转运贸迁的商人由此积累了巨量财富,其资力雄厚已为世人注目,内中尤以徽、晋两地最著"。[1]"会馆、公所是商人寓外地经商时依托之所、汇集之处,并逐步演变为明清时期最重要的商人组织。"[2]在近代社会变迁的过程中,会馆以一定的章程和约定俗成的条规约束会众的性质逐渐增强,成为一种以地缘为纽带的商人自我管理及互助济困的行会组织。[3]到了清代,"公所"形式的同业组织在很多城市出现,其中,以上海的公所发展最为迅速。据统计,到民国初年,上海地区的会馆公所共有255个,"为中国其他城市所不可及"。[4]公所这一商人组织在上海的兴起,主要是由于当时上海的工商业比较发达。在上海,由于来自同一地区的商人集中从事某些行业,而有时候从事同一行业的商人又分别源于若干地域、帮口,从而形成同乡、同业组织互相交织的现象。[5]

虽然会馆、公所等商人组织往往受地域、行业等限制,各组织之间相互联络较少,内部运作机制比较容易受到旧式行帮陋规影响,难以更好地适应社会形势发展的需要,但是会馆、公所等商人组织以一定的章程和约定俗成的法规约束会众,同时也可以发挥经济上的行业协调职能、扶贫济困的福利功能、祭祖拜神等凝聚人心的功能。因此,在一定程度上,会馆、公所的产生与发展为19世纪末20世纪初期商会组织及工商同业公会组织的形成与发展奠定了基础。

清朝末年,上海的部分行业率先出现了"公会""商会"等形式的新型工商业组织。这些新型工商业组织有的是从原来的会馆、公所发展而来的行业组织,如洋货商业公会、运输同业公会、棉业公会等;有的是以"公会"或"商会"等命名的行业管理型团体,如书业成立的书业商会、报业同业成立的日报公会、布厂业主成立的中华布厂公会,以及保险公会、教育用品公会等。[6]

---

[1] 常文相:《儒、贾之间:明代商人的职业选择及价值理念》,《齐鲁学刊》2021年第6期。

[2] 马敏、付海晏:《中国近代商会通史第一卷(1902—1911)》,社会科学文献出版社2015年版,第220页。

[3] 彭泽益:《中国工商行会史料集》,中华书局1995年版,第6、9、11、14页。

[4] 【日】根岸佶:《上海的行会》,日本评论社1951年版,第6页,转引自陆兴龙:《近代上海社团组织及其社会功能的变化》,《上海经济研究》2005年第1期。

[5] 吴志国:《当代中国同乡商会组织兴起背景与原因的分层探讨》,《湖南社会科学》2017年第1期。

[6] 《上海工商社团志》编纂委员会:《上海工商社团志》,上海社会科学院出版社2001年版,第5页。

三、商会

商会既是商人的组织,又是重要的市场中介。[1]商会作为近代出现的商人组织,其英文是 commercial association 或 boardoftrade,它是企业公司、公务人员、自由职业者和热心公益的群体自愿组成的组织,它们建立的目的主要是致力于宣传、促进和发展本地的工商业。商会可以分为国际商会、全国商会、地区性商会等。国际商会于 1920 年成立,成员一般由商业团体、企业公司、商人组成,充当工商界在国际上的代言人,并向各国政府及各国人民提出商业与贸易方面的意见,出版《贸易季刊》,设有仲裁法院,为各国之间的贸易争端提供和解和仲裁的便利。一般来说,全国性商会产生于工业发达的国家,它们的主要作用在于为商界向中央政府表达一致的立场提供方便。各国商会的名称虽然一样,但机构却有所不同。中国第一个全国性的商会组织是中华商会联合会。[2]地区性的商会是以地区为单位形成的商人组织,世界上第一个地区性商会是成立于 1599 年的法国马赛商会,中国第一个地区性商会是上海商业会议公所。[3]

在 1902—1903 年间,除了上海地区以外,在工商业比较发达的江苏、湖南、河南、山西、福建等省份先后设立新型商业组织——商业会议公所。1904 年,清政府设立了商部并颁布《商会简明章程》。同年,上海商业会议公所正式改组为上海商务总会,这是中国历史上第一个正式的商会组织,其势力和影响也为全国商会之最。此后,在全国很多地方,商会这一新型民间工商团体依法相继成立。到 1912 年,除蒙古和西藏以外,全国各地大小商会的总数接近 1 000 家。同以往商人组织相比,商会是某一地区各业全体商人的共同组织,它克服了以地区、帮派、行业为纽带的旧式商人组织的狭隘性,在振兴经济、保护商业等方面,以及在管理上都初步具有一定的现代性特征。辛亥革命以后,包括实业团体在内的各种社会团体应运而生。据不完全统计,仅民国元年宣告成立的实业团体即达 40 余个,后来又增加到 100 多个。其中,商业性团体 41 个,约占实业团体总数的 39%。就地区分布来看,辛亥革命以后新成立的工商团体 70% 以上分布在上海、南京、北京

---

[1] 马敏、付海晏:《中国近代商会通史第一卷(1902—1911)》,社会科学文献出版社 2015 年版,第 1 页。

[2] 朱英:《近代中外商会比较研究》,《华中师范大学学报(人文社会科学版)》1990 年第 5 期。

[3] 《不列颠百科全书》(4),中国大百科全书出版社 1999 年版,第 366 页。

和天津等城市。[1]这些地区工商社团的兴起与广泛活动,为商会及同业公会等工商社团的发展营造了良好的社会氛围。

1914年,北洋政府颁布了《商会法》。后来,在1915年12月及1916年2月,北洋政府先后公布了《商会法》以及《修正商会法施行细则》,完全承认了自晚清以来各地商会等商人组织的合法性。1917年4月,北洋政府公布了《工商同业公会规则》,该规则虽然未能得到实施,却成为规范同业团体的初步框架。1918年4月,北洋政府又颁布了《工商同业公会规则》《工商同业公会规则实施办法》,饬令各地筹建同业公会,明确了工商同业组织的合法地位,并开始制定工商同业团体的管理制度规范。根据北洋政府颁布的《商会法》及相关规定,上海部分工商行业相继改组或重新建立了一批同业组织,如出口各业公会、银楼新同行公会、钱业公会、纸业公会、绸缎染业公会、华商织袜厂同业公会、中国蛋厂公会、油厂公会、丝厂协会、卷烟同业公会等。同时,上海还出现了一些新型的跨地区、跨行业的联合会,如华商纱厂联合会、中国棉业联合会等。20世纪20年代,上海诸如华商纱厂联合会之类新型的工商行业团体已经有60多个,它们所代表的行业具有较强的经济实力,在社会经济活动中也产生了更为广泛的影响。上海新型工商团体的建立,标志着工商团体已经突破原来那些具有一定封建色彩的会馆公所的束缚,进入了现代商业组织的发展阶段。上海同业公会等商会组织建立后,在积极反映同业会员企业的意愿、维护其正当权益、维系企业与政府之间的联系等方面,发挥了积极作用。

1929年8月,国民党政府颁布《商会法》。后来,又公布了《工商同业公会法》及《工商同业公会法施行细则》,规定"工商同业公会以维持增进同业之公共利益及矫正营业之弊害为宗旨",要求同一地区、同一行业的行号,如果总数在7家以上都必须依法组建同业公会。国民政府还规定,原有工商各业团体不论其公所、行会、会馆或其他名称,"凡其宗旨合于《工商同业公会法》规定者,均视为依本法而设立之同业公会",并强调以同业公会作为行业组织的统一名称,要求各地商业组织在一年之内必须完成改组。

上海是中国近代开埠较早的城市,作为"东南都会""以港兴市",具有良好的发展商业基础。自近代开埠以来,上海地区的商业经济,经过几十年风风雨雨的曲折发展,到清末民初,已经成为不可忽视的经济力量。随着上海地区经济实力的不断提升,新兴的商人阶层逐步提出政治要求,这些理念与

---

[1] 虞和平:《中国现代化历程》第二卷,江苏人民出版社2002年版,第403—404页。

实践相结合,推动了早期的市民自治运动。与此同时,上海商人的组织机构亦随时代的发展而日趋完善。在 20 世纪二三十年代,上海地区的一些会馆、公所、商会逐步由原来的会董制过渡到委员会制,实现了旧式工商团体向现代商会组织的转型,商人群体也不断拓展本阶层的政治话语空间。1927 年的上海商业联合会正是在这样特殊的历史条件下产生的一个具有过渡性的工商业团体联合组织。

上海商业联合会,是 1927 年上海重要的商业团体的联合组织,它成立于 1927 年 3 月。1926 年下半年至 1927 年初,广东革命政府发起了北伐战争,北伐军节节胜利,势如破竹,迅速击溃了吴佩孚、孙传芳势力,把革命势力从珠江流域扩展到长江流域,北洋军阀的统治摇摇欲坠。在北伐战争期间,两湖地区的工农运动也持续发展。在北伐战争取得一定胜利的同时,革命统一战线内部的反革命势力也在进一步增长,革命力量与反革命势力争夺革命领导权的矛盾日益尖锐。国际上,帝国主义国家密切关注中国革命形势的发展,唯恐中国的革命运动殃及它们的在华利益。上海商业联合会正是在这样一种新的形势下上海资产阶级重新分化与组合的产物。

在上海商业联合会存在的 8 个多月的时间里,上海商界试图以之为场域,倡导“政商合作”,由于中国共产党及其领导的工人组织的发展,资产阶级希望利用国民党政权来镇压共产党并扑灭工人运动,使上海工商业秩序重新回到资产阶级理想中的状态,而蒋介石政权却想以此作为交换,获取上海资产阶级最大化的财政与经济支持。虽然蒋介石发动四一二政变扑灭上海地区熊熊燃烧的工人运动的烈火,但上海地区的劳资秩序并未按资产阶级预期的轨道发展,加上国民党无休止的勒索与摊派,使得上海资本家对蒋介石的态度很快由满腔热忱走向失望,上海商业联合会也于 1927 年 11 月底在一片消沉与失望中解散。

上海商业联合会存在的时间虽然不长,但其活动反映了在国内、国际政局变动的形势下上海商界的分化与重新整合,反映了上海商界在北伐军即将抵达上海和上海工人运动持续高涨的形势下作出的新抉择,表现了上海商人试图集结在新的商业组织之下与各派政治势力进行周旋的尝试。建立上海商业联合会的主要目的是上海资本家力图在政局变动的情况下维护工商业市场与秩序,实现商业利润以及商人阶层利益最大化、巩固与保持上海资本家既得利益的愿景。因此,在 1927 年,对于上海乃至全国来说,上海商业联合会都可以说是极为重要的商业组织。然而,如此重要的商业组织,无论是商会史还是上海史的研究,都缺乏全面、系统的研究成果。

从全国范围来看,商人与商会的研究成为史学研究的一个热点问题。虽然近年来商会及商人的研究出现了诸多的成果,如在商会研究时空不断拓展、研究对象不断多元化、研究理论不断深化等方面都取得了诸多成绩。但是,在上述众多的成果当中,在研究对象上,以上海商业联合会为研究对象的非常少;在研究时空的拓展方面,1927年的上海商业联合会也是商会研究时间上的一个盲点;在理论方法上,也没有一个很好的理论对上海商业联合会作出相应的理论诠释。马敏主编的《中国近代商会通史》(全四卷)借鉴和运用政治学、社会学等学科的理论与方法,探讨了商会制度的演进、商会与政府关系、商会的政治参与、商会与市场经济体制的建立、商会与国家形态间的复杂关系等种种问题,尤其是对商会存在的社会与法理基础、商会的组织与运作原则及其与经济市场化、政治民主化之间的关系等问题进行深入研究。[1]朱英的《曲折的抗争——近代上海商会的社会活动与生存策略》研究了全国商会联合会复杂的成立过程及其发展演变、上海商会在民国时期的活动与考量、沦陷时期上海商会的生存状况以及个人在商会组织变化中的角色和作用等,展现出商会与政治在近代中国历史中复杂交织的图景,牵引出该领域研究中众多值得进一步深思和深化的问题。[2]但遗憾的是,这两部专著对上海商业联合会也基本没有涉及。

上海商业联合会研究的缺憾不但体现在对全国范围商人的研究中,而且在上海史的研究中,也没得到足够的重视。虽然自20世纪90年代以来,上海史的研究逐渐成为史学研究的重镇,成果较为丰富。但是,在上海史的研究成果当中,与其他方面的研究相比,有关上海商业联合会的研究,却显得尤为不足。彭南生的《街区里的商人社会:上海马路商界联合会(1919—1929)》全面探讨了民国时期上海马路商界联合会产生、发展及衰落的全过程、性质及其影响,丰富了近代商人团体史、民国上海史的研究内容,对推动商人团体史研究的深入发展具有重要学术价值。[3]但是,上海马路商界联合会作为一个草根性的中小商人团体,在1927年其实力与影响无法同上海商业联合会相比。在其他上海史研究的著作当中,《上海近代史》《上海通史》《上海一百年》《近代上海城市研究》等著作对上海商业联合会的研究虽

[1] 马敏主编:《中国近代商会通史》(全四卷),社会科学文献出版社2015年版。
[2] 朱英:《曲折的抗争——近代上海商会的社会活动与生存策略》,四川人民出版社2020年版。
[3] 彭南生:《街区里的商人社会:上海马路商界联合会(1919—1929)》,北京师范大学出版社2021年版。

然有零星的涉及,但是缺乏专门研究上海商业联合会的著作。在论文方面,截至 2021 年年底,出现了至少 160 篇关于上海史研究方面的博士论文,有关方面的期刊论文更是不计其数。但是,在这些硕博士论文及期刊论文当中,只有少数几篇对上海商业联合会进行了零星的研究,大部分论文都鲜有涉及。

第二节　上海商业联合会的研究概况

一、上海商业联合会的国外研究概况

国外关于上海商业联合会的研究,主要成果有:金子肇的《上海资产阶级与上海商业联合会——围绕四一二政变》、[1]小浜正子的《近代上海的公共性与国家》[2]、小科布尔的《上海资本家与国民政府:1927—1937》[3]、费正清的《剑桥中华民国史》[4]、白吉尔的《中国资产阶级的黄金时代》[5]等,这些研究主要涉及上海商业联合会成立的背景、目的,以及该会的控制权等方面。

1. 上海商业联合会成立的背景

金子肇分析了上海总商会内部矛盾与上海商业联合会成立之间的关系。他认为,围绕 1926 年 6 月上海总商会第六期会董改选,呈现"虞洽卿与傅筱庵争夺主导权的态势",形成以孙传芳为后盾、赢得对抗性胜利的"主流派"和反对孙传芳的、以虞洽卿为首的"反主流派"两个派系,从而造成了上海总商会的分裂,而上海总商会"反主流派"成员,就是后来支持蒋介石四一二政变的那些上海资产阶级的核心人物。金子肇同时还指出,对于上海总商会内部分裂"应该加以注意的是",上海总商会的这两派势力性质并不是

[1]【日】金子肇:《上海资产阶级与上海商业联合会——围绕四一二政变》,《史学研究》1986年第 168 号。此文由复旦大学历史系日本留学生安野智子从日本复印资料并邮购,并由上海市档案馆曹霖华老师翻译为中文。

[2]【日】小浜正子:《近代上海的公共性与国家》,葛涛译,上海古籍出版社 2003 年版,第 221 页。

[3]【美】小科布尔:《上海资本家与国民政府:1927—1937》,杨希孟、武莲珍译,中国社会科学出版社 1988 年版,第 53 页。

[4]【美】费正清主编:《剑桥中华民国史》(二),章建刚等译,上海人民出版社 1992 年版,第863 页。

[5]【法】白吉尔:《中国资产阶级的黄金时代》,张富强、许世芬译,上海人民出版社 1994 年版,第 260 页。

像陈独秀"评价的那样",即"主流派持有纯粹的买办资产阶级的特性,而反主流派带有民族资产阶级色彩"。

2. 上海商业联合会成立的目的

上海商业联合会等商界组织向国民党政府提出的要求,"除了抑制与驾驭工人运动、谋求劳资协调的合法化"等诉求以外,还包括:安定社会秩序、废除不平等条约、恢复关税自主权、废除苛捐杂税等等。[1]

3. 上海商业联合会的控制权

金子肇指出,在上海商业联合会中处于主导地位的,"不言而喻的是那些贷与蒋介石资金的银行资本家"。同时,他还指出,"大量的工业资本家参加上海商业联合会,说明上海商业联合会亦处于代表工业资本家利益的立场,由此等事实可以窥得,商业联合会中工业资本家的地位绝非低下"。金子肇分析,由于虞洽卿与蒋介石之间的密切关系,虞洽卿在上海商业联合会内部的领导能力与地位"颇为突出",正是在虞洽卿的领导下,上海商业联合会才会"成为(那些)反主流派参与的各资本家"的利益代表,并能够"陆续与蒋介石沟通的组织"。[2]

4. 上海商业联合会与工人运动的关系

金子肇比较详细地阐述了上海商业联合会会员加入上海商业联合会的动机与上海工人运动之间的关系。他认为一些工商业团体陆续加入上海商业联合会最主要的原因是工人运动的发展对上海工商业的生产与经营产生了严重的影响。他指出:

> (广大商业团体)如此投机性加入上海商业联合会纠合了资产阶级中下层及小资产工商业者阶层的团体蜂拥集结的根本原因,最重要的莫过于劳资纠纷激化带来的痛苦……上海工人中尚占相当比重的店员、手工业工人组织化,系促使联合阵线的重要组织成员资产者的中下阶层及小资产工商业者阶层右倾化的主要原因,虽然共产党在第二次代表大会中强调在联合阵线内与资产阶级争夺领导权,重视拉拢中小商人,迫使其左倾化,但是以店员手工业者为代表的工人急剧组织化,最终难以填平两难沟壑,进而将小资产工商业者阶层推向蒋介石一侧,招致上海阶级势力的致命转换。[3]

---

[1][2][3]　【日】金子肇:《上海资产阶级与上海商业联合会——围绕四一二政变》,《史学研究》1986 年第 168 号。

5. 上海商业联合会的历史影响

在上海商业联合会的影响方面,一些学者重点关注资产阶级与蒋介石的合作。小浜正子指出,在 1927 年风云变幻的年代,上海资产阶级重新集结在上海商业联合会这一新的商业团体,"这一团体在筹措资金的过程中不断构建了上海资产阶级与蒋介石政权之间新的关系"。[1]而也有一些学者侧重分析国民党政权与上海资本家之间的矛盾与冲突,如小科布尔认为,国民党在上海的统治对于上海资本家来说"几乎是一场灾难"。[2]费正清则从近代国家权威与地方团体之间势力消长情况的历史视角,通过上海商业联合会来透视上海资产阶级与蒋介石政权的关系,他指出,自 1927 年国民党成功地制服上海资本家以后,上海的民族资产阶级"逐渐失去了反抗能力","被吸附到国家政权中,随波逐流"。[3]白吉尔则认为,通过上海商业联合会,蒋介石与上海民族资产阶级的关系逐渐"由合作关系变为从属与利用关系"。[4]

二、上海商业联合会国内研究概况

以"上海商业联合会"为主题搜索得到 58 篇国内相关文献,通过梳理可以发现,有关上海商业联合会的研究,主要有:徐鼎新、钱小明的《上海总商会史(1902—1929)》、[5]黄逸峰的《旧中国的买办资产阶级》、[6]虞和平的《商会史话》[7]吴景平的《上海金融业与国民政府关系研究(1927—1937)》[8]等著作以及谟研的《"四·一二"反革命叛变与资产阶级》、[9]穆

[1] 【日】小浜正子:《近代上海的公共性与国家》,葛涛译,上海古籍出版社 2003 年版,第 221 页。

[2] 【美】小科布尔:《上海资本家与国民政府:1927—1937》,杨希孟、武莲珍译,中国社会科学出版社 1988 年版,第 53 页。

[3] 【美】费正清主编:《剑桥中华民国史》(二),章建刚等译,上海人民出版社 1992 年版,第 863 页。

[4] 【法】白吉尔:《中国资产阶级的黄金时代》,张富强、许世芬译,上海人民出版社 1994 年版,第 260 页。

[5] 徐鼎新、钱小明:《上海总商会史(1902—1929)》,上海社会科学院出版社 1991 年版,第 380 页。

[6] 黄逸峰:《旧中国的买办资产阶级》,上海人民出版社 1982 年版,第 78 页。

[7] 虞和平:《商会史话》,社会科学文献出版社 2000 年版,第 86 页。

[8] 吴景平:《上海金融业与国民政府关系研究(1927—1937)》,上海财经大学出版社 2002 年版,第 7、46、64 页。

[9] 谟研:《"四·一二"反革命叛变与资产阶级》,《历史研究》1977 年第 2 期。

烜的《"四·一二"前后的上海商业联合会》、[1]徐尚炯的《虞洽卿与1927
年上海商业联合会——试论"四一二"政变前后的虞洽卿》、[2]郭太风的
《虞洽卿与商会变异》[3]、杨树标、杨菁的《论"四一二"前后江浙财团同蒋
介石的关系——读〈一九二七年的上海商业联合会〉》、[4]吴景平的《江苏
兼上海财政委员会述论》[5]等论文。具体来说,这些研究主要集中于上海
商业联合会成立的历史条件、动机、政治活动等方面。

1. 上海商业联合会成立前的政治形势

上海商业联合会的建立是国内政治形势与上海商界内部矛盾激化等
因素综合作用的结果。一些学者注意到北伐战争前后上海一些资本家与
南方革命政权以及蒋介石集团的密切往来。他们认为,北伐战争开始以
后,一些上海金融资本家"便四处活动,进行联合自卫行动"。有的学者认
为,在北洋军阀面临崩溃之际,"北方资产阶级要为自己的前途找出路,都
把如何谋求南北合流、投靠蒋介石视为当务之急",而吴蕴斋任银行公会
会长是"出于北四行资本家联合自卫行动的需要,也是南北合流的重要渠
道"。[6]也有些学者注意到了北伐战争后上海总商会的内部矛盾与上海
商业联合会成立之间的关系。他们认为,上海总商会的内部矛盾主要包
括宁波帮内部矛盾和宁波帮与广东帮之间的矛盾。随着时局的发展,这
种矛盾也日趋尖锐。虞和平研究了上海商界的变化与政局的变动之间的
关系,他指出,随着北伐军迫近上海,中国面临政权格局大变动,上海总商
会内部各派系争夺领导权的斗争也更加"活跃起来",采用不正当手段于
1926年7月当选为会长的傅筱庵及其周围的少数会员,仍站在孙传芳一
边,打算继续依附以孙传芳为首的北洋军阀势力,而以冯少山为首的广东
帮会员退出上海总商会,并当即另组"沪商正谊社",与上海总商会对抗,
而以虞洽卿为首的宁波帮的大部分会员,也以"傅筱庵为不齿",并见风使

---

[1] 穆烜:《"四·一二"前后的上海商业联合会》,《学术月刊》1964年第4期。

[2] 徐尚炯:《虞洽卿与1927年上海商业联合会——试论"四一二"政变前后的虞洽卿》,金普森主编《虞洽卿研究》,宁波出版社1997年版。

[3] 郭太风:《虞洽卿与商会变异》,金普森主编《虞洽卿研究》,宁波出版社1997年版。

[4] 杨树标、杨菁:《论"四一二"前后江浙财团同蒋介石的关系——读〈一九二七年的上海商业联合会〉》,《杭州大学学报》1991年第3期。

[5] 吴景平:《江苏兼上海财政委员会述论》,《近代史研究》2000年第3期。

[6] 谟研:《"四·一二"反革命叛变与资产阶级》,《历史研究》1977年第2期。

舵,为了划清与傅筱庵的界限,另立山头成立上海商业联合会,希望以国民党政权为靠山,取代"上海总商会在上海工商界的领导地位",并成为上海工商界与蒋介石合作的领头羊"。[1]

2.上海商业联合会成立动机与目的

对于上海商业联合会成立的目的,学者们各有见解。杨树标认为上海商业联合会在成立公告中提出的"外应形势之需要、内谋自身安全之保障",即该会成立的目的。[2]穆烜、徐尚炯等认为该会成立的目的是"维护上海各业起见",即维护上海资本家的利益。[3]而且,徐尚炯认为,有些学者所持的关于虞洽卿发起上海商业联合组织是"另立山头""对抗工运"等观点,是主观臆测、不确切的。[4]穆烜和谟研都认为上海商业联合会的成立是出于"上海资产阶级与蒋介石打交道的需要",它充当了"虞洽卿和蒋介石进行交易的工具"。[5]穆烜还认为上海商业联合会是一个"应变的组织",具有"维持会的性质"。[6]黄逸峰也持有类似的观点,他指出,经济实力雄厚的江浙资本家代表人物在匆忙中组建上海商业联合会,其主要目的有两个方面,一方面表示上海资本家对上海市民代表会议和上海市临时政府的冷淡态度,另一方面却热情地迎接蒋介石的到来。因此,上海商业联合会的建立是"为支持蒋介石建立反共政权而作了精心的内外安排"。[7]郭太风认为,上海商业联合会建立以后,始终将上海总商会排除在外,含有"取而代之"并使自身成为领导上海商界领袖团体的意图。[8]也有学者认为:"上海商业联合会是为了适应蒋介石反革命政变的需要,继续维持旧上海的局面,保障帝国主义、买办资产阶级、封建军阀利益的需要而产生的组织。"[9]还有学者认为,虞洽卿等以上海商业联合会的名义从事活动,为蒋介石效劳,蒋介石则通过这个组织,同上海的资产阶级打交道。因此,上海商业联合会实际

〔1〕 虞和平:《商会史话》,社会科学文献出版社2000年版,第184页。

〔2〕 杨树标、杨菁:《论"四一二"前后江浙财团同蒋介石的关系——读〈一九二七年的上海商业联合会〉》,《杭州大学学报》1991年第3期。

〔3〕〔6〕 穆烜:《"四·一二"前后的上海商业联合会》,《学术月刊》1964年第4期。

〔4〕 徐尚炯:《虞洽卿与1927年上海商业联合会——试论"四一二"政变前后的虞洽卿》,金普森主编:《虞洽卿研究》,宁波出版社1997年版。

〔5〕 谟研:《"四·一二"反革命叛变与资产阶级》,《历史研究》1977年第2期;徐鼎新、钱小明:《上海总商会史(1902—1929)》,上海社会科学院出版社1991年版,第365页。

〔7〕 黄逸峰:《旧中国的民族资产阶级》,江苏古籍出版社1990年版,第322页。

〔8〕 郭太风:《虞洽卿与商会变异》,金普森主编:《虞洽卿研究》,宁波出版社1997年版。

〔9〕 施巨流:《"四·一二"后民族资产阶级叛变革命根据的质疑》,《探索》1989年第3期。

上是蒋介石和上海资产阶级手里的一个工具。[1]冯筱才则认为,上海商业联合会的成立是为了"应付新到的北伐军的需索、建立劳资交涉平台、解决与外国租界当局关系问题"。[2]

3. 上海商业联合会的性质

一些学者对上海商业联合会的性质进行了分析,他们一般从上海商业联合会领导层的构成来分析其性质与控制权。谟研认为,在上海商业联合会决策运作过程中,真正起作用的是那些常务委员,由于这些委员基本上由"金融买办资本家"组成,特别是上海商业联合会主席由上海银行公会会长吴蕴斋出任,可以说明该会的成立"是资本家出于联合自卫行动的需要",也表明上海商业联合会主要权利掌握在买办、金融资产阶级手中。[3]穆烜也持类似的观点,穆烜认为,从上海商业联合会的委员的名单来看,它虽然包括了"上海资产阶级的绝大部分,而其大权则控制在买办金融资产阶级手中"。[4]

4. 上海商业联合会与国民党政权的关系

一些研究表明,在北伐军迫近上海、工人运动高涨之际,上海一些资本家惶惶不可终日,唯恐北伐战争、工人运动有损本阶层的经济利益,上海一些资本家与国民党政权达成协议:由上海商业联合会出面为蒋介石筹集军费,蒋介石则平息"工潮"。[5]徐鼎新认为,上海商业联合会在经济上、政治上支持国民党政权,他们所希望换取的是"消弭工潮与关税自主"两大目标。[6]但是,这场交易进行兑现的过程并不是很顺利。捐款、垫款、认购库券是上海资本家与蒋介石兑现交易的重要内容,但也由此而引发上海资产阶级与蒋介石之间诸多矛盾。捐款是研究蒋介石与上海资产阶级关系的重要方面,谟研和黄逸峰都认为,早在尚未认购二五库券以前,资本家就表示认捐 500 万元。[7]1927 年 4 月 1 日,上海银钱业公会、上海银行公会先向

[1] 李正华:《江浙财团与南京国民政府的关系》,《历史教学》1988 年第 4 期。
[2] 冯筱才:《政商中国:虞洽卿与他的时代》,社会科学文献出版社 2013 年版,第 179 页。
[3] 谟研:《"四·一二"反革命叛变与资产阶级》,《历史研究》1977 年第 2 期。
[4] 穆烜:《"四·一二"前后的上海商业联合会》,《学术月刊》1964 年第 4 期。
[5] 黄逸峰:《旧中国的民族资产阶级》,江苏古籍出版社 1990 年版,第 322 页。
[6] 徐鼎新、钱小明:《上海总商会史(1912—1929)》,上海社会科学院出版社 1991 年版,第 379 页。
[7] 谟研:《"四·一二"反革命叛变与资产阶级》,《历史研究》1977 年第 2 期;黄逸峰:《旧中国的民族资产阶级》,江苏古籍出版社 1990 年版,第 316 页。

蒋介石垫付 300 万元,其中银行公会拿出 200 万元,银钱业公会拿出 100 万元,在 4 月 25 日上海银钱两业第二次垫付 300 万元。[1]

1927 年 5 月 1 日,蒋介石政府由江苏省兼上海市财政委员会出面,发行了"江海关二五附税库券",这次库券认购的情况也是学者研究蒋介石与上海资产阶级之间关系的重要内容。在库券认购数量的分配方面,学者存在不同看法。绝大多数学者认为,在 3 000 余万库券中,上海钱庄及银行业认购 500 万元,上海商业联合会认购 500 万元,江浙两省认购 1 200 万元,绅商认购 700 万元,两淮盐商认购 300 万元。[2]虞和平、徐鼎新、钱小明认为商业联合会答应为蒋介石募集军购 900 万元。[3]在库券认购的结果方面,诸多学者认为,到 5 月 14 日为止,上海商业联合会实际募集到的款项约为 202 万元。[4]

有些学者认为,国民党政权二五库券的发行与认购,在部分程度上既解决了蒋介石军费问题,也拉拢了买办金融阶级,可是中小资本家却叫苦连天,库券的认购使民族工商业陷于破产或半破产的境遇。[5]而后来国民党不断的勒索和硬性摊派,不但使小资本家疲于应付,也引起了大资产阶级的不满,尤其是有些资本家认为虞洽卿所经营的航运业,经济实力雄厚,但却没有认购库券,埋怨他"只会慷他人之慨"。[6]资产阶级忍痛捐输,原指望国民党蒋介石政权完成"统一大业",给民族工商业的发展带来黄金时代,然而他们盼来的却是"更为严重的内忧外患,民族工商业普遍不景气"。在上海商业联合会结束宣言中,虞洽卿"第一次率领上海商界,愤怒谴责国民党政府压榨商民的政策"。[7]但也有学者认为上海金融业在认购库券的过程

[1] 吴景平:《上海金融业与国民政府关系研究(1927—1937)》,上海财经大学出版社 2002 年版,第 87 页;黄逸峰:《旧中国的民族资产阶级》,江苏古籍出版社 1990 年版,第 322、325 页;虞和平:《商会史话》,社会科学文献出版社 2000 年版,第 186 页;漠研:《"四·一二"反革命叛变与资产阶级》,《历史研究》1977 年第 2 期;穆烜:《"四·一二"前后的上海商业联合会》,《学术月刊》1964 年第 4 期。

[2] 漠研:《"四·一二"反革命叛变与资产阶级》,《历史研究》1977 年第 2 期;黄逸峰:《旧中国的民族资产阶级》,江苏古籍出版社 1990 年版,第 325 页。

[3] 虞和平:《商会史话》,社会科学文献出版社 2000 年版,第 186 页;徐鼎新、钱小明:《上海总商会史(1902—1929)》,上海社会科学院出版社 1991 年版,第 375 页。

[4] 漠研:《"四·一二"反革命叛变与资产阶级》,《历史研究》1977 年第 2 期;虞和平:《商会史话》,社会科学文献出版社 2000 年版,第 186 页;穆烜:《"四·一二"前后的上海商业联合会》,《学术月刊》1964 年第 4 期。

[5] 穆烜:《"四·一二"前后的上海商业联合会》,《学术月刊》1964 年第 4 期。

[6] 黄逸峰:《旧中国的民族资产阶级》,江苏古籍出版社 1990 年版,第 325 页。

[7] 郭太风:《虞洽卿与商会变异》,金普森主编:《虞洽卿研究》,宁波出版社 1997 年版。

中获得了丰厚的利润。[1]

5. 上海商业联合会与中国共产党和工人运动的关系

一些学者还通过上海商业联合会研究了上海资产阶级与中国共产党和上海工人运动的关系。徐尚炯指出,"以虞洽卿为代表的资产阶级的政治态度在四一二政变前后的区别"值得注意。在上海商业联合会成立之初,虞洽卿曾经主张对工人运动进行劳资合作,发生工潮时邀请上海工会领导人进行过调停。上海资产阶级还邀请上海总工会领导参加上海商业联合会会员会议,协商洽谈合作事宜。[2]而有些学者则重点关注上海资产阶级与工人运动由妥协到对抗的发展过程。有的学者认为,第三次武装起义后,上海资产阶级对蓬勃发展的工人运动非常害怕,资产阶级不得不"向工人妥协",而四一二政变以后,资产阶级立即对工人运动采取了进攻的态度,并组织商民协会与商团来对付工人运动。[3]有的研究认为,上海大资产阶级还常常借助国民党的力量,"对职工执行残酷的迫害和镇压","逼迫工人就范"。[4]有的学者认为,"一个以'反共'为公开政治主张的组织,为促使蒋介石实现消弭工潮的承诺,展开了一系列幕前幕后的活动"。[5]

一些研究者认为,商民协会是上海商业联合会对抗工人运动的重要组织。从 1927 年 4 月 13 日起,上海商业联合会曾召开多次会议讨论组织商民协会。但是,在组建商民协会的过程中,上海商业联合会与国民党政权的矛盾也不断显露。上海商业联合会建立商民协会的目的是抵制工会势力,[6]而国民党成立商民协会的目的就是"要控制和垄断这一组织"。[7]郭太风认为,商民协会是一批商界国民党党员以上海原有的商总联会为基础而建立的,它的主要任务是帮助国民党改组、控制商人运动,"在

---

[1] 吴景平:《上海金融业与国民政府关系研究(1927—1937)》,上海财经大学出版社 2002年版,第 134 页。

[2] 徐尚炯:《虞洽卿与 1927 年上海商业联合会——试论"四一二"政变前后的虞洽卿》,金普森主编:《虞洽卿研究》,宁波出版社 1997 年版。

[3] 穆烜:《"四·一二"前后的上海商业联合会》,《学术月刊》1964 年第 4 期。

[4] 谟研:《"四·一二"反革命叛变与资产阶级》,《历史研究》1977 年第 2 期。

[5] 徐鼎新、钱小明:《上海总商会史(1902—1929)》,上海社会科学院出版社 1991 年版,第 387 页。

[6] 虞和平:《商会史话》,社会科学文献出版社 2000 年版,第 186 页。

[7] 徐尚炯:《虞洽卿与 1927 年上海商业联合会——试论"四一二"政变前后的虞洽卿》,金普森主编:《虞洽卿研究》,宁波出版社 1997 年版。

国民党南京政府打击旧商会、统一商人运动的活动中充当了急先锋"。[1]虞和平、朱英认为,商会和商民协会两个团体具有不同的特点,二者经常会不可避免地产生矛盾与摩擦。[2]

6. 上海商业联合会的历史影响

在上海商业联合会的影响方面,一些学者主要是围绕该组织对上海资产阶级的影响与对蒋介石领导下的国民政府的影响展开讨论。一些学者侧重研究上海商界与国民党之间的合作与互利。他们认为,通过上海商业联合会这一组织,"江浙资产阶级与华北资产阶级成为蒋介石叛变前的经济支柱",没有他们的支持,蒋介石在当时很难"站稳脚跟也不能进一步抢夺地盘,扩大反革命事业"。[3]通过上海商业联合会这一组织对蒋介石的资助,一些资本家依附了四大家族,进入官僚资产阶级的队伍,在国民党政权中"占据了大大小小的位置,成为大地主大资产阶级的政治代表"。[4]与上述研究视角不同的是,郭太风从商会的发展与变异来考察上海商业联合会的影响,他认为,上海商业联合会的建立,首开商界"迎合国内政局剧变需要而结成组织之先例",在上海商会变异的过程中已经完成抗衡上海总商会的"过渡"的任务,上海商业联合会的行为完全违背了商会团体"在商言商"的一贯主张,自此以后,上海商界内部之间相互争权夺利,"打起混仗"。[5]

综上所述,有关上海商业联合会的研究,已经取得了一些研究成果,为我们研究上海商业联合会提供了有益参考。国内的研究大多数聚焦于讨论国民党政权与上海商业联合会的关系,即资产阶级依附并资助蒋介石,以此作为条件要求蒋介石发动反革命政变镇压共产党与工人运动,蒋介石对资产阶级给予一定的回报,以及国民党政权与上海一些资本家之间矛盾的产生与发展导致他们关系经历由亲密到逐渐疏远的过程。与国内研究相比,国外的研究则主要从上海商业联合会成立的目的、性质,以及权威政治的重建、社会精英与下层民众对公共空间控制权的争夺等方面对上海商业联合会进行探讨。然而,这些研究对上海商业联合会建立与存在的历史条件、上海商业联合会的运行机制、上海商业联合会与上海

[1][5] 郭太风:《虞洽卿与商会变异》,金普森主编:《虞洽卿研究》,宁波出版社 1997 年版。

[2] 虞和平、朱英:《中国近代商会通史第二卷(1912—1927)》,社会科学文献出版社 2015 年版,第 1025 页。

[3][4] 谟研:《"四·一二"反革命叛变与资产阶级》,《历史研究》1977 年第 2 期。

总商会的关系、上海商业联合会对蒋介石政权的影响、上海商业联合会对上海资产阶级 20 世纪二三十年代自治运动,以及对上海地区经济的影响都未进行系统化的研究。

三、商会研究的学术回顾

商会是社会分工与商品经济发展到一定阶段的产物。现代商会组织出现于 20 世纪初,它曾经在中国社会发展与变迁中发挥着重要的影响与作用。然而,在相当长的一段时期,由于受到各种因素的制约,商会的研究停滞不前。直到 20 世纪 80 年代后期,商会研究作为资产阶级革命研究的内容才开始有了一定的起步。20 世纪 90 年代,我国确立了市场经济体制,出现了近代商会研究的热潮,产生了一批重要的研究成果。后来,随着大量商会资料的整理、专著的出版、论文的发表,商会研究进入突飞猛进的阶段。具体来讲,商会的研究成果主要表现在三个方面,即新的理论方法的发掘与应用、研究对象的不断深化、研究时空的不断拓展。

（一）理论方法的应用

20 世纪 80 年代初商会研究的兴起,是商会研究新视野、新思路的结果,关于近代商会史研究的理论方法运用及其影响,比较重要的有章开沅、冯筱才、朱英、马敏、付海晏、张志东等人的商会研究理论。[1]

第一,革命与反革命理论。早期中国商会史研究主要是作为辛亥革命研究的一个新兴领域,[2]商会一般被当作对资产阶级进行集团分析的一个参照物。在早期的研究中,学者在对资产阶级进行研究的时候,一般先确定商会领导人是属于买办资产阶级、民族资产阶级上层还是中下层来确定

---

[1] 见朱英:《近代商会史研究的缘起、发展及其理论与方法运用》,《近代史研究》2017 年第 5 期;冯筱才:《中国商会史研究之回顾与反思》,《历史研究》2001 年第 5 期;冯筱才:《最近商会史研究之刍见》,《华中师范大学学报(人文社会科学版)》2006 年第 5 期;马敏:《商会史研究与新史学范式转换》,《华中师范大学学报(人文社会科学版)》2003 年第 5 期;马敏、付海晏:《近 20 年来的中国商会史研究(1990—2009)》,《近代史研究》2010 年第 2、3 期;张志东:《中国学者关于近代中国市民社会问题的研究:现状与思考》,《近代史研究》1998 年第 2 期;闵杰:《近代中国市民社会研究 10 年回顾》,《史林》2005 年第 1 期;朱英:《近代中国的"社会与国家":研究回顾与思考》,《江苏社会科学》2006 年第 4 期。
[2] 马敏认为,探索辛亥革命对后续历史进程的影响,要放宽历史的视野,探寻历史发展的线索与规律,重视历史的复杂性、连续性,呈现历史的因果之联。见马敏:《浅谈深化辛亥革命历史影响研究的三个视角》,《广东社会科学》2021 年第 5 期。

这个群体的革命性与反革命性和妥协性等特点。[1]但是,买办资产阶级与民族资产阶级上、中、下层的划分,没有统一、令人信服的标准,即使这一划分正确,也不能完全证明买办资产阶级与民族资产阶级的上层就是反革命的,而中下层就具有革命性。

第二,现代化理论。20世纪80年代末,"现代化"的理论框架开始在中国商会史研究中得到应用。[2]早期,一些学者从商会与行会的关系入手来讨论商会组织的"近代性"与"传统性"。[3]后来,又有学者提出"中国早期现代化"的概念,并认为中国资产阶级是"早期现代化的主干载体"。[4]虞和平则从"商会与资产阶级自身现代化"以及"商会在早期现代化中的作用"两个层面,确立了现代化理论、范式的主流地位。[5]徐鼎新、钱小明认为商会的人事变动是其顺应经济近代化要求而重塑面貌的表现。[6]马敏认为,现代化是一个动态的历史过程,其过程涉及社会的各个层面,不仅包括政治现代化,亦同时包括经济现代化、社会现代化、人的现代化,等等。[7]

第三,市民社会理论及公共领域。马敏和朱英提出"在野市政权力网络"和"市民社会雏形说"的概念,认为这种网络具有"潜在的地方自治政府""独立社会"的发展倾向。[8]王笛借用公共领域的概念,认为20世纪初成

---

[1] 皮明庥:《武昌首义中的武汉商会和商团》,《历史研究》1982年第1期;屠雪华:《略论清末的苏州商务总会》,《近代史研究》1992年第4期;朱英:《清末商会与辛亥革命》,《华中师范大学学报(人文社会科学版)》1988年第5期;姚会元:《上海近代商会在稳定金融中的作用》,《学术月刊》2000年第5期。

[2] 现代化研究范式不是否定革命史范式、不是取代政治史范式,而是对革命史和政治史范式的补充。罗荣渠在《现代化新论——世界与中国的现代化进程》论证了马克思的历史发展观是多线的而不是单线的,提出了"一元多线历史发展观";章开沅先生在《中外近代化比较研究丛书》《比较中的审视:中国早期现代化研究》《离异与回归——传统文化与近代化关系试析》等著作中,对中国早期现代化研究也提出了一系列独到见解。

[3] 朱英:《清末苏州商会的历史特点》,《历史研究》1990年第1期;朱英:《辛亥革命时期新式商人社团研究》,中国人民大学出版社1991年版,第324—329页。

[4] 马敏:《名不符实的主干载体:中国早期资产阶级在近代化中的角色》,《华中师范大学学报》1988年第6期。

[5] 虞和平:《商会与中国早期现代化》,上海人民出版社1993年版,第18—21页。

[6] 徐鼎新、钱小明:《上海总商会史(1902—1929)》,上海社会科学院出版社1991年版,第243—252页。

[7] 马敏:《过渡形态:中国早期资产阶级构成之谜》,中国社会科学出版社1994年版,第225页。

[8] 马敏、朱英:《传统与近代的二重变奏》,巴蜀书社1993年版,第115、121页;马敏:《过渡形态:中国早期资产阶级构成之谜》,中国社会科学出版社1994年版,第173页;马敏:《官商之间:社会剧变中的近代绅商》,天津人民出版社1995年版,第281—292页;朱英:《关于晚清市民社会研究的思考》,《历史研究》1996年第4期。

都公共领域的扩张与国家同地方士绅的合作紧密联系在一起,[1]而张志东则提出了一个反证,他认为由于民国初年的政局动荡,这一时期的市民社会的发育比晚清"雏形"更成熟、更完善。[2]此外,韩格理、吉泽诚一郎、邓正来、贺跃夫、朱英、胡光明等都对源自西方情景的市民社会、公共领域理论是否可以用来研究中国历史上的市民社会表示质疑。[3]

第四,交易成本理论。严建苗、刘伟峰认为近代商会是强制性制度变迁的结果,商会的存在降低了交易成本,也降低了国家与政府提供关于工商政策方面制度安排的成本。[4]宋美云也从交易成本的角度对商会的中介性作出分析。她认为,商人因参加商会,便可以在处理与政府的矛盾与冲突、保证合同的执行、享用市场信息等方面降低交易成本。[5]

第五,网络理论。滨下武志的网络理论传入我国后,胡光明、徐鼎新、宋美云等都尝试用网络理论研究近代商会。[6]海外学者也从网络视角对海外华商商会进行了研究,在一定程度上填补了以往我国对商人网络的研究中那些被忽视的制度化的商人网络的空白。[7]

此外,研究商会的理论还有社会历史土壤学理论、[8]政治文化理论、[9]

[1] 王笛:《晚清长江上游地区公共领域的发展》,《历史研究》1996 年第 1 期。
[2] 张志东:《近代中国商会与政府关系的研究:角度、模式与问题的再探讨》,《天津社会科学》1999 年第 1 期;张志东:《中国学者关于近代中国市民社会问题的研究:现状与思考》,《近代史研究》1998 年第 2 期。
[3] 【美】韩格理:《中俄社会与经济》(序),张维安译,台北联经出版公司 1990 年版,第 10—11 页;贺跃夫:《晚清广州的社团及其近代变迁》,《近代史研究》1998 年第 2 期;朱英:《转型时期的社会与国家》,华中师范大学出版社 1997 年版,"序二"(邓正来撰),第 9 页;胡光明:《首届商会与近代中国国际学术讨论会综述》,《历史研究》1998 年第 6 期。
[4] 严建苗、刘伟峰:《近代中国商会的制度分析》,《商业研究》2002 年第 8 期。
[5] 宋美云:《近代天津商会》,天津社会科学院出版社 2002 年版,第 133—136 页。
[6] 胡光明的《论商会网络体系的构建与近代中国资本家的成长》与徐鼎新的《近代上海商会的多元网络结构与功能定位》,均为第三届中国商业史会议论文;宋美云:《近代天津商会与国内其他商会网络机制的构建》,《中国社会经济史研究》2001 年第 3 期;宋美云:《中国近代社会经济的中介组织:天津商会(1912—1927)》,《天津社会科学》1999 年第 1 期。
[7] 陈来幸:《通过中华总商会网络论日本大正时期的阪神华侨与中日关系》,《华侨华人历史研究》2000 年第 4 期;刘宏:《新加坡中华总商会与亚洲华商网络的制度化》,《历史研究》2000 年第 1 期。
[8] 章开沅先生以马克思主义理论为依据,注重考察辛亥革命与资产阶级所处之社会状况、社会环境的相关论述,简明扼要地把它提炼归纳为"社会历史土壤学",其主旨是举凡研究历史思潮、历史人物与历史事件,都必须深入细致地考察和探讨孕育各种思潮、人物与事件的社会史土壤,即重视研究当时的具体社会环境所产生的多重复杂影响。见章开沅:《要加强对辛亥革命期间社会环境的研究》,《辛亥革命与近代社会》,天津人民出版社 1985 年版。
[9] 张亦工、徐思彦:《20 世纪初期资本家阶级政治文化与政治行为初探》,《近代史研究》1992 年第 2 期。

结构功能理论、[1]社会心理学理论等[2]。

(二)研究时空的拓展

1.商会研究时间的扩展

在20世纪90年代之前,商会研究的时段仅限于清末民初的20年左右的时间。90年代中期以后,商会研究的历史时期不断扩展到抗日战争时期、[3]解放战争时期、[4]新中国成立前后。[5]有的学者在进行商会的个案研究时,有时候也会研究某一地方商会自创立至结束的全过程,而不再局限于某一阶段。[6]马敏主编的《中国近代商会通史》是一部对中国近代商会自1902年至改革开放初期近80年的发展历程进行系统、全面研究的开创之作。[7]

2.商会研究地域的延伸

在地域方面,早期的商会研究主要集中于上海、武汉、天津、北京这四个地区的商会,分别以上海商会、武汉商会、天津商会和中华全国商会联合会为研究对象。[8]20世纪90年代中期以后,商会史研究逐步扩展到我国的其他一些地区,无锡、四川、高阳、贵阳、吴城、汕头、南昌等地商会也逐渐成

---

[1] 桑兵:《论清末城镇结构的变化与商民罢市》,《近代史研究》1990年第5期;虞和平:《商会与中国资产阶级的"自为"化问题》,《近代史研究》1991年第3期。

[2] 马敏:《过渡形态:中国早期资产阶级构成之谜》,中国社会科学出版社1994年版,第58页;莫世祥:《孙中山与资产阶级在一九二三年》,《近代史研究》1987年第1期;温小鸿:《商团前后广东商人的心理变化》,《学术研究》1988年第6期。

[3] 抗日战争时期商人的研究有胡光明、宋美云、任云兰:《首届商会与近代国际学术讨论会综述》,《历史研究》1998年第6期;蔡勤禹:《抗战时期国民政府对工商业团体的管制》,《河北师范大学学报》1998年第3期。

[4] 解放战争时期商人的研究见胡光明:《论国民党政权覆亡前的天津商会与工业会》,《天津社会科学》1999年第1期;任云兰:《天津市独立工业团体的兴起及其对商会的影响(1946—1950)》,《天津社会科学》1999年第1期。

[5] 对新中国成立前后商会的研究见徐鼎新:《关于近代上海商会兴衰的几点思考》,《上海社会科学院学术季刊》1999年第1期;李宝梁:《中国民间商会探析》,《天津社会科学》1997年第5期。

[6] 汤可可、蒋伟新:《无锡商会与近代工商企业家的成长》,《江海学刊》1999年第2期。

[7] 马敏主编:《中国近代商会通史(全四卷)》,社会科学文献出版社2015年版。

[8] 徐鼎新、钱小明:《上海总商会史(1902—1929)》,上海社会科学院出版社1991年版,第380页;王仲:《民国苏州商会研究(1927—1936)》,上海人民出版社2015年版,第118页;樊卫国:《近代上海同业公会与总商会、市商会之关系》,《上海经济研究》2014年第3期;秦祖明:《社会变迁中的上海同乡组织》,《理论月刊》2010年第12期;王仲:《民国时期苏州商会组织系统的变迁(1927—1937)》,《江苏社会科学》2009年第5期;王仲:《民国时期商会自身的现代化(1927—1937)——以苏州商会为例》,《苏州大学学报》2006年第1期;陶水木:《浙江商人与上海总商会探析》,《宁波大学学报(人文科学版)》1999年第4期;朱英:《清末民初中华全国商会联合会的筹设与成立》,《史学月刊》2019年第3期。

为一些学者的研究对象。[1]后来,商会研究的地域不仅由上海等四个大城市扩展到了全国许多城市与地区,而且向国外扩展到亚洲的泰国、新加坡、日本等国家的商会组织。[2]

(三)研究对象的多元化

1. 关于商会的性质

一些学者认为,商会是资产阶级性质的团体。但是,在从商会与政府之间关系的角度认识商会的性质时,学者们却存在"官方""半官方""官督商办""法人社团"等几种不同的看法。日本学者仑桥正直、法国学者白吉尔等学者认为商会是"官方机构",[3]而邱捷、美国学者 Edward G. M. Rhoads 等人认为商会是"半官方机构"。[4]朱英认为,清末的商会具有"官督商办"的性质,是带有某些"官督"色彩的商办民间社团。[5]徐鼎新等人则认为商会是具有一定资产阶级性质的民间社团。[6]朱英和虞和平却认为商会是一个法人社团,[7]张桓忠对朱英和虞和平的法人社团论表示质疑。[8]

[1] 汤可可、蒋伟新:《无锡商会与近代工商企业家的成长》,《江淮学刊》1999 年第 2 期;蒋伟新、汤可可:《推挽结构:近代地方商会与政府的关系——以无锡为例》,《近代史学刊》2001 年第 1 期;席萍安:《清末四川商会与四川民族工商业》,《四川师范大学学报(社会科学版)》1999 年第 1 期;丁隆昌:《提倡国货运动的武汉商会》,《武汉文史资料》1994 年第 2 期;冯小红:《试论高阳商会与高阳织布业》,《社会科学论坛》2001 年第 6 期;刘娟:《近代北京商会》,《北京社会科学》1997 年第 3 期;王勺:《民国贵阳商会沿革与同业公会之组织》,《贵州文史丛刊》1998 年第 1 期;梁洪生:《吴城商镇及其早期商会》,《中国经济史研究》1995 年第 1 期;黄挺:《1933 至 1934 年金融危机中的汕头市商会》,《汕头大学学报》2002 年第 3 期;陈海忠:《民国商人、商会与政权力量——基于汕头商会档案中一个商人与商会诉讼案例的讨论》,《汕头大学学报》2011 年第 3 期;方勇骏:《区域商会研究的新思考——张芳霖〈市场环境与制度变迁——以清末至民国南昌商人与商会组织为视角〉述评》,《中国社会经济史研究》2015 年第 1 期。
[2] 袁丁:《清政府与泰国中华总商会》,《东南亚南亚研究》2000 年第 2 期;刘宏:《新加坡中华总商会与亚洲华商网络的制度化》,《历史研究》2002 年第 1 期;陈来幸:《通过中华总商会网络论日本大正时期的阪神华侨与中日关系》,《华侨华人历史研究》2000 年第 4 期。
[3] 【日】仑桥正直:《清末商会和中国资产阶级》,《中国近代经济史研究资料》1984 年下半年;【法】白吉尔:《辛亥革命前夜的中国资产阶级》,《国外中国近代史研究》第 4 辑。
[4] 邱捷:《辛亥革命时期的粤商自治会》,《近代史研究》1982 年第 3 期;张志东:《近代中国商会与政府关系的研究:角度、模式与问题的再探讨》,《天津社会科学》1998 年第 6 期;马敏:《试论晚清绅商与商会的关系》,《天津社会科学》1999 年第 5 期。
[5] 朱英:《清末商会"官督商办"的性质与特点》,《历史研究》1987 年第 6 期;马敏、朱英:《传统与近代的二重变奏:晚清苏州商会个案研究》,巴蜀书社 1993 年版,第 233 页。
[6] 徐鼎新、钱小明:《上海总商会史(1902—1929)》,上海社会科学院出版社 1991 年版,第 1 页。
[7] 朱英:《清末商会与辛亥革命》,《华中师范大学学报(人文社会科学版)》1988 年 5 期;虞和平:《近代商会的法人社团性质》,《历史研究》1990 年第 5 期。
[8] 张桓忠:《上海总商会研究》,台北知书房 1996 年版,第 9、249 页。

2. 商会与政府关系

学者早期在对商人进行研究的时候,大多从政治学的角度出发,注重强调商会与政府的矛盾与冲突,[1]尤其是国民党政府对商会的渗透与控制,被张志东归纳为"极权主义"模式。[2]虞和平从社会学和法学的角度出发,认为政府与商会之间是一种"超法的控制与反控制的关系",即商会总是竭力超越法律所规定的范围来谋求更大的独立性,而政府也总是力图利用商会、控制商会,从而导致政府对商会的超法控制、商会对政府超法的反控制的局面。[3]张志东提出了"超法的利益合作关系"来修正虞和平的"超法的控制与反控制",他认为,在不同的历史时期,政府与商会的关系存在差异,即使是同一历史时期,不同地区的商会与政府的关系也有不同表现,商会与政府关系的密切程度,与某个商会和政治中心之间的地理距离的远近密切相关。[4]同时,也有一些学者认为,商会与政府之间的合作与依赖多于对立与斗争。[5]朱英认为商会与政府的关系表现在"商人社会相对于国家总是处于弱势",商会的要求与国家之间也处于一个"不断博弈的状况"。[6]

[1] 朱英:《清末商会与抵制美货运动》,《华中师范大学学报(人文社会科学版)》1985 年第 6 期,朱英:《清末商会的成立与官商关系的发展演变》,《社会科学战线》1990 年第 2 期;胡光明:《论北洋时期天津商会的发展与演变》,《近代史研究》1989 年第 5 期;徐鼎新、钱小明:《上海总商会史(1902—1929)》,上海社会科学院出版社 1991 年版,第 400 页;朱英:《转型时期的社会与国家:以近代中国商会为主体的历史透视》,华中师范大学出版社 1997 年版,第 534 页;【美】小科布尔:《江浙财阀与国民政府:1927—1937》,杨希孟、武莲珍译,中国社会科学出版社 1988 年版,第 26 页;李勇军:《南京国民政府后期上海市商会研究(1945—1949)》,华中师范大学 2007 年博士论文;郁建兴、黄红华:《民间商会与地方治理研究:问题与方法》,《中共宁波市委党校学报》2005 年第 6 期。朱英:《近代中国的"社会与国家":研究回顾与思考》,《江苏社会科学》2006 年第 4 期;章开沅:《近代中国商人与社会变革》,《天津社会科学》2001 年第 5 期;张东刚:《商会与近代中国的制度安排与变迁》,《南开经济研究》2000 年第 1 期。
[2][4] 张志东:《近代中国商会与政府关系的研究:角度、模式与问题的再探讨》,《天津社会科学》1998 年第 6 期。
[3] 虞和平:《商会与中国早期现代化》,上海人民出版社 1993 年版,第 76—92 页。
[5] 裴艾琳:《广州商会(1925—1938)——民国政商关系的一个侧面》,《江海学刊》2020 年第 6 期;陈忠平:《长江下游商会与辛亥革命关系初探》,第三届中国商业史会议论文;王笛:《试论清末商会的设立与官商关系》,《史学月刊》1987 年第 4 期;马敏、朱英:《传统与近代的二重变奏:晚清苏州商会个案研究》,巴蜀书社 1993 年版,第 233 页;朱英:《关于晚清市民社会研究的思考》,《历史研究》1996 年第 4 期;朱英:《转型时期的社会与国家:以近代中国商会为主体的历史透视》,华中师范大学出版社 1997 年版,第 493—494 页;马敏:《官商之间:社会剧变中的近代绅商》,天津人民出版社 1995 年版,第 291 页。
[6] 朱英:《曲折的抗争——近代上海商会的社会活动与生存策略》,四川人民出版社 2020 年版。

3. 商会与会馆公所的关系

马敏、朱英认为,商会的根本宗旨、基本职能、组织结构和总体特征等方面,都与行会有很大的不同,但是商会又保留着一些落后的残余,与会馆、公所有一定的联系和相互依赖性关系。[1]徐鼎新曾经指出,会馆、公所等传统行会组织在日益增长的资本主义经济因素冲击和影响下发生了同行会本身传统原则相悖的变化。"千真万确的历史事实表明,19世纪末、20世纪初,在上海若干行会组织里,近代资产阶级的灵魂已经深深地渗透到它们的躯体中去了。"[2]虞和平进一步指出,自鸦片战争后,通商口岸的传统行会走上了近代化之路,并在辛亥革命之前普遍成为商会的基层组织。行会加入商会后,虽然仍作为一种特定的专业经济社会组织独立存在,也保持着其特有的组织形态和功能,但已被纳入商会的组织体系和活动范围之中,其自身性质开始发生变化,讨论商会与行会的关系,必须注意到二者相互依赖的功能。[3]

4. 商会的历史作用

有些学者认为,商会的发展程度是资产阶级成长的重要标志。章开沅指出,在商会等资本家集团身上能够更为丰富、更为明确地表现出资产阶级成长的特性。[4]朱英认为,1904年商会诞生是我国资产阶级初步形成的重要标志。[5]虞和平认为,清末各地商会的出现使资产阶级进入从自在状态向自为状态转化的过渡阶段,[6]他还提出全国商联会的成立标志着中国资产阶级完整形态基本形成。[7]一些学者研究了商会在社会经济方面的

---

[1] 马敏、朱英:《浅谈晚清苏州商会与行会的区别及其联系》,《中国经济史研究》1988年第3期;徐鼎新:《增进中国商会史研究的两岸"对话"》,《近代史研究》2000年第5期;徐鼎新:《清末上海若干行会的演变和商会的早期形态》,《中国近代经济史研究资料》第9辑,上海社会科学院出版社1989年版;虞和平:《鸦片战争后通商口岸行会的近代化》,《历史研究》1991年第6期;虞和平:《商会与中国早期现代化》,上海人民出版社1993年版,第147—164页;虞和平:《西方影响与中国资产阶级组织形态的近代化》,《中国经济史研究》1992年第2期;朱英:《中国行会史研究的回顾与展望》,《历史研究》2003年第2期;范金民:《明清江南商业的发展》,南京大学出版社1998年版,第273、275页;吴慧:《会馆、公所、行会:清代商人组织述要》,《中国经济史研究》1999年第3期;黄福才、李永乐:《清末商会与行会并存的原因》,《中国社会经济史研究》1999年第3期。
[2] 徐鼎新:《清末上海若干行会的演变和商会的早期形态》,《中国近代经济史研究资料》第9辑,上海社会科学院出版社1989年版。
[3] 虞和平:《鸦片战争后通商口岸行会的近代化》,《历史研究》1991年第6期。
[4] 章开沅:《关于改进研究中国资产阶级方法的若干意见》,《历史研究》1983年第5期。
[5] 朱英:《从清末商会的诞生看资产阶级的初步形成》,《江汉论坛》1987年第8期。
[6] 虞和平:《商会与中国资产阶级的"自为"化问题》,《近代史研究》1991年第3期。
[7] 虞和平:《中华全国商会联合会的成立与中国资产阶级完整形态的形成》,《历史档案》1986年第4期。

作用,如姚会元、赵洪宝认为,上海商会、天津商会在社会经济方面都曾发挥积极的作用,在一定程度上缓解了金融危机。[1]也有研究认为,在中国近代市场,商会有时候发挥了第二调控系统的积极作用。[2]

5. 商会的政治参与

研究者一般从商会在政治运动中的表现来说明其是否具有政治意识。朱英等人认为,在辛亥革命中,商人与革命派之间始终缺乏真正的了解与沟通,两者在思想上、行动上存在严重的脱节。[3]在"二次革命"时期,一些商人与商会则出现了"政治大滑坡",或政治上的"重大失误"。李达嘉等人认为,商人因社会功能的加强,而有许多主动的"政治参与"或"政治欲望"。[4]但20世纪20年代,商会则出现了一些突出的政治表现,甚至开始由"在商言商"向"在商言政"转变。[5]对此,胡光明却不以为然,他认为,自1920年以后,商会在政治上便日益消沉。[6]张桓忠也认为,20世纪20年代中期,虽然上海总商会对政治表现出"高度的参与意图",但并不说明商人有政治理想,只能反映出商人面对动荡时局的无奈。[7]虞和平则认为,商会既要求参与国家政事,改革阻碍资本主义经济发展的旧制度和一切弊政,但又害怕暴力革命引起社会剧变,损害自身的经济利益。[8]吴伦霓霞、莫世祥等人则认为趋安厌乱、保持自己的经济利益是决定商人们政治态度的首要依据。[9]苏云峰认为上海商人政治文化是"以社会安定为前提,政治

[1] 姚会元:《上海近代商会在稳定金融中的作用》,《学术月刊》2000年第5期;赵洪宝:《清末铜元危机与天津商会的对策》,《近代史研究》1995年第4期。

[2] 胡光明等:《首届商会与近代中国国际学术讨论会综述》,《历史研究》1998年第6期;宋美云:《中国近代经济社会的中介组织:天津商会(1912—1927)》,《天津社会科学》1999年第1期;朱英:《辛亥革命时期新式商人社团研究》,中国人民大学出版社1991年版,第86—98页;虞和平:《商会与中国早期现代化》,上海人民出版社1993年版,第202—226页。

[3] 朱英:《辛亥革命时期的孙中山与资产阶级》,《近代史研究》1987年第3期;朱英:《清末商会与辛亥革命》,《华中师大学报》1988年第5期;胡光明:《论早期天津商会的性质与作用》,《近代史研究》1986年第4期。

[4] 李达嘉:《上海商人的政治意识和政治参与(1905—1911)》《从革命到反革命:上海商人的政治抉择》《袁世凯政府与商人》《1920年代初上海商人的民治运动》,分别见《近代史研究所集刊》第22、23、27、32期。

[5] 马敏、朱英:《传统与近代的二重变奏》,巴蜀书社1993年版,第391—466页;徐鼎新、钱小明:《上海总商会史(1902—1929)》,上海社会科学院出版社1991年版,第129—138页。

[6] 胡光明:《论北洋时期天津商会的发展与演变》,《近代史研究》1989年第5期。

[7] 张桓忠:《上海总商会研究》,台北知书房1996年版,第284页。

[8] 虞和平:《商会与中国早期现代化》,上海人民出版社1993年版,第276—334页。

[9] 吴伦霓霞、莫世祥:《粤港商人与民初革命运动》,《近代史研究》1993年第5期。

理想为后置",从总体上来看,商人的政治态度倾向保守,且知时善变。[1]
冯筱才则从产权和秩序的角度分析了商人的行为,认为商人的政治活动是
一种假象,其真正目的是保护自己的产权与生产秩序。[2]

除了上述研究对象以外,商会对外经济交往、商会与城市发展、商会与
商人心理的现代化、商会与近代商业教育、同业公会、商务局、商团、商民协
会等也逐步进入学者研究的范围。[3]

第三节　本书的研究框架、内容、思路、方法

一、本书的研究框架

本书将通过对资料进一步的整理与爬梳,在挖掘上海商业联合会档案、
加深对档案资料的理解与运用的同时,利用《申报》《国闻周报》《民国日报》
等报刊资料,在梳理、熟悉、研究档案资料的过程中,结合前人有关上海商业
联合会以及有关商会的研究成果,力图运用政治学、经济学、社会学、心理学
等理论对上海商业联合会的主要活动作出诠释,解读商人与商人阶层的特
性。本书试图将上海商业联合会研究的视野放到商业和商人本身,在吸收
已有研究、学术成果的基础上,对上海商业联合会建立的历史条件、运行机
制、主要活动及其影响,以及上海商业联合会与国民党政权、上海商业联合
会与中国共产党和工人运动、上海商业联合会与帝国主义列强的关系进行

[1] 张桓忠、苏云峰:《民初之商人(1912—1928)》,《近代史研究所集刊》1982年第11期。
[2] 冯筱才:《在商言商:政治变局中的江浙商人》,上海社会科学院出版社2004年版,第18页。
[3] 商会对外经济交往、商会与城市发展见虞和平:《访日归来谈商会史研究》,《近代史研究》1997年第6期;宋美云:《20世纪初天津商会对外交往与城市经济的发展》,《南开经济研究》2000年第3期;张琴:《清末商会与商人心理的现代化》,《江海学刊》1996年第3期;赵洪宝:《清末商会兴商学活动述论》,《历史档案》1997年第1期。同业公会的研究见彭泽益:《民国时期北京的手工业和工商同业公会》,《中国经济史研究》1990年第1期;魏文享:《试论民国时期苏州丝绸业同业公会》,《华中师范大学学报(人文社会科学版)》2000年第5期;王翔:《近代中国手工业行会的演变》,《历史研究》1998年第4期;王翔:《从云锦公所到铁机公会——近代苏州丝织业同业组织的嬗变》,《近代史研究》2001年第3期。商务局的研究主要有朱英:《论晚清的商务局、农工商局》,《近代史研究》1994年第4期;刘增合:《论清末工商产业行政整合的初始努力:以商部之前的商务局为例》,《中国社会经济史研究》1998年第3期。商团的研究见朱英:《辛亥革命时期的苏州商团》,《近代史研究》1986年第5期;李殿元:《论"商团事件"中的范石生》,《民国档案》1992年第3期。商民协会的研究主要见张亦工:《商民协会初探》,《历史研究》1992年第3期,等等。

进一步的分析。本书将采用以时间转移为经线、以事件发展为纬线的思路，构建起研究的总体框架，具体见下表：

表 1-1　上海商业联合会研究总体框架表

	绪论	主要介绍本书研究的背景;研究框架、研究内容;研究思路、方法;特色和创新以及学术价值、应用价值等		
上海商业联合会研究	上海商业联合会演进历史和政治动态与关系	上海商业联合会建立的历史背景	上海商业联合会建立的国内国际形势、上海商民自治传统、上海总商会矛盾激化、江浙资本家的分化、上海商界与蒋介石的往来	
		上海商业联合会的建立与扩充	上海商业联合会会员的扩充、行业分布、领导层之形成、经费的筹措、组织机构的运行、会议的类别与议题、委员在各行业的分布	
		上海商业联合会与上海总商会比较	将上海商业联合会的会员团体的构成类型、会员结构、领导层的构成、章程与制度、运行机制等方面与上海总商会进行比较	
		上海商业联合会与各政治势力的关系	与国民党关系	分析上海商业联合会与国民党政权合作以及双方矛盾产生、发展
			与工人运动关系	分析上海商业联合会对工人运动的忍让、妥协、抵制的动态变化过程
			与帝国主义的关系	分析上海商业联合会对帝国主义的抗争、妥协,充当国民党政权与帝国主义之间的联络者
		上海商业联合会的解散	上海商业联合会解散的经过,原因分析	
	结语	归纳上海商业联合会的性质、特点;总结上海商业联合会在近现代史上的地位、作用及影响		

二、本书的主要研究内容

全书共分八章,各章主要内容如下:

第一章,绪论。主要介绍本书研究的背景;重点阐明上海商业联合会的国内外研究现状,本书的研究框架、研究内容、研究思路、研究方法,以及研究的特色和创新、学术价值、应用价值等。

第二章,上海商业联合会成立的历史背景。1927 年是中国政局发生变幻与转折的年代,也是上海商界的多事之秋。本章主要分析 1926 年下半年至 1927 年春中国国内国际政治形势,包括北伐战争的胜利推进,北伐战争过程中全国工农运动的发展状况,革命统一战线内部矛盾与分化的征象日益显露,以及西方列强维持在华既得利益的"炮舰政策"的实施,等等;上海资产阶级在新的形势下的分化与重新组合,包括上海商民自治的传统、上海总商会内部矛盾的激化、江浙籍资本家的分化、以虞洽卿为首的上海一些资本家与蒋介石的先期往来。

第三章,上海商业联合会的建立与扩充。主要包括上海商业联合会的建立,以及该会成立公告、暂行章程、成立宣言的发布;一些商业团体不断加入与上海商业联合会的扩充,分析上海商业联合会的行业分布、领导层之形成、经费的筹措、组织机构的运行、会议的类别与议题,以及上海商业联合会委员在各行业的分布情况。

第四章,上海商业联合会与总商会之比较。从会员的构成类型、会员结构、领导层的构成、章程与制度、运行机制等方面,将上海商业联合会与上海总商会进行比较研究,归纳出上海商业联合会与上海总商会的同一性、差异性,阐明上海商业联合会对上海总商会组织与制度、领导层与会员的传承与嬗变;通过对上海商业联合会的联络官商、保护商界利益等商会功能,以及社会救济活动等社会功能的分析,阐明它对上海总商会的商会功能的继承与嬗变。

第五章,上海商业联合会与国民党政权的关系。分析上海商业联合会与蒋介石政权的合作,包括蒋介石镇压工人运动,上海商业联合会通过筹款等活动对蒋介石的支持,动态分析上海商界与国民党之间的矛盾的产生与发展,包括蒋介石利用恐怖活动对付资本家,国民党政权的不断勒索与上海资本家的不满;对一些会员消极甚至拒认库券以及银行业不肯垫款的原因进行分析。

第六章,上海商业联合会与帝国主义的关系。上海商业联合会在同帝国主义交往的过程中,在谋求同帝国主义妥协的同时,也偶尔发出反对列强侵略的声音。分析上海资本主义工商业发生发展的历史条件,上海资本家希望改变上海工商业发展的不利处境愿景;在全国反对帝国主义的怒潮下,上海商界同帝国主义交涉,进行一定程度的抗争,抗议英日帝国主义列强的暴行,上海商业联合会在南京惨案等问题方面对帝国主义的妥协;成为国民党政权与列强的联络者,在列强与国民党政权之间穿针引线。

第七章,上海商业联合会与工人运动的关系。分析从1925年五卅运动到北伐战争前夕上海工人运动的形势;工人运动的发展使资本家陷入进退维谷的守势境地,上海商业联合会对工人运动的妥协、忍耐;四一二政变以后上海商业联合会对工人运动的抵制,包括组织商民协会、与工统会等争夺会员资源、参加劳资调解委员会与组织商团等;剖析上海商业联合会与中国共产党关系的演变及其原因。

第八章,上海商业联合会的解散与历史影响。上海商业联合会解散的过程;从国家权威的重建与地方势力的弱化、自身因素、理想与现实的背离、上海总商会的复苏等方面分析上海商业联合会解散的原因;分析上海商业联合会的历史影响,包括上海商业联合会对上海资产阶级参政的影响、对20世纪20年代末上海经济产生的影响、对蒋介石政权的影响。

最后,结语。总结上海商业联合会的性质、特点;揭示上海商业联合会在近现代史上的地位、作用及影响。

三、本书的研究思路

本书以上海市档案馆馆藏上海商业联合会档案、上海市工商业联合会档案为第一手资料,通过对资料整理、挖掘与运用,同时利用日记、回忆录、金融史料、报刊等资料,对上海商业联合会进行系统的研究。首先,通过对上海商业联合会建立的历史条件、建立与扩充、衰亡的研究,明确上海商业联合会兴衰的轨迹;其次,通过对上海商业联合会与上海总商会进行比较研究,揭示上海商业联合会对上海总商会的传承与嬗变之所在;再次,通过分析上海商界与国民党政权、与中国共产党和工人运动、与帝国主义列强的关系,剖析上海商业联合会与各派政治势力的互动与上海商界的政治动向;最后,总结上海商业联合会的性质、特点,阐明上海商业联合会的历史地位、历史影响。

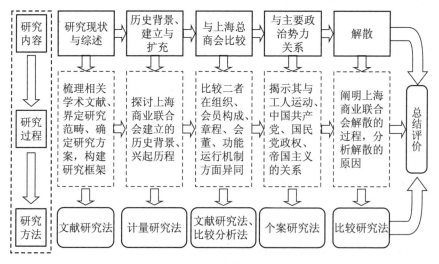

图1-1 上海商业联合会研究思路图

四、本书的研究方法

结合前人有关上海商业联合会的研究成果,运用文献研究法、文本分析法、比较研究法、多学科交叉研究法等研究方法,主要研究方法如下:

第一,文献研究法。检索梳理国内外文献,开展文本分析,整理有关上海商业联合会的研究成果,把握研究动态,确定研究标的。本书通过互联网、中国知网、万方数据知识服务平台、维普、人大复印资料数据库等,收集、整理与本研究有关的档案资料,在对这些文献进行解读和分析的基础上,力求避免断章取义,并把这些论述置于当时特定的语境中分析。

第二,比较研究法。通过对上海商业联合会与上海总商会的章程、组织结构、领导层等方面进行不同维度的对比研究,归纳总结上海商业联合会与上海总商会的继承性与差异性;通过上海商业联合会前期与后期的纵向比较,全面了解该组织的不同发展阶段和生存状况,从而比较完整地勾勒出上海商业联合会的历史轨迹。

第三,多学科交叉研究方法。商人组织的研究是一个跨学科、立体式、多视角的研究领域,进行多学科的交叉研究和多角度透视,既可以了解不同学者对同一个问题的研究程度,又有利于对商人组织进行全面、立体和丰富的了解和把握。本研究通过运用和借鉴相关学科的理论和方法,以期能够对变局中商人的动态提供理论分析框架和方法论指导。

第四,文本分析法。以档案为第一手资料,结合日记、回忆录、报纸等文本,对上海商业联合会进行系统分析;对于上海商界的动态、生存博弈的政治环境等进行综合分析,结合1927年上海商界各派势力的历史演进,将政治局势的变动、上海商界对时局的应对、政商关系等问题与当下社会语境相联系进行研究。

第五,历史考察与逻辑分析相结合的方法。历史分析方法就是以历史考察为逻辑起点,把具体的现象和实践放到特定的历史背景中考察和研究,为当下的问题研究提供参考和借鉴的研究方法。研究上海商业联合会,必须回归历史,尤其是近代商人组织的变革和话语转换,总结出历史经验和教训,在回顾历史、把握现实的过程中,力图从个别到一般,再从一般回到个别,在动态的研究中抽象与归纳商人组织演进的历史规律。

第六,计量研究法。运用计量研究方法对上海商业联合会具体活动进行统计和分析,获取相关数据资料。本书拟以具体的量化的数字来展示与阐明上海商业联合会会员参加会议情况、认购二五库券和缴款等状况,并进一步分析了数据背后的原因。通过这些具体的数字来揭示上海商界尤其是中小资本家对上海商业联合会的态度以及对国民党政权的支持程度,从而把定性分析与定量分析结合起来。

第四节　本书研究特色与创新、学术价值

本书是国内第一部专门以上海商业联合会作为独立考察对象的专著,通过系统地梳理、挖掘上海商业联合会档案,加深对档案资料的理解与运用,同时利用报刊、日记、回忆录等资料,参考前人有关上海商业联合会以及有关商会的研究成果,是国内唯一的、系统的、专门的研究上海商业联合会的成果,其研究内容的特色与创新性主要体现在以下几个方面:

一、研究的特色与创新

（一）学术思想上的特色与创新

本书学术思想上的特色与创新如下:

第一,填补国内外关于上海商业联合会研究著作的空白。本书通过系统地梳理、挖掘上海商业联合会档案,同时利用《新闻报》《申报》《时报》《民国日报》等报刊,以及陈光甫和张嘉璈等人的日记、严鄂声等人的回忆录资料,结合已有的有关上海商业联合会以及有关商会的研究成果,在此基础上梳理上海商业联合会兴起与衰亡的历史,是国内唯一的、系统的、专门的研究上海商业联合会的专著成果。

第二,对捐款、认购库券等历史事件进行定量化、动态化的研究。本书多处运用了计量研究方法来对上海商业联合会具体活动进行统计和分析,运用文献学、统计学、经济学、计量学等研究方法有针对性地对捐款、认购库券等历史事件进行定量化研究,挖掘隐藏在其中的价值与事实真相,揭示上海商界与各派势力的博弈。以具体的量化的数字来说明上海商业联合会的会员的参加情况、认购二五库券和缴款等状况,并进一步分析了数据背后的原因,通过这些量化的、具体的数字来揭示上海商界尤其是中小资本家对上海商业联合会的态度以及对国民党政权的支持程度。

第三,研究内容较为完整、系统。以往研究成果对上海商业联合会建立与存在的历史条件、运行机制、与上海总商会的关系、对蒋介石政权的影响、对 20 世纪二三十年代上海地区经济的影响都未进行系统化的研究。本书将对上海商业联合会建立的历史条件、运行机制、主要活动及其影响,以及

上海商业联合会与国民党政权、上海商业联合会与中国共产党和工人运动、上海商业联合会与帝国主义列强的关系进行具体的研究与分析，具有较强的系统性。

（二）学术观点上的特色与创新

第一，上海商业联合会成立的主要目的是维护商界利益。1927 年，中国处于北伐战争、工农运动的发展、列强对华政策的调整与转变的政治环境。在此国内、国际形势的诱导下，上海商业联合会是上海商人阶层为了保护自身的政治、经济权益的前提下，舍弃上海总商会而"维护各业安全起见"的重新分化与集结，是上海商人为了维持与巩固经济利益、争取商界的政治话语权的新尝试。

一些学者对上海商业联合会成立的目的进行了一定的研究，学者们的主要观点不外乎与国民党政权打交道、对抗中国共产党领导的工人运动、取代总商会、维护各业安全等。其实，上海商业联合会成立的主要目的是在变局的形势下维护上海商人的利益。因为与国民党政权进行交易也好，抵制与反对工人运动也好，取代上海总商会也好，这些都是上海商人维护自身利益的手段与途径，而并非其根本目的。在原有的上海总商会基本瘫痪的情况下，上海商人认为只有组织上海商业联合会这一新的团体，才能有效地维护"各业安全"，从而维护上海商人的核心利益。

商会作为一种社会组织，是商人的团体。商人的特殊身份及其职业性质决定其与其他社会团体有着不同的特性，也有着截然不同的终极目标。因此，从微观经济学的角度以动态的眼光去考察，也许对解释商会的活动更有帮助，即从商人本身的心理、商人的最终目的去分析商人在历史上的种种活动。虽然中国近代社会不断发生变迁，商人群体的活动因时空不同而体现出一定的差异，但是，商人所从事活动尤其是追求利润的终极目标却不会因时空变化而发生改变。任何社会变革或转型的过程都是财产变动与转移的过程。也就是说，在社会变迁的过程中，商人不仅仅是要保护自己的财产，更重要的是商人会在新的社会形势下，维持安定的交易市场与社会环境，从而实现利润的最大化，以达到资本增值的目的，并力图将经济话语权转化为政治话语权。

第二，上海商业联合会体现了商界组织的新陈代谢。上海商业联合会成立以后迅速成为能够囊括上海资产阶级大部、林立于上海总商会之外、领导众商的商会组织，体现出对上海总商会诸多的继承性，即在组织与制度、商会功能、章程、会员构成等方面表现出对上海总商会一定的借鉴与继承。

上海商业联合会对上海总商会的传承与嬗变体现了在 1927 年的社会变迁中,上海商界调适性的变化与新陈代谢。

虽然一些研究注意到国内政治形势的变化与上海商界变动之间的关系,但是这些研究主要停留于上海商人与蒋介石的一些联系,对于上海商业联合会建立的大的背景缺乏完整的勾勒与描述。上海商业联合会的成立及其运行是中国的国际、国内形势与上海商界交互作用的结果。1926 年开始的北伐战争引起了中国国内政局的变化,中国国内政局的变化引起了帝国主义列强对华政策的调整,在中国国际、国内环境发生改变的情况下,上海商人为了维护自身利益,不得不对形势与政局的变化作出新的应对,上海商业联合会的成立可以说是上海商人这种应对措施的集中体现,它反映了在新的形势下商人的重新分化与集结,反映了上海商界内部势力的消长情况。

第三,上海商界与国民党政权的关系并非铁板一块。上海资产阶级除了虞洽卿等屈指可数的一些民族资产阶级上层人物以外,其余的上海资本家包括很多大资本家对蒋介石的支持并没有那么积极热心。在履行与蒋介石达成的捐款、垫款、认购二五库券的交易过程中,一些资本家"水上求财,水下求命""首鼠两端,眼光如豆"的商人本性暴露无遗。

因此,上海商界虽然通过上海商业联合会这一新的商业团体,在一定程度上构筑了与国民党政权的关系,但上海商人同时也因此受到一定程度的打击。上海商人在政治变局形势下是否放弃了"在商言商"的传统观念,以及是自觉地加入国家官僚机构还是被动地、身不由己地卷入其中,以及上海商界仍念念不忘地以追求利润为特定目的,这都是令人深思的问题。就存在时间来看,上海商业联合会只是一个临时性的商会组织,对其历史影响的分析也要恰如其分。

在上海商业联合会与中国共产党及其领导下的工人运动的关系问题上,有些学者虽然指出上海商业联合会对工人运动的态度在四一二政变前后有所不同,但是对为什么会出现这种前后不同态度的原因却未能作出分析。四一二政变以前,上海商业联合会对工人运动暂时忍耐与妥协主要是因为当时工人运动正处于高涨,资本家处于守势地位。其后,当工人运动遭到国民党的镇压时,一些资本家希望恢复往日的生产秩序,这是必然的事情。但是,对于国民党政权而言,他们也希望不断扩大与巩固自身统治基础,获取最大化的合法性支持。因此,国民党政权虽然镇压工人运动,但同时也大力宣传、宣扬劳资合作,以期缓和社会矛盾与阶级矛盾。在这种形势下,上海一些资本家认为他们从此可以残酷无情地剥削工人、榨取超额剩余价值的企图,只是一厢情愿的梦想。

第四,上海商界的捐款、认购库券、垫款过程不顺利,商界对国民党政权自愿的经济支持有限。一些研究者往往通过国民党政权与上海商业联合会的交易来说明上海商人与国民党政权的合作与矛盾,然而他们基本上都将问题的焦点置于认购二五库券这一事件上。国民党政权与上海商业联合会之间的交易主要通过垫款、捐款、认购库券来体现。以往研究对此都有不同程度的涉及,但是在一些重要问题上却缺乏深入、细致的研究。

其一,500 万元的捐款。关于上海商界为国民党政权捐款 500 万元,个别研究虽然有所涉及,但是对捐款的结果缺乏说明与研究。然而实际上,根据上海商业联合会会议记录,上海商业联合会曾经就"捐款 500 万元"一事多次召开会员会议,动员众会员"慷慨解囊",尽管国民党方面也多次催促、威胁,上海商人仍是一毛不拔,最后捐款 500 万元的事情还是不了了之。也就是说,代表上海商界与商人的上海商业联合会会员没有为国民党政权进行捐款。

其二,认购二五附税库券。虽然一些研究均运用认购库券这一事件来说明国民党政权与上海商人的关系,但是对上海商业联合会认购库券最终数目、认购过程、认购库券的最终缴款却没有讲清楚。如果我们将二五库券认购数目、认购过程、认购结果进行比较,对于研究上海商界与国民党政权之间的关系,尤其是对于上海商人对国民党政权是否积极热心、是否存在自愿支持等问题,自然清楚明了。

在认购库券数目方面,已有的研究一般均认为国民党摊派给上海商业联合会二五库券的数目是 400 万元,上海商业联合会最终缴款的数目是202.7 万元。但是,事实上,国民党摊派给上海商业联合会库券的数目不是一成不变的。国民党最初摊派给上海商业联合会的二五库券是 400 万元,后来有所减少,最终分配给上海商业联合会的库券总数是 300 万元。

在认购库券的过程方面,上海商业联合会会员对于二五库券的认购并不积极。关于这一点,可以从上海商业联合会摊派给各会员的库券数目,以及 5 月 2 日、5 月 9 日、5 月 14 日上海商业联合会会员认购情况得到体现。在认购库券的过程中,除了个别会员以外,上海商业联合会的多数会员对于认购库券,采取了拖延、观望的态度。

在认购库券结果的问题上,诸多学者认为上海商业联合会最后认购库券的数目是 202.7 万元,但是,他们并没有研究上海商业联合会会员的最后缴款数目。一些学者研究大多说明 5 月 14 日认购库券的总额是 202.7 万,但是至于非常实质性的问题即缴款的过程情况却均无涉及,尤其有些研究将202.7万元说成是上海商业联合会的缴款数目。因为认购了多少库券是一回事,而认购以后的缴款又是另一回事。事实表明,上海商业联合会的许多会员认而不缴,或者象征性地缴款敷衍了事。如纱厂联合会认购50万元,缴款12.5万元,即是很好的例子。直至5月21日,上海商业联合会库券缴款只有144万元之余。本书经过对上海商业联合会会员会议议事录中多日的缴款记录统计,认为:截至1927年6月3日,上海商业联合会会员认购库券的缴款只有180余万元。

其三,垫款。一些学者研究指出上海金融界为国民党政权先后垫款600万元,但除了吴景平的研究以外,这些研究的绝大部分却没有涉及金融界如中国银行等单独为国民党政权垫款的情况。事实上,北伐战争开始以后,蒋介石政权多次要求中国银行进行垫款,开始中国银行还能满足蒋介石政权的要求。后来,中国银行不堪重负,由此引发张嘉璈与蒋介石之间的矛盾。

第五,上海商业联合会的控制权。一些学者分析认为买办、金融资产阶级在上海商业联合会的领导层占据优势,因此认为上海商业联合会的领导权被买办金融资产阶级控制。事实上,虽然金融业在上海商业联合会的领导层占据优势,但是这也是经济实力为后盾之故,而其他的团体,如上海县商会、闸北商会、交易所联合会等在领导层也拥有与银行公会等金融业同样的优势地位。但是,这并不能说明这些团体的领导人在上海商业联合会具有多大的决断权和发言权。从实际操作来看,上海商业联合会主要由虞洽卿发起成立,又基于与蒋介石的密切关系,虞洽卿在该会组建与运作的过程中可谓不遗余力,在认购库券等重要问题上拥有最后定夺的权力。

(三)学术方法上的特色与创新

本成果采用了史学界盛行的编年体、纪事本末体等记述方式来开展研究。在具体研究过程中,综合运用文献研究法、计量研究法、比较分析法、文本分析法、多学科交叉等多种方法进行研究。学术方法上的特色与创新之处如下:

第一,本书首先以时间为轴线的编年体方式,对上海商业联合会活动按先后顺序进行章节编排论述。编年体形式的采用,不仅叙事简洁,而且逻辑清晰,可清楚地洞见上海商业联合会在不同时期活动的状况和特点。具体到上海商业联合会与某一政治势力的关系叙述时,本书采用了纪事本末体的叙事手法。如第五章在探讨"上海商业联合会与国民党政权"时,该章节先叙述了上海商业联合会与国民党的合作关系,再进一步叙述双方矛盾的不断发展、激化。通过这样的方法,读者可以窥见这些事件的来龙去脉,从而对这些事件有一个完整、清楚的认识。

第二,采用文献调查法对上海商业联合会展开研究。通过查阅上海市档案馆馆藏上海商业联合会档案、上海市工商业联合会藏上海商业联合会档案和上海总商会档案等一手档案资料,系统地梳理、挖掘上海商业联合会档案,加深对档案资料的理解与运用的同时,利用报刊、日记、回忆录资料,通过检索梳理国内外文献,开展文本分析,整理多种观点,把握研究动态,确定研究标的;通过查询互联网、中国知网、万方数据知识服务平台、维普、人大复印资料数据库等,收集、整理与本书有关的档案、文献资料,在对这些档案、文献进行解读和分析的基础上,力求避免断章取义,并把这些论述置于当时特定的语境中分析。

第三,运用计量研究法分析与考察上海商业联合会的活动。虽然众多的上海商业团体加入上海商业联合会,但是该会的会员团体对上海商业联合会的事务的参与是否积极? 对国民党政权的经济支持是否热心? 本书多处运用了计量研究方法来对上海商业联合会具体活动进行统计和分析,以具体的量化数字来说明上海商业联合会会员参加会议的情况、认购二五库券和缴款的情况等,并进一步分析了数据背后的原因,通过这些具体的数字来揭示上海商界尤其是中小资本家对上海商业联合会的态度以及对国民党政权的支持程度。

第四,运用比较研究法进行分析,进而揭示上海商业联合会的特征和商会的演进规律。本书多处运用了比较研究的方法进行分析。在横向上,本书将上海商业联合会与上海总商会进行比较,通过对上海商业联合会与上海总商会的章程、组织结构、领导层等方面进行不同维度的对比研究,归纳总结上海商业联合会与上海总商会的继承性与差异性;在纵向上,本书通过上海商业联合会前期与后期的会员会议、活动开展等方面进行比较,全面了解该组织不同发展阶段和生存状况、会员团体的参与态度,使读者对上海商业联合会有了更为直观的了解。

二、研究的学术价值和应用价值

(一)研究的学术价值

本书以档案为一手资料,以 1927 年中国政局的变动为背景,以上海商业联合会这一商界组织为个案,通过考察该组织的建立、发展与解散,以独特的视角分析了1927年上海商界与工人、共产党、国民党等各派势力的互动,以及商界内部各派势力的分化与组合,再现了上海商界的政治、经济动态与愿景,具有较高的学术价值。

第一,有利于保存对上海商业联合会的历史记忆。上海商业联合会兴衰史的历史记载,也是上海商业联合会的历史印记,对其进行整理和研究,有助于人们了解上海商业联合会的历史轨迹,增强人们对上海商业联合会这一商会组织的历史认知。

第二,有利于厘清上海商业联合会的历史脉络,推动上海商业联合会研究的进展。本书通过整理现有成果,同时进一步挖掘档案史料、日记等第一手资料,结合回忆录、报刊时评对上海商业联合会成立的目的、背景、运作等进行分析,从而对1927年的上海商业联合会进行系统梳理和研究,厘清上海商人组织在特定时期的历史脉络,进而推动上海商会、商会组织研究的进展。

第三,有利于拓展上海史研究的内涵,为近现代上海商人、商人组织的研究提供新视角、新思路。本书采用学术大视野的研究视角,采用了史学界盛行的编年体、纪事本末体等记述方式来开展研究。在具体研究过程中,综合运用文献研究法、计量研究法、比较分析法、文本分析法、多学科交叉等多种方法进行研究,拓展和丰富了上海商人研究的内涵。

(二) 研究的应用价值

在建设中国特色的社会主义强国、提升我国综合实力的过程中,本书对于如何保持与巩固中央政府的政治权威、政治动员能力、社会资源调配能力,具有一定的警示意义与参考价值,对如何实现良性的政商互动,促进政府、民间双方在合作发展中互惠互利、共同发展,具有一定的借鉴意义。

第一,有利于加深对新时代党和政府的经济方针、政策的理解,深化对党的各项工作的认识。近现代的政商关系为党的经济方针政策的制定提供了历史借鉴。通过对上海商业联合会的研究,有助于加深人们对于党的经济方针、政策的认识和理解,深化对个体经济、私有企业的各项工作的认识。

第二,为当下改革和发展提供丰富的智力支持与经验启迪。

本书有助于人们深入了解党领导工人运动的光辉历程,弘扬党的优良传统,总结工人运动的经验和教训,正确处理当前社会各阶层的利益关系,团结一切可以团结的力量,从而更好地为建设中国特色的社会主义现代化强国服务。

第二章　上海商业联合会成立的历史背景

　　20 世纪 20 年代,1927 年是中国政局发生重大转变的一年,"是中国近代史上颇为诡异的时段"。[1]北伐军经过半年多的浴血奋战,很快席卷了长江以南的地区。革命力量摧枯拉朽,北洋军阀的统治摇摇欲坠。1927 年也是上海商界的多事之秋,在中国政局变幻莫测的同时,上海总商会出现了选举纠纷,江浙资本家也由于受到政局的影响,在依附何种政治势力问题上发生分化。为了适应政局变化,维护上海商界的利益,以虞洽卿为首的江浙资本家在 1927 年 3 月 22 日发起成立了新的商业组织——上海商业联合会。

第一节　1926 年下半年至 1927 年春中国国内的政治形势

　　鸦片战争以后,中国"内因军阀甘为虎作伥,外受帝国主义之联合压迫,人民无以维持其生活,国家已失去国际地位",中国人民肩负起反帝反封建的双重历史任务。[2]1924 年,国共两党实现了第一次合作,建立了革命统一战线,革命统一战线的建立推动了革命运动。为了推翻北洋军阀的统治,把革命推向全国,广东革命政府发起了北伐战争。1926 年国民革命军赴湘援唐,揭开了北伐战争的序幕,北伐"是南方革命势力向北发展"。[3]1926 年 7 月,国民革命军正式出师北伐,蒋介石为北伐军总司令。北伐军共 10 万人,面对的敌人主要有三大势力:一是直系军阀吴佩孚,控制湖北、湖南、河南、直隶与保定一带,拥有兵力 20 万人;二是皖系军阀孙传芳,占据江苏、

---

　　[1]　李在全:《"革命军北伐,司法官南伐"——1927 年前后的政权鼎革与司法人事延续》,《近代史研究》2021 年第 6 期。
　　[2]　《广州誓师》,罗家伦主编:《革命文献》第 12 辑,1978 年影印本,第 1 页。
　　[3]　独秀:《论国民政府之北伐》,《向导》周报第 4 集第 161 期,第 1584 页。

江西、浙江、安徽、福建五省,拥有兵力 20 万人;三是奉系军阀张作霖,驻兵东北三省,拥有兵力 35 万人。[1]为此,北伐军分三路进军,一路指向湖北、湖南,一路指向福建、浙江,一路指向江西。在广大工农群众的大力支持下,北伐军一路势如破竹。国民革命军从广州出师,经过浴血奋战,仅用了半年的时间,就歼灭了吴佩孚在两湖地区的精锐,"吴佩孚之主力,至此已损失殆尽"[2]。北伐军还重创了孙传芳的主力,一路长驱直入进入湖南、湖北、福建、浙江等地,把革命势力由珠江流域扩展到了长江流域,"差不多占有全中国三分之二的地方"。[3]

　　1924 年国民党改组之后,为了动员社会各界参加国民革命,大力推行民众运动,[4]周恩来曾经说过:"国民党改组后,由于我们党的努力,工人运动、农民运动在全国大大发展起来。"[5]民众运动的开展,使国民革命得以迅速发展并走向高潮,为北伐的酝酿与进行创造了十分有利的环境。[6]北伐军的胜利进军离不开广大工农群众的支持,而北伐战争的胜利进军,又进一步把工农运动推向高潮。在北伐战争的影响下,工农群众掀起反帝反军阀的斗争,呈现出前所未有的形势,工会农会组织迅速发展,工农运动犹如熊熊烈火。这一时期,国共两党都对工农运动采取扶持政策。1926 年 10 月,以邓演达为主任的国民革命军总政治部决定将工作的重点放在农民运动方面。1926 年 11 月,中国共产党成立了中共中央农民运动委员会,负责指导全国的农民运动。在国共两党的帮助与扶持下,工农运动发展迅速。在北伐战争前夕,湖南全省已有农民协会的会员 20 万人,1926 年 12 月,湖南全省 79 个县市中,有 54 个县市建立了农民协会,会员达 136 万人,到 1927 年 2 月,会员高达 200 万人。[7]在北伐军占领武汉以后,湖北的农民协会会员由 1926 年的 7.2 万人增加到 28.7 万人,1927 年 3 月为 80 万人,5 月达 250 万人。[8]1927 年,江西的农民协会会员由 6 278 人增加到 82 617 人。[9]1926

　　[1]　中国人民解放军军事学院:《南昌起义》,载中国人民政协全国委员会文史资料委员会编:《文史资料选辑》第 56 辑,中华书局 1978 年版;罗家伦主编:《革命文献》第 12 辑,1978 年影印本,第 3 页。

　　[2]　罗家伦主编:《革命文献》第 13 辑,1978 年影印本,《前言》。

　　[3]　《上海总工会告世界工人书》,中华全国总工会职工运动研究室编:《中国工会历史文献》,中国工人出版社 1981 年版,第 376 页。

　　[4]　朱英:《国民党与商民运动的兴起》,《华中师范大学学报(人文社会科学版)》2005 年第 6 期。

　　[5]　《周恩来选集》(上卷),人民出版社 1981 年版,第 112、113 页。

　　[6]　朱英:《北伐之前的国民党与民众运动》,《江苏社会科学》2009 年第 1 期。

　　[7]　华岗:《中国大革命史(1925—1927)》,文史资料出版社 1982 年版,第 199 页。

　　[8]　张国焘:《我的回忆》,东方出版社 2004 年版,第 553 页。

　　[9]　魏宏运编:《中国现代史资料选编》,黑龙江人民出版社 1981 年版,第 445、459 页。

年,全国的农民协会有 5 353 个,会员 981 442 人,到 1927 年全国农民协会增至 21 418 个,会员达 9 153 093 人。[1]惊天动地的农民运动动摇了帝国主义、封建主义在中国的统治基础。

北伐战争也推动了工人运动的蓬勃发展。1926 年,中华全国总工会发表《对国民政府出师的宣言》,号召全国工人"努力参加国民革命,站在一切民众之前,一致援助国民革命军北伐"[2]。随着北伐战争的胜利推进,工会组织也迅速恢复与发展,革命工会如雨后春笋般不断涌现,全国的工会会员迅速增加。在湖南,从 1926 年 9 月到 1927 年 2 月,工会组织共有 533 个,支会有 166 个,会员有 326 368 人。在湖北,从 1926 年 9 月到 1927 年 1 月,革命工会的会员发展到 371 000 人。到 1927 年 5 月,湖北全省共计有产业工会 59 个,分部 38 个、支部 1 797 个;职业工会 65 个,分部 55 个、支部 593 个,各县市的工会有 62 个,会员总计 512 727 人。在湖北的中心武汉,工会会员扩大至 30 万人,工会组织有 2 000 个。[3]北伐军到达浙江后,浙江的工会有了很大的发展,到四一二反革命政变以前,仅杭州、宁波、绍兴、温州四地的工会组织就有 573 个,全省共有县市总工会 20 余个,会员 30 万人。[4]从 1927 年 1 月到 3 月,全国的工会会员由 120 万人发展到 200 万人。[5]工农运动的蓬勃发展加速了中国革命的进程,"湖南农民参加北伐则使北伐军在极短时间内通过湖南,能养精蓄锐而克复武汉。要是说省港罢工创造了北伐,那末湖南农民运动即促成了北伐",[6]正如《中国共产党对于时局宣言》中指出的:

> 这些革命势力之兴起,无人能止之。工人群众渐渐组织到战斗的工会之内,冲破了以前地方的行业的界限,成功了强有力的统一势力,以领导全国民众反抗帝国主义及国内反动势力的争斗。农民群众日益卷入革命漩涡,并且工人阶级领导农民争斗这个事实也就要到来。[7]

［1］《中国现代革命史资料丛刊》,人民出版社 1983 年版,第 65—66 页;周兴旺:《北伐战争时期农民运动探析》,《北京师范学院学报》1991 年第 5 期。

［2］中华全国总工会职工运动研究室编:《中国工会历史文献》,中国工人出版社 1981 年版,第 267、268 页。

［3］华岗:《中国大革命史(1925—1927)》,文史资料出版社 1982 年版,第 199 页。

［4］王永玺:《中国工会史》,中共党史出版社 1992 年版,第 191 页;铁岩、李亮:《绝密档案——第一次国共合作内幕》,福建人民出版社 2002 年版,第 873—876、881—886 页。

［5］中共中央党校党史教研室:《中国共产党史稿》,人民出版社 1981 年版,第 167 页。

［6］《湖南农民运动的真实情形》,《向导》周报第 5 集第 199 期,第 2190 页。

［7］《中国共产党对于时局宣言》,《向导》周报第 5 集第 186 期,第 1976 页。

对于工农运动对北伐战争的巨大推动作用,国民党也予以肯定,国民党称:"革命成功,唯一之要素,在得民众扶助。"[1]1927 年 2 月,国民政府在工农群众的支持下收回了九江、汉口英租界。为了配合北伐军胜利进军,1927 年 3 月,上海工人举行了三次武装起义,经过浴血奋战,占领了上海。这些斗争都充分显示了中国工人阶级的伟大力量。

在北伐战争节节胜利、革命形势不断高涨的同时,革命统一战线内部分化的征象也日益显露,"形势的转换和伴随军事胜利而来的巨大政治利益,使国民革命阵营内部各种政治力量立于北伐基点上的脆弱结合迅速破裂",主要表现为国共两党关系的日益恶化,和国民党内部民主、专制势力斗争的日益激烈。[2]彭述之曾经指出:"革命发展到一个更广泛更深入的阶段,使整个中国成了全新的剧烈的局面,但同时却发生了一种革命右倾的现象,便是在革命的队伍中发生了一种妥协甚至反动的倾向。"[3]在北伐的过程中,中国共产党、国民党左派与国民党右派争夺革命领导权的斗争与矛盾日益尖锐。改组以后的国民党成为工人、农民、小资产阶级与民族资产阶级的革命联盟,但是,随着革命形势的进一步发展,革命统一战线的分化却越来越明显。1924 年,张继、邓泽如、谢持等人提出了《弹劾共产党案》。1925 年 8 月,国民党著名的左派领袖廖仲恺被害。同年,戴季陶主义出笼,它鼓吹"一个主义、一个政党、一个国家",向无产阶级与中国共产党发起进攻,也是在这一年,西山会议派也通过了反共决议。1926 年,蒋介石制造了"中山舰事件",诬蔑共产党人阴谋暴动。[4]后来,蒋介石又提出"整理党务案",规定共产党党员不能担任国民党的中央各部部长。北伐战争开始,蒋介石被任命为北伐军总司令,他的地位也因北伐战争的胜利进军而扶摇直上,其反共阴谋也进一步暴露。1927 年 2 月 21 日,蒋介石在南昌第十四次孙中山纪念周上发表了反对共产党的长篇演说,他大肆散布"共产党员事实上有许多对国民党党员加一种压迫,表示一种强横的态度,并且有排挤国民党党员

---

[1] 《国民政府为宣布政治改革方针告全国人民书》,罗家伦主编:《革命文献》第 13 辑,1978 年影印本,第 238 页。

[2] 陈祖怀:《论军事北伐政治南伐——北伐战争时期的一种社会现象》,《史林》1989 年第 1 期。

[3] 述之:《目前国民革命右倾的危险》,《向导》周报第 5 集第 190 期,第 2039 页。

[4] 马文车:《中山舰事件的内幕》,中国人民政治协商会议全国委员会文史资料委员会编:《文史资料选辑》第 45 辑,中国文史出版社 1964 年版;包惠僧:《中山舰事件前后》,全国政协文史资料委员会编:《文史资料精华丛书》(1),安徽人民出版社 2000 年版;《李之龙:三二零反革命政变真相》,中国人民大学革命史教研室编:《第一次国内革命战争时期的统一战线》,高等教育出版社 1986 年版,第 171—186 页。

的趋向,使得国民党党员难堪,这样我便不能照从前一样地优待共产党了"。[1]过了不久,蒋介石就开始指使张静江、陈国富等人非法占据国民党江西省党部和许多县的党部,唆使流氓和军队捣毁各地农民协会。3月9日,蒋介石怂恿其爪牙杀害了江西赣州总工会委员长、共产党员陈赞贤。3月17日,蒋介石又命令其爪牙捣毁九江的国民党左派的市党部和总工会,打死职工4人,打伤多人。3月23日,蒋介石在安庆指使其特务处处长杨虎纠集流氓捣毁国民党安徽省党部、安庆市党部和省总工会等革命团体,打伤多人。[2]

在镇压革命运动的同时,蒋介石还积极谋求与北方军阀的妥协,共同反共。1927年1月,电通东京电中说:"中国南北妥协的机运,渐成浓厚之状,双方常有代表往来,结局或将以稳健的孙文主义,实现大同团结。"[3]1927年3月1日,《上海商报》北京通讯处转述赵欣伯[4]的话:"南北两方如欲合作,确有可能之性质。即在蒋中正方面,亦尝间接示意北方,极力辩明南方确非赤化,并谓近来对共产党运动抑制甚力,决不令其蔓延,察其语气,似愿与北方合作。"[5]3月7日,《顺天时报》也称:"蒋介石现正欲国民党旧人及中立各派客商反赤,即以反赤名义与北方携手……蒋之联北计划现正积极,已责人提出条件,惟其内容不能宣布。"[6]蒋介石所策动的一系列反革命、谋求与北方军阀进行妥协等事件表明,革命营垒面临严重的分裂危机。

第二节 1926年下半年至1927年春中国面临的国际形势

在国际上,北伐战争的胜利进军也引起了西方列强的恐慌,"英人尤甚"[7]。"中国国民革命运动,其发展之猛烈使世界帝国主义在中国的统

---

[1] 《蒋介石在南昌总部的第十四次纪念周演讲》,《四·一二反革命政变资料选编》,人民出版社1987年版;张国焘:《我的回忆》,东方出版社2004年版,第521页。
[2] 赵幼侬:《赣州总工会横遭摧残的情形》,《向导》周报第5集第191期,第2059页。
[3] 述之:《南北妥协问题》,《向导》周报第5集第191期,第2055页。
[4] 赵欣伯,1890年生于河北宛平,清末曾当禁卫军卫兵,其后在北洋大学学习,1915年留学日本。1926年经日本推荐任东三省巡阅使署的法律顾问,后堕落为汉奸,见《中华民国史资料丛稿》,《人物传记》第20辑,第114页。
[5] 国民党中央党部档案(九)第4676号,《四·一二反革命政变资料选编》,人民出版社1987年版,第71页。
[6] 述之:《南北妥协问题》,《向导》周报第5集第191期,第2055页。
[7] 牛大勇、陈长伟:《北伐时期列强对华政策研究评介》,《历史研究》2005年第1期。

治地位发生了动摇。"[1]1926 年 11 月,英国的《泰晤士报》称:

> 中国南军深进,此为甚严重紧要事件,外人利益大受危险,英人尤甚。以英国政府而言,目前国际问题未有甚于此者,英国必须立即设法以保护在长江受危险之英人。吾人不可不明白预计者,激起英人将来冲突之机会更多,英之最恶仇敌,现方伺机而作,若观望犹豫,最属危险。若以来华人来反动以拒赤化,则亦极无利,盖在华人反动之时,恐英国已无可保全之物……[2]

在中国革命取得一系列胜利以及革命面临分化危机之际,帝国主义国家为了维护在华利益并能够趁机掠夺更多的权益,频频进行磋商,不断实施阴谋,对中国革命进行破坏。[3]面对如火如荼的中国革命浪潮,帝国主义列强发现中国革命形势"只可疏导,不可抑制,苟欲强止,是长乱也"[4]。因此,它们"左手握着利剑,右手握着金钱"[5],实施了"和平"与"炮舰"政策并举的两面手法。

虽然列强在争夺对中国的控制权的过程中存在尖锐的矛盾,但是,当轰轰烈烈的中国大革命危及它们的在华利益时,它们又会联合起来共同绞杀中国革命。1926 年至 1927 年年初,面对北伐战争的战争态势,英、美、日等国先后发表对华政策声明,它们纷纷表示尊重中国的主权与领土的完整,不

[1]《中国共产党全国第五次代表大会为五一节纪念告世界无产阶级书》,中共中央宣传部办公厅、中央档案馆编研部:《中国共产党宣传工作文献选编(1915—1937)》,学习出版社 1996 年版,第 797 页。

[2] 述之:《帝国主义对国民政府之态度与国民政府的外交问题》,《向导》周报第 5 集第 180 期,第 1881 页。

[3] 有关北伐时期列强反应的研究主要有张圻福:《四·一二》反革命政变与帝国主义》,《江苏师院学报》1979 年第 Z1 期;沈予:《论北伐战争时期美国对华政策》,《历史研究》1985 年第 4 期;牛大勇:《北伐战争时期美国分化政策与美蒋关系的形成》,《近代史研究》1986 年第 3 期;周兴旺:《北伐战争时期农民运动探析》,《北京师范学院学报》1991 年第 5 期;雄志勇:《试析 20 年代美国对中国收回主权运动的态度》,《近代史研究》1992 年第 3 期;祝曙光:《试析北伐战争时期的日本对华政策》,《民国档案》1994 年第 1 期;姚金果:《四一二政变的国内外因素探讨》,《广州大学学报》1995 年第 1 期;王升:《试论北伐战争时期日本对华政策演变的原因》,《社会科学战线》1996 年第 6 期;姚金果:《四一二政变前英美日破坏中国革命的策略》,《党史研究与教学》1996 年第 3 期;罗志田:《北伐前期美国政府对中国革命的认知与对策》,《中国社会科学》1997 年第 6 期;邵建国:《论北伐战争时期日本的对华政策》,《日本问题研究》1997 年第 3 期;袁成亮:《试论北伐时期日本田中内阁的对华政策》,《苏州大学学报》1998 年第 2 期;叶永车:《论北伐战争时期美国对华政策的特点》,《党史研究与教学》1999 年第 1 期;王蓉霞:《北伐初期英国在华非殖民化举措》,《北京科技大学学报(社会科学版)》2011 年第 2 期,等等。

[4]《国际对华空气》(时评),《国闻周报》1926 年第 3 卷第 48 期,第 2 页。

[5] 化鲁:《国民注意对英外交》,《东方杂志》第 24 卷第 3 号。

打算干涉中国内政,它们由仇视变成表面的中立,"同情"中国的民族革命运动。[1]1927 年 1 月 16 日,日本外相币原喜重郎宣布:日本政府将尊重保全中国的主权和领土完整,对中国内争严守绝对不干涉主义。[2]美国国务卿凯洛格在 1 月 27 日发表声明:对于关税自主与放弃治外法权所采取的态度,美国以最宽大的精神对待中国。[3]1927 年 1 月 29 日,英国首相张伯伦在伯明翰演讲时宣称:"英国愿意变更领事裁判权",以及"外国租界的准独立地位"。[4]同时,列强的不干涉声明夹杂着一股硝烟味道。日本外相向中国发出威胁:"我国民在中国之生命财产……手段,竭力维护我国正当重要之权利及其利益。"美国国务卿在其声明中反复提到:"美国政府期待中国人民及领袖们承认美国侨民的生命财产在这应由他们负责的冲突期间有被保护的权利","倘若中国当局不能提供这种保护,美国政府自然有保护其公民生命财产的基本义务"。[5]张伯伦甚至更是赤裸裸地表明英国军事干涉中国革命的企图:"吾人必须派遣军队,以防危险。"[6]可见,帝国主义列强以"舰队为后盾的爱好和平的宣言,乃是欺骗并讥讽中国求独立自由的民众"。[7]

事实上,帝国主义对中国革命的武装干涉早已出笼。1926 年下半年到 1927 年春,西方列强不断增兵中国。1926 年 9 月初,英国海军舰队闯入珠江向中国军队进行挑衅,并在广州、汕头等地拘捕中国工人,严重威胁到北伐军的后方。[8]9 月 5 日,英国以撞翻中国船只的太古轮船公司的轮船被扣留为借口,炮轰万县,中国军民伤亡 5 000 多人,民房商店被毁 200 家,制造了"万县惨案"。[9]当北伐军逼近上海、南京之际,英美等国家纷纷增兵

[1]　启修:《帝国主义列强与我们》,《广州民国日报》1926 年 11 月 2 日,第 2 版。
[2]　《日本币原外相对华政策演说》,见【英】怀德:《中国外交关系史略》,商务印书馆 1928 年刊本,第 149—151 页,转引自《四·一二反革命政变资料选编》,人民出版社 1987 年版,第 2 页;中华民国史事纪要委员会编:《中华民国史事纪要》,中华民国史料研究中心 1976 年版,第 92 页。
[3]　《中美关系资料汇编》,世界知识出版社 1957 年版,第 472—475 页。
[4]　《四·一二反革命政变资料选编》,人民出版社 1987 年版,第 483 页。
[5]　《美国公使在沪之言论》,《广州民国日报》1926 年 9 月 27 日,第 12 版。
[6]　《中国共产党对于时局的宣言》,《向导》周报第 5 集第 186 期,第 1976 页。
[7]　魏琴:《最近各国对华的言论》,《向导》周报第 5 集第 186 期,第 1935 页。
[8]　超麟:《北伐军战胜声中英国对华的阴谋和压迫》,《向导》周报第 4 集第 171 期,第 1739 页;《大批英舰来华示威》,《广州民国日报》1926 年 10 月 7 日,第 12 版。
[9]　《英舰炮击万县之惨状》,《广州民国日报》1926 年 9 月 21 日,第 12 版;《惨无人道之英帝国主义屠杀万县》,《向导》周报第 4 集第 173 期,第 1774 页。万县惨案的研究主要有庞培吉:《中国近现代对外关系史》,高等教育出版社 1994 年版,第 233 页;李健民:《民国十五年的万县惨案》,《近代史研究所集刊》第 19 期。

上海。1927年1月,英国派赴中国之兵力的总数达到了2.1万人,停泊在中国近海的战舰有巡洋舰6艘、驱逐舰8艘、炮舰15艘、潜艇12艘。[1]英国还纠集美法等国家联合派兵四五千人在上海登陆,并在上海至长江一线部署42艘舰艇,日本的42艘驱逐舰也奉命驶入长江。[2]美国甚至提出将淞沪地区划为中立区,妄图阻止北伐军进军上海。[3]1927年3月,北伐军占领南京以后,英美法等国借口保护侨民与领事馆,炮轰南京,中国军民死伤2 000多人,制造了"南京惨案",[4]并向中国发出通牒,提出"惩凶"、道歉等无理要求。[5]

上海第三次工人武装起义胜利以后,英、美、法、日、意大利、比利时、荷兰等国共2万多人的军队集结在上海,125艘军舰停泊在黄浦江江面。[6]4月初,英国把载有几十架飞机的航空母舰开到吴淞口外,黄浦江上的英军军舰上的大炮都卸了炮衣,指向上海市区,随时准备展开对中国人民的屠杀。[7]

上海公共租界当局也极为恐慌,工部局准备对上海的工人纠察队采取最强硬的措施,[8]它命令租界的"英兵竭力防御,苏州河堤为第三道防线",与上海工人纠察队处于严重的对峙状态。[9]工部局还于1927年3月21日、22日、23日先后三次颁布戒严令,自晚上10点至凌晨4点"禁止任何人在马路闲逛或逗留"。[10]

著名的美国报人鲍威尔以其亲身经历,对当时的上海情景有过形象的描述:

[1] 独秀:《英帝国主义最近对中国进攻政策》,《向导》周报第5集第185期,第1960页。
[2] 中华民国史事纪要委员会编:《中华民国史事纪要》,中华民国史料研究中心1976年版,第60页。
[3] 述之:《请看帝国主义在上海之自卫》,《向导》周报第5集第189期,第2032页;述之:《美帝国主义提议淞沪中立区的真意》,《向导》周报第5集第188期,第2010页。
[4] 肖如平、丁书颖:《英国与南京事件交涉(1927—1928)》,《近代史研究》2020年第3期。
[5] 石源华:《中华民国外交史》,上海人民出版社1994年版,第299页。
[6] 《停泊浦江之外舰》,《广州民国日报》1926年11月1日,第12页;上海沿革编写组:《国民党统治时期的上海》,《上海市文史馆上海地方史资料》(一),上海社会科学院出版社1982年版。
[7] 范绍增:《关于杜月笙》,见中国人民政协全国委员会文史资料委员会编:《文史资料选辑》第84辑,文史资料出版社1982年版。
[8] 上海市档案馆:《工部局董事会会议记录》第23册,上海古籍出版社2003年版,第58页。
[9] 《孙筹成日记》(1927年3月26日),上海市工商业联合会档案史料,卷宗号:189-67。
[10] 《法租界紧急布告》,《民国日报(上海)》1927年3月27日,第2张,第1版。

……在此以前，上海已经修筑了无数的防御工事，如战壕、碉堡和铁丝网路障，并且展开了形形色色的攻击国民革命军的宣传,斥之为受莫斯科控制的,扬子江上的赤色波浪。……在这种自欺欺人的宣传下,上海的外国租界立即进入战争状态,雇用了数千名苦力,日夜不停地挖掘战壕,设置路障,修筑碉堡。很快,这种恐慌情况又传到有关国家的首都,加上领事和各种代表团耸人听闻的报告,好像天要塌下来一般。于是在短短几个星期内,约有 4 万名外国士兵开到上海,包括美军步兵和陆战队,英国兵,日本兵,意大利的海军陆战队,还有法国的安南雇佣军。[1]

帝国主义在使用武力干涉中国革命的同时,还竭力采取分化革命统一阵线的办法来扼杀中国革命,在中国寻找"温和派"的代理人,维持列强在华的既得利益。[2]"帝国主义之新政策,企图讨好得胜者,并谋中国分成二个政府,这些倾向均能使国民政府之发展及国民党之指导向着右走",[3] 1927 年 3 月 28 日,在蒋介石到达上海的第二天,帝国主义列强对其一面指使、一面督促地说:"蒋介石、何应钦、白崇禧是唯一可以使长江以南的区域免于沦入共产党之手的保护力量……倘若蒋介石愿意拯救中国人民于共产党之手,那么他必须迅速而决断地进行起来。"[4] 4 月,美国国务卿在指使美国驻华公使时说:"告诉蒋介石,除非他能表示可以满足我们要求的行动,列强各国将采取认为适当的措施。"日本的币原外相要求蒋介石"维持秩序,镇压暴乱",并且说:"我们的意见是诱使蒋介石独有创举,决定方案,由蒋介石及其健康分子来安排。"[5]面对西方列强的威逼利诱,蒋介石很快作出回应,他称:"国民革命军是列强各国的好朋友,决不用武力改变租界的现状。"[6]蒋介石如此回应,很显然是帝国主义的不干涉声明和"炮舰政策"的双重功效。列强这种威逼利诱、软硬兼施的手段对中国革命产生了消极影响,它加速了革命统一战线的分化,也预示着反革命风暴的即将来临。

---

[1]　【美】鲍威尔:《鲍威尔对华回忆录》,邢建榕、薛明扬、徐跃译,知识出版社 1994 年版,第142、156 页。

[2]　独秀:《英帝国主义最近对中国进攻政策》,《向导》周报第 5 集第 185 期,第 1960 页。

[3]　《政治问题决议案》,中共中央宣传部办公厅、中央档案馆编研部:《中国共产党宣传工作文献选编(1915—1937)》,学习出版社 1996 年版,第 782 页。

[4]　彭明编:《中国现代史资料选辑》,中国人民大学出版社 1988 年版,第 367 页。

[5]　《美国外交文件》1927 年第 2 卷,第 127、164 页,见彭明编:《中国现代史资料选辑》,中国人民大学出版社 1988 年版,第 369 页。

[6]　《北华捷报》1927 年 3 月 31 日,见彭明编:《中国现代史资料选辑》,中国人民大学出版社1988 年版,第 369 页。

第三节　上海商界在新的形势下的重新分化与组合

北伐战争不但在列强中间引起了强烈的震动,而且引起了中国国内社会各个阶层的密切关注。《国闻周报》上的一则时评体现了一些资本家对国民革命军将要在全国实施的经济政策寄予期盼:

> 汉口为南北枢纽,政治关系,姑置不论,经济地位,实可会聚长江黄河两流域之势力而支配之……故全国实业界,咸有踌躇不安之色,恐慌难言之状。……蒋军之政治政策,固尚鲜明;而经济政策,极为暧昧。谓为赤化也,则广州尚未闻资本制度之废除;谓为非赤化也,则广州咸传为劳工势力所支配。暧昧不明,高深莫测。当其据在全国经济关系较浅之广州,实业界尚有观望之余闲,一旦奄有全国经济关系极深之武汉,实业界已无从容之余地。故吾人以为全国实业界有急起要求蒋介石宣明态度之必要。……吾人以为时至今日,实业界有正式要求蒋介石宣明之必要。吾人非欲于此时与蒋介石讨论共产主义之是非,乃欲先问蒋介石之主意安在? 而加以讨论耳。赤化也可,非赤化也可,其他具体之新经济政策亦可。吾人甚盼蒋介石予实业界以明白之答复。[1]

其实,一些资本家所希望的是能够维护自身利益的经济政策,不希望这些经济政策"变迁过于剧烈"。1926 年,北方金融资本家组成的生产协会曾积极倡导:

> 无论经济政策主张若何,苟生产事业,不谋发达,则国家民族难以生存。无论政治势力变迁若何,苟生产事业不予以保护,则国计岁收,立呈竭蹶。……苟经济政策变迁过于猛烈,政治势力压迫逾其担负,则不绝于线之生产事业,立可摧残一尽,而源源而来的国际压迫,更当气势大张,民族将何以谋生,国家更何以图存? 顾同仁今日奋而起者,实所以为民族、为国家谋对内之妥协。[2]

全国资本家对北伐后国民革命军的经济政策的动向焦躁不安,在经济上具有一定实力的上海资产阶级更是如此。在 20 世纪初的一二十年,上海

---

[1] 前溪:《全国实业界应要求蒋介石宣明态度》,《国闻周报》1926 年第 3 卷第 36 期,第 1、2 页。

[2] 《生产协会创设之提议与评论》,《国闻周报》1927 年第 4 卷第 2 期,第 6 页。

资产阶级对时局的发展变化具有较强的应变能力,他们能够对形势的变化见风使舵、维持本阶级的利益。在北洋军阀面临衰亡、北伐军席卷半个中国之际,上海资产阶级更加希望通过多种途径与即将建立的新政权建立联系,从而维护资产阶级利益,并且使资产阶级在新政权的统治下获取更多的经济与政治话语权。

一、上海商民自治的传统

近代以来,随着外国资本主义对中国侵略的进一步加深,上海及其周边地区的自然经济逐步解体,商品经济有了一定的发展,商品经济的发展为民族资本主义的发展创造了条件。甲午战争以后,清政府允许民间办厂,上海以其交通便利、资本集中、受外国资本主义影响较早等有利条件,民族资本主义工商业有了迅速的发展。在民族资本主义工业发展的同时,民族资本主义的商业和金融业也发展起来。一战期间,由于主要的资本主义列强忙于战争,暂时放松了对中国的侵略,中国的资本主义经历了快速发展的、短暂的"黄金时期",上海的民族资本主义也获得了空前的发展,工业、交通业、金融业、商业等行业,都出现了一大批新的企业。[1]一战以后,上海的民族资本在夹缝中继续发展,其中交易所与银行业的发展最为突出,工业资本与金融资本的相互渗透加速了工业与金融业的发展。此外,上海还出现了一些诸如郭氏、南洋兄弟烟草等大的资本家集团。随着资本主义的发展,上海资产阶级逐渐成长起来,他们的势力越来越多地广泛渗入社会生活的各个方面,成为上海相当活跃的政治力量。1902年,上海商业会议公所的成立,使从前各个行业性质的同业公所开始转化为统一联合的资本家团体。与此同时,上海资产阶级又以"自立自治"为口号,发起自治运动。他们先后创办了闸北工程局、上海城厢内外总工程局、上海城厢内外自治公所。新兴的资产阶级通过早期的一些参政运动,丰富了政治经验,提高了资产阶级的社会地位与政治影响。从19世纪20世纪之交开始,上海资产阶级以地方自治为基础,逐步要求在政治上取得更多的发言权,他们积极参加立宪派的改良运动,组织了商团,参加了辛亥革命,发起了租界的华人参政运动、抵制外货运动与反"洪宪帝制"的斗争。在巴黎和会期间,资产阶级首先组织了两个试图向巴黎和会施加影响的团体。20世纪20年代,上海资产阶级开始反军阀的斗争,他们要求废督裁兵、整理财政,甚至制定宪法。1922年的"国

---

[1]　朱华:《上海一百年》,上海人民出版社1999年版,第97页。

是会议"将上海资产阶级参政运动推向了新的阶段,是商人"黄金时代"里最为辉煌的一页。[1]在这些政治活动中,上海总商会等商会组织扮演了重要角色。

二、上海总商会内部矛盾的激化

汇集上海资产阶级精英的上海总商会是伴随资产阶级参政运动而不断发展的商会组织。1902年2月22日,中国第一个商会——上海商业会议公所正式宣告成立,它的成立体现了新兴的民族资产阶级维护本阶级利益的要求与意愿。1903年,上海商业会议公所改名为上海商务总会,并拟定试办章程七十三条,事务规定二十三条,设立了总理、协理、议董、坐办等职位。1906年,上海商务总会在南市分设机关,1907年更名为沪南商会公所。1911年,上海南北市商界在一批浙江籍绅商的发起下,决定成立上海商务公所,公举朱葆三为会长、林莲荪等为副会长,另举董事若干名。新组建的上海商务公所以"维新"商会自居,吸收了大批拥护民主共和的工商界人士入会。1912年2月27日,上海商业公所与上海商务总会合二为一,"公定名为上海总商会,以昭统一"。新成立的上海总商会将上海商务总会有关"入会""会费""选举"等条款作了一些修改,这些修改在一定程度上改变了上海总商会的组织结构,"对扩大商会会员队伍具有积极的意义"。[2]上海总商会建立以后,力图开创一个有利于民族资本主义发展的新局面。上海总商会不但为民请命,要求减免苛捐杂税,举行全国性的工商业会议,试图实现全国工商业的大联合,而且对参政议政也表现出浓厚的兴趣。五四运动时期,上海总商会公然承认日本占领青岛,提出与日本直接交涉归还青岛的"佳电"风波使其地位一落千丈,但也为上海总商会的改革创造了条件。[3]1920年,上海总商会选举使上海总商会由绅商时代进入资本家的时代。1922年的"国是会议"与"民治委员会"是上海商界突破传统的"在商言商"观念、实行所谓"国民自决"的重大尝试。[4]

---

[1] 唐力行:《商人与中国近世社会》,商务印书馆2003年版,第306页。
[2] 徐鼎新、钱小明:《上海总商会史(1902—1929)》,上海社会科学院出版社1991年版,第185页。
[3] 有关上海总商会"佳电"的研究主要有徐鼎新:《从绅商时代走向企业家时代——近代化进程中的上海总商会》,《近代史研究》1991年第4期;朱英:《重评五四运动期间上海总商会"佳电"风波》,《历史研究》2001年第4期;熊玉文:《也评上海总商会佳电风波——兼与朱英先生商榷》,《江汉论坛》2010年第8期;熊玉文:《上海总商会佳电来历研究》,《史学集刊》2016年第2期。
[4] 李子文:《简论上海总商会"民治委员会"》,《史学集刊》1986年第2期。

以上观之,上海民族资产阶级总是能够根据政治形势与时代发展的需要促使上海总商会不断发生转轨或重组。在 1926 年政治形势突变之际,在傅筱庵的操纵下,上海总商会进行了一次争议很大的选举。在这次选举中,傅筱庵以中国通商银行经理、招商局董事双重身份作为上海总商会的会员取得竞选会董与会长资格,同时他的大量亲信也进入上海总商会的领导层。这次上海总商会的选举结果显示,"同时以中国通商银行职员资格之会员当选、以招商局职员资格之会员当选为会董者三人,是招商、通商会董全数的四分之一,至傅氏兄弟叔侄同时当选为会董者三人,与傅有经营关系或是在傅属下服务而同时当选为会董者计 23 人,据会董 2/3 强"。[1]"一公司当选者若干人,或许多选举票被选举人名均属相同","风潮内幕,在沪上已为公开之秘密,风雨满城,知总商会者无不知其底蕴"。[2]

1926 年上海总商会的选举结果,也使上海总商会内部存在的帮派矛盾进一步激化。上海总商会内部的江浙籍资本家与非江浙籍资本家的矛盾由来已久,其中以广东帮与宁波帮的矛盾最为尖锐。广东帮资本家对江浙资本家一直把持上海总商会会务的现象极为不满,1926 年的选举结果,使他们试图掌握上海总商会的希望再次破灭,为此激起他们更大的怨恨,"长期积聚在总商会内部的矛盾急剧增加了"。[3]

在上海总商会内部江浙籍资本家与非江浙籍资本家之间矛盾激化的同时,江浙籍资本家内部也发生了明显的分化,江浙籍资本家在对当时政治局势的认识上产生了明显的分歧。当选为上海总商会会长的傅筱庵"倒行逆施",置北伐军节节胜利和北洋军阀面临崩溃的形势不顾,依然以皖系军阀为政治靠山,不断地向其提供资助,引起了其他江浙籍资本家的强烈不满。1926 年 7 月,傅筱庵调集招商局的 9 艘轮船,为孙传芳提供军运。9 月 9 日,傅筱庵又勾结孙传芳残酷镇压了中华海员工人的联合罢工,继而盗用上海总商会的名义发表要求北伐军撤回广东的"寒电"。1927 年 3 月,傅筱庵主持召开上海总商会、上海县商会、上海银钱两业会董的联席会议,要求为孙传芳摊认库券 1 000 万元,他还准备从招商银行拨款 200 万元接济孙传

---

[1] 上海市工商业联合会编:《上海总商会议事录》,上海古籍出版社 2006 年版,第 2434 页;《孙筹成日记》(1927 年 4 月 16 日),上海市工商业联合会档案史料,卷宗号:189-71;《政治分会派员接收总商会》,《民国日报(上海)》1927 年 4 月 27 日,第 3 张,第 1 版。

[2] 慎予:《沪总商会选举风潮所感》,《国闻周报》1926 年第 3 卷第 24 期,第 2 页。

[3] 朱英:《论 1926 年上海总商会换届改选风潮》,《江苏社会科学》2018 年第 4 期;徐鼎新、钱小明:《上海总商会史(1902—1929)》,上海社会科学院出版社 1991 年版,第 363 页。

芳军队。[1]傅筱庵与孙传芳之间的亲密合作关系自然为国民党当局所不容,因此,四一二政变以后不久,国民党就发出了缉拿傅筱庵之通令,称其"助逆扰乱,把持会务,献媚军阀,以金钱供给敌饷,以商轮为孙运输,阻挠义师,革命军到沪后,阳示归顺,阴谋反动,不独投机,实为叛逆"。国民党的这种做法并非过分之举,实乃事出有因。[2]在缉拿傅筱庵的同时,国民党政权还准备对原先在傅筱庵控制下的上海总商会进行改组与接收。[3]据上海总商会书记员孙筹成日记记载:

> 自党军来沪,本会公牍骤减,同时发生商民协会及商业联合会,故本会同事咸感恐慌,照国民政府之法令,本无总商会名义,势难久存。[4]

上海总商会的会长被通缉,会务骤减,国民党准备对其进行接收改组,上海又陆续成立了上海商业联合会、商民协会等新的商业组织。[5]因此,上海总商会的会员纷纷持观望态度,上海总商会在上海商界的地位岌岌可危,据《时报》报道:

---

[1] 徐鼎新、钱小明:《上海总商会史(1902—1929)》,上海社会科学院出版社1991年版,第365页。

[2] 《孙筹成日记》(1927年4月27日),上海市工商业联合会档案史料,卷宗号:189-71。

[3] 《政会派员接收总商会》,《时报》1927年4月27日,第5版;《总商会实行接收》,《民国日报(上海)》1927年5月13日,第3张,第1版。

[4] 《孙筹成日记》(1927年3月29日),上海市工商业联合会档案史料,卷宗号:189-71。

[5] 有关商民协会的研究主要有乔兆红:《大革命初期的商民协会与商民运动》,《文史哲》2005年第6期;李柏槐:《商民的利益集团的商民协会——成都与上海等地商民协会差异之比较》,《社会科学战线》2005年第1期;朱英:《商民运动后期上海商民协会的建立》,《社会科学战线》2010年第12期;朱英:《商民运动与中国近代史研究》,《天津社会科学》2005年第4期;朱英:《近代上海商民运动中的店员工商界限之争》,《社会科学》2010年第5期;朱英:《国民党"三大"前后的商会存废之争与商民协会的解散》,《华中师范大学学报(人文社会科学版)》2010年第5期;朱英:《国民党与商民运动的兴起》,《华中师范大学学报(人文社会科学版)》2005年第6期;朱英:《国民革命时期武汉地区商民协会与商会的冲突及合作》,《江汉论坛》2011年第11期;朱英:《国民革命时期商民运动的成效与缺陷》,《史学月刊》2011年第8期;朱英:《商民运动时期商民协会与商会的关系:1926—1928》,《中国经济史研究》2010年第3期;朱英:《上海商民协会成立的一波三折》,《江苏社会科学》2010年第6期;朱英、巴杰:《试论国民革命时期的店员群体》,《学术研究》2012年第1期;赵利栋:《党政府与民众团体——以上海市商民协会与上海总商会为中心》,《中华民国史研究三十年》,社会科学文献出版社2008年版,第517—546页;张志东:《国家社团主义视野下的制度选择——1928—1931年的国民政府、商会与商民协会,天津的个案研究》,《"国家、地方、民众的互动与社会变迁"国际学术研讨会暨第九届中国社会史年会论文集》,2002年;张可欣:《商人、商帮与地方社会——成都市商民协会研究(1925—1931)》,华中师范大学2018年硕士论文;陈旭东:《近代上海商民协会的沉浮兴衰》,《文汇报》2018年4月27日,第14版。

自国民革命军抵沪,总商会会员中既有商业联合会之组织,各马路商联会会员中复有商民协会之发起。该会会员观望风色,泰半停止纳费,以素号多资之总商会,经济会务遂两陷悲境。[1]

上海商业联合会成立以后,上海工商界原属上海总商会的部分会员团体转而集结于上海商业联合会周围,该会的三个主席虞洽卿、王一亭、吴蕴斋成了上海工商界的真正中心人物,傅筱庵控制下的上海总商会受到上海工商界理所当然的鄙弃和冷落。尽管当时以上海总商会名义发出的函电还不时出现于报端,但人们几乎并不理会它的存在,当然也就谈不上有什么社会地位和社会影响了。

三、以虞洽卿为首的上海大资产阶级与蒋介石的密切联络

在江浙籍大资本家中,有一部分人与傅筱庵的政治立场不同,以虞洽卿为首的一部分江浙籍资本家,对政治形势的发展则有另一番认识。在虞洽卿等人看来,北伐军已经胜利在望、北洋军阀的灭亡基本已成定势,他们希望以早有交往的蒋介石为政治靠山。所以,为了适应形势发展的需要,他们感到有必要在上海总商会以外另辟蹊径,成立新的商业组织。

上海部分大资本家与蒋介石的交往由来已久,1926年至1927年初中国社会政治形势的变化,使得双方的往来与联系更加频繁。蒋介石早年在上海证券交易所时,就结识了一批江浙籍大资本家,如虞洽卿、王一亭、叶琢堂等,虞洽卿是蒋介石的密友,张静江是蒋介石从事交易活动的提携人与"参谋"。[2]1924年,陈果夫奉蒋介石之命到上海为黄埔军校采购军服、枪带等物时,在上海海关被扣留,虞洽卿、王一亭、沈田莘等人从中斡旋,陈果夫始得开脱。[3]1926年夏,当南方革命形势蓬勃发展之际,应广东革命政府的邀请,上海商界派王晓籁为代表赴广东"考察新政",[4]王晓籁回到上海以后立即为国民革命展开宣传,并"暗中筹集北伐军饷,担任总务主任"。

[1]《总商会静待接收,七委员昨未前往》,《时报》1927年4月28日,第5版;《总商会静待接收》,《民国日报(上海)》1927年4月28日,第3张,第1版。
[2]魏伯桢:《上海证券交易所与蒋介石》,见中国人民政协全国委员会文史资料委员会编:《文史资料选辑》第49辑,文史资料出版社1964年版;许念晖:《虞洽卿的一生》,见全国政协文史资料委员会编:《文史资料精华丛书》(8),安徽人民出版社2000年版;《蒋介石与上海证券交易所》,陈真编:《中国近代工业史资料第三辑》,生活·读书·新知三联书店1961年版,第766页。
[3]杨天石:《蒋氏密档与蒋介石真相》,社会科学文献出版社2000年版,第86页。
[4]《沪商代表之谢电》,《广州民国日报》1926年8月20日,第7版。

因为支持与宣传南方革命，王晓籁遭到孙传芳的忌恨并被悬赏。[1]为了探明南方国民革命军的经济政策，北方银行界代表人物吴鼎昌也特地委派《大公报》记者徐铸成以采访新闻的名义前往广州，探听国民政府对北洋政府发行的公债的态度。[2]同年夏，蒋介石让宋子文等人电邀虞洽卿赴广东考察，虞洽卿让其女婿盛冠中前往探听情况，盛冠中回到上海以后，详细描述了自己在广东的见闻。根据盛冠中的陈述，虞洽卿认为"蒋介石很讲交情，对浙东乡谊看得很重"。[3]1926 年 9 月，虞洽卿、王晓籁等人为了配合北伐战争，以全浙公会的名义发起大规模的和平运动，反对奉军南下与北伐军作战，他们又以"浙人治浙"为口号，反对孙传芳在浙江的统治。[4]1926 年 11月，虞洽卿曾专程到南昌，提出以反共灭共为条件，答应给蒋介石提供财政上的支持与援助。1927 年 2 月，虞洽卿、钱新之又到南昌见蒋介石，以提供借款为条件，请求蒋介石在上海实行反共政策。[5]据许念晖回忆，1927 年，陈书臣在四明银行楼下的经理室与人闲谈，忽见虞洽卿跑过来对孙衡甫说："好了好了，老蒋已经答应反对共产党，我们好做生意了。"经过蒋介石与上海一些资本家双方密谋，1927 年，蒋介石密令将"打倒帝国主义"的口号改为"和平救国"。[6]

在风云变幻的年代，江浙籍银行家群体对政治舞台上的一举一动也密切注视，他们对政局变化的敏锐性也超过了和平时期。在近代上海的经济发展过程中，上海的金融业可谓异军突起。在 19 世纪末，仅有 1897 年中国通商银行一家银行开业，20 世纪初至 1911 年开设的银行就有 19 家，辛亥

[1] 《王晓籁自传》，见中国人民政治协商会议上海文史资料研究委员会编：《上海文史资料选辑》第 63 辑，上海人民出版社 1989 年版；上海市工商业联合会档案史料，卷宗号：192-2、3；王晓籁：《我的经历》，上海市工商业联合会档案史料，卷宗号：192-40、41；王晓籁：《我被孙传芳通缉的经过，被称为赤党分子》，《五十自述》，上海市工商业联合会档案史料，卷宗号：181-140。
[2] 张伯驹：《盐业银行与北洋政府和国民党政权》，全国政协文史资料委员会编：《文史资料精华丛书》(8)，安徽人民出版社 2000 年版。
[3] 《沪商代表返沪后报告赴粤情形》，《广州民国日报》1926 年 8 月 22 日，第 6 版；《盛冠中等到广东去考察》，上海市工商业联合会档案史料，卷宗号：168-147；吴震修：《北伐期间陈其采曾经赴广东与革命军联系》，1965 年 5 月 28 日访谈，上海市工商业联合会档案史料，卷宗号：181-171。
[4] 刘惠吾：《上海近代史》，华东师范大学出版社 1987 年版，第 137 页。
[5] 陈书臣：《1927 年虞洽卿去南昌后的一句话》，上海市工商业联合会档案史料，卷宗号：169-40。
[6] 许念晖：《虞洽卿与南北军阀的一段关系》，上海市工商业联合会档案史料，卷宗号：168-52；周振强：《四一二事变点滴》，中国人民政协全国委员会文史资料研究委员会编：《文史资料选辑》第 8 辑，中国文史出版社 1986 年版。

革命后设立的银行进一步增多。第一次世界大战期间及稍后的几年,趁着西方资本主义势力无暇东顾的良机,华商银行也有了空前的发展,商业银行中出现了有名的"南三行"和"北四行"。"南三行",包括 1907 年建立的浙江兴业银行,1910 年建立的浙江实业银行,1915 年建立的上海商业储蓄银行;"北四行",包括 1915 年成立的盐业银行,1917 年成立的金城银行,1921 年成立的中南银行,1919 年成立的大陆银行。"南三行"与"北四行"的业务发展很快,资本积累迅速。1925 年,浙江兴业银行的存款高达 3 193 万元,上海商业储蓄银行 1926 年已有资本 250 万元,存款高达 3 200 万元。[1]"南三行"中掌握决策权的资本家包括:浙江兴业银行的叶揆初、蒋抑卮、徐新六,上海商业储蓄银行的陈光甫,浙江实业银行的李馥荪,加上中国银行上海分行的宋汉章,交通银行上海分行的钱永铭、胡祖同,以及中国银行上海分行的副总裁张公权,他们都是上海金融界的代表人物。这些由上海金融业、工商界具有相当经济实力和较高社会地位的江浙籍金融家与企业家群体组成的"江浙财团",[2]凭借强大的经济实力,对上海乃至全国的经济都产生了重要的影响。

1926 年,北伐战争节节胜利、北洋军阀面临崩溃之际,江浙金融资本家开始通过各种渠道支持蒋介石。[3]北方大资产阶级也纷纷秘密请人牵线搭桥,急于和蒋介石取得联系。中国银行分支机构遍及南北,非常便于其领导人与各种势力进行联系。北伐战争开始以后,为了适应政局变化的需要,中国银行在人事上作了调整,中国银行上海分行决定由张嘉璈以副总裁的

[1] 谟研:《"四·一二"反革命叛变与资产阶级》,《历史研究》1977 年第 2 期。
[2] 对江浙财阀有三种解释:第一,以上海为根据地的浙江籍金融家及实业家;第二,主要是以上海为根据地的江浙两省金融家及实业家;第三,以上海为根据地的金融家及实业家。见陈真编:《中国近代工业史资料第一辑》,生活·读书·新知三联书店 1957 年版,第 308 页。有关江浙财团研究有陶水木:《江浙财团研究》,人民出版社 2012 年版;姜铎:《略论旧中国三大财团》,《社会科学战线》1982 年第 3 期;黄逸平:《江浙"财团"析》,《学术月刊》1983 年第 3 期;李正华:《江浙财团与南京国民政府的关系》,《历史教学》1988 年第 4 期;周巍:《试论南京国民政府创建时期的民族资产阶级》,《学术论坛》1991 年第 6 期;杨树标:《论四一二前后江浙财团同蒋介石——读〈一九二七年的上海商业联合会〉》,《杭州大学学报》1991 年第 3 期;姚会元:《略论"江浙财团"的形成》,《江海学刊》1995 年第 1 期;邱松庆:《江浙财团与南京国民政府的建立》,《党史研究与教学》1996 年第 5 期;姚会元:《江浙金融财团的三个问题》,《历史档案》1998 年第 2 期;易继苍:《江浙财团与南京国民政府的关系》,《贵州社会科学》2002 年第 5 期;徐淑雅:《蒋介石与江浙财团》,《中学历史教学》2004 年第 6 期;徐淑雅:《江浙财团政治生命之历史回顾》,《重庆大学学报(社会科学版)》2004 年第 4 期;陶水木:《江浙财团研究八十年》,《浙江社会科学》2007 年第 6 期;等等。
[3] 王兼士:《南三北四行和徐新六》,上海市工商业联合会档案史料,卷宗号:181-140。

身份驻沪办公,以"观察形势,联络各方"。[1]1926 年 5 月,中国银行举行通常股东会,改选任期已满的董监事,张嘉璈连任副总裁,这时他就用心周密地以中国银行是"为全国人民服务"的银行为理由,提出领导人分驻京、沪两地,会上决定由总裁驻京,副总裁驻沪,以便指挥南方各行的行动。中国银行这样的安排就大大方便了张嘉璈与南方的政治势力保持接触。这时,张嘉璈的母亲在上海病危,他便以此为由在上海办公,以便更好地与南方革命政权进行周旋。1926 年年底,原安徽督军倪嗣冲所控制的金城、裕元集团,请当时正在南昌北伐军司令部当参议的张群"代为向国民党联络"。[2]因此,中国的政治势力与商界之间,呈现出一种"军事北伐、政治南伐"的奇怪局面。张嘉璈在北方待了 10 年,与国民党的黄郛、张群等人是莫逆之交,同北方的政治经济界人士又有千丝万缕的联系,还担任过多年的北京银行公会的会长,可以说是北方政治势力"南伐"的一个代表。[3]

为了进一步加强中国银行与北伐军的联系,在北伐战争前夕以及战争的过程中,中国银行曾对北伐军进行多次资助。1926 年,中国银行的存款已高达 3.28 亿元,货币发行高达 1.37 亿元。中国银行实力雄厚,能够即刻拿出库存的大量现银,因而成为蒋介石谋求财政支持的重要对象。[4]早在1924 年,广东革命政府就成立中央银行,为发行兑换券筹措准备金,该行行长宋子文就向中国银行行长贝祖诒商借,贝祖诒向北京总行请示,中国银行北京总行秘密嘱咐贝祖诒必须赴广州与宋子文当面协商。宋子文要求中国银行广东分行能够借 200 万元给国民革命军,经过双方协商,中国银行答应垫借 50 万元。北伐战争期间,中国银行也多次资助北伐军。1926 年 9 月北伐战争开始,中国银行广东分行因已经垫借给北伐军 50 万元,作为回报,宋子文曾电告北伐军,对于沿途的中国银行分行要加以保护。当北伐军进军湖南,中国银行长沙分行又垫借 80 万元给北伐军。当北伐军到达江西赣县,蒋介石通过在天津的黄郛向张嘉璈请求中国银行南昌分行能够给与现款接济,虽然当时江西还在孙传芳的严密监视之下,但是张嘉璈在黄郛的游说下,还是安排中国银行南昌分行偷偷地将 20 万元现款运到了赣县。[5]

[1]《中国银行概况》,《民国丛书》(影印本,下同),第 80 册,上海书店出版社 1989 年版,第253 页。

[2] 石磊:《1927 年民族资产阶级的政治选择》,《上海档案》1996 年第 4 期。

[3] 洪葭管:《张嘉璈在中国银行的 22 年》,《20 世纪的上海金融》,上海人民出版社 2004年版。

[4] 洪葭管:《20 世纪上海金融的变迁》,《20 世纪的上海金融》,上海人民出版社 2004 年版。

[5] 张秀莉:《中国银行与南京国民政府的早期关系》,《史学月刊》2001 年第 3 期。

1927 年,北伐军抵达江西与武汉,中国银行南昌分行、汉口分行分别垫借了70 万元和 147 万元。[1]张嘉璈还密令中国银行上海分行可以向蒋介石提供 100 万元的垫借款。[2]

在北伐战争的过程中,除了请求中国银行给与资助以外,蒋介石还向其他一些银行发出请求,希望得到资助。1927 年 1 月,蒋介石到南昌时,曾写信给四行储蓄会协理钱新之和上海商业储蓄银行的陈光甫,对他们在上海"扶持党义"的行为表示钦佩,希望他们能够"贯彻初衷",并邀请"他们能来浔、汉一游,聊叙积愫"。[3]后来,由于军饷缺乏,蒋介石又写信给陈光甫与钱新之,请求两行给予接济,陈、钱两人一起凑了 50 万元借给蒋介石。[4]

在中国传统的社会关系中,同乡关系是人们进行联系的重要纽带。同样,同乡关系也是上海一些资本家与蒋介石进行密切联系的重要因素。在上海的工商业资本家中,江浙籍资本家是一个重要组成部分。1926 年,在上海总商会会员中,江浙籍的资本家占总数的 78%。[5]在上海的金融业中,江浙资产阶级在金融业中也处于核心地位(见表 2-1)。在上海银行公会的 43 家银行当中,有 35 家总行设在上海,占上海银行公会会员总数的 81%。[6]

表 2-1　上海主要银行家及其籍贯

姓　　名	所在银行的名称	担任职务	籍　　贯
李　　铭	中国银行	董事长	浙江绍兴
	浙江实业银行	总经理	
张嘉璈	中国银行	总经理	江苏宝山
宋汉章	中国银行	上海分行经理	浙江余姚
贝祖诒	中国银行	上海分行经理	江苏苏州
钱永铭	交通银行	上海分行经理	浙江吴兴
胡祖同	交通银行	总经理	浙江宁波

[1]　上海市档案馆编:《一九二七年的上海商业联合会》,上海人民出版社 1983 年版,第96 页。

[2]　朱华、冯绍霆:《崛起中的银行家阶层:上海银行公会早期活动初探》,《档案与史学》1999年第 6 期;朱华:《上海一百年》,上海人民出版社 1999 年版,第 155 页;洪葭管:《张嘉璈在中国银行的 22 年》,《20 世纪的上海金融》,上海人民出版社 2004 年版。

[3]　朱镇华:《江浙财阀中谁率先资助蒋介石上台》,《中国金融旧事》,中国国际广播出版社1991 年版。

[4]　邢建榕:《陈光甫日记及其史料价值》,《档案与史学》2001 年第 4 期。

[5]　穆烜:《"四·一二"前后的上海商业联合会》,《学术月刊》1964 年第 4 期。

[6]　洪葭管:《论历史上的金融中心和当前重建上海金融中心》,《上海研究论丛》第 11 辑。

姓　名	所在银行的名称	担任职务	籍　贯
陈光甫	上海商业储蓄银行	总经理	江苏镇江
	中国银行	常务经理	
叶揆初	浙江兴业银行	董事长	浙江杭州
蒋抑卮	浙江兴业银行	常务董事	浙江杭州
徐寄庼	浙江兴业银行	办事董事董事长	浙江永嘉
徐新六	浙江兴业银行	总经理	浙江余杭
盛竹书	浙江兴业银行	上海分行总经理	浙江镇海
吴鼎昌	盐业银行	总经理	浙江吴兴
	北四行联营事务所	主任	
周作民	金城银行	总经理和董事长	江苏淮安
胡笔江	中南银行	总经理	江苏淮安
	交通银行	董事长	
谈荔孙	大陆银行	总经理	江苏淮安
王志莘	新华信托储蓄银行	总经理	江苏川沙
孙衡甫	四明商业储蓄银行	董事长兼总经理	浙江慈溪
傅筱庵	中国通商银行	总经理	浙江镇海

资料来源:洪葭管编:《1941年前上海的金融业》,《20世纪的上海金融》,上海人民出版社2004年版。

当然,上海大资产阶级和民族资产阶级一些上层人物资助蒋介石,主要目的是希望蒋介石能够保护他们商业的正常生产秩序、身家财产,他们需要依靠蒋介石这样的政治势力保护他们的既得利益。对于上海一些资本家来讲,他们虽然宣称"在商言商",但也需要有一定的政治势力代表他们的利益。就工商业而言,近代上海的工商业在全国具有举足轻重的地位。到1927年,上海的工商业资本达9亿多元,金融资本达16亿元,具有相当的经济实力。[1]以纺纱行业为例,1913年,上海的纱厂有纱锭14万余枚,占全国纱锭总数的30%,到1925年,该比例升至36.8%。1927年,全国的纱锭数为201万余枚,上海为68万余枚,占全国的33.9%。[2]正是因

---

[1] 巴图:《民国金融帝国》,群众出版社2001年版,第28页。
[2] 严中平:《中国近代经济史统计资料选辑》,科学出版社1955年版,第109页。

为江浙资本家拥有巨大的经济实力,所以由谁执政、如何维护他们既得利益是头等大事。

北洋军阀统治时期,各地军阀为了争夺地盘与人口,连年混战,严重地破坏了社会生产力,也极大地损害了上海工商业和金融业资产阶级的利益,"军阀给成千上万的中国人带来直接与间接的恐惧与盘剥"。[1]上海大资产阶级对军阀的不满与厌恶溢于言表,他们认为"沪商业领袖全国,祇以慑于积威,囿于习惯,但知在商言商,安分经营,其他军事政事不闻不问,遂使军阀政客一无顾忌,蛮触角斗,陷商业于覆巢破卵之境"。[2]军阀混战致使物产凋敝、金融停滞、交通阻塞,给商业带来了严重的危害,也给资本家造成了难以估量的经济损失。[3]

1927年春,"国中局势,变迁至剧"。[4]在中国的政治形势发生重大变化之际,上海一些资本家出于自身利益考虑,把结束分裂、统一国家、实现关税自主、消弭工潮,以及谋求有利于上海资本主义发展的社会环境的希望寄托在蒋介石身上。

一些资本家之所以不断暗中接济北伐军并与蒋介石进行联络,是因为蒋介石的一系列反共行为使上海资产阶级认为蒋介石能够帮助他们抵制中国共产党领导的工人运动。蒋介石在到达上海以前已经制造了大量的反共事件与残害工农的事件,在劳资问题上对资产阶级的承诺,上海资产阶级自然心领神会。因此,当蒋介石指挥北伐军席卷中国南方的时候,上海大资产阶级和民族资产阶级一些上层人物出于维护他们的经济利益的考量,急切地期盼蒋介石率领军队早日到达上海。上海商业联合会在其宣言中称:"今革命军蒋总司令秉承总理遗志,百粤出师,为民请命,军旅所过,莫不箪食劳迎,而我商民之仰望来苏,亦最深切。"[5]对于蒋介石来说,兵马未动,粮草先行。将北伐战争进行下去并取得胜利,需要一定的经济实力作为后盾。由于上海的经济实力和其在全国的经济地位,国民党政权非常清楚拉拢上海大资产阶级和民族资产阶级一些上层人物的重要性,也希望获得他们的

[1]【美】费正清主编:《剑桥中华民国史》(一),章建刚等译,上海人民出版社1991年版,第335页。
[2] 上海市档案馆编:《一九二七年的上海商业联合会》,上海人民出版社1983年版,第14页。
[3] 上海市档案馆编:《一九二七年的上海商业联合会》,上海人民出版社1983年版,第15页。
[4] 慎予:《东南何以处此变局乎》,《国闻周报》1926年第3卷第33期,第1页。
[5]《上海商业联合会宣言》,上海市档案馆编:《一九二七年的上海商业联合会》,上海人民出版社1983年版,第14、15页。

经济支持。"他们知道控制上海比控制许多军队的师更为重要。"[1]1926年至1927年,工人运动的迅速发展震撼了资本家,也加速了上海一些资本家与蒋介石势力密谋和交易的进程。

1926年冬,北伐军攻克武汉以后,武汉的职工运动蓬勃发展,上海金融界和商界中的主要人士,听到武汉工农运动高涨的情况后都很惶恐。[2]据金融界人士回忆,当时上海银行界对北伐军的到来有如丧家之犬,惶惶不可终日,[3]上海的大资产阶级和民族资产阶级一些上层人物还被汹涌的工人运动吓得胆战心惊。当时报人鲍威尔对此事也有详细的记载:

> 一向保守的上海工商金融界,这时大都支持国民革命运动,他们希望国民革命能够结束10多年来中国政治动荡的局面,为这个灾难深重的国家和贫苦的人民带来安定和幸福。同时他们也认为,在国民党左派和共产党的干扰下,要想获得长久的安宁和重建是不可能的。为了考察红色地区的实际状况,上海地区的银行家和企业家组织了许多代表团前往汉口、江西和湖南等地考察,不幸的是,这些代表团到达当地以后,均被扣押审讯,揪到乡下游行示众,并在他们的衣服后背写上帝国主义走狗的字样,当这些代表逃回到上海……已深深地印在他们的脑海中,于是他们立即采取措施,防止在上海地区发生这样的事情。[4]

直到全面抗战前夕,上海银行界对当年工人运动的往事,还是"谈虎色变",其恐惧程度可见一斑。[5]当北伐军到达湖南时,大量湖南的土豪劣绅逃亡上海,他们到达上海后拼命造谣,说什么"农民运动共产共妻,兵士六个月不回家,妻子便由农民协会公去"。[6]

基于这种认识,上海一些资本家呼吁蒋介石阻止城市革命的爆发,蒋介石的军队也需要上海大资产阶级和民族资产阶级一些上层人物的资助,因

---

[1] 【美】费正清主编:《剑桥中华民国史》(二),章建刚等译,上海人民出版社1992年版,第149页。

[2] 陈书臣:《1927年虞洽卿去南昌后的一句话》,上海市工商业联合会档案史料,卷宗号:169-40。

[3] 市隐:《内战声中金融之推测》,《钱业月报》1926年第6卷第12期,第20—24页;曋斋:《武汉收复后上海商界之希望》,《钱业月报》1927年第7卷第11期,第6、7页。

[4] 【美】鲍威尔:《鲍威尔对华回忆录》,邢建榕、薛明扬、徐跃译,知识出版社1994年版,第144页。

[5] 王兼士:《南三北四行和徐新六》,上海市工商业联合会档案史料,卷宗号:181-140。

[6] 《第一次国内革命战争时期的农民运动》,《中国现代史资料丛刊》,人民出版社1983年版,第381页。

此"蒋介石与上海资本家彼此需要"。[1]对于在国民党军队未到上海之前资产阶级给予的资助,蒋介石也比较感激。1927 年 3 月 28 日,在会见上海商业联合会的主要领导人时,蒋介石说:"此次革命成功,商界暗中助力,大非浅鲜。"[2]

四、维护上海商界的根本利益

纵观清末民初到 20 世纪 20 年代上海民族资产阶级自治与参与政治的轨迹,可以发现:他们的活动无不以资产阶级的利益为中心,无不以争取商界利益为中心。无论与何种政治势力打交道,上海民族资产阶级考虑的首要问题是,最大限度地维护本阶层的利益。上海一些资本家多次与各派政治势力周旋的政治经历,使其形成了见风使舵、随机应变的政治手腕。一位熟知上海工商界内情的人士称:"他们(工商业)的首脑人物能够适应政局变化。"[3]言外之意,上海商界善于与各派政治势力建立联系,什么政治势力上台,就由与该势力交好的人出面交往联系。由于上海商界能够很好地适应时局的变化,因此上海资产阶级的利益在相当多的时候都能够得到满足与保障。1924 年皖系段祺瑞上台,上海总商会会长由与段祺瑞关系密切的虞洽卿担任以便加强双方的联系,1926 年段祺瑞政权倒台后,而孙传芳得势,上海总商会会长便由与孙传芳关系较好的傅筱庵担任以便双方进行沟通。

1926 年下半年到 1927 年初,中国的政治形势发生了新的变化,上海必须出现新的资产阶级组织或领头人,来与即将上台的蒋介石政权打交道,以便协调上海大资产阶级与新政权的利益和合作关系。1926 年,上海总商会矛盾激化,使之陷入四面楚歌的局面,它已不能在上海商界起到领袖众商的作用。傅筱庵虽然担任了上海工商界最有声望的上海总商会的会长,同时还身兼中国通商银行经理、招商局董事,并一度被公认为上海最富有的商人之一。但是,傅筱庵却一口拒绝了蒋介石借款 1 000 万元的请求,与之形成鲜明对比的是,他却为孙传芳慷慨解囊。于是,蒋介石对傅筱庵非常不满,

---

[1]　【美】费正清主编:《剑桥中华民国史》(二),章建刚等译,上海人民出版社 1992 年版,第147 页。

[2]　《上海商业联合会见蒋介石新闻稿》,上海市档案馆藏上海商业联合会档案,卷宗号:Q80-1-6-1。

[3]　祝绍祺:《蒋介石叛变革命与江浙财阀的一段故事》,未刊稿,上海市工商业联合会档案史料,卷宗号:182-3。

自然而然地就不会对傅筱庵控制下的上海总商会感兴趣。在这种形势下，上海就需要一个代替上海总商会、对上海工商界起领袖与号召作用的组织，来实现蒋介石与上海资产阶级之间的交易活动，以维护上海一些资本家的既得利益，并最大限度地获取商业利润。[1]

在上海商业联合会的一些文件中，上海大资产阶级对成立该组织而维护本阶层利益的想法毫不掩饰。在上海商业联合会宣言稿中，一些资本家宣称："实行政商合作，振兴实业，普济民生，凡我同人咸抱斯旨。"[2]在上海商业联合会的立案呈文中，称："因时制宜，将以上佐政府之进行，下谋商民之调剂。"[3]上海一些资本家所说的"政商合作""佐政府之进行"，就是希望借助一定的政治力量作为维护自己经济利益的后盾。在上海商业联合会的注销呈文中，上海商业联合会称："窃敝会前以我革命军整饬莅沪，总商会发生纠纷正在整顿，爰外应时势之需要，内谋自身之保障，由上海六十余商业团体联合组织。"[4]在其结束宣言中，上海商业联合会还念念不忘："我商界对外应时势的需要，对内谋自身之保障""即商界所希望者安居乐业，而商界担负者为共同义务"。[5]这些文件所说的"内谋自身之保障"，无非是保护与维持大资产阶级的既得利益。所以，从这种意义上来讲，上海商业联合会是上海一些资本家谋求与蒋介石政权进行交易的工具。[6]1927年3月22日，当北伐军到达上海龙华，也就是上海工人第三次武装起义胜利的第二天，上海商业联合会宣告成立，有其内在政治、经济因素，并不是一种时间上偶然的巧合。

---

[1] 赵晋卿认为上海商业联合会的成立主要是为了对付上海总商会，因为当时总商会在傅筱庵的手里，同时北伐军到上海以后，需要一个新的商业机构，商界同新政权沟通起来方便一些。王晓籁认为控制上海总商会的傅筱庵阻挠北伐，虞洽卿又和其是对头，所以虞洽卿就组织了上海商业联合会。见赵晋卿：《上海商业联合会成立的目的》，王晓籁：《回忆商业联合会筹备》，上海市工商业联合会、复旦大学历史系编：《上海总商会组织史料汇编》，上海古籍出版社2003年版，第885页。

[2] 《上海商业联合会宣言》(稿一)，上海市档案馆编：《一九二七年的上海商业联合会》，上海人民出版社1983年版，第15页。

[3] 《上海商业联合会申请立案呈文》，上海市档案馆藏上海商业联合会档案，卷宗号：Q80-1-3-14。

[4] 《上海商业联合会陈请解散呈稿》，上海市档案馆藏上海商业联合会档案，卷宗号：Q80-1-5-32。

[5] 《上海商业联合会结束宣言》，上海市档案馆藏上海商业联合会档案，卷宗号：Q80-1-5-33、34、35。

[6] 严鄂声：《虞洽卿组织上海商业联合会与蒋介石勾结》，上海市工商业联合会档案史料，卷宗号：169-193。

本　章　小　结

1927年前后,中国国内政治形势以及中国面临的国际形势的变化,上海商界的内部矛盾的激化,是上海商业联合会建立的内因与外因。

1926年开始的北伐战争,致使中国国内的政治局势出现新的变化。北伐军节节胜利,北洋军阀的统治摇摇欲坠。北伐战争在中国国内社会各阶层中也引起了强烈的反响与震动。北伐战争得到了广大工农群众的支持,而北伐军的胜利也进一步推动了工农运动,轰轰烈烈的工农运动震撼了旧的社会政治与经济秩序。在北伐战争、工农运动取得一定胜利的同时,国民革命内部国民党右派与中国共产党和国民党左派争夺革命领导权的斗争也日趋尖锐,国民革命统一战线面临分裂的危险。大地主与大资产阶级力图维持既得利益与话语权,纷纷寻求新的政治代理人。自北伐战争开始到1927年初,受中国时局的影响,出现了"军事北伐、政治南伐"的现象,北京、上海等地的一些资本家闻风而动。尤其是金融等行业的资本家通过多种途径与已取得一系列胜利的北伐军取得联系并对之进行支持,以期待即将胜利的国民革命军在未来能够保护他们的根本利益。

北伐战争不仅引起了中国国内政治局势的变动,引发了国内各阶级、阶层势力的此消彼长。在国际上,北伐战争与工农革命运动也引起了西方列强的高度关注。西方列强为了保持自鸦片战争以来依靠不平等条约在中国摄取的各种权益,不断使用"不干涉"和平声明与"炮舰政策"的两面手腕,妄图联合镇压中国革命运动,通过拉拢革命统一战线内部的反革命势力,积极寻找西方列强新的在华利益代理人,在保持既得利益的情况下,趁中国局势变幻之机攫取更多的权益。列强威逼利诱等手段加速了革命统一战线的分裂和反革命风暴的到来。

中国国内和国际形势的变化,也激化了上海商界的矛盾。1926年,上海总商会举行了一次"有争议"的选举,傅筱庵再次当选为上海总商会会长,以及他的大量亲信也进入与把持上海总商会的领导层的态势,使原本存在的江浙籍资本家与非江浙籍资本家之间的矛盾更加尖锐。不仅如此,在1926年至1927年中国政治形势变化的过程中,由于在以何种政治势力作为政治靠山的问题方面存在严重分歧,江浙籍资本家群体也发生了分化。为此,以虞洽卿为首的江浙资本家希望以蒋介石为政治靠山,他们发起成立了上海商业联合会,试图取代以北洋军阀孙传芳为政治靠山的傅筱庵控制的上海总商会。同时,又因为上海商界一些资本家受到蓬勃发展的工人运动的冲击,惊慌失措的上海大资产阶级和民族资产阶级一些上层人物希望借助蒋介石的反革命势力扑灭工人运动的烈火,来保全他们的经济利益、产权与秩序。

综上,上海商业联合会的建立,是 1927 年前后中国面临的国际环境、国内政局变动的新形势发生的重要变动等综合因素的产物。在中国政治局势与商界互动的过程中,以上海总商会的选举纠纷为导火线导致上海总商会内部矛盾激化,以及江浙籍资本家的分化等导致上海商界的分裂和上海商业联合会的成立,都体现了在政治变局的形势下,上海商界力图通过调适性地应变来维护本阶层的经济利益和政治空间。

第三章 上海商业联合会的建立与扩充

在国内外政治形势与上海商界内部矛盾等诸因素的共同作用下,1927年3月22日,上海19个商业团体发起成立了上海商业联合会,其后又有45个商业团体陆续加入。上海商业联合会成立以后,发布了宣言,通过了章程,逐步建立起规章制度。随着会员的进一步加入,上海商业联合会的委员等领导层也逐渐扩充,组织机构日益增多,为该会活动的开展创造了条件。

第一节 上海商业联合会的建立

1927年3月22日,上海县商会、闸北商会、银行公会、钱业公会、交易所联合会、纱厂联合会、纱业公所、金业公会、粤侨商业联合会、面粉公会、振华堂洋布公所、杂粮公会、茶叶会馆、丝经同业公会、南北报关公所、书业商会、纸业公会、商船会馆、通商各口岸转运公所19个商业团体在香港路四号银行公会举行联席会议,以"维护各业安全起见",发起成立了上海商业联合会,并在《申报》《新闻报》《民国日报上海》等报纸发布成立公告,宣告上海又一个新的商会组织——上海商业联合会成立。上海商业联合会在成立公告中称:

> 敝会为维护各业安全起见,爰3月22日开各商业团体联席会,决定组织上海商业联合会,即日正式成立,自此以后,凡沪上商业有利害关系之一切事件,敝会当群策群力,共同进行,为特宣布意旨:"凡具商业团体表同情者,经会员之介绍均可随时照章加入本会,特此公告。"[1]

---

[1] 《上海商业联合会成立公告》,上海市档案馆藏上海商业联合会档案,卷宗号:Q80-1-5-1;《上海商业联合会成立公告》,《申报》1927年3月24日,第1版;《上海商业联合会之发起》,《新闻报》1927年3月24日,第12版;《上海商业联合会成立公告》,《时报》1927年3月24、25日,第1版;《上海商业联合会成立公告》,《民国日报》(上海)1927年3月24日,第1张,第1版;《民国日报》(上海)1927年3月25日,第1张,第2版;《民国日报》(上海)1927年3月26日,第1张,第2版;《上海商业联合会成立公告》,《银行周报》1927年第11卷第11期,第60页。

在上海商业联合会成立公告中,该会开宗明义地陈述成立的主要目的是"维护各业安全"。1927年3月,上海商界面临北伐军即将进入上海、国民革命军即将在上海实行什么样的政治和经济政策的忐忑,面临上海第三次工人武装起义胜利以后进一步高涨的工人运动形势,也面临着上海总商会因政治靠山即将垮台陷入瘫痪而众会员无所依托的状态。在这种情况下,上海商业联合会以"维护各业安全"为号召,承诺"自此以后,凡沪上商业一切有利害关系之事件,敝会当群策群力,共同进行",使那些对国民革命军心怀忐忑、在劳资纠纷中节节防守的商界一些资本家似乎看到了新的希望,也表明商界一些资本家已经深刻地意识到,单靠个别企业或者是公会、公所、会馆等行业的力量不足以同工人阶级抗衡,必须加强行业之间的联合才能对抗工人运动。

从上海商业联合会的宗旨来看,该会宣称"以互助精神维护商业"为宗旨。"以互助精神维护商业"为宗旨主要包含两层意思,一方面,"互助"是指各商业团体、各企业之间,以及交通运输、金融业、纺织业、面粉业等各行各业之间要联合起来,共同对付工人运动等方面的威胁;另一方面,"互助"还包含上海商界希望与一定的政治势力进行"政商合作",并以之为政治靠山,主要包括与国民党政权进行合作,共同对付中国共产党领导的工人运动。因此,在上海商业联合会成立后的一两周时间里,一些会馆、公所、商会等商业团体纷纷加入,说明上海一些资本家希望打破行业界限,加强联系与合作,共同应对工人运动的冲击。

上海商业联合会曾颁布了一个临时章程。[1]3月23日,在上海商业联合会常务委员举行的委员会议上,众委员一致通过了《上海商业联合会暂行章程》,《上海商业联合会暂行章程》的内容如下:

上海商业联合会暂行章程

定名　本会由上海商业团体联合组织,故定名为上海商业联合会。

宗旨　本会以互助精神维护商业为宗旨。

会员　本会会员以商业团体及代表商业团体之机关为限。每团体推二至六人为代表。凡正式商业团体自愿加入者,经会员之介绍,得推定代表函致本会,由委员会通过,随时加入。

组织　本会取委员会制,额定二十五人,就会员代表中推定。如将

[1]《上海商业联合会暂行章程》,上海市档案馆藏上海商业联合会档案,卷宗号:Q80-1-5-7、8。

来团体增加,得增加之。[1]

本会委员会分科担任职务如左:(一)总务;(二)交际;(三)经济;(四)调查。

会议　本会的会议规定如左:

(一)会员会议每月一次。

(二)委员会议每星期一次。遇有必要时,经五分之一以上同意,均得召集临时会议。各列会议由委员会中互推一人为主席。

经费　本会会费由会员分别担任。

会址　本会暂借香港路银行公会为会址。

附则　本会暂行章程自本会成立日起实施。如有未尽事宜或须修改者,得由会员会议决议修改之。[2]

《上海商业联合会暂行章程》只是初步对上海商业联合会在组织与制度等方面作了一些规定。4月1日,上海商业联合会举行会员会议,会议的主要议题就是对《上海商业联合会暂行章程》进行修改、表决、通过,修改后的《上海商业联合会章程》内容如下:

上海商业联合会章程

第一条　本会由上海商业团体联合组织,故定名为上海商业联合会。

第二条　本会以互助精神维护商业为宗旨。

第三条　本会会员以商业团体及代表商业团体之机关为限。每团体推二至六人为代表。凡正式商业团体自愿加入者,经会员之介绍,得推定代表函致本会,由委员会通过,随时加入。但凡独立商业而无代表机关者,欲加入本会时,经本会委员二人之介绍,提出大会得过半数之通过,亦得入会。

第四条　本会取委员会制,额定四十一人,就会员代表中推定。如将来团体增加,得增加之,但至多以四十五人为限。

第五条　本会委员分总务、交际、经济、调查四种,分理一切事务,

---

[1]《上海商业联合会暂行章程》,上海市档案馆藏上海商业联合会档案,卷宗号:Q80-1-5-9、10、11;《加入商业联合之团体》,《申报》1927年3月27日,第11版。

[2]《上海商业联合会暂行章程》,上海市档案馆藏上海商业联合会档案,卷宗号:Q80-1-5-9、10、11;《商业联合会之进行》,《申报》1927年3月25日,第11版;《上海商业联合会消息》,《新闻报》1927年3月25日,第3版;《上海商业联合会暂行简章》,《银行周报》1927年第11卷第11期,第60—61页。

并得雇用职员助理之。

第六条　非本会会员之代表,其有热心公益、资望素著者,本会因时事之应付,由委员中提出,委员会中多数通过后,得聘为特别委员。

第七条　会员会议每月一次。委员会议每星期一次。遇有事故,经十分之一以上同意,均得召集临时会议。

第八条　会员会议公推一人为临时主席。委员会议设主席团,额定三人。

第九条　委员任期定为一年,期满由会员另行推定,连推得连任。

第十条　本会会费规定三种:(甲)五百元;(乙)三百元;(丙)二百元。由会员认定,经委员会通过,每年照纳一次。

第十一条　本会会员有自愿出会,须具理由书到会声明,已缴会费不得发还。

第十二条　本会会员有违本会章程者,经调查确实,并由会员会决议,得函知出会,已缴会费不得发还。

第十三条　本会暂借香港路银行公会为会址。

第十四条　本会章程自本会成立日起实施。如有未尽事宜或须修改者,得由会员会议决议增删之。

第十五条　本会会议规则及办事细则另订之。[1]

同《上海商业联合会暂行章程》相比,修改后的《上海商业联合会章程》在会员资格、委员任期、会费、会议制度等方面作了比较详细的规定,从而使上海商业联合会的组织与制度更加具体、详细。

在上海商业联合会的早期文件中,除了《上海商业联合会暂行章程》《上海商业联合会章程》以外,笔者在档案中还发现了两份上海商业联合会的宣言稿。档案中的宣言稿没有记录发布日期,但是,一些学者对上海商业联合会宣言稿的发布日期进行了研究、推断。上海市档案馆编订的《一九二七年的上海商业联合会》认为,宣言通过时间是在 1927 年 3 月 22 日,即该会的成立之日。徐尚炯则认为,上海商业联合会宣言稿通过的日期应该是在四一二政变以后,其主要依据是,宣言稿称蒋介石的反共活动为"烛照阴谋,立

---

[1]《上海商业联合会章程》,上海市档案馆藏上海商业联合会档案,卷宗号:Q80-1-5-12;《商业联合会通过章程》,《申报》1927 年 4 月 2 日,第 14 版;《商业联合会通过章程》,《时报》1927 年 4 月 2 日,第 6 版;《商业联合会通过章程》,《民国日报》(上海)1927 年 4 月 2 日,第 2 张,第 3 版;上海市档案馆编:《一九二七年的上海商业联合会》所选编的上海商业联合会章程是 4 月 1 日修改以后通过的章程,而不是 3 月 22 日通过的章程。

施乾断,妖雾既消,澄清可待",所以上海商业联合会不可能早于 4 月 12 日发表反共宣言。徐尚炯的分析虽然不无道理,然而,考虑到一些上海资本家与蒋介石早在 1926 年就有联系,上海商业联合会在四一二政变以前发表包含反共内容的宣言,也不是不可能的。何况,上海商业联合会的宣言稿只是在上海银行公会档案中被发现,并未见诸报端,所以宣言在四一二政变前通过也是有可能的。

上海商业联合会的宣言稿共有稿一和稿二两个版本,内容也有所不同。《上海商业联合会的宣言》(稿一)主要内容包括:第一,上海地区商业的兴衰与上海地区的政治形势密切相关,"商业之荣枯,政事之臧否,因果循环,累黍不爽",但由于上海商人只知"在商言商,安分营业,其他军事、政事绝不闻问,遂使军阀政客一无顾忌,蛮触牛斗",致使商业与政治形势变得不尽如人意,"陷商业于复巢破卵之境"。[1]第二,上海大资产阶级与民族资产阶级的一些上层人物对共产党的痛恨,他们将共产党领导的工人运动称为"利用时机,横施捣乱,以暴易暴,变本加厉"。第三,上海一些资本家对北伐军的支持以及对蒋介石的赞扬。第四,希望蒋介石、孙传芳能够联合起来,大资本家希望孙传芳"及此时机,与蒋总司令释嫌修好,共图建设"。

《上海商业联合会的宣言》(稿二)的主要内容包括:第一,从三个方面列举军阀战争对商业造成严重的破坏,表达了上海商界对战争的厌恶。首先,战争造成物产凋敝,"战事所经之地,农辍于野,工辍于市,各地所产物品,骤加衰落"。其次,战争致使金融停滞,由于受到战火的影响,"内地银钱行号纷纷停止营业,即或照常营业之家,亦均缩小范围"。再次,战争导致交通阻塞。由于战争影响,"战区日广,船运久停,商埠货物既不能运往内地,内地货物亦不运往商埠,势成二橛顿形阻隔之状"。第二,上海民族资产阶级一些上层人物对共产党的憎恨与不满。第三,上海商界希望尽快结束战乱,为工商业的发展创造有利的环境,他们将结束战乱、维护商业秩序的希望寄托在蒋介石与孙传芳二人身上。上海大资产阶级和民族资产阶级一些上层人物认为蒋介石与孙传芳在反对中国共产党的目标上具有一致性,他们希望蒋介石与孙传芳联合起来,共同对付中国共产党领导的革命运动,宣言(稿二)称"所幸我蒋总司令烛照阴谋,立施乾断,妖雾既消,澄清可待","安国军张总司令、联军孙总司令在昔兴师,原在肃清赤逆","及此时机,罢兵修好,

---

[1]《上海商业联合会宣言》,上海市档案馆编:《一九二七年的上海商业联合会》,上海人民出版社 1983 年版,第 14 页。

共图建设,则赤逆不足平,天下不足治,实业可兴,民生可裕,受惠感德,岂独我商业同人已哉"。[1]

无论从《上海商业联合会宣言》(稿一)还是从《上海商业联合会宣言》(稿二),我们可以看出,上海大资产阶级和民族资产阶级一些上层人物对中国共产党及其领导的工人运动的敌视与仇恨。同时,在国民党的政权并未取得全面胜利的形势下,上海大资产阶级和民族资产阶级一些上层人物一方面对蒋介石表示支持,一方面又希望蒋介石、孙传芳能够联合起来对付革命运动,不偏不倚,两边讨好。他们这样做的主要目的在于,万一国民党政权失败,可以为自己留下多条后路。

4月7日,上海商业联合会以其主席虞洽卿的名义分别向蒋介石、上海临时政治委员会提出申请,请求备案,[2]经国民党上海临时政治委员会第四次会议决议,决定先由叶楚伧、蒋介石、陈其采对该申请进行审查。4月13日,国民党上海临时政治委员会决定准予上海商业联合会暂行备案,但同时又规定,上海商业联合会必须随时接受国民党上海临时政治委员会指导。[3]

第二节 上海商业联合会的扩充

一、商业团体纷纷加入上海商业联合会

从1927年3月22日到4月上旬,是上海商业联合会的扩充阶段,在这一阶段,上海一些商业团体纷纷申请加入该会。当上海商业联合会19个发起团体在《申报》等报纸发布成立公告以后,一些工商团体纷纷推选本团体的商业代表,为加入上海商业联合会做准备(见表3-1)。同时,一些商业团体去函上海商业联合会请求加入,上海商业联合会在接到各团体请求加入的函件后,很快召开会员会议或委员会会议,经会员会议或委员会会议讨论,一致同意所有申请入会的工商团体加入。据《申报》报道,上海商业联合

[1]《上海商业联合会宣言》,上海市档案馆编:《一九二七年的上海商业联合会》,上海人民出版社1983年版,第14、15页。
[2]《上海商业联合会申请立案呈文》,上海市档案馆藏上海商业联合会档案,卷宗号:Q80-1-3-14;《临时政治委员会第五次会议》,《申报》1927年4月14日,第14版。
[3]《国民党上海临时政治委员会暂准上海商业联合会备案函》,上海市档案馆编:《一九二七年的上海商业联合会》,上海人民出版社1983年版,第18页。

会成立以后,仅一周,会员团体即达 50 余个。[1]上海商业联合会会员的增加主要集中在 3 月下旬,尤其是 3 月 25 日和 3 月 26 日,分别有 13 个团体和 16 个团体加入,这两天申请加入上海商业联合会的团体一共有 29 个,几乎占申请加入上海商业联合会团体总数的 2/3。此后的一段时间至 4 月上旬,又有一些团体不断申请加入,不过,它们所占比例不到申请加入团体总数的 1/3。

表 3-1　工商团体申请加入上海商业联合会时间表

申请加入时间	申请团体名称	资料来源
1927 年 3 月 24 日	中国棉业联合会	上档,卷宗号:Q80-1-34-93。
	南市吉云堂花业公所	《商业联合会之进行》,《申报》
	上海运输同业公会	1927 年 3 月 25 日,第 11 版。
1927 年 3 月 25 日	沪北经售米粮公会	上档,卷宗号:Q80-1-34-38。
	沪北米业联合会	上档,卷宗号:Q80-1-34-39。
	上海华商织袜公会	上档,卷宗号:Q80-1-34-69。
	上海银楼公会	上档,卷宗号:Q80-1-34-70。
	上海酒行公会	上档,卷宗号:Q80-1-34-78。
	中华水泥厂联合会	上档,卷宗号:Q80-1-34-76。
	新药业公会	上档,卷宗号:Q80-1-34-89。
	布业公所	上档,卷宗号:Q80-1-34-53。
	通崇海花业公所	上档,卷宗号:Q80-1-34-92。
1927 年 3 月 26 日	上海染织布厂公会	上档,卷宗号:Q80-1-34-80。
	参业公所	上档,卷宗号:Q80-1-34-88。
	电机丝织公会	上档,卷宗号:Q80-1-34-74。
	典质业公所	上档,卷宗号:Q80-1-34-63。
	糖洋南北杂货公会	上档,卷宗号:Q80-1-34-85。
	上海油厂公会	上档,卷宗号:Q80-1-34-51。
1927 年 3 月 27 日	敦善堂腌腊公所	上档,卷宗号:Q80-1-34-49。
	上海糖业点春堂	上档,卷宗号:Q80-1-34-19。

---

[1]《加入联合会之踊跃》,《申报》1927 年 3 月 30 日,第 10 版,原文为"五千余团体",笔者认为是数字错误,因为与事实不符,上海商业联合会到最后也只有 64 个团体。

申请加入时间	申请团体名称	资料来源
1927 年 3 月 28 日	喻义堂药业	上档,卷宗号:Q80-1-34-54。
	和义堂饮片业	
	信义堂饮片业	
	旅沪商帮协会	上档,卷宗号:Q80-1-34-58。
1927 年 3 月 29 日	上海铜锡业公会	上档,卷宗号:Q80-1-34-50。
	纸业公所景伦堂	上档,卷宗号:Q80-1-34-51。
1927 年 3 月 30 日	上海机器碾米公会	上档,卷宗号:Q80-1-34-40。
1927 年 3 月 31 日	上海市区押当公所	上档,卷宗号:Q80-1-34-44。
1927 年 4 月 2 日	厢业集义公所	上档,卷宗号:Q80-1-34-26。
1927 年 4 月 7 日	上海五金同业公会	上档,卷宗号:Q80-1-34-22。
	上海银炉公会	上档,卷宗号:Q80-1-34-18。
1927 年 4 月 8 日	上海煤业公会	上档,卷宗号:Q80-1-34-97。
1927 年 4 月 11 日	洋货业公会	上档,卷宗号:Q80-1-34-15。
	杭绸业钱江会馆	上档,卷宗号:Q80-1-34-87。
1927 年 4 月 13 日	上海出口各业公会	上档,卷宗号:Q80-1-34-12。
1927 年 4 月 17 日	铁业公会	上档,卷宗号:Q80-1-34-5。
1927 年 4 月 18 日	嘉谷堂米业公所	上档,卷宗号:Q80-1-34-3。
档案缺少申请加入上海商业联合会函件与时间不详的团体	鱼业敦和公所、上海料器业公会、华商码头公会、木商会馆、江苏火柴同业公会、绸缎业绪纶公所、上海南北烧酒业公所、上海染织同业公会	

(注:上海市档案馆藏上海商业联合会档案在本表简称"上档"。)

资料来源:《各业公会申请加入上海商业联合会的函件》,上海市档案馆藏上海商业联合会档案,卷宗号:Q80-1-34。

根据上海商业联合会会员录记载,上海商业联合会一共有 64 个会员团体,其中,发起团体 19 个,加入团体 45 个。从行业分布来看,它主要包括工业、金融、运输、五金、食品、医药、纺织、建筑、染织、典当等各个行业的工商团体,基本上涵盖了上海工商界的主要行业(见表 3-2)[1]。

---

[1] 据《时报》与《申报》报道,上海油厂公会、木商会馆、布业公所、喻义堂药业、和义堂饮片业、信义堂饮片业、江苏火柴同业联合会、旅沪商帮协会等团体于 3 月 28 日加入上海商业联合会,与档案所见这些团体的加入时间(见表 3-1)存在差异,见《商业联合会开会记》,《申报》1927 年 3 月 29 日,第 11 版;《商业联合会加推委员》,《时报》1927 年 3 月 29 日,第 7 版。

表 3-2　工商团体发起与加入上海商业联合会日程表

类别	发起时间/加入时间	团体名称	资料来源
发起团体	3 月 22 日	上海县商会、闸北商会、银行公会、钱业公会、交易所联合会、南北报关公所、纱厂联合会、杂粮公会、纱业公会、面粉公会、纸业公会、金业公会、粤侨商业联合会、茶业会馆、丝经同业公会、振华堂洋布公所、书业商会、商船会馆、通商各口转运会所	《上海商业联合会成立公告》,《申报》1927 年 3 月 24 日,第 1 版。
加入团体	3 月 25 日	中国棉业联合会、南市吉云堂花业公所、上海运输同业公会	《上海商业联合会会员会议事录》(3 月 25 日),上档,卷宗号:Q80-1-2-1。
		绸缎业绪纶公所、上海机器碾米公会、沪北经售米粮公会、沪北米业联合会、参业公所、中华水泥厂联合会、上海银楼公会、上海华商织袜公会、上海酒行公会、上海南北烧酒业公所	《上海商业联合会会员会议事录》(3 月 25 日),上档,卷宗号:Q80-1-2-5;《加入商业联合会之团体》《申报》1927 年 3 月 27 日,第 11 版;《继续加入商业联合会之团体》,《时报》1927 年 3 月 27 日,第 7 版。
	3 月 26 日	上海染织布厂公会	《上海商业联合会会员会议事录》(3 月 26 日),上档,卷宗号:Q80-1-2-5;《加入商业联合会之团体》,《申报》1927 年 3 月 27 日,第 11 版。
		敦善堂腌腊公所、新药业公会、糖洋南北杂货公会	《上海商业联合会会员会议事录》(3 月 26 日),上档,卷宗号:Q80-1-2-8;《加入商业联合会之团体》,《申报》1927 年 3 月 27 日,第 11 版。
		杭绸业钱江会馆、华商码头公会、电机丝织公会、通崇海花业公所	《上海商业联合会会员会议事录》(3 月 26 日),上档,卷宗号:Q80-1-2-8;《加入商业联合会之团体》,《申报》1927 年 3 月 27 日,第 11 版;《商业联合会加推委员》,《时报》1927 年 3 月 29 日,第 7 版。

类别	发起时间/加入时间	团体名称	资料来源
加入团体	3月26日	上海油厂公会、木商会馆、喻义堂药业、和义堂饮片业、信义堂饮片业、江苏火柴同业会、旅沪商帮协会	《商业联合会开会纪》,《申报》1927年3月29日,第11版;《商业联合会加推委员》,《时报》1927年3月29日,第7版。
		布业公所	《上海商业联合会会员会议事录》(3月26日),上档,卷宗号:Q80-1-2-6。
	3月27日	上海料器业公会、典质业公所	《上海商业联合会会员会议事录》(3月27日),卷宗号:Q80-1-2-11;《商业联合会昨开会员会议,虞主席报告谒蒋经过》,《申报》1927年3月28日,第11版;《商业联合会推定外交委员》,《时报》1927年3月28日,第7版。
	3月29日	上海染织同业公会、上海铜锡业公会、纸业公所景伦堂	《加入上海商业联合会之踊跃》,《申报》1927年3月30日,第10版。
	3月30日	嘉谷堂米业公所、厢业集义公所	《上海商业联合会会员会议事录》(3月30日),上档,卷宗号:Q80-1-2-13。
	3月31日	上海市区押当公所、上海糖业点春堂	《上海商业联合会会员会议事录》(3月31日),上档,卷宗号:Q80-1-2-17。
	4月7日	上海银炉公会、上海五金同业公会	《上海商业联合会志愿书》,上档,卷宗号:Q80-1-35,1-13。
	4月8日	上海煤业公会	
	4月11日	洋货业公会	
	4月13日	上海出口各业公会	
	4月17日	铁业公会	
	4月27日	鱼业敦和公所	《上海商业联合会议事录》(4月27日),上档,卷宗号:Q80-1-1-20。

（注：本表的加入时间即申请加入上海商业联合会的工商团体,经该会会员会议讨论同意该团体加入,即成为上海商业联合会会员的时间;上海市档案馆藏上海商业联合会档案,在本表简称"上档"。）

从构成类型来看,上海商业联合会的会员团体主要可以分为三类:

第一类是同业公会,如银行公会、钱业公会、交易所联合会、纱业公会、面粉公会、纸业公会、金业公会、丝经同业公会、书业商会、中国棉业联合会、上海酒行公会、华商码头公会、上海油厂公会、上海染织同业公会等,这一类团体共有 44 个,无论在数量上还是经济实力上,它们在上海商业联合会中都占据优势,尤其是像银行公会、钱业公会、交易所联合会、面粉公会等团体的代表在上海商业联合会的领导层中处于主导地位。

第二类是区域性的商业团体,一共有 5 个,包括:上海县商会、闸北商会、旅沪商帮协会、粤侨商业联合会、江苏火柴同业会。这一类团体数量不多,但实力与影响力也比较重要。

第三类是会馆公所,共有 15 个团体,包括:商船会馆、上海市区押当公所、鱼业敦和公所、典质业公所、厢业集义公所、布业公所、敦善堂腌腊公所、南北报关公所、茶业会馆、绸缎业绪纶公所、参业公所、通商各口转运会所、通崇海花业公所、嘉谷堂米业公所、上海南北烧酒业公所。同前面的两类团体相比,这一类团体无论是数量、实力,还是在上海商业联合会的影响、地位方面,都稍有逊色。

加入上海商业联合会的各团体及其代表详见表 3-3。

表 3-3　上海商业联合会会员及其代表

类别	团体名称	代　　表
发起团体	上海县商会	顾馨一、姚紫若、陆伯鸿、朱吟江
	闸北商会	王晓籁、王彬彦、范和笙
	银行公会	吴蕴斋、宋汉章代表冯仲卿、徐新六、钱新之、胡孟嘉、叶扶霄
	钱业公会	秦润卿、严均安、谢韬(弢)甫、胡熙生、楼恂如
	交易所联合会	虞洽卿、闻兰亭、穆藕初、孙铁卿、何谷声
	南北报关公所	石芝坤、汤芝卿、郑仁业、张贤坤
	纱厂联合会	荣宗敬、徐静仁
	杂粮公会	叶惠钧、严莜泉、方郁生、何湘谷
	纱业公会	吴麟书、徐庆云
	面粉公会	孙景西、王一亭、荣宗敬
	纸业公会	冯少山、刘敏斋

类别	团体名称	代 表
发起团体	金业公会	徐补荪、蔡久生
	粤侨商业联合会	陈炳谦、黄式如、劳敬修
	茶业会馆	朱葆元、陈翊周、洪孟盘
	丝经同业公会	沈田莘、艾戛鸣、龚叔平
	振华堂	余葆三、顾子盘、陈松源
	书业商会	李拔可、陆伯鸿、高翰卿
	商船会馆	李咏棠
	通商各口转运会所	尤森庭、严霭庭
加入团体	中国棉业联合会	沈润挹、薛文泰
	南市吉云堂花业公所	沈润挹
	运输公会	倪文卿、王晁甫
	绸缎业绪纶公所	吕葆元、程用六
	上海机器碾米公会	范和笙、朱兆圻、朱安生
	沪北经售米粮公会	范和笙、祝厚甫、蒋石稚
	沪北米业联合会	范和笙、周麟峰、陈瑞源
	参业公所	孔慎甫、金子仙
	上海华商织袜公会	王化莹、葛胜如、谢彬儒、郑海若
	上海银楼公会	席云生、应贤三
	上海酒行公会	吴志荣、石友卿、黄裕明
	上海南北烧酒业公所	方志钟
	上海染织布厂公会	陆嵩候、陈烈胜、张啸虞、潘旭昇、邹衡三
	中华水泥厂联合会	郑炎佐、史斐贤、谢培德
	敦善堂腌腊公所	张子屏、楼其梁、吴臣笏、陆文蔚、陈瑞寅、张少华
	新药业公会	黄楚九、唐乃安、章显达、范和甫
	杭绸业钱江会馆	席嘉荪、鲁正炳、曹趾祥、张鸿荪、邵懋章
	华商码头公会	刘鸿生、陈耕莘
	电机丝织公会	张久香、蔡声白、陈保钦、鲁正炳、沈田莘、钱选青
	通崇海花业公所	黄秀斋、刘屏孙、周斌之

类别	团体名称	代　　表
加入团体	上海料器业公会	黄秀斋、刘屏孙
	典质业公所	傅佐衡、沈子允、庞松舟
	糖洋南北杂货公会	姚紫若、沈稚秋、孔纪远、裘养志
	上海油厂公会	薛文泰、刘长荫
	木商会馆	姚慕莲、马骥良
	布业公所	胡访鹤、李仲斌
	喻义堂药业	毛子坚
	和义堂饮片业	毛子坚
	信义堂饮片业	王星泉
	江苏火柴同业会	朱子谦、刘鸿生
	旅沪商帮协会	吴南浦、陈少舟、马乙棠、伍咏霞
	上海染织同业公会	诸文绮、钱琛荣
	上海铜锡业公会	冯振铺、林修良
	纸业公所景伦堂	曹显裕
	上海市区押当公所	姚公鹤、张左明、翁雨田、翁源、周月波、吴锡山
	上海糖业点春堂	黄振东、刘甲生、郑泽南、朱燮卿
	嘉谷堂米业公所	王渭泉、张念萱、奚赓虞、黄慎康、龚照明、陆景文
	厢业集义公所	朱秀升、孔静洲
	上海出口各业公会	吴伟臣、虞景珊、陆维镛
	上海银炉公会	施善庆、陈瑞源
	铁业公会	陆培之、唐子培、郑世铭
	上海五金同业公会	项如松、钱芳洲
	洋货业公会	项如松、徐麟乾
	上海煤业公会	谢蘅聪、魏鸿文
	鱼业敦和公所	方椒伯、忻佑生

资料来源:《上海商业联合会会员录》,上海市档案馆藏上海商业联合会档案,卷宗号:Q80-1-36,第1—41页。

根据上海商业联合会规定,各会员团体在加入上海商业联合会时,还应该填写入会志愿书。不过,根据档案所见,填写入会志愿书的团体只有鱼业敦和公所、上海煤业公会、上海铁业公会、上海南北市报关公所、上海出口各业公会、糖洋南北杂货公会、洋货商业公会、上海银炉公会、糖业点春堂、上海五金同业公会、厢业集义公所、布业公所、押当公所 13 个会员团体,其他的会员团体不知道什么原因,都没有填写入会志愿书。[1]

二、上海商业联合会领导层的形成

(一)上海商业联合会主席

上海商业联合会的领导层主要由主席和各科委员构成。在 1927 年 3 月 24 日会员会议上,众会员推举虞洽卿、吴蕴斋、王一亭为上海商业联合会主席。下面对上海商业联合会的主席各作简单介绍。

1. 虞洽卿

虞洽卿(1867—1945),名和德,字洽卿,浙江镇海人。6 岁丧父,家庭比较贫穷。1881 年通过族人介绍进入上海瑞康颜料行当学徒。在当学徒期间,虞洽卿勤奋好学,经常利用业余时间自学外语。1892 年,进入德商鲁麟洋行当跑街。1894 年先后任德商鲁麟洋行、华俄道胜银行买办。1896 年,通过向清政府捐资得到候补道台的头衔,同年买进闸北升顺里、顺徵里等房产,组成升顺、顺徵房地产公司。1902 年,担任华俄道胜银行买办,又转任荷兰银行买办。1903 年独资开设通惠银号,发起组织四明银行。1905 年,因会审公廨案,出面与租界当局交涉并取得胜利,遂闻名于上海各界。1906 年,与胡寄梅、袁恒之等人共同发起组成华人体操会,这就是后来的"万国商团中华队"的前身。1906 年,以随员的身份参加官方代表团,赴日考察、观操,在日本结识明治维新的重要人物大畏重信、涩泽荣一等人。1908 年,集资筹设宁绍商轮公司,被推为总经理。1909 年,在两江总督兼南洋大臣端方的支持下,向清政府建议筹组国货展览会性质的"南洋劝业会"。辛亥革命爆发以后,出资 8 000 元,支持上海同盟会起义,并去苏州、南京等地接济革命军,被任命为上海都督府顾问官、外交次长、北段民政长。1914 年,将独资创办于浙江镇海的"三北轮船公司"迁到上海,更名为"三北轮埠公司",不久又买下英国商人经营的鸿安轮船公司。1917 年,买进"宁三轮"组成宁兴轮船公司。1919 年,因在五四运动期间劝告商界开市开业,被北京政府通令嘉奖。1920 年,创办上海证券交易所,当选为理事长,同年 5 月,被推

[1]《上海商业联合会志愿书》,上海市档案馆藏上海商业联合会档案,卷宗号:Q80-1-35,1-13。

选为全国工商协会议长。1924 年,当选为上海总商会会长。1925 年,当选为全国商会联合会副会长,同年五卅事件爆发,他奉命回到上海进行调停,因领导上海总商会单独退出上海商界的"三罢"斗争,因而受到工部局洋头目的赏识与致谢。[1]1926 年,率中国实业代表团赴日,同年 7 月辞去上海总商会副会长的职务,任宁波旅沪同乡会会长、上海航业公会理事长、中国红十字会名誉副会长、上海公共租界纳税华人会执委会主席。1927 年,发起成立上海商业联合会,任上海商业联合会主席、上海特别市临时政府委员、江苏兼上海财政委员会委员。1927 年后,先后历任上海特别市市政会办、国民政府全国经济委员会委员、上海租界纳税华人会主席、上海市轮船公会主席等职。1929 年,被推举为商人团体整理委员会首席召集人。1930年,开辟川江航线,创办三北轮船机器厂。1933 年,任宁波通运长途汽车公司董事长。1936 年 70 寿辰时,上海租界当局将宁波旅沪同乡会所在的西藏路的一段改名为"虞洽卿路",并举行了命名仪式。1937 年,全面抗日战争爆发后,任上海难民救济协会理事长。1939 年,买进上海电影院、重华新村等大批房产。1941 年到达重庆,先后与王晓籁合组三民运输公司,与缪云台共同组建、经营三北运输公司等。1945 年病逝于重庆。[2]

2. 王一亭

王一亭(1867—1938),名震,号白龙山人,祖籍浙江吴兴,生于上海周浦。从小喜好绘画,13 岁进入上海慎余钱庄当学徒。在当学徒的业余时间,他一边在广方言馆学外语,一边勤奋学习绘画,因在绘画方面的天赋而被画家任伯年收为徒弟,后与著名画家吴昌硕结为挚友。1887 年,在经营海运业务的天余号当跑街,后升任该号经理。1905 年,加入中国同盟会,曾任中国同盟会上海分会机关部的财务科长。1907 年,被聘为日本日清汽船株式会社在沪买办,后又兼任日本大阪商船会社的买办。几年后,他用积攒

[1]《虞洽卿史料专题》,上海市工商业联合会档案史料,卷宗号:169-162。
[2] 冯筱才:《政商中国:虞洽卿与他的时代》,社会科学文献出版社 2013 年版;陈万怀:《虞洽卿的社会政治活动特质简析》,《三江论坛》2010 年第 2 期;丁日初:《五卅运动中的虞洽卿》,《档案与史学》1996 年第 5 期;郭太风:《上海总商会结束之际的虞洽卿》,《世纪》2004 年第 3 期;方舟:《国内轮运巨擘虞洽卿(1867—1945)》,《上海经济》2002 年第 10期;冯筱才:《左右之间——北伐前后虞洽卿与中共的合作与分裂》,《近代史研究》2010年第 5 期;李坚:《上海的宁波人研究(1843—1937)》,华东师范大学 2000 年博士论文;茅蔚然:《中国近代经济史上的名人工商实业家虞洽卿》,《杭州教育学院学报(社会科学)》1996 年第 1 期;徐道亨:《虞洽卿的发迹史》,《中国高新区》2005 年第 6 期;肖阿伍:《虞洽卿的企业家精神》,《档案与史学》2003 年第 3 期;袁晖:《虞洽卿及其民族航运企业述论》,《国家航海》2012 年第 1 期;等等。

的佣金购得南市梓园作住宅,饲养了各种鸟类及白鹤一头,供绘画写生之用。辛亥革命和"二次革命"时期,拥护和资助革命,先后出任上海军政府商务总长、华商电气公司董事、中华银行董事、大达轮船公司董事、湖州电灯公司董事长等职。[1]1909年至1911年,3次连任上海商务总会议董。1912年,当选上海总商会协理。1916年、1918年2次连任上海总商会会董。1922年,当选为中国佛教会会长。1923年,日本大地震,代表上海绅商捐募救济物资赠予日本灾民。1924年任上海总商会特别会董。1927年担任上海商业联合会主席、总务科委员,同年被国民政府委任中央救灾准备金保管委员会委员长。此外,王一亭信佛教,担任过中国佛教会执行委员、常务委员、佛学书局董事长、世界佛教居士林林长等职。晚年,他潜心作画并致力于各种慈善事业,多次东渡日本举办画展,组织梓园书画同门社,与他人共办华洋义赈会、孤儿院、残疾院、中国救济妇孺会、同仁辅元堂、普善山庄等。1937年"八一三"事变后发起组织难民救济会,筹设难民收容所。1938年病逝于上海。

3. 吴蕴斋

吴蕴斋(1886—1955),字在章,江苏省镇江人,[2]祖辈是大盐商。日本早稻田大学毕业,获商学士学位,回国以后曾任农工商部参事、度支部主事、江南高等商业学堂税关科教员、工商部监事、农商部参事等职务。[3]1917年,参与发起成立天津金城银行,任金城银行董事兼协理,金城银行上海分行成立以后任上海分行经理。1917年6月,与徐静仁、史量才等人一起组成新华公司。1921年,参与发起成立上海惠工银行。1924年9月,上海银行公会进行第三次改选,任上海市银行公会书记董事。1925年五卅运动,召集部分从圣约翰大学退出的师生组成光华大学,任光华大学校董。[4]1926年9月,上海市银行公会第四次改选,因当选的副会长陈光甫辞职,被上海市银行公会选为第五届副会长。1927年2月,上海市银行公会改为委员制,经会员会议选举,吴蕴斋等11人被选为银行公会第一届执行委员。1927年3月,参与发起成立上海商业联合会,被推举为上海商业联合会主席、常务委员、总务科委员,[5]同年,任上海银行公会会长,6月被

[1] 苏云峰:《民初之商人》,《近代史研究所集刊》第11期。
[2] 《上海商业联合委员名单》,上海市档案馆藏上海商业联合会档案,卷宗号:Q80-1-33-31。
[3] 《民国名人年鉴》,民国名人年鉴社1943年版,第252页。
[4] 任嘉尧:《光华大学史略》,《上海文史资料选辑》第49辑,上海人民出版社1985年版。
[5] 《上海商业联合会会员会议事录》(3月24日),上海市档案馆藏上海商业联合会档案,卷宗号:Q80-1-2-4。

选为上海公共租界纳税华人会执行委员,7月被选为上海华商证券交易所
理事。1927年12月,被选为上海市银行公会第二届执行委员。[1]1929年
3月,被选为上海市银行公会第三届执行委员。1931年10月1日,上海市
银行公会改名为上海银行学会,吴蕴斋任银行学会常务委员。1932年
1月28日,淞沪会战爆发,为上海市民地方维持会(前身为"壬申俱乐部")
会员。1932年3月15日,当选为上海市银行业同业公会联合准备委员会
执行委员。1933年,任上海兴业信托社董事。1935年10月,与张慰如等发
起成立国信银行,任董事。1935年,绍宗国学藏书楼落成,由于该藏书楼的
出资人吴寄尘病故,吴蕴斋与胡笔江、唐寿民、陈光甫、吴言钦、严惠宇、包允
恭等社会名流担任藏书楼委员,共同承担藏书楼日常的经费开支。[2]1936
年1月,接替1935年10月当选的上海市银行业商业同业公会常务委员陈
蔗青,任常务委员。1937年,全面抗日战争爆发后,任金城银行总行协理及
沪行经理。1940年3月,与吴榕庭等在上海宁波路创办大公商业储蓄银
行,任董事长。1941年12月8日,任上海银钱业同业公会临时联合会委
员。1942年,任中国比较法学院院长。[3]1942年6月,任伪上海特别市商
会第一届(各业)理监事监事长。1942年8月,与包诚德、凌济时等在上海
天津路泰记路发起成立远东商业银行,任董事长。1942年10月26日,参
加伪上海市商会和日本商工会议所联合举行物价问题协议会。1943年,任
汪伪国民政府金融顾问会第二组委员。1944年6月,第二届伪上海特别市
商会召开会员代表大会,被推为常务监事。敌伪时期,吴蕴斋除了任金城银
行经理、上海银行公会常任理事、新闻报馆董事长以外,还兼任天厨味精厂
董事长、敌伪黄浦区总联保长。1944年,与唐寿民等发起成立正明商业储
蓄银行,任董事。1945年,任伪上海市参议会"咨询委员"。

抗日战争胜利以后,由于吴蕴斋曾在敌伪政府担任过多种职务,与日伪
关系比较密切,而他本人听说国民党法院准备逮捕他,就去法院自首,立即
被法院拘留。由于钱新之等人的积极营救,1946年10月,吴蕴斋只被判处
有期徒刑两年零六个月,1947年2月保外就医,8月改为一年三个月,并缓
刑两年。事实上,在判决书下达以前,吴以养病为借口,一直住在广慈医院,
不久出院移居香港。[4]新中国成立以后,上海市人民政府工商局要求信

［1］ 王晶:《上海银行公会研究》,复旦大学2003年博士论文。

［2］ 章雪峰:《绝大之恐慌:中华书局史上的"民六危机"》,《出版人》2005年第9、10期。

［3］ 上海市档案馆编:《上海市档案馆指南》,中国档案出版社1999年版,第320页。

［4］ 中国人民银行上海市分行金融研究室编:《金城银行史料》,上海人民出版社1983年版,
第779页。

纺公司将吴蕴斋在该公司的股票加以冻结,并将详细情况报市工商局核定。1951 年 11 月 12 日,信纺公司向人民政府工商局报告吴蕴斋名下的股份为 300 万股,每股的票面价值法币 10 元,每股面值相当于 1950 年人民币 3.24 元,总值计 972 万元。1951 年 12 月 31 日,上海市工商局令信纺公司将吴蕴斋的股份交交通银行华东支行代管。[1]1955 年,吴蕴斋因病逝世。

除上述职务外,吴蕴斋还担任纬成利记绢丝公司、中国投资管理公司董事长,[2]以及中华火油公司、太平洋保险公司、世界书局、六河沟煤矿公司、江海银行、浦东电气公司、老德记汽水公司、英商中国钢车公司等单位董事、铸丰搪瓷公司监察人、大华无线电两合公司股东。[3]

(二)上海商业联合会委员之构成

上海商业联合会的委员主要有常务委员和四科委员(即总务科、经济科、调查科、交际科委员),下面分别加以介绍。

1. 上海商业联合会的常务委员

1927 年 3 月 22 日,上海商业联合会的 19 个发起团体推举了 15 位常务委员,根据上海商业联合会 3 月 22 日、3 月 23 日的常务委员会的签名簿和会议记录,这 15 名常务委员是:王一亭、虞洽卿、吴蕴斋、顾馨一、王晓籁、秦润卿、钱新之、石芝坤、徐补荪、王彬彦、冯少山、穆藕初、叶惠钧、荣宗敬、闻兰亭。[4]3 月 22 日下午和 3 月 23 日上海商业联合会分别召开三次常务委员会议,决议增加姚紫若、陈炳谦 2 人为常务委员。[5]至此,上海商业联合会共有常务委员 17 人(见表 3-4)。

2. 上海商业联合会总务科、经济科、交际科、调查科的委员

在上海商业联合会的领导层,除了设立主席、常务委员以外,还设立了经济科、交际科、调查科、总务科 4 个科别,并推举各科委员负责处理相关事

---

[1] 《统益纺织总管理处崇信纱厂有关汉奸吴蕴斋逆股应由交通银行代管的函件》,上海市档案馆藏中国统益纺织总管理处档案,卷宗号:Q194-1-289-1、5。

[2] 苏云峰:《民初之商人(1912—1928)》,《近代史研究所集刊》第 11 期。

[3] 杨家骆:《民国史稿副刊之一》,《民国名人图鉴》第二册第八卷,第 117 页。

[4] 《上海商业联合会会员会议事录》(3 月 22 日),上海市档案馆藏上海商业联合会档案,卷宗号:Q80-1-2-1。

[5] 徐鼎新指出,上海商业联合会成立时有常务委员 15 人,总务、经济、调查、交际四科委员 25 人。其实,如上所述,当时只是临时章程规定常务委员 25 人,实际只有 17 名常务委员。徐鼎新可能是依据 3 月 24 日会议录"委员由 25 人增加到 31 人"来判断四科委员的人数。见徐鼎新、钱小明:《上海总商会史(1902—1929)》,上海社会科学院出版社 1991 年版,第 446 页。

表3-4 上海商业联合会常务委员情况表

姓　名	代表行业	所在单位	籍　贯
虞洽卿	交易所联合会	三北公司	浙江镇海
王晓籁	闸北商会	闸北商会	浙江嵊县
穆藕初	交易所联合会	纱布交易所	上海浦东
王一亭	面粉公会	日清公司	浙江吴兴
秦润卿	钱业公会	钱业公会	浙江慈溪
叶惠钧	杂粮公会	爱多亚路十五号	江苏川沙
吴蕴斋	银行公会	金城银行	江苏镇江
冯少山	纸业公会	广东俱乐部	广东香山
荣宗敬	面粉公会	江西路五十八号	江苏无锡
姚紫若	上海县商会	县商会	江苏上海
顾馨一	上海县商会	华大银行	江苏上海
王彬彦	闸北商会	闸北商会	江苏上海
钱新之	银行公会	四行公库	浙江吴兴
徐补荪	金业公会	大马路同丰永南	江苏吴县
陈炳谦	粤侨商业联合会	南洋烟草公司	广东
石芝坤	南北报关公所	源丰报关行	浙江鄞县
闻兰亭	交易所联合会	物品交易所	江苏武进

资料来源:《上海商业联合会委员名单》,上海市档案馆藏上海商业联合会档案,卷宗号:Q80-1-5-18。

务。3月24日,上海商业联合会召开会员会议,会上虞洽卿提出,委员原定为25人,现在已有17人,因为又有一些会员加入,故拟定增加委员14人,增加到31人。[1]虞洽卿所说的现有17人包括:总务科,王一亭、虞洽卿、吴蕴斋、顾馨一、王晓籁、姚紫若;经济科,秦润卿、钱新之;调查科,石芝坤、徐补荪、王彬彦、陈炳谦;交际科,冯少山、穆藕初、叶惠钧、荣宗敬、闻兰亭。而增加的14人(实际上只增加了13人,原因不详)分别是:总务科的徐庆云;经济科的孙景西、叶扶霄、胡孟嘉;调查科的尤森庭、薛文泰、徐新六、陆

[1]《商业联合会之进行》,《申报》1927年3月25日,第11版。

伯鸿、沈润挹;交际科的劳敬修、徐静仁、倪文卿、沈田莘。当天的会议记录有记载委员 30 人,即:总务科,王一亭、姚紫若、徐庆云、虞洽卿、吴蕴斋、顾馨一、王晓籁;经济科,秦润卿、钱新之、孙景西、叶扶霄、胡孟嘉;交际科,冯少山、穆藕初、叶惠钧、荣宗敬、劳敬修、徐静仁、倪文卿、沈田莘、闻兰亭;调查科,石芝坤、徐补荪、王彬彦、陈炳谦、尤森庭、薛文泰、徐新六、陆伯鸿、沈润挹。[1]

3 月 25 日,上海商业联合会会员会议决定增加范和笙为调查科委员。[2]

3 月 28 日,上海商业联合会会员会议,决议增加委员 10 人,但实际上只增加 8 人,即:毛子坚、蔡声白、伍咏霞、姚慕莲、朱吟江、刘鸿生、冯仲卿、吴麟书。其中,总务科增加吴麟书,经济科增加冯仲卿,调查科增加毛子坚、蔡声白、伍咏霞,交际科增加姚慕莲、朱吟江、刘鸿生。[3]

4 月 4 日,上海商业联合会会员会议,决议增加陈翊周为调查科委员。

截至 4 月 4 日,上海商业联合会委员共有 40 人,各科委员增加情况详见表 3-5。[4]

表 3-5 上海商业联合会委员增加情况表

时间	会议类别	增加委员人数	四科委员增加情况					累计增加数
			总务科	经济科	调查科	交际科	外交	
3月22日	19 团体联席会议	推举常务委员15人	王一亭虞洽卿吴蕴斋顾馨一王晓籁	秦润卿钱新之	石芝坤徐补荪王彬彦	冯少山穆藕初叶惠钧荣宗敬闻兰亭		15
3月22至23日	委员会议	增加常务委员2人	姚紫若		陈炳谦			17

[1]《上海商业联合会会员会议事录》(3 月 24 日),上海市档案馆藏上海商业联合会档案,卷宗号:Q80-1-2-11。

[2]《上海商业联合会会员会议事录》(3 月 25 日),上海市档案馆藏上海商业联合会档案,卷宗号:Q80-1-2-5、6、7。

[3]《商业联合会开会记》,《申报》1927 年 3 月 29 日,第 11 版。

[4]《上海商业联合会议事录》(3 月 28 日),上海市档案馆藏上海商业联合会档案,卷宗号:Q80-1-1-9、54。

时间	会议类别	增加委员人数	四科委员增加情况					累计增加数
			总务科	经济科	调查科	交际科	外交	
3月24日	会员会议	增加委员13人	徐庆云	孙景西 叶扶霄 胡孟嘉	尤森庭 薛文泰 徐新六 陆伯鸿 沈润挹	劳敬修 徐静仁 倪文卿 沈田莘		30
3月25日	会员会议	增加调查科委员1人			范和笙			31
3月27日	会员会议	增加外交委员4人					余日章 冯炳南 黄明道 钱承绪	外交委员不计入委员总数
3月28日	会员会议	增加8人	吴麟书	冯仲卿	毛子坚 蔡声白 伍咏霞	姚慕莲 朱吟江 刘鸿生		39
4月4日	会员会议	增加调查科委员1人			陈翊周			40

从表 3-5 可以看出,上海商业联合会的总务科、经济科、交际科、调查科四科委员分布状况。其中,总务科 8 人,经济科 6 人,交际科 12 人,调查科14 人,即档案中上海商业联合会最终的四科委员名单。其中,总务科 8 人,分别是:虞洽卿、王一亭、吴蕴斋、顾馨一、姚紫若、吴麟书、徐庆云、王晓籁。经济科 6 人,分别是:孙景西、叶扶霄、钱新之、秦润卿、冯仲卿、胡孟嘉。交际科 12 人,即:闻兰亭、穆藕初、徐静仁、姚慕莲、冯少山、劳敬修、刘鸿生、荣宗敬、沈田莘、朱吟江、叶惠钧、倪文卿。调查科 14 人,即:陆伯鸿、王彬彦、石芝坤、徐新六、毛子坚、蔡声白、陈翊周、徐补荪、陈炳谦、范和笙、沈润挹、薛文泰、尤森庭、伍咏霞。

表 3-6　上海商业联合会的总务科、经济科、交际科、调查科委员情况表

科　别	姓　名	代表团体	籍　贯
总务科	虞洽卿	交易所联合会	浙江镇海
	王一亭	面粉公会	浙江吴兴

科　别	姓　名	代表团体	籍　贯
总务科	吴蕴斋	银行公会	江苏镇江
	顾馨一	上海县商会	江苏上海
	姚紫若	上海县商会	江苏上海
	徐庆云	纱业公所	浙江慈溪
	王晓籁	闸北商会	浙江嵊县
	吴麟书	纱业公所	江苏苏州
经济科	孙景西	面粉公会	安徽寿县
	叶扶霄	银行公会	江苏吴县
	钱新之	银行公会	浙江吴兴
	秦润卿	钱业公会	浙江慈溪
	冯仲卿	银行公会	浙江余姚
	胡孟嘉	银行公会	浙江鄞县
交际科	闻兰亭	交易所联合会	江苏武进
	穆藕初	交易所联合会	上海浦东
	徐静仁	纱厂联合会	安徽当涂
	姚慕莲	木商会馆	浙江嘉兴
	冯少山	纸业公会	广东香山
	劳敬修	粤侨商业联合会	广东
	刘鸿生	江苏火柴同业公会	浙江定海
	荣宗敬	面粉公会	江苏无锡
	沈田莘	丝经同业公会	浙江吴兴
	朱吟江	上海县商会	江苏嘉定
	叶惠钧	杂粮公会	江苏川沙
	倪文卿	运输公会	江苏丹徒
调查科	陆伯鸿	上海县商会	上海浦东
	王彬彦	闸北商会	江苏上海
	石芝坤	南北报关公所	浙江鄞县
	徐新六	银行公会	浙江余姚

续表

科 别	姓 名	代表团体	籍 贯
调查科	毛子坚	喻义堂药业	江苏吴县
	蔡声白	电机丝织公会	浙江吴兴
	陈翊周	茶叶会馆	广东番禺
	徐补荪	金业公会	江苏吴县
	陈炳谦	粤侨商业联合会	广东
	范和笙	上海机器碾米公会	江苏无锡
	沈润挹	中国棉业联合会	江苏太仓
	薛文泰	中国棉业联合会	浙江镇海
	尤森庭	通商各口转运公所	浙江慈溪
	伍咏霞	旅沪商帮协会	江苏六和

资料来源:《上海商业联合会委员名单》,上海市档案馆藏上海商业联合会档案,卷宗号:Q80-1-33,1-31;《总务科委员》,上海市档案馆藏上海商业联合会档案,卷宗号:Q80-1-32-1, Q80-1-5-21、22、23;《经济科委员》《交际科委员》《调查科委员》,上海市档案馆藏上海商业联合会档案,卷宗号:Q80-1-32-2、3、4;另参见李瑊《上海的宁波人》,上海人民出版社 2000 年版;金普森、孙善根《宁波帮大词典》,宁波出版社 2001 年版,第 58、60、79 页;吴申元《上海词典》,复旦大学出版社 1988 年版,第 123 页。

上海商业联合会的常务委员兼任四科委员情况,如表 3-7 所示。

表 3-7 上海商业联合会常务委员兼任四科委员情况表

序号	姓 名	常务委员情况	兼任四科委员情况
1	虞洽卿	常务委员	总务科委员
2	王一亭	常务委员	总务科委员
3	吴蕴斋	常务委员	总务科委员
4	顾馨一	常务委员	总务科委员
5	姚紫若	常务委员	总务科委员
6	王晓籁	常务委员	总务科委员
7	钱新之	常务委员	经济科委员
8	秦润卿	常务委员	经济科委员
9	闻兰亭	常务委员	交际科委员
10	穆藕初	常务委员	交际科委员

序号	姓　名	常务委员情况	兼任四科委员情况
11	冯少山	常务委员	交际科委员
12	荣宗敬	常务委员	交际科委员
13	叶惠钧	常务委员	交际科委员
14	王彬彦	常务委员	调查科委员
15	石芝坤	常务委员	调查科委员
16	徐补荪	常务委员	调查科委员
17	陈炳谦	常务委员	调查科委员

　　从上海商业联合会的常务委员以及四科委员的来源来看,当时上海的主要行业诸如金融、纺织、加工、运输、食品、五金、木材、造纸等行业,以及上海比较有影响的商业团体,如上海县商会、闸北商会、粤侨商业联合会等都在常务委员中和四科委员中或多或少地占有一定的比例。在这些行业中,无论是实力比较雄厚的金融业、纺织业、食品(面粉)业等行业,还是资本与影响都比较一般的行业,如金业公会、木商会馆、丝经同业公会等行业,尽管这些会员团体的大小与实力存在差异,但在上海商业联合会的领导层,它们都占有一席之地。可以说,从上海商业联合会领导层的行业来源看,它基本上涵盖了当时上海一些重要的行业,因而在当时的上海商界也就具有比较广泛的代表性。

　　虽然上海商业联合会的领导层能够涵盖上海工商界的大部分行业,其领导层与代表都具有一定的代表性,但是一些实力雄厚的会员团体、行业在常务委员与四科委员中占据绝对优势,因此,他们在上海商业联合会决策过程的主导地位不容忽视,如银行公会、面粉公会、上海县商会、闸北商会在常务委员会中所占比例均高达 11.7%,交易所联合会更是高达 17%。在四科委员所占比例当中,排第一位的是银行公会,占 15%;其次是上海县商会、交易所联合会,各占 7.5%;再次是纱业公所、闸北商会、粤侨商业联合会、面粉公会、中国棉业联合会,也分别占到了 5% 的比例。其他的行业如金业公会、铁业公会、机器碾米公会等团体只占 2.5% 的比例,具体分布详见表3-8。而从实际运作过程来看,上海商业联合会一些重要问题的决策权主要集中于金融等行业以及闸北商会、上海县商会等代表手中,某些重要事情甚至完全由该会主席虞洽卿决定。

表 3-8　上海商业联合会委员在各会员分布情况表　　（人数与比例）

团　　体	常务委员		四科委员	
	人数/人	比例/%	人数/人	比例/%
银行公会	2	11.7	6	15
上海县商会	2	11.7	4	10
交易所联合会	3	17	3	7.5
面粉公会	2	11.7	3	7.5
纱业公所			2	5
中国棉业联合会			2	5
粤侨商业联合会	1	5.8	2	5
闸北商会	2	11.7	2	5
钱业公会	1	5.8	1	2.5
金业公会	1	5.8	1	2.5
上海机器碾米公会			1	2.5
通商各口转运公所			1	2.5
旅沪商帮协会			1	2.5
南北报关公所	1	5.8	1	2.5
喻义堂药业			1	2.5
杂粮公会	1	5.8	1	2.5
运输公会			1	2.5
电机丝织公会			1	2.5
江苏火柴同业公会			1	2.5
木商会馆			1	2.5
纱厂联合会			1	2.5
纸业公会	1	5.8	1	2.5
丝经同业公会			1	2.5
茶叶会馆			1	2.5

3. 上海商业联合会的外交和特别委员

在 3 月 27 日上海商业联合会会员会议上，众会员一致推举余日章、冯炳南、黄明道、钱承绪四人为外交委员。[1]后来，又增加陈光甫、穆藕初为外交委员。[2]此外，上海商业联合会还设立特别委员，由余日章、冯炳南、黄明道、钱承绪四人担任。[3]

三、上海商业联合会的会费

根据《上海商业联合会章程》规定，上海商业联合会的会员分为一等、二等、三等三个等级，按照等级分别交纳会费500元、300元、200元。3月29日，上海商业联合会经济科委员会议决议，该会的会费于每年阳历四月一日送交大陆银行，会费的开户账号是上海商业联合会账户。[4]3月31日，大陆银行向上海商业联合会送交收据支票样张。[5]4月2日，交易所联合会率先缴纳会费500元。4月4日，经济科委员召开会议，决定推举孙景西为该委员会主席，要求大陆银行开出收据向会员收取会费。[6]4月5日，上海商业联合会致函各会员，要求他们按照各自认定的等级将会费缴纳给大陆银行。[7]一些团体在收到上海商业联合会的通知以后，陆续将会费缴纳到上海商业联合会大陆银行账户。5月19日，上海商业联合会致函煤业公会、铁业公会、鱼业敦和公所、料器业公会，要求它们缴纳会费。[8]后来，上海商业联合会经济科委员召开会议，决议该会支取款项由孙景西、胡孟嘉二人之一签字即可，会内的零用账由书记代管，每月派人核查。[9]

---

[1]《上海商业联合会会员会议事录》(3月27日)，上海市档案馆藏上海商业联合会档案，卷宗号：Q80-1-2-11。

[2]《上海商业联合会外交委员》，上海市档案馆藏上海商业联合会档案，卷宗号：Q80-1-32-6;《上海商业联合会委员名单》，上海市档案馆藏上海商业联合会档案，卷宗号：Q80-1-5-7;《商业联合会推定外交委员》，《时报》1927年3月28日，第7版。

[3]《上海商业联合会特别委员》，上海市档案馆藏上海商业联合会档案，卷宗号：Q80-1-32-5。

[4]《上海商业联合会关于缴纳会费用开支问题的函件》，上海市档案馆藏上海商业联合会档案，卷宗号：Q80-1-45-1。

[5]《上海商业联合会关于缴纳会费用开支问题的函件》，上海市档案馆藏上海商业联合会档案，卷宗号：Q80-1-45-3;《商业联合会规定入会费等级》，《新闻报》1927年4月3日，第16版。

[6]《上海商业联合会关于缴纳会费用开支问题的函件》，上海市档案馆藏上海商业联合会档案，卷宗号：Q80-1-45-6。

[7]《上海商业联合会函件底稿》，上海市档案馆藏上海商业联合会档案，卷宗号：Q80-1-3-13。

[8]《上海商业联合会关于缴纳会费用开支问题的函件》，上海市档案馆藏上海商业联合会档案，卷宗号：Q80-1-45-11。

[9]《上海商业联合会关于缴纳会费用开支问题的函件》，上海市档案馆藏上海商业联合会档案，卷宗号：Q80-1-45-1。

表 3-9　上海商业联合会会员会费缴纳情况表　　　（单位:元）

团体名称	缴纳会费	缴费时间
上海县商会	500	1927 年 4 月 4 日
闸北商会	300	1927 年 4 月 16 日
银行公会	500	1927 年 4 月 9 日
钱业公会	500	1927 年 4 月 5 日
交易所联合会	500	1927 年 4 月 2 日
南北报关公所	200	1927 年 4 月 20 日
纱厂联合会	500	1927 年 4 月 19 日
杂粮公会	300	1927 年 4 月 9 日
纱业公会	300	1927 年 4 月 18 日
面粉公会	300	1927 年 4 月 19 日
纸业公会	200	1927 年 4 月 5 日
金业公会	300	1927 年 4 月 5 日
粤侨商业联合会	300	1927 年 4 月 7 日
茶业会馆	300	1927 年 4 月 6 日
丝经同业公会	200	1927 年 4 月 6 日
振华堂	300	1927 年 4 月 6 日
书业商会	200	1927 年 4 月 21 日
商船会馆	300	1927 年 4 月 18 日
通商各口转运会所	200	1927 年 4 月 5 日
中国棉业联合会	200	1927 年 4 月 18 日
南市吉云堂花业公所	200	1927 年 4 月 18 日
运输公会	200	1927 年 3 月 30 日
绸缎业绪纶公所	300	1927 年 4 月 6 日
上海机器碾米公会	200	1927 年 4 月 27 日
沪北经售米粮公会	200	1927 年 4 月 13 日
沪北米业联合会	200	1927 年 4 月 19 日
参业公所	300	1927 年 4 月 20 日
上海华商织袜公会	200	1927 年 4 月 12 日

团体名称	缴纳会费	缴费时间
上海银楼公会	300	1927 年 4 月 5 日
上海酒行公会		档案无记载
上海南北烧酒业公所		档案无记载
上海染织布厂公会	200	1927 年 4 月 16 日
中华水泥厂联合会	300	1927 年 4 月 14 日
敦善堂腌腊公所	200	1927 年 5 月 6 日
新药业公会	300	1927 年 4 月 6 日
杭绸业钱江会馆	300	1927 年 4 月 12 日
华商码头公会	300	1927 年 4 月 23 日
电机丝织公会	300	1927 年 4 月 日
通崇海花业公所	300	1927 年 4 月 11 日
上海料器业公会		档案无记载
典质业公所	300	1927 年 4 月 19 日
糖洋南北杂货公会	300	1927 年 4 月 13 日
上海油厂公会	200	1927 年 4 月 4 日
木商会馆	200	1927 年 4 月 18 日
布业公所	200	1927 年 4 月 4 日
喻义堂药业	300	1927 年 4 月 29 日
和义堂饮片业	200	1927 年 5 月 6 日
信义堂饮片业		档案无记载
江苏火柴同业会	300	1927 年 4 月 6 日
旅沪商帮协会	200	1927 年 4 月 23 日
上海染织同业公会	200	1927 年 5 月 3 日
上海铜锡业公会	200	1927 年 5 月 12 日
纸业公所景伦堂	200	1927 年 4 月 7 日
上海市区押当公所	200	1927 年 4 月 4 日
上海糖业点春堂	200	1927 年 4 月 14 日
嘉谷堂米业公所	300	1927 年 4 月 19 日

续表

团体名称	缴纳会费	缴费时间
厢业集义公所	200	1927 年 4 月 6 日
上海出口各业公会	200	1927 年 4 月 14 日
上海银炉公会	200	1927 年 4 月 12 日
铁业公会	200	1927 年 5 月 27 日
上海五金同业公会	200	1927 年 4 月 8 日
洋货业公会	300	1927 年 4 月 13 日
上海煤业公会	200	1927 年 5 月 27 日
鱼业敦和公所	200	1927 年 5 月 20 日
总计	15 900	

资料来源:《上海商业联合会收付款凭证》,上海市档案馆藏上海商业联合会档案,卷宗号:Q80-1-44,235-244;《上海商业联合会函件底稿》,上海市档案馆藏上海商业联合会档案,卷宗号:Q80-1-3,13-16。[1]

表 3-10　上海商业联合会会员等级与会费情况统计表

会员类别	一等 (500 元)	二等 (300 元)	三等 (200 元)	未定 (未缴纳)
数量/个	5	24	31	4
占比	7.7%	37.5%	48.4%	7.4%

由表 3-10 可见,上海商业联合会的一等会员数量较少,总共只有 5 个,占上海商业联合会会员总数的 7.7%,主要包括该会发起团体中的交易所联合会、上海银行公会、上海钱业公会、中华纱厂公会、上海县商会等,这些会员都是在上海商界具有一定影响的商会组织,或者是有一定经济实力的商业团体。而其余大多数商业团体,虽然也加入了上海商业联合会,但是只是以二等会员(占会员总数的 37.5%)、三等会员(占会员总数的 48.4%)的资格缴纳会费。究其原因,一方面,这可能与上海商业联合会会员当中的中小团体较多有关;另一方面,有些团体虽然具有一定甚至很强的实力,但是,也

---

[1]　另见《上海商业联合会收付款凭证》,上海市档案馆藏上海商业联合会档案,卷宗号:Q80-1-44-248,252。此外,上海商业联合会会费在上海市档案馆藏上海商业联合会档案《上海商业联合会会员录》,卷宗号:Q80-1-36,第一册第 1—48 页,第二册第 1—14 页均有记载,但会费数量与此表存在差别,如杂粮公会、粤侨商业联合会、华商码头公会的会费是 500 元。

只认定二等会员或者三等会员的资格,这样该会员就可以降低会费支出,如华商码头公会原来自认为一等会员,4 月 23 日该会却致函上海商业联合会,称该公会只能认缴二等会费 300 元。[1]有些团体虽然加入了上海商业联合会,但是却没有按照规定缴纳会费,如上海酒行公会、信义堂饮片业、上海南北烧酒业公所、上海料器业公会四个会员团体就从来没有缴纳过会费。

四、上海商业联合会的会议

上海商业联合会的会议主要包括会员会议和委员会议。根据《上海商业联合会章程》规定,该会的会员会议每个月一次,委员会议每周一次。《上海商业联合会章程》还规定,如果碰到紧急情况,经十分之一以上委员同意,可以召开临时会议。

(一)上海商业联合会的会员会议

1. 上海商业联合会会员会议的主要议题

从上海商业联合会会员会议的主要内容来看,以 4 月份为分界线,可以分为前后两个时期。在 4 月份以前,上海商业联合会会员会议的主要内容多为建立该会的一些规章制度,推举主席以及经济、总务、调查、交际等科委员,讨论是否同意申请团体加入该会。而 4 月份以后的会议内容主要有三个方面:筹款、抵制工人运动、联络列强。筹款主要是为国民党政权推销二五库券;抵制工人运动的会议议题主要包括讨论建立商团、建立商民协会,讨论工商标准等;与列强的联络与交涉主要包括请求租界当局拆除铁丝网,以及在国民政府与列强之间进行沟通,等等。上海商业联合会会员会议的议题详见表 3-11。

表 3-11 上海商业联合会会员会议情况表

日 期	会 议 议 题	表决方式
3 月 22 日	19 个工商团体联席会议,推举 15 个常务委员,发布章程 15 条	
3 月 24 日	讨论推举主席、征收会费、志愿书、刊刻印章、慰劳抵沪革命军、增加委员等	众决
3 月 25 日	消除租界对革命军的疑虑,通过上海银楼公会等八团体入会,讨论永安公司工潮,商讨闸北灾民救济方案	众通过

[1]《上海商业联合会关于缴纳会费用开支问题的函件》,上海市档案馆藏上海商业联合会档案,卷宗号:Q80-1-45-8。

日　期	会　议　议　题	表决方式
3月26日	调停永安工潮	众赞成
3月27日	通过典质业公所、料业公会入会	众通过
3月28日	报告入会团体,增加委员,推代表谒见蒋介石	众通过
3月29日	通过纸业公所、铜锡业公会、染织业同业公会等入会	通过
3月30日	聘顾子仁、李国钦为海外代表,讨论永安工潮,通过嘉谷堂米业公所等入会,通过致美国政府函	通过
3月31日	推举"宁案"调查委员等	通过
4月1日	商讨请求工部局拆除防御工事,修改章程	通过
4月2日	就缴械鲁军给养事请示蒋介石,商讨对付工会办法	通过
4月3日	邀请汪寿华到会就工潮、外交等问题发表意见	通过
4月4日	听取虞洽卿关于汉口日租界纠纷和日本态度的报告,通过上海出口各业公会等入会	通过
4月5日	派王晓籁等7人与工会接洽,请求工部局拆除铁丝网和修改戒严时间	虞推定
4月7日	暂垫2 000美金给顾子仁作海外宣传,通过挽留蒋介石留沪信稿	
4月17日	组织商团	虞洽卿主席指定
4月29日	认募500万元库券事宜,领导人确定各团体认购数目	
5月2日	动员会员认购二五库券	
5月7日	讨论白崇禧催款事宜	
5月16日	讨论如何援助被国民党通缉的荣宗敬	
5月25日	吴蕴斋等与国民党商民部张振远就工商界限发生争执	
6月13日	推举闻兰亭为对英经济绝交大同盟代表;倪文卿、项如松为上海房租讨论会代表;派冯道君为庆祝北伐胜利大会代表并通知各团体庆祝;由研究商民协会的五委员办理上海各马路商界总联合会要求该会加入实业团体起草委员会事宜	
6月15日	上海商业联合会与工统会的领导人发表对劳资问题的看法,讨论染织业劳资问题	
7月28日	调停工部局增捐	
11月23日	讨论上海商业联合会解散事宜	

资料来源:《上海商业联合会议事录》,上海市档案馆藏上海商业联合会档案,卷宗号:Q80-1-1,《上海商业联合会会员会议事录》,卷宗号:Q80-1-2。

2. 上海商业联合会会员参加会议情况

根据上海商业联合会会员会议的签到簿记载，上海商业联合会会员会议一共召开了 31 次。[1]在这些会议当中，参加上海商业联合会会员会议次数比较多的会员团体有：交易所联合会（29 次）、闸北商会（28 次）、银行公会和面粉公会（26 次）、通商各口岸转运所（24 次）、振华堂和运输公会（23 次）、南北报关公所（22 次）、粤侨商业联合会（20 次）。究其原因，不仅因为这些团体是上海商业联合会的发起团体，更为重要的是，这些团体的代表如交易所联合会的虞洽卿、银行公会的吴蕴斋、面粉公会的王一亭、闸北商会的王晓籁等人都是上海商业联合会的中坚力量与骨干。

出席上海商业联合会会员会议次数只有 1 次的会员团体有：南市吉云堂花业公所、上海煤业公会、铁业公会、上海铜锡业公会、敦善堂腌腊公所、丝经同业公会等。

从来都没有参加上海商业联合会会员会议的会员团体有：沪北经售米粮公会、沪北米粮联合会、糖洋南北杂货公会、上海油厂公会、木商会馆、上海酒行公会、南北烧酒业公所、布业公所、喻义堂药业、信义堂饮片业 10 个会员团体。尤其是上海酒行公会、信义堂饮片业、上海南北烧酒业公所等会员团体，虽然在名义上加入了上海商业联合会，但它们既没有缴纳会费也没有参加上海商业联合会的会员会议，这类团体虽然并不多见，但也是值得我们注意的，详见表 3-12、表 3-13、表 3-14。

将表 3-12、表 3-13 两个表格中上海商业联合会会员参加会员会议次数进行汇总，各会员团体参加会员会议的次数如表 3-14 所示。

3. 上海商业联合会会员会议的会员到会情况

如果对表 3-12、表 3-13 中每次会员会议到会会员的总数进行统计，可以发现，自 1927 年 3 月 22 日至 11 月 30 日上海商业联合会召开的会员会议中，有较多团体参加的会员会议是：4 月 7 日的会员会议，参加会议的会员团体共有 34 个；4 月 29 日的会员会议，参加会议的会员团体共有 27 个；4 月 13 日、4 月 17 日、5 月 7 日的会员会议，参加会议的会员团体共有 25 个；5 月 25 日的会员会议，参加会议的会员团体共有 23 个，5 月 2 日的会员会议，参加会议的会员团体共有 22 个；6 月 13 日、15 日的会员会议，参加会议的会员团体共有 21 个；3 月 29 日、31 日的会员会议，参加会议的会员团体共有 20 个，详见表 3-15。

[1] 上表只列出 25 次，另有 6 次因无记录而未列出。

表3-12　上海商业联合会会员会议各会员到会及出席人数（一）

（1927年3月22日—1927年4月9日）

日期 团体名称	3月									4月						
	22日	24日	25日	26日	27日	28日	29日	30日	31日	1日	2日	3日	4日	5日	7日	9日
上海县商会	1	1				2	1	1		2	1	2		1	1	2
闸北商会	1	1	3		1	2	1	1	1	1		1	2	2	1	1
银行公会	1	4	2	1	1	2	2		2	1	1	2	3	1	1	2
钱业公会	1	1	1	1	2	4	2	5	2	2		2	3	3	3	1
交易所联合会	1	3	3	3	3	1	4	4	3		2	2	3	3	3	2
南北报关公所	1	1	1	1	1	1		1	1	1	1		1	1		1
纱厂联合会	1	1			1			1	1	2	1	2				
杂粮公会	1	1	1		1	1	1	1			1	1			1	1
纱业公会	1	1	1	1		1	1	2	1	1		2	1	1	1	1
面粉公会	1	3	3	3	3	3	2		2	1	1	2	1	2		
纸业公会	1	1	2	1	1	1	1		2	2	2	1	2	1	2	
金业公会	1	1	1	1	1	1	1			1				1	1	1
粤侨商业联合会	1	1	2	1	1	1	1	1				1	1	1	1	
茶业会馆	1				2		2	1							2	
丝经同业公会	1															

续表

团体名称 \ 日期	3月									4月						
	22日	24日	25日	26日	27日	28日	29日	30日	31日	1日	2日	3日	4日	5日	7日	9日
振华堂	1		3	2	1	1		1	2			1		1	1	
韦业商会	1	3	1	1	1	1	1	2		1		1	1	1	1	
商船会馆	1									1						
通商各口转运会所	1	1	1	1	1	1	1	1	1		1	1		1	1	1
中国棉业联合会						1	1		1	1	1		1	1	1	
南市吉云堂花业公所																
运输公会		1	1	1	1	1		1	1	1	1	1	1	1	1	
绸缎业绪纶公所					2		1				2				1	
上海机器碾米公会																
沪北经售米粮公会																
沪北米业联合会																
参业公所				1									1			
上海华商织林公会					3	1	1						3	3	3	1
上海银楼公会					1	1								3	1	
上海酒行公会																
南北烧酒公所																

续表

日期 团体名称	3月									4月						
	22日	24日	25日	26日	27日	28日	29日	30日	31日	1日	2日	3日	4日	5日	7日	9日
上海染织布厂公会			1				1	2	2		2	2		3	1	1
中华水泥厂联合会				1											2	
敦善堂堂腌腊公所																
新药业公会															3	
杭绸业钱江会馆									1	2					3	
华商码头公会									1	1					2	
电机丝织公会			1					1	1		2	2		2	2	
通崇海花业公所							3	1	1	1	1	1		1	1	
上海科料器业公会										1						
典质业公所					1		1		1							1
糖洋南北杂货公会																
上海油厂公会																
木商会馆																
布业公所																
喻义堂药业																
和义堂饮片业																
信义堂饮片业																

日期\团体名称	3月									4月						
	22日	24日	25日	26日	27日	28日	29日	30日	31日	1日	2日	3日	4日	5日	7日	9日
江苏火柴同业会															1	
旅沪商帮协会								1	2	1	1	1	1	1		1
上海杂织同业公会															2	
上海铜锡业公会																
纸业公所景伦堂															1	
上海市区押当业公所													1			
上海糖业点春堂															1	
嘉谷堂米业公所																
厢业集义公所																
上海出口各业公会															1	
上海银炉公会																1
铁业公会																
上海五金同业公会																
洋货业公会															1	
上海煤业公会																
鱼业教和公所																
参加会议团体总计	19	15	18	14	17	18	20	17	20	17	16	18	15	19	34	11

表3-13　上海商业联合会会员会会议各会员到会及出席人数（二）

（1927年4月13日—1927年11月30日）

会员团体名称	4月				5月				6月		7月		8月	11月		合计
日期	13日	16日	17日	29日	2日	7日	16日	25日	13日	15日	22日	28日	2日	23日	30日	
上海县商会	3	2	1	1	1	2				3	1	1	1		1	22
闸北商会	2	1	2	1	1	1			1	2	1	2	2	2	1	28
银行公会	2	3	1	4	2	2	1		1	1	1	1	2	2	1	26
钱业公会		2			2	2	1			2	2					19
交易所联合会	2	1	2	2	1	3	2	1	2	2	2	2	1	2		29
南北报关公所		1		1	1	1	1		1	1			1	1		22
纱厂联合会	1		1	1						1	1					15
杂粮公会		1	1	1	1	1		1	1	1	1	1				17
纱业公会									1	2	1					13
面粉公会	1			2	2		2	1	1	1	1	1	2	1		26
纸业公会	2	2		1			1	1				1				17
金业公会	1	1	1	1		1	1			1	1					15
粤侨商业联合会	1				1	1		1	1	1	1		1	1	1	20
茶业会馆		1		3			1	1	1					1		10
丝经同业公会																1
振华堂	1	1	1	1	1	1	1	1	1	1	1		3	1		23

99

续表

会员团体名称	4月 13日	4月 16日	4月 17日	4月 29日	5月 2日	5月 7日	5月 16日	5月 25日	6月 13日	6月 15日	7月 22日	7月 28日	8月 2日	11月 23日	11月 30日	合计
书业商会	1															10
商船会馆			1		1											3
通商各口转运会所		1	1	1	1	1	1	1	1	1	1		1			24
中国棉业联合会	1	1			1	1	1		1	1	1		1			10
南市吉云堂花业公所									1							1
运输公会	1	1			1	1	1	1	1	1				1		23
绸缎业绪纶公所			1	1			1			1						8
上海机器碾米公会				2	1			1	1		1		1			6
沪北经售米粮公会																0
沪北米业联合会																0
参业公所			1					1		1						5
上海华商织袜公会	2	2			2	2	1	1	1				1			14
上海银楼公会			1						1			1				7
上海酒行公会																0
南北烧酒业公所																0
上海染织布厂公会	2	1		3	2	1	3		3	1						15
中华水泥厂联合会						1	1	2								6

续表

会员团体名称	4月 13日	16日	17日	29日	5月 2日	7日	16日	25日	6月 13日	15日	7月 22日	28日	8月 2日	11月 23日	30日	合计
敦善堂腌腊公所			1													1
新药业公会	3		1	1	1											6
杭绸业钱江会馆	3		2	1					3			2	1	1		10
华商码头公会				1	1	1	1	1	1							8
电机丝织公会			1	1	1	1	1	2		1		1		1	1	17
通崇海花业公所	1		1	1			1		1							12
上海料器业公所				1			1									2
典质业公所	1															5
糖洋南北杂货公会																0
上海油厂公会																0
木商会馆																0
布业公所																0
喻义堂药业					1											0
和义堂堂饮片业				1												1
信义堂堂饮片业				1												0
江苏火柴同业会	1			1	1					1						4
旅沪商帮协会	1	1		1											1	12

续表

会员团体名称	4月13日	4月16日	4月17日	4月29日	5月2日	5月7日	5月16日	5月25日	6月13日	6月15日	7月22日	7月28日	8月2日	11月23日	11月30日	合计
上海染织同业公会			1	1			1			1						4
上海铜锡业公会			1							1						1
纸业公所景伦堂	1		1		1	1	1		1							6
上海市区押当公所	5	6	2			2	1	2		1		2		1		11
上海糖业点春堂	2		1	1		1		1								5
嘉谷堂米业公所			1	2		1				1			1			6
厢业集义公所			1										1			2
上海出口各业公会	1			2					1	1						3
上海银炉公所	1		1	1	1	1		1		1		1	1			9
铁业公会					1											1
上海五金同业公会	1					1			1							2
洋货业公会			1			1	1									4
上海煤业公会							1									1
鱼业敦和公所				1								1				2
参加会议团体总计	25	11	25	27	22	25	19	23	21	21	11	13	16	11	6	

资料来源：《上海商业联合会签名簿》，上海市档案馆藏上海商业联合会档案，卷宗号：Q80-1-37。

表 3-14　上海商业联合会会员参加会员会议次数统计表

（参加会员会议次数，单位：次；会议出席率，单位：%）

团体名称	参加次数	会议出席率（会议总数为 31 次）	团体名称	参加次数	会议出席率（会议总数为 31 次）
上海县商会	22	70.9	上海酒行公会	0	0
闸北商会	28	90.3	南北烧酒业公所	0	0
银行公会	26	83.8	上海染织布厂公会	15	48.3
钱业公会	19	61.2	中华水泥厂联合会	6	19.3
交易所联合会	29	93.5	敦善堂腌腊公所	1	3.2
南北报关公所	22	70.9	新药业公会	6	19.3
纱厂联合会	15	48.3	杭绸业钱江会馆	10	32.2
杂粮公会	17	54.8	华商码头公会	8	25.8
纱业公会	13	41.9	电机丝织公会	17	54.8
面粉公会	26	83.8	通崇海花业公所	12	38.7
纸业公会	17	54.8	上海料器业公会	2	6.4
金业公会	15	48.3	典质业公所	5	16.1
粤侨商业联合会	20	64.5	糖洋南北杂货公会	0	0
茶业会馆	10	32.2	上海油厂公会	0	0
丝经同业公会	1	3.2	木商会馆	0	0
振华堂	23	74.1	布业公所	0	0
书业商会	10	32.2	喻义堂药业	0	0
商船会馆	3	9.6	和义堂饮片业	1	3.2
通商各口转运会所	24	77.4	信义堂饮片业	0	0
中国棉业联合会	10	32.2	江苏火柴同业会	4	12.8
南市吉云堂花业公所	1	3.2	旅沪商帮协会	12	38.7
运输公会	23	74.1	上海染织同业会	4	12.8
绸缎业绪纶公所	8	25.8	上海铜锡业公会	1	3.2
上海机器碾米公会	6	19.3	纸业公所景伦堂	6	19.3
沪北经售米粮公会	0	0	上海市区押当公所	11	35.4
沪北米业联合会	0	0	上海糖业点春堂	5	16.1

团体名称	参加次数	会议出席率（会议总数为31次）	团体名称	参加次数	会议出席率（会议总数为31次）
参业公所	5	16.1	嘉谷堂米业公所	6	19.3
上海华商织袜公会	14	45.1	厢业集义公所	2	6.4
上海银楼公会	7	22.5	上海出口各业公会	3	9.6
上海银炉公会	9	29	上海煤业公会	1	3.2
铁业公会	1	3.2	鱼业敦和公所	2	6.4
上海五金同业公会	2	6.4	洋货业公会	4	12.8

表 3-15　上海商业联合会会员会议的会员到会情况统计表

（会员团体单位：个，比例单位：%）

会议日期	当日参加会议的会员团体总数	占团体总数的比例	会议日期	当日参加会议的会员团体数量	占团体总数的比例
3 月 22 日	19	29.6	4 月 13 日	25	39
3 月 24 日	15	23.4	4 月 16 日	11	17.1
3 月 25 日	18	28.1	4 月 17 日	25	39
3 月 26 日	14	21.8	4 月 29 日	27	42.1
3 月 27 日	17	26.5	5 月 2 日	22	34.3
3 月 28 日	18	28.1	5 月 7 日	25	39
3 月 29 日	20	31.2	5 月 16 日	19	29.6
3 月 30 日	17	26.5	5 月 25 日	23	35.9
3 月 31 日	20	31.2	6 月 13 日	21	32.8
4 月 1 日	17	26.5	6 月 15 日	21	32.8
4 月 2 日	16	25	7 月 22 日	11	17.1
4 月 3 日	18	28.1	7 月 28 日	13	20.3
4 月 4 日	15	23.4	8 月 2 日	16	25
4 月 5 日	19	29.6	11 月 23 日	11	17.1
4 月 7 日	34	53.1	11 月 30 日	6	9.3
4 月 9 日	11	17.1			

不难发现，出席上海商业联合会会员会议的会员团体多少，与上海商业联合会会员的数量密切相关。如 4 月 7 日的会员会议，出席该次会议的会员较多，主要因为 4 月 7 日上海商业联合会会员团体共有 59 个，基本上达到峰值。同时，会议的议题也对参加会议的会员数量有重要影响，参加某些会议的会员团体总数较多，主要与这些会议的议题有关。如 4 月 29 日的会议、5 月 2 日的会议，这两次会员会议的主要议题是讨论二五附税库券认购与分配，又如 6 月 13 日会议、6 月 15 日会议，这两次会议主题是讨论与明确工商界限的问题。这些会议的议题也是众会员比较关心的，因为这些会议的议题直接牵涉到上海商业联合会会员的切身利益，是故出席会议的会员团体比较多。

从总体上来看，从建立到结束的过程中，上海商业联合会会议的召开频率呈递减的趋势。在 1927 年 3、4 月间，会员会议的次数比较频繁，5、6 月份就相对减少，7、8 两个月就更少，9、10 月份就没有召开会员会议，11 月份，上海商业联合会为了商讨解散事宜，分别在 23 日、30 日召开了两次会员会议，而且这两次会员会议也分别只有寥寥可数的 11 个会员、6 个会员出席，如图 3-1 所示。

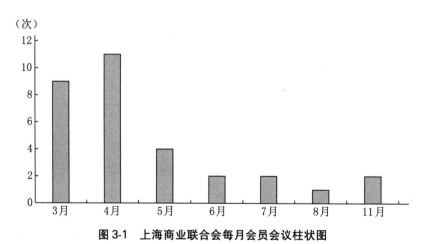

图 3-1　上海商业联合会每月会员会议柱状图

（二）上海商业联合会的委员会议

上海商业联合会委员会议包括常务委员会议、会章起草委员会议以及总务、经济、调查、交际四科委员会议。根据上海商业联合会章程规定，上海商业联合会委员会议每周一次，会员会议每个月一次，也就是说，该会的委员会议的次数应该多于会员会议的次数，但实际情况却恰恰相反。从上海商业联合会委员会议的主要内容来看,其会议主要议题有起草会章、组织商团、推举劳资代表、请求租界拆除铁丝网等。其中,以讨论建立商民协会的会议居多。从参加上海商业联合会委员会议的人数来看,第一,同会员会议一样,出席委员会议的委员人数也呈现递减趋势。第二,出席委员会议次数较多的首先是主席王一亭、虞洽卿、吴蕴斋以及委员冯少山、穆藕初、孙景西等人,其次是来自金融业的委员,诸如秦润卿、徐新六、钱新之以及来自五金行业的徐补荪等人,详见表 3-16、图 3-2。

表 3-16　上海商业联合会委员会议情况表

日　　期	会议内容	出席委员会议的委员
3 月 22 日上午	19 团体联席会议,会议内容无记录	虞洽卿、吴蕴斋、穆藕初、徐新六、叶惠钧、秦润卿、徐庆云、顾馨一、王彬彦、孙景西、王一亭、钱新之、徐补荪、荣宗敬等 41 人
3 月 22 日下午	会议内容无记录	虞洽卿、吴蕴斋、穆藕初、徐新六、叶惠钧、秦润卿、徐庆云、顾馨一、冯少山、孙景西、王一亭、钱新之、徐补荪、荣宗敬等 23 人
3 月 23 日上午	会议内容无记录	虞洽卿、顾馨一、闻兰亭、陆伯鸿、冯少山、胡孟嘉、叶惠钧、沈田莘、吴蕴斋、孙景西、穆藕初、徐补荪、王一亭、钱新之、荣宗敬等 20 人
3 月 23 日下午	会议内容无记录	石芝坤、穆藕初、荣宗敬、徐静仁、闻兰亭、劳敬修、冯少山、王晓籁、秦润卿、孙景西、吴麟书等 19 人
3 月 29 日	会议内容无记录	钱新之、孙景西、叶扶霄、胡孟嘉
3 月 30 日	会章起草	徐静仁、胡孟嘉、冯少山、叶扶霄、穆藕初、沈田莘、徐庆云、徐新六
3 月 30 日	外交问题	孙景西、穆藕初、冯炳南、余日章、钱承绪、黄明道
4 月 13 日	筹组商民协会	无记录
4 月 16 日	推举二人组织商民协会	吴蕴斋、王晓籁、钱新之、石芝坤、尤森庭、倪文卿、秦润卿、冯少山、虞洽卿、顾馨一、叶扶霄等 25 人
4 月 19 日	组织商团	冯少山、王彬彦、王一亭、姚紫若、顾馨一
4 月 20 日	研究商民协会章程	吴蕴斋、王一亭、钱新之、胡孟嘉、徐补荪、冯仲甫、尤森庭、石芝坤、冯少山、穆藕初、劳敬修、陆伯鸿等 14 人

日　期	会议内容	出席委员会议的委员
4月22日	内容无记录	穆藕初、孙景西、余日章、冯炳南
4月23日	筹募宣传费	荣宗敬、倪文卿、穆藕初、王一亭、吴蕴斋、闻兰亭、孙景西、尤森庭、劳敬修、冯少山等17人
4月25日	派二人参加商民协会筹备会	王晓籁、倪文卿、吴蕴斋、孙景西、叶惠钧、冯少山、虞洽卿、徐新六、陆伯鸿、尤森庭、闻兰亭、陈翊周、劳敬修、石芝坤、胡孟嘉
4月27日	政治部指导商协办法	石芝坤、陈松源、倪文卿、尤森庭、顾馨一、王一亭、荣宗敬、闻兰亭、劳敬修、姚紫若、虞洽卿等18人
4月30日	讨论请求租界当局拆除铁丝网，为革命运动纪念会捐助洋200元；叶惠钧为南市公共体育场主席	王一亭、冯少山、穆藕初、尤森庭、石芝坤、吴蕴斋、倪文卿、徐补荪等11人
5月4日	内容无记录	虞洽卿、冯少山、陈烈胜、王晓籁、王一亭、吴蕴斋
5月27日	研究商民协会章程	胡孟嘉、冯少山
6月7日	研究商民协会章程	王一亭、冯少山、吴蕴斋、胡孟嘉、秦润卿
6月25日	送镜框，推选劳资代表	吴蕴斋、朱吟江、孙景西、闻兰亭、冯少山、姚紫若、谢培德、孔慎甫、徐补荪、劳敬修、王一亭
7月7日	内容无记录	劳敬修、王一亭、王晓籁、闻兰亭、姚紫若、毛子坚、顾馨一、陆伯鸿、虞洽卿、徐新六、秦润卿、倪文卿等17人
7月23日	房租劝募委员会，禁止现洋出口，对日经济绝交	会议内容无记录

资料来源：《上海商业联合会签名簿》，上海市档案馆藏上海商业联合会档案，卷宗号：Q80-1-37-1、4、6、7；《上海商业联合会请上海工会组织统一委员会参加调解"劳资纠纷"谈话会的函件》，卷宗号：Q80-1-27；《上海商业联合会发件回单》，卷宗号：Q80-1-47。

　　将上表上海商业联合会委员会议召开的情况以月份为单位进行统计绘图，可得上海商业联合会委员会议召开情况柱状图3-2。

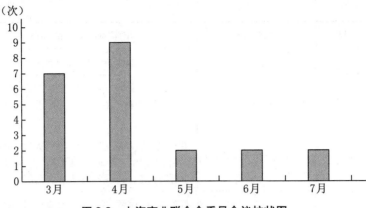

图 3-2　上海商业联合会委员会议柱状图

（三）上海商业联合会与其他团体共同召开的会议

上海商业联合会后期的一些主要会议大多是与上海县商会、闸北商会、上海总商会等团体联合召开,其内容主要包括办理闸北救灾、官场应酬、为国民党军队筹饷等,详见表 3-17。

表 3-17　上海商业联合会与其他商会共同召开的会议

日　　期	会议内容	参加团体
7 月 10 日	讨论闸北火灾救济	上海商业联合会、上海总商会、闸北商会、上海县商会
8 月 10 日	欢迎陈天固	上海商业联合会、上海总商会、闸北商会、上海县商会
8 月 25 日	讨论闸北火灾款	上海商业联合会、上海总商会、闸北商会、上海县商会
8 月 31 日	讨论 7 万筹饷	上海商业联合会、上海总商会、闸北商会、上海县商会
9 月 1 日	要求银行公会上缴 10 万筹款	上海商业联合会、上海总商会、闸北商会、上海县商会
9 月 2 日	分配筹款	上海商业联合会、上海总商会、闸北商会、上海县商会

资料来源:《上海商业联合会与国民党财政部、闸北商会等关于赈恤闸北灾民问题的来往函件》,上海市档案馆藏上海商业联合会档案,卷宗号:Q80-1-31-26;上海工商业联合会编:《上海总商会议事录》,第 2468、2476 页;《四商会继续调查闸北火灾会议纪》,《申报》1927 年 7 月 11 日,第 14 版;《四团体欢迎关税处长程天固》,《申报》1927 年 8 月 10 日,第 13、14 版;《四团体会议闸北赈灾领款办法》,《申报》1927 年 8 月 26 日,第 14 版。

通过对上海商业联合会会议的分析、统计,不难发现,虽然《上海商业联合会章程》规定,会员会议每个月召开一次,但是在3月底到4月初,上海商业联合会几乎每天都在召开会员会议,而到了后期,尤其是从6月份开始,同前期相比,无论是委员会议还是会员会议的次数都大大减少。上海商业联合会后期的一些会议,基本上均是上海商业联合会、上海总商会、闸北商会、上海县商会四团体召开的联席会议。上海商业联合会前期会议与后期会议的频率出现巨大的反差,究其原因,主要有以下几个方面:

首先,上海商业联合会成立的时候,上海总商会基本处于瘫痪状态,面临工人运动对一些资本家造成严重威胁,上海商界在无所依托的状况下,纷纷加入上海商业联合会,这是上海商人寻求归属感、安全感而采取自卫、自保的行为。因此,当上海银行公会、交易所联合会等19团体发起成立上海商业联合会时,必然会有众多商业团体陆续加入。也不难发现,上海商业联合会建立与扩充组织时,上海商业团体对它比较积极与热心,可见上海工商界对它寄予的期望。一些资本家希望在上海商业联合会的引领下,能够有效地对付工人运动,解除工人运动的"威胁",协调上海商界与国民党政权及帝国主义列强的关系,维护商人群体的利益。从上海商业联合会发起建立的19个团体扩充到64个团体,我们不难推测这一时期上海工商界应对工人运动等"威胁"的急迫心情。

其次,广大会员团体对上海商业联合会的事务、活动并不积极、热心。从参加会员会议的会员团体的总数来看,会议的会员参与率较低。4月9日,上海商业联合会召开会员会议,共有34个会员团体参加会议,是出席会员会议的会员总数最多的一次。但是,出席该次会员会议的会员总数也只占到该会会员总数的53.1%,其次是4月29日,共有27个会员团体参加会议,占上海商业联合会会员总数的42.1%。在上海商业联合会举行的31次会员会议中,参加会议的会员总数在20个以下的会议一共有21次,参加这些会议的会员总数每次均不足上海商业联合会会员团体总数的30%。

从各团体出席会员会议的情况来看,会员的会议出勤率比较低。上海商业联合会召开的会员会议一共有31次,只有14个团体会议的出勤率在50%以上,有40个会员团体会议的出勤率在50%以下。其中,有10个会员包括:沪北经售米粮公会、沪北米粮联合会、糖洋南北杂货公会、上海油厂公会、木商会馆、上海酒行公会、南北烧酒业公所、布业公所、喻义堂药业、信义堂饮片业等会员团体,它们参加会员会议的次数、会议出勤率都是0。可见,从总体上来看,上海商界对上海商业联合会的事务与活动并不积极。

最后,从 7 月份开始,上海商业联合会多次与上海总商会、上海县商会、闸北商会一起召开联席会议共同处理商界问题,这表明了上海商业联合会地位的弱化与影响力的式微。此时,尽管上海商业联合会作为商人联合组织,但是在广大商民的心中,它已经不能单独维护上海资产阶级的利益与解决商界的纷扰,只好借助其他商会的影响与声望来共同处理商界问题,它已经不能够起到众商领袖的作用。一些具有较大影响的商会组织开始与之平起平坐,尤其是上海总商会,已经恢复了它的部分功能。所以,上海商业联合会在建立后不久,便出现了衰败之气。

本 章 小 结

1927 年 3 月 22 日,上海商业联合会由上海银行公会、上海钱业公会、交易所联合会、纱厂联合会等 19 个团体发起成立。上海商业联合会建立以后,在其后的一周内,会员得到迅猛的增加,上海商界的一些会馆、公会、公所不断加入其中,到 3 月 26 日,上海商业联合会会员已经达 48 个团体,到 3 月底已达 57 个团体,最后,发起与加入上海商业联合会的一共有 64 个商业团体。从会员的行业构成来看,上海商业联合会既囊括了上海比较重要的行业如金融、面粉、纺织等行业,也包括木业加工、药业等经济实力一般的行业。通过分析,不难发现,上海商业联合会确实是 1927 年上海最重要、最有影响力的商业团体,其冠名以"商业联合会"一点也不夸张。

上海商业联合会成立以后,其组织机构、规章制度也逐渐建立。在成立的当日,即发布成立公告,公告以解决"沪上商业利害关系之一切事件"为由,号召上海商业团体积极参加。其后不久,又颁布了两稿宣言,通过了章程,逐步确立了上海商业联合会的规章制度。与此同时,上海商业联合会的领导层也不断扩充,组织机构也日趋走向完备,推举了主席 3 人、常务委员 17 人、经济等四科委员 40 人。从领导层的行业构成来看,上海商业联合会的常务委员和经济、总务、交际、调查四科委员也基本涵盖了当时上海金融、食品、运输、纺织等重要行业。尽管上海商业联合会实行了委员会制,但是从实际操作层面来看,该会事务的决断权基本上由虞洽卿掌握。

随着会员团体的不断增加、组织机构的不断扩充,上海商业联合会很快具有稳定的会员,有会费收入作为活动经费,有明确的宗旨,即维护商业,实行"政商合作",建立了组织机构。因此,根据虞和平的法人社团的标准,上海商业联合会也就具备法人社团的性质,其社团性质主要表现在四个方面:广泛的目的认同、明确的成员界定和大量的成员、比较完整的组织协调体系、特定的社会整合。同时也就具有依法照章组成、有可独立支配的经费和财产、具有特定的权力能力和行为能力等法人特征。[1]

召开会议是上海商业联合会处理事务的重要途径之一。上海商业联合会的会议主要包括委员会议和会员会议。从上海商业联合会会员会议的次数上来看,总体上呈现逐月递减的动态趋势;从会议主要议题来看,主要内容则较多地集中于讨论是否同意商业团体加入该会、摊派与认购国民党政权发行的二五库券、商讨对付工人运动等问题;从该会会员参与会员会议的情况来看,上海商业联合会一共召开了 31 次会员会议,除了发起团体中的少数会员(14 个)参加会议次数较多,参加会议的次数到达 16 次以上以外,而 3/4 的会员参加的会议都在 16 次以下,会员参加会议的参与率低;从出席会议的会员团体的总数来看,只有 4 月 7 日的会议参加的会员团体到 34个,超过会员总数的一半,其余的会议会员的出席率都在 50% 以下,很多会议的出席率都在 30% 以下,会议的出席率较低。

虽然无论从会员的行业结构还是从领导层的行业来源看,上海商业联合会基本涵盖了上海商界的主要行业,建立的组织机构具备了一定的法人社团性质。但是,发起与加入上海商业联合会的商业团体,其积极加入该会与消极参与该会事务形成了强烈反差。可见,以上海商业联合会主席虞洽卿为代表的大资产阶级和民族资产阶级一些上层人物所倡导的"政商合作",在上海商界尤其是广大的上海中小资本家当中并未得到积极响应。同时也说明,商人无论是求稳还是求变,在绝大多数情况下主要都是出于经济目的,较少为了追求政治目标。[2]对于广大中小资本家来讲,他们首先考虑的还是维护自身的经济利益。

---

[1]　虞和平:《近代商会的法人社团性质》,《历史研究》1990 年第 5 期。
[2]　章开沅:《近代中国商人与社会变革》,《天津社会科学》2001 年第 5 期。

第四章　上海商业联合会与上海总商会

无论是在会员来源、领导层的构成等层面，还是在组织与制度等方面，上海商业联合会既表现出与上海总商会的同一性，又表现出与上海总商会的差异性，体现了上海商业联合会对上海总商会组织与制度、会员构成的传承与嬗变。同时，上海商业联合会建立以后也处理了一些商界事务与社会事务，担任起众商领袖的角色，它曾代替会员陈诉冤抑、营救商界同仁、代呈会员请求，在政府与商界之间传递信息，发挥着商会联络官商、保护商界利益等商会功能。在履行商会功能的同时，上海商业联合会还通过处理闸北火灾的救济等一系列社会救济活动，发挥了传统商会的社会功能。上海商业联合会商会功能与社会功能的发挥，体现了它对上海总商会的商会功能的继承与嬗变。

第一节　上海商业联合会对上海总商会组织结构的继承与嬗变

在上海商会发展史上，无论从影响上来看还是从实力上来看，在相当长的一段时间里，上海总商会都是上海首屈一指、影响广泛的商会组织，这一垄断地位直到 1927 年被作为商界领头羊的上海商业联合会所打破。在上海商会更替的过程中，上海商业联合会与上海总商会的运行机制、章程等既具有同一性，又存在一定的差异性。这体现了上海商业联合会对上海总商会的传承与嬗变。

一、上海商业联合会与上海总商会运行机制之比较

（一）继承方面

在经费来源、组织机构等方面，上海商业联合会都体现出对上海总商会某种程度的继承性，主要表现在：

1. 两者机构都实行三级制

上海商业联合会组织机构分为会员会议、委员会、主席,上海总商会为会员会议、会董会、会长三级制。

2. 活动经费主要来源于会费

在经费来源方面,上海商业联合会与上海总商会都把会员缴纳的会费作为活动经费,会费的多少与团体的大小有关。上海总商会会费除按旧章以外,对新入会会员的会费标准为 100 两,单独入会的商号,按照规定分别缴纳会费 100 两、50 两、30 两,而上海商业联合会会费分 500 元、300 元、200 元三种。

3. 都实行科层制

两者都分科处理事务。上海总商会会董分会计、书记、接待、庶务四种。上海商业联合会委员分总务科、经济科、调查科、交际科四个科别,此外,上海商业联合会还单独设立外交委员与特别委员。

4. 都以同业公会、会馆公所为基础

上海商业联合会和上海总商会都以商业团体、同业公会、会馆公所为基础。在上海商业联合会的会员团体中,一共有 5 个商业团体、44 个同业公会、15 个会馆公所;而在 1926 年和 1927 年上海总商会的合帮会员中,会员所代表的行业、团体一共有 3 个商业团体、26 个同业公会、49 个会馆公所。

（二）嬗变方面

上海商业联合会在继承上海总商会规章制度的基础上,在某些方面也出现了一些不同于上海总商会的变化,这些变化体现出上海商业联合会与上海总商会的差异性,主要表现在以下几个方面:

1. 从宗旨上来看,两者宗旨的寓意有所不同

上海总商会的宗旨是:联络同业、启发智识、调查商业、备部咨询、维持公益、改正行规、调停纠纷、代诉冤抑。上海商业联合会则"以互助精神维持商业"为宗旨。由此可以看出上海总商会的宗旨主要是处理工商业内部的一些事务,主导思想是"在商言商"。上海商业联合会宣称以"互助精神"为宗旨,"对内谋求发展之需要,对外谋求发展之保障",在其成立宣言中,列举了上海商界"在商言商"的种种弊端,认为只有实行"政商合作",才能解决商界这些弊端。上海商业联合会的"互助精神"之一就是实行"政商合作",就是要突破上海总商会等商会组织的"在商言商"这一传统思想的束缚,希望通过与一定的政治势力进行合作来维护上海商界的利益。[1]

---

[1]《上海商业联合会章程》,上海市档案馆藏上海商业联合会档案,卷宗号:Q80-1-5-12。

2.从制度上来看,两者在领导人的产生、成员的权利与义务等方面都存在差异

第一,领导人产生方式各不相同。上海总商会实行选举制,会长等领导层通过选举的办法产生。上海总商会会董由会员选举产生,再由会董共同选举会长一人、副会长一人。而上海商业联合会实行推举制,主席、委员等领导人通过推举的方式产生。上海商业联合会的委员是由会员从会员代表中推定,"委员任期一年,期满由会员另行推定"。在某些人选的产生方式上,上海商业联合会也主要采用推举的方法产生人选,推举方式主要分三种情况。第一种情况,是由常务委员推定主席,如3月24日的委员会议,众委员推定虞洽卿、王一亭、吴蕴斋为主席。第二种情况,是由会员推举代表人选,如3月28日,会员会议推举吴蕴斋、劳敬修、闻兰亭为代表谒见蒋介石,这些代表由会员共同推举产生。第三种情况,就是由会员推定委员,如在3月22日上海商业联合会的成立大会上,19个会员团体推举了该会的15个常务委员。第四种情况,就是由委员会中的委员推举委员。如在4月27日的委员会议上,众委员推定姚紫若、王晓籁、王彬彦、石芝坤、叶惠钧为筹饷委员会委员。第五种情况,就是由主席直接指定委员人选,如在4月17日的会员会议讨论组织商团时,商团审查委员会委员11人:荣宗敬、徐庆云、王晓籁、王彬彦、顾馨一、叶惠钧、范和笙、姚紫若、姚公鹤、王一亭、冯少山,就是由主席虞洽卿直接指定。

上海总商会的会董、会长主要由投票选举产生,而上海商业联合会主席、委员主要是由推举产生。从民主程度而言,推举制显然比选举制倒退了。但是,考虑到上海商业联合会实际上本来就是由一批志趣相投的人士发起组成,使用推举的方式产生领导者与代表应该更能够保证其组织团体初衷的贯彻。

第二,会员权利与义务的差异。上海总商会规定:"各业团体会馆公所入会者,会费仍照旧章,唯向例举业董一二人代表入会为会员,现拟普通选举即于各业团体按营业之大小,会费之多寡酌定推举代表之人数","各业会费一百两以上者,得举会员一人,以多至十人为止","各业商号商人另入会者,会费酌分三种:一百两、五十两、三十两,缴会费五十两得举店东或经理人为会员。缴三十两为会友"。与上海总商会相比,上海商业联合会简化了入会与会费的规定。上海商业联合会规定会员分为一等会员、二等会员、三等会员三个等级,会员的等级由会员按自身"团体大小认定",由入会会员自行认定,三个等级会员的会费分别为:五百元、三百元、二百元。在会员资格

方面,申请加入上海商业联合会的商业团体,经委员会讨论、会员会议表决通过,即为上海商业联合会会员。此外,两者会员权利也存在差异。上海总商会会员有选举权与被选举权,而会友只有选举权。上海商业联合会取消了上海总商会的会员与会友选举与被选举资格的差别。《上海商业联合会章程》规定,凡是上海商业联合会的会员都拥有推举权与被推举权。

第三,组织制度的差异。在组织机构方面,在1927年以前,上海总商会实行会董制,而上海商业联合会实行委员会制,且两者领导层人数也有所不同,上海商业联合会委员人数较上海总商会会董人数有所增加。《上海总商会章程》规定,"会员由普通各业选举,分别入会注册,即由入会的会员复举会董三十一人"。《上海商业联合会章程》则规定,"委员会制额定四十一人,团体增加委员亦随之增加,但至多以四十五人为限"。上海商业联合会委员包括常务委员17人,经济科、调查科、总务科、交际科四科委员共40人。委员会制的采用,表明上海商业联合会在组织上的重大变化。

3. 会议制度与运作方式的差异

(1) 两者会议制度的差异

上海总商会的会议分常会、大会、特会三种。常会,是指每日或午前午后,无论何业,不妨自约同行来集会所;大会,是指在"礼拜某日"就某事评议是非;特会,由受屈之人先三日通知,然后召集会员评议。可见,上海总商会会议的内容主要是评议是非,解决商界纠纷。上海商业联合会会议分委员会议、会员会议、临时会议几种。[1]依照《上海商业联合会章程》规定,委员会议每周一次,会员会议每个月一次。实际上,上海商业联合会前期,无论是会员会议还是委员会议,次数都比较频繁,有时候会员会议几乎是一天接着一天的召开。但到了后期,无论是会员会议还是委员会议都屈指可数,差不多一个月才开一次。上海商业联合会会议出现这种状况,可能与它成立初期事务繁多有关。

(2) 两者会议议程的差异

上海总商会议事时,无论是常会、特会,"应先三日将所议之事函告与议之人",议事时,"须有议事权之人到有过半,方可议事开会","以多数定议",而诸如"更改章程等事情则要求有会员的三分之二允许,方可照办"。在进行表决时,上海总商会主要采用机密投筒法。

───────────

[1]《上海商业联合会章程》,上海市档案馆藏上海商业联合会档案,卷宗号:Q80-1-5-12;
《上海总商会章程》,见上海市工商业联合会、复旦大学历史系编:《上海总商会组织史资料汇编》,上海古籍出版社2004年版,第546—550页。

与上海总商会不同，上海商业联合会会员会议的议事程序有以下几种方式：

第一，由主席提出大会的议案，交由全体会员进行表决。如3月24日的会员会议，虞洽卿主席报告议案，交会员讨论，此次大会议题主要是讨论会费的征收与慰劳抵沪国民革命军，会员决定以入会团体按大小不同分三等一次缴付，一等500元、二等300元、三等200元，定制香烟、毛巾，备以公函慰劳抵沪国民革命军。[1]3月26日，为调停永安公司和先施公司工潮，上海商业联合会召开了会员会议，这次会议议程是：先由虞洽卿、王晓籁、劳敬修、冯少山报告永安公司和先施公司工潮情况，然后由众会员决定请劳敬修前去劝说两公司，"忍耐痛苦，暂先接受工人条件"。[2]

第二，由委员提出议案交付会员表决。在3月30日，余日章报告议案：外交事务分个人与团体进行接洽，在海外的宣传，拟选顾子仁、李国钦[3]为美国的宣传代表等，众会员决议，以上方案一致通过。[4]

可见，上海商业联合会会议决议形成的方式主要有两种：一种是委员及主席将拟好的方案交付会员会议进行表决；另一种是将要解决的问题提交会员会议征求对策，这类问题相对来说较少。

二、上海商业联合会的章程与上海总商会的章程之比较

1916年的《上海总商会章程》共包括10章、26条，分别从名称区域及所在地、会董及选举、会员入会与出会、会议、会计等方面作了规定。1927年

---

[1] 《上海商业联合会会员会议事录》(3月24日)，上海市档案馆藏上海商业联合会档案，卷宗号：Q80-1-2-1。

[2] 《上海商业联合会会员会议事录》(3月30日)，上海市档案馆藏上海商业联合会档案，卷宗号：Q80-1-2-8、9、13。

[3] 顾子仁(1887—1971)，1887年生于上海基督徒家庭，中学毕业后，进入上海圣约翰大学读书。1906年圣约翰大学毕业后，赴四川成都执教。1917年，加入中华基督教青年会。1926年任世界基督教学生同盟的干事。1928年任世界基督教学生同盟副主席。1948年受聘于美国爱荷华州立大学宗教学院。1971年11月去世，享年84岁。李国钦(1887—1961)，字炳麟，长沙县西乡人，1887年生，1910年毕业于湖南高等实业学堂矿科，后被送往英国伦敦皇家矿业学院深造。1914年被召返国，任华昌炼锑公司业务部副经理。1916年自创纽约华昌贸易公司，任总经理，发明炭化钨李氏冶炼法，第二次世界大战期间，在纽约长岛设立华昌冶金精炼公司。他定居美国后，曾任纽约市五金同业公会主席。先后获得巴西"南美十字"勋章、泰国的"王冠勋章"、意大利的"最高荣誉奖章"、美国哥伦比亚大学"李国钦奖章"。1961年，因心脏病在美国逝世。见刘绍唐主编：《民国人物小传(第五册)》，上海三联书店2015年版，第87、92页。

[4] 《上海商业联合会会员会议事录》(3月30日)，上海市档案馆藏上海商业联合会档案，卷宗号：Q80-1-2-13、14。

的上海总商会的章程共 13 章、51 条,分别从总纲、会务、会员资格与权限、会员入会与出会、组织制度等方面作了规定。《上海商业联合会章程》共 15 条,分别就该会的宗旨、会员资格、委员种类与委员人数、会费、会址等方面作了比较具体的规定。从内容来看,《上海商业联合会章程》比《上海总商会章程》更为简洁,而且在某些方面借鉴了上海总商会,如上海总商会会员入会时要求"须有会员二人介绍,并要经过常务委员会通过",而上海商业联合会规定会员入会"必须有会员介绍,由委员会通过"。在会费方面,上海总商会和上海商业联合会都规定违规的会员会费"不得发还"。在有关领导层任期方面,与上海总商会的"连选连任"几乎相同,上海商业联合会规定其委员可以"连选连任"等。上海商业联合会与上海总商会章程的比较详见表 4-1。

表 4-1　《上海商业联合会章程》与《上海总商会章程》比较

类别	上海总商会(1916 年)	上海商业联合会	上海总商会(1927 年)
宗旨	联络同业、启发智识、调查商业、备部咨询、维持公益、改正行规、调停纠纷、代诉冤抑	以互助精神维护商业	
组织制度	会董制	委员会制	委员会制
领导层构成	会长 1 人,副会长 1 人,会董 33 人,特别会董若干	主席 3 人,委员额定 41 人,如将来团体增加,得增加之,但至多以 45 人为限,另聘特别委员	执行委员 61 人,候补委员 30 人,常务委员 7 人,主席团 3 人
领导层职权	会长总揽会务,有支配会董、筹划会费等权;副会长辅佐会长主持一切会务。会董有选举会长及被选举会长之权,筹议会费、监察会务之权。特别会董有提议专议之权		执行委员、常务委员依照大会决议行使职权,常务委员有聘用、辞退办事员之权,主席团代表该会
领导层产生	会董由会员投票选举;会长由会董投票互选;特别会董须品重望优、富有经验及实力赞助本会者,有本会会员五人以上提议公举,再于常会通过方为合选,采用无记名投票	采用推举制,就会员代表中推定委员或者委员互推。主席由委员推举	会员选举产生执行委员,执行委员互选常务委员,常务委员选举主席团,记名投票
领导人任期	会长、副会长、会董均以二年为一任期,连举得连任,但以一次为限	委员任期定为一年,期满由会员另行推定,连推得连任	执行委员任期二年,每年改选半数,常务委员及主席团任期一年,连选连任

类别	上海总商会(1916年)	上海商业联合会	上海总商会(1927年)
办事机构	设书记、缮校、收掌、翻译、会计、庶务各员,各办事职员无定额,按事务之繁简聘任	委员分总务、交际、经济、调查四科分理一切事务,并得雇用职员助理之	本会酌设办事员,其员额视事务繁简而定
会费的缴纳		会费规定三种:五百元、三百元、二百元	会费分为两种:银五十元、一百元。每年缴纳一次
会员资格	在上海营业合帮各行号得联合入会;在上海营业不合帮各行号及个人得单另入会;行号不在上海而有分支在上海者	以商业团体及代表商业团体之机关为限	公司本店或支店经理人,独立经营商业而为商店经理人,各业代表为该业商店或公司经理人
代表人数		每团体推二至六人为代表	不超过十人
会员的加入	无论合帮与分帮行号及个人,愿入会者,须有会员二人介绍,并具入会信约及会员介绍书送会,经常会通过	凡正式商业团体自愿加入者,经会员之介绍,得推定代表函致本会,由委员会通过,随时加入。但凡独立商业而无代表机关者,欲加入本会时,经本会委员二人之介绍,提出大会得过半数之通过,亦得入会	经会员二人出具书面介绍,交常务委员会审查
会员的退出	会员自愿出会,须声明实在理由,具出会书送会备核,违犯国法者,不守会章及破坏本会者,侵侮同类者,犯商会法者,经查有实据,开会公决令其出会,会费概不给还	会员有自愿出会,须具理由书到会声明,已缴会费不得发还。会员有违本会章程者,经调查确实,并由会员会决议,得函知出会,已缴会费不得发还	破产、有精神病、不正当营业、破坏本会、丧失国籍、欠缴会费者,令其出会,会费不得发还
会址	上海铁马路天后宫后	上海香港路银行公会为会址13条	上海铁马路天后宫后
会员权利	会员皆有选举权及被选举权、筹议会费,条陈商务之权,商请开会,公议决定各事之权,得叙述事由,请公断处评理之权,研究法律与商务、咨询之权等	推举与被推举权等	选举及被选举权、建议权
会议制度	会议分三种:常会,间星期一举行之,会长、会董与议;特会,或召集全体会议或召集会董开议,随时酌定;年会,每年于第一次常会开全体会议,报告预算、决算、事务所用费及事业费	会员会议每月一次;委员会议每星期一次;遇有事故,经十分之一以上同意,均得召集临时会议;会员会议公推一人为临时主席;委员会议设主席团,额定三人	会员会议,每年3月间举行;执行委员会议,每月举行两次;常务委员会议,自行规定

续表

类别	上海总商会(1916 年)	上海商业联合会	上海总商会(1927 年)
财政制度	一百两以下者,由常会公议,一百两以上者,开全体会议议决,均须会长签字,会计处得以照发;会费交付收条,须由会长签字;本会经费以各业会费所入之款充之,分额支、活支两项:额支,由会计董事预算列表,开全体会议议决照行;活支,五十两以上	会费阳历 4 月 1 日交大陆银行,支款须孙景西、胡孟嘉二人之一签字即可;零用账由书记代管,每月由经济科派人核查;零用账由银行代垫,每半月开具清单交主席代管	会费收据、支款须经主席团委员二人以上签字方为有效

资料来源:《上海商业联合会章程》,见上海市档案馆编:《一九二七年的上海商业联合会》,上海人民出版社 1983 年版;《致各会员请开组织商民协会代表名单》,上海市档案馆藏上海商业联合会档案,卷宗号:Q80-1-3-17;上海市工商业联合会、复旦大学历史系编:《上海总商会组织史资料汇编》,上海古籍出版社 2004 年版,第 546—550 页;上海市工商业联合会编:《上海总商会议事录》,上海古籍出版社 2006 年版,第 2463—2467 页。

通过对上海总商会与上海商业联合会章程、议事程序的比较,我们恐怕很难确定上海商业联合会会议在组织机构、民主程度等方面比上海总商会具有更大的优越性。上海总商会存在的历史比较悠久,已经形成一套比较规范、成熟的组织制度,而上海商业联合会的建立却比较仓促,如上文所指,也同该组织的发起者志趣相近有关,其委员会制似乎具有一定的民主因素,但是实际上决策权往往集中于少数几个人手中。

第二节　上海商业联合会与上海总商会领导层、会员之比较

一、上海商业联合会与上海总商会领导层之比较

1916 年修订的《上海总商会章程》规定,领导层由正副会长各一人、会董 35 人(含正、副会长)构成。1927 年,上海总商会被上海商业联合会接收后,选出临时委员 35 人,1928 年上海总商会的领导层包括主任委员、执行委员、候补执行委员等共 86 人,领导层有所扩大。上海商业联合会临时章程先后规定委员(主要是指总务科、经济科、调查科、交际科四科委员)25人、31 人,在 4 月 1 日通过的新章程中,规定委员额定 41 人,最多为 45 人。受时局等多种因素的影响,在上海总商会与上海商业联合会更替的过程中,那些离开上海总商会的上海商界资本家,有一部分人进入上海商业联合会担任委员,后来又重新回到上海总商会,这部分人主要包括:顾馨一、徐庆

云、闻兰亭、穆藕初、冯少山、荣宗敬、叶惠钧、倪文卿。他们原来曾经担任上海总商会的会董,1926 年均落选,1927 年齐集于上海商业联合会领导层与上海总商会临时委员会,1928 年再次出任上海总商会执行委员或者候补执行委员。还有一部分人原来并未在上海总商会担任任何职务,而在上海商业联合会担任主席或委员,但是在上海商业联合会解散以后,进入了上海总商会,如王一亭、朱吟江、孙景西、沈田莘、石芝坤。他们原来都没有担任过上海总商会的会董,在上海商业联合会接收上海总商会后进入上海总商会担任临时执行委员,在 1928 年上海总商会的选举中,当选为上海总商会执行委员或候补执行委员,如表 4-2 所示。

表4-2　上海商业联合会委员与上海总商会会董、上海总商会委员关系表

姓　名	字号	籍　贯	代表行业	上海总商会职务				上海商业联合会职务	上海总商会职务
				1922	1924	1926	1927	1927	1928
虞洽卿	和德	浙江镇海	交易所联合会	☆	★	☆	☆	★☆△	☆
王一亭		浙江吴兴	面粉公会		☆		☆	★☆△	◎
吴蕴斋	在章	浙江镇江[1]	银行公会				☆	★☆△	
顾馨一		江苏上海	上海县商会	☆	☆		☆	☆△	☆
姚紫若		江苏上海	上海县商会	☆	☆			☆△	
徐庆云	维训	浙江慈溪	纱业公所	☆	☆			△▲	☆
王晓籁	孝贲	浙江嵊县	闸北商会		☆		☆	☆△	
吴麟书		江苏吴县	纱业公所				☆	△	
孙景西		安徽寿县	面粉公会				☆	◆	☆
叶扶霄		江苏吴县	银行公会					◆▲	☆
钱新之	永铭	浙江吴兴	银行公会		☆			☆◆	
秦润卿	祖泽	浙江慈溪	钱业公会		☆		☆	☆◆▲	
冯仲卿		浙江余姚	银行公会		☆			◆	
胡孟嘉		浙江鄞县	银行公会					◆▲	
闻兰亭		江苏武进	交易所联合会	☆	☆		☆	☆◇	☆

---

[1]　此处应是档案记载有误,应为江苏镇江。

续表

姓名	字号	籍贯	代表行业	上海总商会职务				上海商业联合会职务	上海总商会职务
				1922	1924	1926	1927	1927	1928
穆藕初		上海浦东	交易所联合会		☆		☆	☆◇▲	☆
徐静仁	国安	安徽当涂	纱厂联合会					◇	
姚慕莲		浙江嘉兴	木商会馆					◇	
冯少山	培喜	广东香山	纸业公会	☆	☆		★	☆◇	★
劳敬修	念祖	广东鹤山	泰和洋行	☆	☆		☆	◇	☆
刘鸿生		浙江定海	江苏火柴同业公会				☆	◇	
荣宗敬		江苏无锡	面粉公会	☆	☆		☆	☆◇	◎
沈田莘	泽春	浙江吴兴	丝经同业公会				☆	◇▲	◎
朱吟江	得传	江苏嘉定	上海县商会	☆	☆		☆	◇	◎
叶惠钧	增铭	江苏川沙	杂粮公会	☆	☆		☆	☆◇	☆
倪文卿		江苏丹徒	运输公会				☆	◇	
陆伯鸿		上海浦东	县商会		☆			○	
王彬彦		江苏上海	闸北商会					☆○	
石芝坤	奇燨	浙江鄞县	南北报关公所				☆	☆○	☆
徐新六		浙江余姚	银行公会					○▲	
毛子坚	经畴	江苏上海	喻义堂药业					○	
蔡声白		浙江吴兴	电机丝织公会					○	
陈翊周	兆焘	广东番禺	茶叶会馆					○	☆
徐补荪	凤辉	江苏吴县	金业公会					☆○	☆
陈炳谦		广东	粤侨商业联合会					☆○	
范和笙	衍祚	江苏无锡	上海机器碾米公会					○	
沈润挹	惟耀	江苏太仓	中国棉业联合会		☆			○	
薛文泰	焕章	浙江镇海	中国面业联合会	☆	☆	☆		○	
尤森庭	桢	浙江慈溪	通商各口转运公所					○	☆

续表

姓名	字号	籍贯	代表行业	上海总商会职务				上海商业联合会职务	上海总商会职务
				1922	1924	1926	1927	1927	1928
伍咏霞		江苏六和	旅沪商帮协会					○	
傅筱庵	宗耀	浙江镇海	轮船招商局	☆	☆	★			
袁履登	礼敦	浙江鄞县	宁绍商轮公司	☆	☆	★			☆
方椒伯	积蕃	浙江镇海	天生煤号	★	☆	☆			◎
陈良玉		浙江镇海	卷烟同业公会		☆	☆			☆
谢衡牕	天锡	浙江鄞县	煤业公会	☆	☆	☆			
孙梅堂	鹏	浙江鄞县	美华利		☆	☆			
简玉阶		广东南海	南洋兄弟烟草公司		☆	☆			
谢仲笙	志铺	浙江慈溪	轮船招商总局		☆	☆			
陈子壎	俊伯	浙江鄞县	钱业公会		☆	☆			
戴耕莘	芳达	浙江镇海	利昌五金号		☆	☆			
盛筱珊	钟瑚	浙江慈溪	钱业公会	☆	☆	☆			
谢弢甫	永镳	浙江余姚	钱业公会	☆	☆	☆			
张延钟		浙江鄞县	恒安公司			☆			
孙衡甫	遵法	浙江慈溪	四明银行	☆	☆	☆			
陈雪佳	兆瑞	广东香山	太古洋行			☆			
王心贯	正聿	浙江镇海	通商银行			☆			
盛泽承	恩颐	江苏武进	汉冶萍总公司			☆			
谢永森	植甫	浙江余姚	工部局华人顾问			☆			
严子均	义彬	浙江慈溪	老九章绸缎庄			☆			
厉树雄	汝熊	浙江定海	丰盛实业公司			☆			
李伟候	同杰	安徽合肥	轮船招商总局			☆			
陈鹤亭	显良	浙江镇海	泰来面粉公司			☆			
傅其霖	宗法	浙江镇海	华安水火保险公司			☆			

续表

姓　名	字号	籍　贯	代表行业	上海总商会职务				上海商业联合会职务	上海总商会职务
				1922	1924	1926	1927	1927	1928
谢光甫	永耀	浙江余姚	中国通商银行			☆			
严康懋	英	浙江鄞县	永聚钱庄			☆			
邵立坤	仲连	浙江慈溪	合记地产公司			☆			
林孟垂	光裕	浙江鄞县	鄱阳煤矿公司			☆			
沈厚斋		浙江慈溪	祥兴洋行			☆			
刘万青	绍霖	湖北黄陂	万顺丰			☆			
洪雁宾	成瑆	浙江镇海	中国通商银行			☆			
朱子衡	鸿钧	浙江定海	平和洋行			☆			
傅瑞铨		浙江镇海	源安银公司			☆			
张仲炤	志潜	直隶丰润	轮转招商总局			☆			
林康侯	祖晋	江苏上海	新华储蓄银行				☆		★
赵晋卿	锡恩	江苏上海	农工银行	☆	☆				★
陆纯熙	凤竹	江苏青浦	中华印书馆						☆
胡熙生	庆桢	浙江余姚	怡大钱庄						☆
徐寄庼	陈冕	浙江永嘉	上海浙江实业银行						☆
裴云卿	铭	浙江上虞	同春庄						☆
顾棣三	兆德	浙江吴县[1]	顾棣记						☆
王介安	兆昌	江苏吴县	云锦公所						☆
傅佐衡	恭弼	江苏上海							☆
陈翊庭	鹏	浙江定海	中华凤记玻璃厂						☆
兰璧如	之珏	广东大埔	张裕酿酒公司						☆
高秋眉	寿椿								☆
王鸿滨	智渊								☆

[1]　此处应是档案记载有误,应为江苏吴县。

续表

姓　名	字号	籍　贯	代表行业	上海总商会职务				上海商业联合会职务	上海总商会职务
				1922	1924	1926	1927	1927	1928
乐振葆	俊宝	浙江鄞县	泰昌洋货木器公司						☆
吴蔚如	光煴	浙江吴兴	上海东莱银行						☆
黄楚九	搓玖	浙江余姚	中法药房						☆
曹启明		江苏上海	宝来花纱号						☆
陈沧来		湖南长沙	久大精盐公司						☆
赵南公		直隶曲阳	泰东图书局						☆
黄首民		浙江吴兴	泰山砖瓦公司						☆
陈玉书	名标	浙江鄞县	上海宏生轮船公司						☆
钱痒元	立缙	浙江慈溪	钱存济药号						☆
谢锡九		广东澄海	谢成利号						☆
王作霖		江苏无锡	复昌祥颜料号						☆
陈才宝		浙江慈溪	元大生纸烟号						☆
诸文绮		江苏上海	启明染织厂						☆
邬志豪		浙江奉化	宝成衣庄						☆
许廷佐		浙江定海	益利轮船公司						☆
姚德馨	稷	江苏吴县	中华银行						☆
郑锡棠		浙江镇海	平安轮船局						☆
陆培之	鉴微	江苏无锡	铁业公会						☆
谭海秋	兆鳌	广东开平	中国银行股东						☆
沈承福	泽	浙江余姚	永茂德号						☆
霍守华		广东南海	裕繁铁矿公司						☆
黄鸿钧		广东开平	中国内衣染织厂						☆
严均安	良槩	江苏吴县	庆城钱庄						☆
俞子章	珊	浙江镇海	有余房产公司						☆
聂潞生	其焜								☆

续表

姓　名	字号	籍　贯	代表行业	上海总商会职务				上海商业联合会职务	上海总商会职务
				1922	1924	1926	1927	1927	1928
施省之	兆曾	浙江杭县	江浙丝经业同业公会						☆
陶梅生	栋	浙江绍兴	英领事馆账房						☆
顾子槃	家铭	江苏吴县	振华堂公所						☆
沈燮臣	嘉兄	浙江吴兴	茂生洋行						☆
陈松源	道铭	浙江鄞县	丰大洋布号						☆
陈蔗青	介	湖南湘乡	盐业银行						◎
屠开征		江苏上海	集成大药房经理						◎
朱耘农									◎
徐骥		江苏吴江	永亨银行						◎
赵文焕	炳章	浙江上虞	安康钱庄						◎
张慰如	文焕	浙江嘉兴	华商证券交易所						◎
黄季岩									◎
周静斋		浙江鄞县	上海南北报关公所						◎
邱积卿	应根	江苏吴县	裕成钱庄						◎
胡德馨	嘉懋	安徽黟县	上海茶叶会馆						◎
郑仁业		浙江鄞县	上海南北报关公所						◎
蔡久生	贞鸿	江苏吴县	金业公会						◎
黄㨗臣	晋绅	浙江吴兴	江浙皖丝厂茧业总公所						◎
蔡志阶	银汉	江苏上海	恒隆泰麻袋布号						◎
陈蝶仙	栩园	浙江杭县	家庭工业社公司						◎
宋汉章		浙江余姚	上海中国银行行长	★					
项松茂	世澄	浙江鄞县	五洲大药房		☆				
楼恂如	舜儒	浙江鄞县	敦余钱庄	☆	☆				

125

续表

姓　　名	字号	籍　　贯	代表行业	上海总商会职务				上海商业联合会职务	上海总商会职务
				1922	1924	1926	1927	1927	1928
董杏生	杏荪	浙江镇海	大昌洋行		☆				
郭　标		广东香山	永安公司						
冯炳南		广东高要	大丰纱厂						
合计[1]						35	35	40	86

★表示1922—1926年上海总商会会长、副会长,1927年上海总商会临时主席、上海商业联合会主席,1928年上海总商会主席委员。

☆表示1922—1926年上海总商会会董,1927年上海总商会临时委员、上海商业联合会常务委员,1928年上海总商会执行委员。

▲△◆◇○分别表示上海商业联合会会章起草委员、总务科委员、经济科委员、交际科委员、调查科委员。

◎为1928年上海总商会候补执行委员。

资料来源:上海总商会临时委员见上海市工商业联合会编:《上海总商会议事录》,上海古籍出版社2006年版,第2424页;《上海商业联合会委员》见上海市档案馆藏上海商业联合会档案,卷宗号:Q80-1-32,1-19,21-23;各委员、会董籍贯见《上海商业联合会委员名单》,上海市档案馆藏上海商业联合会档案,卷宗号:Q80-1-33-1;总商会执行委员、候补委员、主任委员见上海工商业联合会、复旦大学历史系编:《上海总商会组织史资料汇编》(下),上海古籍出版社2004年版,第554、556—573页。另参考李瑊:《上海的宁波人》,上海人民出版社2000年版,第32页;金普森、孙善根:《宁波帮大词典》,宁波出版社2001年版,第87页;《上海词典》,复旦大学出版社1988年版,第91页;上海市工商联合会、复旦大学历史系编:《上海总商会组织史资料汇编》(上),上海古籍出版社2004年版,第256页,张庚:《张庚文录(第七卷)》,湖南文艺出版社2003年版,第373页;上海市医药公司、上海市工商行政管理局:《上海近代西药行业史》,上海社会科学院出版社1988年版,第299页。

上海商业联合会常务委员一共有17人,总务科、经济科、交际科、调查科四科委员一共有40人。但是,上海商业联合会的常务委员,同时又兼任总务科、经济科、交际科、调查科四科委员,所以,上海商业联合会的常务委员和总务科、经济科、交际科、调查科四科委员一起总共有40人。在1926年上海总商会的会长会董当中,除了虞洽卿、薛文泰2人以外,其余的33人都没有在上海商业联合会担任主席、委员职务,这种状况也是上海商界尤其是江浙籍资本家内部矛盾的重要体现。

1927年,上海总商会被上海商业联合会接收后,其领导层也基本上被

---

[1]　高秋眉、王鸿滨、黄季岩、朱耘农、聂潞生籍贯及行业查档无所得。

上海商业联合会所掌控。上海总商会 1927 年选出的临时委员共有 35 人，有 19 人是上海商业联合会委员，即冯少山、穆藕初、王晓籁、叶惠钧、王一亭、虞洽卿、秦润卿、闻兰亭、沈田莘、吴蕴斋、石芝坤、吴麟书、荣宗敬、顾馨一、孙景西、劳敬修、朱吟江、刘鸿生、倪文卿。1928 年 5 月 7 日，上海总商会选出执行委员共 59 人，候补执行委员 20 人，主任委员 3 人，常务委员 4 人，各类委员共计 86 人。其中，来自上海商业联合会委员的共有 18 人，包括：冯少山、石芝坤、孙景西、穆藕初、虞洽卿、闻兰亭、徐补荪、叶惠钧、叶扶霄、劳敬修、徐庆云、顾馨一、陈翊周、尤森庭、荣宗敬、沈田莘、朱吟江、王一亭。同 1927 年相比，上海商业联合会委员进入 1928 年上海总商会领导层的人数虽然有所减少，但仍然占有一席之地。

二、上海商业联合会与上海总商会会员变化

上海总商会的会员主要有"合帮会员"和"分帮会员"两种类型，"合帮会员"是指会馆公所和行业类的会员，"分帮会员"是企业类的会员。在 1926 年上海总商会的会员中，有分帮会员 403 个、合帮会员 78 个。上海商业联合会只接受商业团体入会，因此，这里只比较上海商业联合会会员与上海总商会合帮会员之间的变化情况与关系，详见表 4-3。[1]

表 4-3　1926、1927 年上海总商会全体合帮会员、上海商业联合会会员关系表

会员或代表姓名	籍　贯	年龄	行业或团体名称	是否为 1926 年上海总商会合帮会员	是否为 1927 年上海总商会合帮会员	行业或团体是否为上海商业联合会会员
秦润卿	浙江慈溪	49	上海钱业公会	是	是	是
胡熙生	浙江余姚	43		是	是	
盛筱珊	浙江慈溪	50		是	是	
谢弢甫	浙江余姚	45		是	是	
楼恂如	浙江鄞县	42		是	是	
严均安	江苏吴县	42		是	是	
赵文焕	浙江上虞	60		是	是	
沈　笙	浙江余姚	60		是	是	

---

[1]《1927 年上海总商会会员录与各业会员名单》，见上海市工商业联合会、复旦大学历史系编：《上海总商会组织史资料汇编》，上海古籍出版社 2004 年版，第 556—559 页；《上海商业联合会会员录》，上海市档案馆藏上海商业联合会档案，卷宗号：Q80-1-36，1-41。

会员或代表姓名	籍贯	年龄	行业或团体名称	是否为1926年上海总商会合帮会员	是否为1927年上海总商会合帮会员	行业或团体是否为上海商业联合会会员
陈子壎	浙江鄞县	53	上海钱业公会	是	是	
朱允升	江苏嘉定	63		是	是	
席云生	江苏吴县	52	上海银楼公会	是	是	是
郭硕朋	广东潮阳	52	上海潮惠会馆	是（会员变更为郑晋卿）	是	
朱子谦	浙江吴兴	59	商船会馆	是	是	是
倪文卿	江苏丹徒	53	上海运输同业公会	是	是	
曹兰彬	浙江鄞县	49	震巽木业公会	是	是	
朱吟江	江苏嘉定	53		是	是	
陈彦清	江苏江宁	61	上海通商各口岸转运所	是	是	是
尤森庭	江苏无锡	56		是	是	
王安介	江苏吴县	54	云锦公会	是	是	
吴麟书	江苏吴县	49	纱业公会	是	是	是
贾玉田	浙江上虞	67		是	是	是
徐庆云	浙江慈溪	47		是	是	是
吕葆元	江苏吴县	60	绸缎业绪纶公所	是	是	是
陈翊周	广东番禺	63	上海茶业会馆	是	是	是
朱葆元	浙江海宁	48		是（会员变更为江清浦）	是	
胡德磬	安　徽	48		是	是	是
洪孟盘	安徽祁门	38		是	是	是
沈锦柏	浙江吴兴	42		是（会员变更为洪简文）	是	是
虞善卿	浙江镇海	50	银楼新同行公会	是	是	
徐补荪	江苏吴县	47	金业公会	是	是	是
蔡久生	江苏吴县	48		是（会员变更为施兆祥）	是	是
唐子培	江苏无锡	48	铁业公会	是	是	是
陆培之	江苏无锡	55		是	是	是

续表

会员或代表姓名	籍　贯	年龄	行业或团体名称	是否为1926年上海总商会合帮会员	是否为1927年上海总商会合帮会员	行业或团体是否为上海商业联合会会员
沈润挹	江苏太仓	49	南市吉云堂花业公所	是	是	是
项如松	江苏嘉定	72		是	是	是
张兰坪	江苏吴县	43	上海洋货商业公会	是	是	
张云江	浙江奉化	63		是	是	
王绍坡	山东黄县	67		是	是	
原福堂	山东掖县	56	旅沪山东会馆	是	是	
赵聘三	山东黄县	52		是	是	
劳敬修	广东鹤山	64		是	是	
谭海秋	广东开平	47	广肇公所	是	是	
谭蓉圃	广东香山	52		是	是	
聂云台	潮南衡山	48	华商纱厂联合会	是	是	是
徐静仁	安徽当涂	57		是	是	是
郑云芳	浙江吴兴	74	珠玉业韫怀公所	是	是	
顾子槃	江苏吴兴	48		是	是	是
周渭石	江苏吴县	54	振华堂洋布公所	是	是	
余葆三	浙江鄞县	47		是	是	是
毛子坚	江苏上海	46	喻义堂药业	是	是	
吴伟臣	江苏吴县	48	上海出口各业公会	是（会员变更为陆维镛）	是	是
俞圭卿	浙江镇海	56	上海华商杂粮油豆饼同业公会	是	是	
叶惠钧	江苏上海	65		是	是	是
徐春荣	浙江绍兴	45	上海绸绫染业公所	是（会员变更为叶志镛）	是	
沈润挹	江苏太仓	49	中国棉业联合会	是	是	是
薛文泰	浙江镇海	54		是	是	
马骥良	浙江平湖	50	上海木商会馆	是	是	是
殷杰夫	江苏丹徒	48	布庄公所	是	是	
金鉴湖	浙江绍县	60		是	是	

会员或代表姓名	籍 贯	年龄	行业或团体名称	是否为1926年上海总商会合帮会员	是否为1927年上海总商会合帮会员	行业或团体是否为上海商业联合会会员
陆镜湖	浙江吴兴	53	盛泾绸业公所	是（会员变更为陈保钦）	是	
叶惠钧	江苏上海	65	萃秀堂豆业公所	是	是	
冯少山	广东香山	43	上海纸业公会	是	是	是
罗坤祥	浙江上虞	47	山东河南丝绸业公所	是（会员变更为沈子搓）	是	
黄揩臣	浙江吴兴	53	江浙皖丝厂茧业总公所	是	是	
黄式如	广东顺德	55	粤侨商业联合会	是	是	是
石芝坤	浙江鄞县	41	上海南北报关公所源汇坤记	是	是	是
周静斋	浙江鄞县	41	上海南北市报关公所	是	是	是
郑仁亚	浙江鄞县	39	上海南北市报关公所	是	是	是
奚赓虞	江苏上海	73	嘉谷堂米业公所	是	是	是
陈渭芳	福建同安	63	泉漳会馆	是	是	
席嘉荪	江苏吴县	65	杭绸业钱江会馆	是	是	是
冯咏梅	浙江海盐	51	上海铜锡业公会	是	是	是
翁思俭	江苏吴县	28	上海茶商公所	是（会员变更为翁约初）	是	
徐源裕	江苏吴县	48	上海茶商公所	是	是	
项如松	江苏嘉定	72	上海五金同业公会	是	是	是
曹钜卿	安徽贵池	50	东庄洋货公所	是	是	
施省之	浙江杭县	62	上海江浙丝经同业公会	是	是	是
沈田莘	浙江吴兴	44	上海江浙丝经同业公会	是	是	是
犹秩东	四川重庆	39	上海皮商公会	是	是	
吴南浦	江西吉安	52	江西会馆	是	是	
芮芷芗	浙江吴兴	52	纸业同业	是	是	
张钰章	浙江慈溪	57	裘业公所	是	是	
谢天锡	浙江鄞县	52	煤炭总公所	是	是	是

会员或代表姓名	籍　贯	年龄	行业或团体名称	是否为1926年上海总商会合帮会员	是否为1927年上海总商会合帮会员	行业或团体是否为上海商业联合会会员
潘祥生	浙江吴兴	59	浙湖绉业公所	是	是	
高翰卿	江苏上海	63	书业公所	是	是	是
陈利华	浙江慈溪	65	点春堂洋杂货海味业	是	是	
黄玉书	浙江镇海	55	上海烟业公会	是	是	
李拨可	福建闽侯	52	福建同乡会	是	是	
林承基	福建闽侯	47	福建三山会馆	是	是	
谢渭清	浙江湖州	43	上海华商织袜公会	是	是	是
李徵五	浙江镇海	53	宁波旅沪同乡会	是	是	
罗倬云	广东南海	61	华商火险公会	是	是	
曹显裕	江苏句容	58	上海景伦堂纸业公所	是	是	是
孔继远	浙江慈溪	50	南市糖业点春堂	是	是	
陈良玉	浙江镇海	61	上海卷烟业同业公会	是	是	
汪新斋	安　徽	42	中国蛋厂公会	是	是	
章金馆	浙江鄞县	39	上海呢绒公会	是(会员变更为金馥生)	是	
朱秀升	江苏嘉定	46	厢业集义公所	是	是	是
葛纯武	四川重庆	52		是	是	
犹秩东	四川重庆	39		是	是	
黎济清	四川巴县	49	蜀商公益会	叶华生	是	
费均甫	四川巴县	48		是(会员变更为郭裕三)	是	
陈玉亭	广东潮阳	52	潮州糖杂货联合会	是	是	
赵秋章	浙江定海	42	四明旅沪船业公所	是(会员变更为陈良玉)	是	
钱枚岑	江苏上海	36	上海北市米行公会	是	是	
李咏裳	浙江镇海	57	商船会馆	是	是	是
薛文泰	浙江镇海	54	上海油业公会	是(会员变更为刘长荫)	是	是

会员或代表姓名	籍　贯	年龄	行业或团体名称	是否为1926年上海总商会合帮会员	是否为1927年上海总商会合帮会员	行业或团体是否为上海商业联合会会员
范和笙	江苏无锡	48	沪北经售米粮公会	是	是	是
忻文尧	浙江鄞县	46	敦仁公所	是	是	
林春於	安徽和县	49	全皖旅沪米商公会	是	是	
周麟峰	江苏吴县	48	上海机器碾米公所	是	是	是
忻佑生	浙江鄞县	51	鱼业敦和公所	是	是	是
叶惠钧	江苏上海	65	仁谷堂米业公所	是	是	
傅佐衡	江苏南汇	58	上海典质业公所	是（会员变更为余鲁卿）	是	是
施善庆	浙江余姚	35	上海银炉公会	是（会员变更为叶成德）	是	是
陈瑞源	浙江余姚	60		是（会员变更为谢成林）	是	是
合计					78	38

在 1926 年和 1927 年上海总商会合帮会员所代表的行业与团体中，1927 年加入上海商业联合会的团体共有 38 个，这些团体约占上海总商会合帮会员总数的 50％，占上海商业联合会会员团体总数的 60.9％。它们是：钱业公会、南北报关公所、纱厂联合会、杂粮公会、纱业公所、纸业公会、金业公会、粤侨商业联合会、茶业会馆、丝经业同业公会、振华堂、书业商会、商船会馆、通商各口转运会所、中国棉业联合会、南市吉云堂花业公所、运输公会、绸缎业绪纶公所、上海机器碾米公所、沪北经售米粮公会、上海华商织袜公会、上海银楼公会、杭绸业钱江会馆、典质业公所、上海油业公会、木商会馆、喻义堂药业（其代表毛子坚同时代表和义堂饮片业）、上海铜锡业公会、景伦堂纸业公所、嘉谷堂米业公所、厢业集义公所、上海出口各业公会、上海银炉公会、铁业公会、上海五金同业公会、洋货商业公会、上海煤业公会、鱼业敦和公所。需要特别注意的是，钱业公会、南北报关公所、纱厂联合会、杂粮公会、纱业公会、纸业公会、金业公会、粤侨商业联合会、茶业会馆、丝经同业公会、振华堂、书业商会、商船会馆、通商各口转运会所 14 个会员团体也是上海商业联合会的发起团体。此外，那些原来属于上海总商会的

团体在加入上海商业联合会时,其团体代表基本上没有什么太大的变化,只是个别团体的代表人数略有增减而已,如钱业公会在上海总商会的会员是:秦润卿、盛筱珊、谢蘅甫、楼恂如、严均安、赵文焕、沈笙、陈子壎、朱允升、胡熙生,而在上海商业联合会的代表是:秦润卿、严均安、谢蘅甫、胡熙生、楼恂如;上海银楼公会在上海总商会的会员是席云生,在上海商业联合会的代表是席云生和应贤三;振华堂在上海总商会的代表是顾子槃、周渭石、余葆三,在上海商业联合会的代表是顾子槃、陈松源、余葆三,[1]在此不一一列举。

在上海商业联合会会员中,有 26 个会员不属在上海总商会的合帮会员,它们代表的行业、团体分别是:上海县商会、闸北商会、银行公会、交易所联合会、面粉公会、沪北米业公会、参业公所、上海酒行公会、上海南北烧酒业公所、中华水泥厂联合会、敦善堂腌腊公所、新药业公会、华商码头公会、电机丝织公会、通崇海花业公所、上海料器业公会、糖洋南北杂货公会、布业公所、喻义堂饮片业、和义堂饮片业、信义堂饮片业、江苏火柴同业公会、旅沪商帮协会、上海染织同业公会、上海市区押当公所、上海糖业点春堂。在这些团体中,有 5 个会员是上海商业联合会的发起团体,它们是:上海县商会、闸北商会、银行公会、交易所联合会、面粉公会,其他的 21 个都是后来申请加入上海商业联合会的商业团体,这些团体在上海商业联合会的领导层中占据重要地位,仅 5 个发起团体的代表就占上海商业联合会常务委员总数的 63.8%,占总务科、经济科、交际科、调查科等四科委员总数的 45%,因此,上海县商会、闸北商会、银行公会、交易所联合会、面粉公会这 5 个发起成立上海商业联合会的商业团体,它们的影响力不能等闲视之。

由上表我们不难看出,首先,在 1927 年,虽然一些商业团体加入了新成立的上海商业联合会,但是这些团体在加入上海商业联合会的时候并未退出上海总商会。因此,同 1926 年相比,1927 年上海总商会的合帮会员除了一些会员的姓名有所改变以外,会员数量并未减少,一些合帮会员并没有因为加入上海商业联合会而舍弃上海总商会。上海总商会合帮会员这种双重身份也反映了上海商界一些资本家左右逢源、八面玲珑的处世态度。其次,如果我们不考虑上海总商会分帮会员,即使仅从上海总商会的合帮会员代表的行业与团体和上海商业联合会的会员的数量情况来看,无论

---

[1]《上海商业联合会会员录》,上海市档案馆藏上海商业联合会档案,卷宗号:Q80-1-36,1-41。

是行业分布还是会员数量,上海总商会都大大超过了上海商业联合会。再次,在上海商业联合会与上海总商会更替的过程中,会员行业在两个商会组织地位的变化也反映了上海商界各行业的兴衰和各行业势力在商界地位的消长,如上海银行公会在上海总商会属于分帮会员,虽然在上海总商会中影响力不大,但该团体在上海商业联合会主席、委员等领导层中却占绝对优势,反映了该业经济实力的不断上升,以及商界内部不同行业话语权的式微与变迁。

上海总商会、上海商业联合会会员关系如图 4-1 所示。

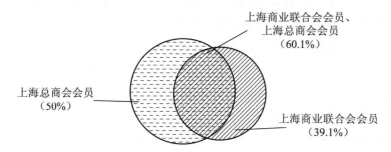

图 4-1 上海总商会和上海商业联合会会员关系图

第三节 上海商业联合会对上海总商会
商会功能的继承与嬗变

商会的主要功能包括保商功能和社会功能。其中,保商功能主要表现为为商请命,反映与转呈商界疾苦,代表商界与政府进行交涉,在官商之间进行联络与沟通,争取商界话语权,维护商界利益等。上海总商会成立以来,在处理商业争议、办理"被诬冤抑"、依法保障会员的合法权益等方面发挥了积极作用。上海商业联合会成立以后,在一定程度上,也部分地继承了上海总商会的商会功能。

一、保商功能

上海商业联合会的保商功能主要包括:为商请命,代申冤抑,积极维护会员利益;传递信息,联络官商,构建官商之间的桥梁与纽带,从而降低商界交易成本。

（一）为商请命，代申冤抑

1927年3月，国民党军队占领上海不久，国民政府政治分会宣传处因一时无法找到合适的办公场所，便暂时借用上海商业联合会会员糖洋南北杂货公会的房屋，并答应半个月以后归还。然而，半个月以后，国民党政治分会宣传处却没有能够按照约定如期归还该房屋。5月8日，糖洋南北杂货公会致函上海商业联合会，请其恳请国民党政治分会宣传处归还该会的房屋。[1]在接到糖洋南北杂货公会的请求后，上海商业联合会召开委员会会议，决议由姚紫若负责起草信函，将糖洋南北杂货公会请求转呈国民党政治分会宣传处，称"此地为该会营业市场，每日互市商人达二千余人，全系该会场为交易总枢，望政治分会另觅相当地点"。[2]然而，国民党政治部宣传处却对于上海商业联合会的请求置之不理，继续占用该处房屋作为办公场地。6月23日，糖洋南北杂货公会再次致函恳请上海商业联合会，请其恳请国民党政治分会宣传处归还该会的房屋。[3]6月28日，上海商业联合会致函国民党政治分会宣传处，称"贵会与该公会面商因组成伊始，匆忙间不及觅相当房屋，暂假半月，当终期内觅屋迁让，该公会以既属临时借用，遂将楼屋多间腾让，迄今已逾一月，天气渐热，互市庄客达三千，拥挤不堪，应早日让还，贵处宣传党化应首重民生"。[4]7月1日，国民党中央政治处上海分部举行会议，以"本处组织现在虽已经宣告成立，而办公房屋仍未觅有适宜之处，实无从迁让"为由，再次拒绝了上海商业联合会的请求。[5]对此，7月8日，上海商业联合会第三次致函国民党中央宣传部驻沪办事处，内称："贵处前借该公会的房屋属临时性质，该公会以情不可动，勉允暂借，本月期满，应请让还，现在天气渐热，该公会人数众多，因房屋不敷营业顿受影响。"[6]

---

［1］《上海商业联合会关于禁用中央银行钞票、洋行背约要求支付即期压票、警备司令部封闭典当业及营救当主翁耐甫等问题的函件》，上海市档案馆藏上海商业联合会档案，卷宗号：Q80-1-9、20-22。
［2］《上海商业联合会函件底稿》，上海市档案馆藏上海商业联合会档案，卷宗号：Q80-1-3-26。
［3］《上海商业联合会关于禁用中央银行钞票、洋行背约要求支付即期压票、警备司令部封闭典当业及营救当主翁耐甫等问题的函件》，上海市档案馆藏上海商业联合会档案，卷宗号：Q80-1-9-24。
［4］《上海商业联合会函件底稿》，上海市档案馆藏上海商业联合会档案，卷宗号：Q80-1-3-27。
［5］《上海商业联合会关于禁用中央银行钞票、洋行背约要求支付即期压票、警备司令部封闭典当业及营救当主翁耐甫等问题的函件》，上海市档案馆藏上海商业联合会档案，卷宗号：Q80-1-9-31。
［6］《上海商业联合会函件底稿》，上海市档案馆藏上海商业联合会档案，卷宗号：Q80-1-3-36。

　　这一时期,房东与房客也要求上海商业联合会帮助解决他们之间的房屋租赁纠纷。在房东与房客房屋租赁纠纷的过程中,房主和房客各执一词,房主拒绝减租,甚至要求增加房租,而房客则要求减租,他们纷纷致函上海商业联合会,请求该会协助解决房屋租赁纠纷。1927年6月1日,上海房租讨论委员会请上海商业联合会派代表参加该会。[1]经上海商业联合会委员会决议,决定派倪文卿、项如松为上海房租讨论委员会代表,参与上海房租问题的讨论。[2]6月11日,浦东业主联合会请上海商业联合会协助解决该业的房屋租赁纠纷。[3]浦东业主联合会在致上海商业联合会函中称:

　　　　减租运动,浦东一地与上海宛异,对于减租之举实有种种困难,租金已经低至最低点,繁华之区,不过每幢十余元,次者七八元,又次者二三元,而低价飞涨,保险修理费浩大,按经济原理应有加而无减。业主类多租地造屋,或起或典产而造,或老弱孤寡靠以度暑或本息借以极廉之租金。地属乡僻,市面尚未全盛,爱护培养正恐不及,苟不求实情贸然倡言减租,一般弱小之业主无生存之余地。贵会诸公能谅解吾浦东弱小业主之苦痛而明了目下房租纠纷之由来,支持公道,确定方针,俾解吾正式业主倒悬之苦,而免投机分子从中操纵,则敝会人人所祈祝者也。浦东业主联合会致联合会函。[4]

　　9月6日,在福成马润记、麟章等商号与房主王大吉的房屋租赁纠纷的诉讼案中,五马路商界联合会也致函上海商业联合会,要求上海商业联合会在该案件中支持该会会员福成马润记等,该会函称:

　　　　敬启者,据敝会会员福成马润记、麟章等号来函,房主王大吉翻修新屋勒索小费,苟增房租,鱼肉房客,先之以诱惑,继之以豪夺,种种情形令人发指。且查所加房租超过原价四五倍,近新房价格亦贵数倍,至于勒索小费尤悖民国十年十一月二日之公堂布告,现双方已涉讼至临时法院。该会员深恐财势凌人,万一公理不伸,则尘者抑且影响所及必致开上海从来未有之恶例,平添上海居民之恐慌。际此青天白日之下

---

[1]《蒋介石与虞洽卿共谋发起房屋济饷及组织爱国捐劝募委员会有关函电》,上海市档案馆藏上海商业联合会档案,卷宗号:Q80-1-9-3。

[2]《上海商业联合会议事录》(6月1日),上海市档案馆藏上海商业联合会档案,卷宗号:Q80-1-1-38。

[3]《上海商业联合会议事录》(6月11日),上海市档案馆藏上海商业联合会档案,卷宗号:Q80-1-1-40。

[4]《蒋介石与虞洽卿共谋发起房屋济饷及组织爱国捐劝募委员会有关函电》,上海市档案馆藏上海商业联合会档案,卷宗号:Q80-1-9-7。

推行三民主义之时,何能在其绝对违反民生主义而驱住户与民死之徒耶?为特抄具该会来函恳求一致主张公道,民众团体共起声源,地方官听鼎力扶植,一致向临时法院请求秉公判决,务使正义得伸,公理不泯,则房客幸矣,全沪之居民幸矣。五马路商界联合会。[1]

上海浦东等地地主与房东的租赁纠纷纷扰一时,双方相持不下。国民政府先是运用行政命令干预房主与房客之间的租赁纠纷。7月19日,江苏财政厅长"希望"上海商业联合会劝导房主不得加租,房客不得减租。[2]后来,蒋介石要求虞洽卿发起"房租济饷",即要求上海房主将7、8两个月的房租捐献给国民政府作为军饷。

当会员的利益受到侵犯时,上海商业联合会也尽力加以维护。8月8日,上海庆源押店的老板翁耐甫被国民党警备司令部逮捕,罪名是"接济共产党"。第二天,上海市区押当公所请上海商业联合会设法营救被捕的翁耐甫。[3]上海商业联合会主席王一亭在接到上海市区押当公所的求救信函后,立即与虞洽卿商议营救与交涉办法,并将该公所的信函转寄给杨虎和陈群,函称:

> 会员翁君耐甫……8月8日上午翁君自三马路大新术自设之押当庆源外出,突奉警备司令部派员持文带入捕房,讯罢翁君犯有接济共产党嫌疑,由临时法院引渡警备司令部审讯,悉闻之下,曷胜骇异。查翁君在沪多年,确系正当商人,与政治不发生任何关系如前述,今突遭此嫌,实属冤抑之至。敝公所全体成员可为翁君耐甫担保,贵会内主公道并翁君亦为贵会会员代表,务恳代为辩护等情,查翁君耐甫在沪经营押当业历年,所素安本分,似不致有越轨行动,现既该押当公所全体会员为担保,应请贵部迅赐证明准予保释。致警备司令部,总司令部驻沪特别办事处,致杨司令陈处长函。8月10日。[4]

在认购二五库券的过程中,当荣宗敬不肯认购50万二五库券而遭到蒋介石通缉时,上海商业联合会也积极从中斡旋。为了帮助荣宗敬摆脱困境,

[1]《蒋介石与虞洽卿共谋发起房屋济饷及组织爱国捐劝募委员会有关函电》,上海市档案馆藏上海商业联合会档案,卷宗号:Q80-1-9-7。

[2]《蒋介石与虞洽卿共谋发起房屋济饷及组织爱国捐劝募委员会有关函电》,上海市档案馆藏上海商业联合会档案,卷宗号:Q80-1-9-11。

[3]《上海商业联合会关于禁用中央银行钞票、洋行背约要求支付即期压票、警备司令部封闭典当业及营救当主翁耐甫等问题的函件》,上海市档案馆藏上海商业联合会档案,卷宗号:Q80-1-29-17、18。

[4]《上海商业联合会函件底稿》,上海市档案馆藏上海商业联合会档案,卷宗号:Q80-1-3-46。

1927年5月16日,上海商业联合会召开会员临时会议,虞洽卿建议由吴蕴斋、穆藕初、孙景西起草电文,立即发电报给蒋介石,并派王一亭、穆藕初赴南京,当面向蒋介石求情,"疏通一切"。[1]在上海商业联合会领导层的帮助下,蒋介石撤销了对荣宗敬的通缉令,启封了荣宗敬那些被查封的工厂。

上海商业联合会不但对会员的利益加以维护,还积极维护国内商界利益。在国内其他地方,当一些地方政府在处理商界事务有所不当时,上海商业联合会也会联合其他商会一起向这些地方政府施加压力,积极发挥自身的影响。1927年9月,南京国民政府财政部部长古应芬为应付广州中央银行挤兑风潮,向广州总商会和银业公会商借借款。广东省政府因在广东筹款"未能如愿",扣留广州商会会长及银行领导,并封闭银钱两业,致使广东商界群情愤激。[2]上海商业联合会"认为粤省此举,重大失当",与上海总商会、银钱两公会联名致电广东省政府,要求广东省政府"立予纠正,将被扣各人,被封银行,立予释放启封"。[3]

在战争时期,由于一些运输货物与商品的车辆和船只经常被国民党军队征用,上海商业联合会的一些会员也因此困扰不已。1927年5月7日,华商码头公会恳请上海商业联合会与上海警备司令部交涉,请求上海警备司令部尽量不要征用民用轮船运输军队及物资。[4]5月29日,上海商业联合会告知华商码头公会"以后倘遇被封当差之事,本会自应尽维护之责"。[5]

(二)传递信息,联络官商

战争严重妨碍了交通运输,为了恢复水陆两路交通,上海商业联合会多次转呈会员恢复交通运输的请求。1927年4月4日,旅沪商帮协会请上海商业联合会转呈恳请蒋介石批准向招商局承租江海轮分驶各埠的信函,函称:

敝会为各省旅沪商帮公共之团体,对于交通方面最切,上

[1]《上海商业联合会议事录》(5月16日),上海市档案馆藏上海商业联合会档案,卷宗号:Q80-1-1-33。
[2]《粤金融风潮颇棘手》,《申报》1927年9月2日,第4版。
[3]《总商会等为粤经济风潮之电文》,《申报》1927年9月4日,第13版;《总商会等援助被扣粤省商代表》,《申报》1927年9月6日,第9版;《四商会为广东金融界呼吁》,《新闻报》1927年9月4日,第9版。
[4]《上海商业联合会与蒋介石等关于商货堆积要求恢复货车运输的来往函件》,上海市档案馆藏上海商业联合会档案,卷宗号:Q80-1-30-5。
[5]《上海商业联合会函件底稿》,上海市档案馆藏上海商业联合会档案,卷宗号:Q80-1-3-34。

年军兴以后,华轮多被扣阻,外轮横加运费,所遭痛苦莫可明言,敝会因之迭次电请蒋总司令暨湖北政务委员会饬属保护华轮,一面函请招商局三北公司速复运驶,藉挽航权,嗣奉南昌革命军总司令部二月二十五日复函,又奉湖北政务委员会条电,均蒙准予轮饬一体保护等因在案,兹者三北虽已复航,外轮又多停驶,商货堆积无法疏通,阅报载汉口国民政府交通部孙部长亦以交通阻滞为虑,电饬招商三北速复长江航运等语,乃闻招商局因其他关系复航尚难定期,旅沪各帮殊深焦灼,回忆昔年政府没收德奥之后,交通部曾准敝会江轮往来沪汉,商旅称便,近来各埠待运货物均如山拥。如直鲁军未退时,长江旅客于额定票价外买一铺非十数元不可,吾国交通之困诚不料有如是之甚也。兹幸蒋总司令莅沪百端整理,而于能导中国航业一线之光者,招商各轮均多搁,殊深可惜。敝会再三思维,交通梗阻市面攸关,拟请转恳蒋总司令俯念中国航权未展,商帮困苦艰难,饬招商局酌将轮船七八艘皆租与敝会分驶广州、福州、温州、宁波各埠,非待商货得以疏通,旅客免嗟裹足,即对于该局而言,一方可省看管之耗费,一方则有租金之收入,一举数得,自为该局所乐允,他日该局复航有期,随时交还,该航运虽属一端而于沪上各商业皆有莫大之关键,相应具函陈请贵会转呈蒋总司令核准敝会向招商局暂行承租江海轮分驶各埠以利交通而疏客货,是为公便,此致上海商业联合会,旅沪商帮协会。四月四日。[1]

4月5日,上海商业联合会恳请蒋介石核准"旅沪商帮协会向招商局承租江海轮分驶各埠以利交通"的请求。[2]

由于战争的需要,国民党当局征用与扣留了一些车辆运输军用物资与士兵,以致一些地区的商品物资堆积如山。1927年5月13日,上海运输同业公会希望上海商业联合会恳请国民党当局将战时被扣留的车辆交还路局,上海运输同业公会称:

蒋总司令迅饬沪宁路局恢复货运,一面分令各站军事长官将扣留的车辆悉数腾出交还路局以利商货运输,不胜盼切等因。敝会查自国民革命军抵沪已达两月,各商号因运输不通营业停顿,损失颇巨,各客商所称确系实在情形,若再无车辆转运待销之货,恐有因时霉天气而毁坏者更属不赀,为此具函迫请贵会查照即日电恳蒋总司令及沪宁路系

[1]《上海商业联合会与蒋介石等关于商货堆积要求恢复货车运输的来往函件》,上海市档案馆藏上海商业联合会档案,卷宗号:Q80-1-30-1。

[2]《上海商业联合会函件底稿》,上海市档案馆藏上海商业联合会档案,卷宗号:Q80-1-3-12。

局长,俯念商货积压已久,万难再延之苦,请即日恢复货车以恤商艰,曷胜感祈并希示复至纫公谊,此致上海商业联合会。上海运输同业公会十六年五月十三日。[1]

6月2日,蒋介石将上海商业联合会转呈的请求转交国民政府交通部办理。[2]6月10日,上海商业联合会又将上海运输同业公会的请求转呈沪宁路局局长。[3]7月16日,上海运输同业公会不得不再次请求上海商业联合会,称"目下交通恢复而货车仍感困难,各站停顿客货为数甚巨,所有货车仍装载军用品,客货不能运出,各客商向公司呼吁以为血本,金融停滞因此阻隔",请求上海商业联合会恳请蒋介石命令路局等部门安排车辆运输非军需物资与商品。[4]7月23日,上海商业联合会又将上海运输同业公会的请求转呈给蒋介石,[5]呈文称:

> 窃以物品贸易全赖运输,前因车运停顿客货损失不赀,其困苦情形业经上海运输公会函陈到会,当已据实情转呈并奉指令准饬路局迅恢复在案,仰见钧座体念商艰,整饬路政之至意,下怀钦感莫可言宣。惟是近日以来,交通渐次恢复而货车缺乏,迄未通行,以致各站停积货物仍多,似此日久堆置,不独货物损坏甚虞,而金融流转不灵影响尤巨。近日各客商又纷纷向运输公会呼吁该公会复为函请陈前未,该会所言属实,谨再具文呈请钧座俯赐釜核即日令知各路局将货车恢复以利运输,实为利便,谨上国民革命军总司令蒋。[6]

8月1日,蒋介石命令沪宁路局迅速设法恢复交通。[7]8月6日,上海商业联合会致函上海运输同业公会向其说明,蒋介石已经命令"沪宁路局从速设法恢复交通"。[8]

---

[1]《上海商业联合会与蒋介石等关于商货堆积要求恢复货车运输的来往函件》,上海市档案馆藏上海商业联合会档案,卷宗号:Q80-1-30-8。

[2]《上海商业联合会与蒋介石等关于商货堆积要求恢复货车运输的来往函件》,上海市档案馆藏上海商业联合会档案,卷宗号:Q80-1-30-13。

[3]《上海商业联合会与蒋介石等关于商货堆积要求恢复货车运输的来往函件》,上海市档案馆藏上海商业联合会档案,卷宗号:Q80-1-30-12。

[4]《上海商业联合会与蒋介石等关于商货堆积要求恢复货车运输的来往函件》,上海市档案馆藏上海商业联合会档案,卷宗号:Q80-1-30-14。

[5]《上海商业联合会与蒋介石等关于商货堆积要求恢复货车运输的来往函件》,上海市档案馆藏上海商业联合会档案,卷宗号:Q80-1-30-16。

[6]《上海商业联合会函件底稿》,上海市档案馆藏上海商业联合会档案,卷宗号:Q80-1-3-43。

[7]《上海商业联合会与蒋介石等关于商货堆积要求恢复货车运输的来往函件》,上海市档案馆藏上海商业联合会档案,卷宗号:Q80-1-30-17。

[8]《上海商业联合会函件底稿》,上海市档案馆藏上海商业联合会档案,卷宗号:Q80-1-3-45。

二、社会功能

（一）赈灾活动

1927 年 3 月，在上海工人和国民革命军同孙传芳部队战斗的过程中，上海很多地区都遭受到战争的破坏，尤以上海闸北一带最为严重。战争结束以后，闸北地区，"荒凉景象，触目伤心，宝山路一带，热闹市屋，付之一炬，繁华市场，顿成焦土"。[1]为了恳求政府与社会的支持与救济，闸北受灾群众组成了闸北火灾各户联合会。[2]但是，由于上海商界此时正处于多事之秋，南京国民政府也忙于战事，所以闸北灾户救济的事情一直得不到及时处理。

6 月 20 日，国民政府根据闸北火灾各户联合会的请求，宣布减免闸北灾户两个月房租。6 月 24 日，闸北火灾各户联合会致函上海商业联合会，要求上海商业联合会为闸北遭受火灾事宜及时召开会议，处理闸北灾户的救济问题，同时也希望闸北火灾各户联合会能够派代表参加上海商业联合会的有关会议。[3]6 月 25 日，根据国民政府的命令，上海商业联合会召开委员会，经众委员决议，决定推举虞洽卿、闻兰亭、王一亭为闸北灾户救济委员。[4]

6 月 27 日，蒋介石命令国民政府财政部拨款 5 万元，要求上海总商会、上海县商会协助上海商业联合会办理闸北救灾事宜，令文称：

国民革命军总司令部，密字 2247 号，令商业联合会

为令行事。上海一隅为苏省菁华，亦群众瞻视所归，军兴以来，闸北沿铁路一带居民始受北军之蹂躏……我革命军不避艰难，出师北伐，为国为民。斯流离失所状，益生悲悯之怀……念兹灾众亟待抚循，已函财政部筹拨银五万元急予赈恤，上海总商会、商业联合会、上海县商会、闸北商会见闻最切，关系尤深，应即会同实地调查被灾各户焚劫之情形，伤亡之人数，酌分等级编造洋册，一面按款支配，分别给恤，具报查

[1] 《闸北大火后之凭吊》，《申报》1927 年 3 月 24 日，第 10 版；《闸北兵祸伤人之调查》，《时报》1927 年 3 月 23 日，第 5 版；《闸北战区观察记》，《时报》1927 年 3 月 24 日，第 2 版；《闸北战事损失负责任者》，《民国日报（上海）》1927 年 3 月 24 日，第 1 张，第 3 版。

[2] 《闸北火灾被难联合会成立》，《时报》1927 年 3 月 27 日，第 7 版；《闸北火灾各户昨开会议》，《申报》1927 年 3 月 29 日，第 10 版；《闸北火灾各户函请救济》，《申报》1927 年 4 月 1 日，第 15 版。

[3] 《闸北被灾区域豁免房租两月》，《申报》1927 年 6 月 21 日，第 16 版；《商界救济闸北灾民》，《新闻报》1927 年 4 月 4 日，第 15 版。

[4] 《上海商业联合会与国民党财政部、闸北商会等关于赈恤闸北灾民问题的来往函件》，上海市档案馆藏上海商业联合会档案，卷宗号：Q80-1-31-2。

核,总期无滥无遗是所至要,除布告并分行外,合行令仰该会遵照此令。

6月14日蒋中正[1]

蒋介石还指定虞洽卿、王一亭、闻兰亭为办理闸北火灾救济的主要负责人。

6月29日,闸北火灾各户联合会致函上海商业联合会,称:"昨为旧历月底,来者尤众,金云被灾已久,渴望早日拨察,其情形均有急不待缓之势,连日各灾户来会要求早日拨给。"[2]

7月2日,国民政府财政部通知上海商业联合会将闸北灾户受灾情况进行调查,编造详细报告,以便财政部核实拨发抚恤款,"分别支配"。[3]

7月2日,闸北火灾各户联合会致函上海商业联合会与闸北商会,函称:

> 敬启者,案据闸北火灾各户联合会函请定期召集商会解决奉拨恤款等情,查荷等因。援助闸北火灾各户联合会一案曾于敝会第五次会东昌辉函请总商会定期开会,业已去函,尚未准复,示兹据该联合会函请敝会召集开会,前来复经敝会七月一日第六次会东昌辉付议议决本月五日星期二下午三时邀请贵会暨总商会各派代表二人至三人在敝会开会共同会议以期迅速,除已分函外相应函请查照推派代表准时莅临与议,幸勿延误,至为盼祈,此致上海商业联合会上海闸北商会。[4]

接到闸北火灾各户联合会的请求以后,上海商业联合会通知虞洽卿、王一亭、闻兰亭参加于7月5日闸北火灾各户联合会举行的会议。[5]7月6日,上海商业联合会、上海总商会、上海县商会、闸北商会四商会召开火灾调查会议,会议决定由上海总商会、闸北商会、红十字会、济生会各派一名代表组成调查组,对闸北灾户挨户进行调查,而保险公司赔偿问题,则由虞洽卿、

---

[1]《上海商业联合会与国民党财政部、闸北商会等关于赈恤闸北灾民问题的来往函件》,上海市档案馆藏上海商业联合会档案,卷宗号:Q80-1-31-1;《蒋总司令抚恤闸北灾民》,《申报》1927年6月19日,第14版。

[2]《上海商业联合会与国民党财政部、闸北商会等关于赈恤闸北灾民问题的来往函件》,上海市档案馆藏上海商业联合会档案,卷宗号:Q80-1-31-7。

[3]《上海商业联合会与国民党财政部、闸北商会等关于赈恤闸北灾民问题的来往函件》,上海市档案馆藏上海商业联合会档案,卷宗号:Q80-1-31-13。

[4]《上海商业联合会与国民党财政部、闸北商会等关于赈恤闸北灾民问题的来往函件》,上海市档案馆藏上海商业联合会档案,卷宗号:Q80-1-31-9。

[5]《上海商业联合会与国民党财政部、闸北商会等关于赈恤闸北灾民问题的来往函件》,上海市档案馆藏上海商业联合会档案,卷宗号:Q80-1-31-11。

王一亭等人先行审查受灾各户送交的保险单,然后"分别接洽"。[1]7月10日,上海商业联合会、上海总商会等四商会举行会议,决定将调查闸北火灾机构定名为上海四商会发放灾户恤款调查会,并讨论调查手续,自7月14日起开始调查,要求闸北各灾户联合会迅速送交各灾户保险单。[2]在四商会调查刚刚开始时,闸北火灾各户联合会推举聂雁影、庄谦和、卓明昌、张景山为代表向四商会递交闸北火灾各户联合会灾户恤金意见书,内称:

> 闸北虬江路宝山路一带既受兵灾又遭火患,蒋总司令俯念我两路人民受灾至深持拨5万元指明沿铁路一带灾户抚恤之用,意见如下:恤金为5万元;损失总数为46万元;灾区以蒋总司令训令所指闸北沿铁路一带为范围,即以火灾联合会报告为根据;对于以下不在抚恤之内:非铁路虬宝两路商店被焚器具;公共建筑及公共器用物品;不动产;对于火灾之间接损失;无论保险与否,一律以损失之一成分配。1 000元以内不足以整数,如89为100,280为300,1 000元以上2 000元以内均以1 100元计算。[3]

7月13日,上海商业联合会等四商会举行联席会议,会议根据闸北火灾各户联合会送来的调查表册,请求国民政府财政部迅速拨给救灾款项,并初步确定了救灾款的分配办法。经闸北火灾各户联合会调查,闸北地区受灾灾户共有262家,损失在50万元左右,所需的赈灾款总额大约是国民政府拨款的10倍。闸北火灾各户联合会建议分配方法除受灾程度以外,还应考虑到受灾各户的生活状况。上海商业联合会等四商会在其给财政部的呈文中称:

> 呈为闸北灾民待赈孔亟,恳请迅拨发恤款以资救济事,窃奉钧部函自第八十九号开准蒋总司令函开云:至以系核发恤款分别支配等因,奉此当经四联会各推委员于七月六日在闸北商会开联席会议决议,根据闸北火灾各户联合会送来被灾各户表册以劫焚伤之为限,挨户调查,务求实在。查册中所列灾户大小共六百余家,损失总数约在五十万元之增,以五万元赈恤之,适为十成之一,但支配方法除以灾情轻重为标准外尤须视察各户之生活状况以为伸缩,其十分贫苦者,似宜加给恤成数

---

[1]《上海商业联合会与国民党财政部、闸北商会等关于赈恤闸北灾民问题的来往函件》,上海市档案馆藏上海商业联合会档案,卷宗号:Q80-1-31-17。

[2]《四商会继续调查闸北火灾会议记》,《申报》1927年7月11日,第14版。

[3]《上海商业联合会与国民党财政部、闸北商会等关于赈恤闸北灾民问题的来往函件》,上海市档案馆藏上海商业联合会档案,卷宗号:Q80-1-31-36。

以示格外优恤之意。惟此次灾区较广,户口较多,欲免冒滥遗漏等弊,办理手续不得不慎,全部调查非一时所能竣事,现拟由各委员就册中所列各户择期受灾最重而极寒苦者先事调查以便提前赈恤。蒋总司令拨之五万元恳钧部即予拨交鄙会,俾已调查各户中有生机垂绝无可终日者,可由联合酌量情形,于该户应得恤款内先拨数成以救甚急。所有闸北灾民待赈孔亟,撮请拨发恤款缘由理应呈文伏乞鉴核,迅赐筹拨,实为得便,再各户损失细数与分配恤款情形俟办法结束后再行列册列宝合并陈明谨呈国民政府财政部。[1]

由于经济能力有限,国民政府财政部也不能够根据闸北火灾各户联合会调查的受灾情况及时、足额地划拨救灾款。但是,上海商业联合会等四商会依然按照原来既定计划进行调查。[2]在调查的过程中,不断有新的灾户请求加入四商会发放灾户恤款调查会的调查范围,分配救济款。7月19日,胡家木桥商联会及新民路联合会分别送来灾户表册,要求将两地的受灾情况列入调查范围。[3]上海商业联合会等四商会经研究认为,"胡家木桥商联送来之灾户表册经公益局龚委员来会审查,谓有讨论之必要"[4],而新民路则不予考虑列入调查范围。7月28日,上海商业联合会与总商会等四商会灾户调查会召开会议,会议一致通过胡家木桥商联会加入调查会,一起参加受灾情况调查。此外,四商会认为调查即将结束,应准备请款手续。[5]

经过上海商业联合会等四个商会两个多月的努力,闸北火灾的受灾情况的调查基本结束。[6]9月7日,上海商业联合会等四商会将闸北地区灾户人员伤亡及财产损失情况详细地报告给国民政府财政部,并附调查表共7本。根据上海商业联合会等四商会的调查统计,此次闸北灾户共计672

[1]《四商会呈财政部请领闸北灾户赈款文》,上海市档案馆藏上海商业联合会档案,卷宗号:Q80-1-31-15、41。

[2]《四商会开始调查闸北灾户》,《新闻报》1927年7月18日,第11版。

[3]《上海商业联合会与国民党财政部、闸北商会等关于赈恤闸北灾民问题的来往函件》,上海市档案馆藏上海商业联合会档案,卷宗号:Q80-1-31-24。

[4]《四商会发放灾户恤款调查委员会致王一亭、虞洽卿、闻兰亭函》,《上海商业联合会函件底稿,上海市档案馆藏上海商业联合会档案,卷宗号:Q80-1-3-44。

[5]《上海四商会灾户调查会开会记》,《申报》1927年7月29日,第14版。

[6]《闸北灾联会致四商会函,为保险各户之抚恤问题》,《新闻报》1927年8月7日,第15版;《灾户恤款会函报调查详情》,《申报》1927年8月8日,第14版;《闸北灾户联合会结束改组,未了事交四商会,另组火灾保险各户联合会》,《新闻报》1927年8月8日,第15版。

户,其中,受灾人口共计成年男子 1 487 名,成年女子 860 名,男孩 499 名,女孩 386 名,遭枪击死亡 41 人,被流弹所伤 37 人,损失财物价合 33.53 万元。根据最新的调查结果,四商会重新修订了恤款的分配方法,决定按照灾户损失之多寡给予救济,损失在 100 元以下的恤 3 成,500 元以下的恤 2 成,700 元以下的恤 1.5 成,1 000 元下的恤 1.25 成,1 000 元以上的恤 1 成,死亡重伤加恤 50 元,轻伤加恤 20 元。[1]

由于国民政府没有按期拨付救灾款,上海商业联合会等商会决定向各自所属的会员团体垫借赈灾款。根据上海商业联合会等四商会商议,将向所属各会员团体的借款分为三等,甲等 3 000 元,乙等 2 000 元,丙等 1 000 元,按团体大小暂借,一一凑齐后送交上海总商会。[2]但是,对于已经担负过多次筹款任务的上海商界,垫借赈灾款无疑是雪上加霜,各个商会的所属会员竟然没有一个会员团体愿意垫借救灾款项,因此上海商业联合会等四商会垫借款项的努力也就付诸东流了。转眼上海已步入秋冬季节,"各户被灾以来已逾六月之久,迁延坐待,贫者益贫,不贫者亦贫,现在秋风戎寒,衣被皆缺,炊烟时断,妇号子哭,日盼甘霖,殷心望梦,大有岌岌不可支持之势",可是蒋介石答应的 5 万元救灾款仍然不见踪影。面对灾民的悲惨处境,闸北火灾各户联合会认为,"此项赈款即奉政府命令指拨,调查手续亦已完竣,恐财政当局颁发尚需时日",请求上海商业等四商会"代为申请,即在所收爱国捐内移拨济用,庶几数千灾民得以早沾雨露之恩,立解倒悬之厄"。[3]

9 月 26 日,闸北火灾各户联合会又专门致函上海商业联合会,称:

前因各灾户嗷嗷待哺,饥寒交迫而政府核准之五万元恤款尚未颁发,为救急计曾由敝会函请贵会代为申请在所收爱国捐下先行划拨,定蒙公洽。现在各灾户因上月间贵会等在闸北商会开会时曾有一个月内即可拨款之口头宣言,扣之昨日远满一个月,便有男女老幼数人聚集于

---

[1] 《上海商业联合会与国民党财政部、闸北商会等关于赈恤闸北灾民问题的来往函件》,上海市档案馆藏上海商业联合会档案,卷宗号:Q80-1-31-35;《调查闸北灾户之呈报》,《申报》1927 年 9 月 7 日,第 13 版。四商会在 8 月 26 日初步确定 750 元以下者给恤 1.5 成,弹伤者给恤 20 元。灾户共 467 户,内有保险者 58 户,大小男女灾民 3 486 口,死亡 37 人,受伤 41 人,共损失 338 243.8 元,尚有续报者 78 户,次议支配赈款方法,决定损失百元以内者恤 3 成,详见《四团体会议闸北赈灾领款办法》,《申报》1927 年 8 月 26 日,第 14 版。

[2] 《四团体酌量分配借款》,《申报》1927 年 9 月 3 日,第 13 版。

[3] 《上海商业联合会与国民党财政部、闸北商会等关于赈恤闸北灾民问题的来往函件》,上海市档案馆藏上海商业联合会档案,卷宗号:Q80-1-31-27、28。

闸北商会向王副会长诘难,类衣食不济,长跪不起。敞会代表驰往再三劝导,始得解围。而在民众如晚年因楼陈润生之岳母及宝山路鸿大皮鞋店主郭锦庭已因支持无术,情急身故,倘发款再稽时日,照此种不幸之事必至继续发生。各灾户窘迫之状手中可见,为再具函悉达务恳贵会迅赐提议准在爱国捐项下暂移五万元从速抚恤以救涸辙。救人救急,所全实大,不胜迫切,哀恳之裁处毋任屏营,谨上上海商业联合会。九月二十四日。[1]

9月30日,上海商业联合会等商会又因"总司令令拨闸北灾民恤款曾经四商会实地调查造册呈请财政部拨发,迄未奉复,天气已凉,各灾民待哺嗷嗷,情殊堪悯",在上海总商会召开联席会议,会议决议:"电财政部,请蒋总司令令拨五万元恤款,从速照拨,以便按户给予"。[2]10月13日,在上海商业联合会等商会的请求下,国民政府财政部批准在爱国捐内提前划拨闸北救济款。[3]上海商业联合会将爱国捐内划拨的恤款存于汇业银行与农工银行,并通知各灾户据单领取。[4]11月8日起,上海商业联合会向受灾各户发放恤单,要求各灾户凭单于10月15日至17日三天,在指定银行取款,[5]并通知汇业银行和农工银行,"验明照片,发放恤款"。[6]虽然四商会调查得比较认真,但仍然存在部分疏漏的灾户。11月21日,江淮旅沪同乡会致函上海商业联合会,要求上海商业联合会对该会的6个受灾同乡进行调查,"酌量发给抚恤金"。[7]

---

[1] 《闸北火灾会为灾户请命致四商会函》,《申报》1927年9月27日,第11版;《闸北火灾会致四商会函,请从速抚恤灾民》,《新闻报》1927年9月27日,第15版;《上海商业联合会与国民党财政部、闸北商会等关于赈恤闸北灾民问题的来往函件》,上海市档案馆藏上海商业联合会档案,卷宗号:Q80-1-31-29。

[2] 《上海商业联合会与国民党财政部、闸北商会等关于赈恤闸北灾民问题的来往函件》,上海市档案馆藏上海商业联合会档案,卷宗号:Q80-1-31-31;《四团体今日开联席会议》,《申报》1927年9月29日,第14版;《四商会讨论抚恤闸北灾户办法》,《申报》1927年9月30日,第10版;《总商会代请确定闸北灾区》,《民国日报(上海)》1927年9月30日,第3张,第2版。

[3] 《发放闸北灾户恤款会记事》,《申报》1927年10月14日,第13版。

[4] 《四商会讨论发给闸北灾户款项问题》,《申报》1927年11月1日,第15版;《四商会确定发放闸北灾款办法》,《申报》1927年11月4日,第15版。

[5] 《四团体今日起发给闸北灾户恤单》,《申报》1927年11月8日,第15版;《发放闸北灾户恤款会议记》,《申报》1927年11月24日,第15版。

[6] 《闸北灾户恤款验照发放》,《申报》1927年11月11日,第13版;《四商会续发灾户恤款》,《新闻报》1927年11月22日,第16版。

[7] 《上海商业联合会与国民党财政部、闸北商会等关于赈恤闸北灾民问题的来往函件》,上海市档案馆藏上海商业联合会档案,卷宗号:Q80-1-31-41。

（二）解决俘虏的给养问题

除了办理闸北灾民救济以外，上海商业联合会还积极筹备经费，解决俘虏的给养问题，以确保地方安宁与社会稳定。在北伐军攻占上海时，孙传芳的一股部队约 2 000 人败退进入租界，向租界当局缴械投降。应租界当局的请求，上海商业联合会及时垫付这批俘虏的日常生活费用，直至这批俘虏被遣返回乡。[1]此后，上海商业联合会还多次参与解决北伐战争中的俘虏问题。[2]9 月 2 日，上海总商会致函上海商业联合会等四商会，内称：

> 敬启者，此次孙军渡江激战经旬，前敌给养及俘敌伙食需款万分迫切，前奉白总指挥电嘱筹款二百万元。际此商业凋敝之时，除勉力向中交两行合借 70 万元以外，当允合凑二十万元，经本会召集各业联席会议，同时讨论除银钱两公会各筹十万以外，其余十万拟定由本会等分筹，共筹 100 万之数。查此次军需因急，而俘虏人数有 2 万余之多，饥饿数月，嗷嗷待哺，为地方治安及人道计有义不容辞或缓之势。中交两行既凑大半，而银钱两公会亦分认巨数，本会等承认 10 万元万难卸责，筹惟再四，惟有各业分别认借以期凑足，明知商业艰难，已因输将第，此次用款关系地方安宁，不得不勉力设法。兹特函达，并酌情贵处认借，即日惠交总商会换取收条以便备解，应用此项借款前经与财政部商定，以上海南北市房租济饷及奢侈品附加税并禁烟收入作抵，绝不延误，无论如何务希概于认借是为感祈，此致四商会。[3]

三、社会网络功能

商会的网络系统包括纵向网络系统、垂直网络系统和横向网络系统。其中，纵向网络系统主要由商会及其会员构成，其横向网络系统主要由其对其他商会与组织的交往构成。上海商业联合会在履行社会救济功能的同时，也积极构建该会的社会网络系统。上海商业联合会不仅通过传达信息、

---

[1]《上海商业联合会函稿》(4 月 2 日)，上海市档案馆藏上海商业联合会档案，卷宗号：Q80-1-3-10;《蒋介石复函》(4 月 5 日)，上海市档案馆藏上海商业联合会档案，卷宗号：Q80-1-15-3、4。

[2]《总商会等治安会议纪》，《申报》1927 年 9 月 2 日，第 13 版。

[3]《分筹俘虏给养费之进行》，《申报》1927 年 9 月 4 日，第 13 版;《三万俘虏给养费已有办法，财政厅长与四商会商量之结果》，《申报》1927 年 9 月 8 日，第 9 版;《三万俘虏给养费已有办法　财政厅长与四商会商量之结果》，《新闻报》1927 年 9 月 8 日，第 9 版;《蒋介石要求上海商业联合会筹借军费及该会承销国民党发行军需二五附税库券的函件》，上海市档案馆藏上海商业联合会档案，卷宗号：Q80-1-7-199。

解决商界纠纷、召开会员会议、相互通信等方式构建该会与所属会员之间的垂直网络,还通过广泛参加各种社会活动及组织来构建该会横向的社会网络。上海商业联合会先后参加的组织与会议有五月革命运动纪念会、商民庆祝大会、六三纪念大会、上海民众庆祝北伐胜利大会等会议以及反英大同盟等组织(详见表 4-4),来增加社会发言权,扩大该会的社会影响。

表 4-4   上海商业联合会参加的组织与会议

参加时间	会议或组织名称	参加地点、人物	资料来源
1927 年 4 月 30 日	五月革命运动纪念会	南市公共体育场,叶惠钧	《上海商业联合会议事录》,上档,卷宗号:Q80-1-1-27;《五月革命运动第五次筹备会纪》,《申报》1927 年 4 月 30 日,第 13 版。
1927 年 4 月 30 日	商民庆祝大会		《商民庆祝大会期已定》,《申报》1927 年 4 月 26 日,第 13 版;《商民庆祝大会昨开筹备会》,《申报》1927 年 5 月 1 日,第 13 版。
1927 年 6 月 3 日	六三纪念大会	上海总商会	《昨日商民六三纪念会记》,《申报》1927 年 6 月 4 日,第 13 版;《上海商业联合会关于慰劳和欢迎北伐军、庆祝宁汉(蒋介石与汪精卫)合作、推派代表出席对英、日经济绝交大同盟会及拒毒(鸦片)运动等函件》,上档,卷宗号:Q80-1-12-54。
1927 年 6 月 16 日	上海民众庆祝北伐胜利大会	公共租界,冯道君	《上海商业联合会关于慰劳和欢迎北伐军、庆祝宁汉(蒋介石与汪精卫)合作、推派代表出席对英、日经济绝交大同盟会及拒毒(鸦片)运动等函件》,上档,卷宗号:Q80-1-12-45。
1927 年 6 月 27 日	上海房租协助北伐军饷委员会	上海总商会,倪文卿、项如松	《蒋介石与虞洽卿共谋发起房屋济饷及组织爱国捐劝募委员会有关函电》,上档,卷宗号:Q80-1-9-2、5、10、12。
1927 年 6 月 28 日	国民党忠实同志会并沪宁两中央党部之统一大会	上海市党部	《上海商业联合会关于慰劳和欢迎北伐军、庆祝宁汉(蒋介石与汪精卫)合作、推派代表出席对英、日经济绝交大同盟会及拒毒(鸦片)运动等函件》,上档,卷宗号:Q80-1-12-28。

续表

参加时间	会议或组织名称	参加地点、人物	资料来源
1927年 8月8日	关税自主大会	上海总商会	《上海商业联合会参加关税自主大会的函件》,上档,卷宗号:Q80-1-8-9。
1927年 8月23日	六团体会议	上海总商会	《六团体今日开重要会议》,《申报》1927年8月23日,第14版。
1927年 8月30日	四团体紧急会议	上海总商会	《四商业团体今日开紧急会议,讨论维持本埠治安防止工潮问题》,《申报》1927年8月31日,第13版。
1927年 9月8日	北伐军阵亡将士纪念大会	南市公共体育场	《上海商业联合会关于慰劳和欢迎北伐军、庆祝宁汉(蒋介石与汪精卫)合作、推派代表出席对英、日经济绝交大同盟会及拒毒(鸦片)运动等函件》,上档,卷宗号:Q80-1-12-40。
1927年 9月28日	上海民众庆祝宁汉合作国民政府成立大会	上海市党部	《上海商业联合会关于慰劳和欢迎北伐军、庆祝宁汉(蒋介石与汪精卫)合作、推派代表出席对英、日经济绝交大同盟会及拒毒(鸦片)运动等函件》,上档,卷宗号:Q80-1-12-41;《上海民众筹备庆祝宁汉合作国民政府成立大会》,《申报》1927年9月26日,第13版。
1927年 9月29日、 10月1日	上海民众庆祝大会	跑马厅、小西门	《上海商业联合会关于慰劳和欢迎北伐军、庆祝宁汉(蒋介石与汪精卫)合作、推派代表出席对英、日经济绝交大同盟会及拒毒(鸦片)运动等函件》,上档,卷宗号:Q80-1-12-42、44。
1927年 10月5日	商民拒毒大会	上海总商会	《上海商业联合会关于慰劳和欢迎北伐军、庆祝宁汉(蒋介石与汪精卫)合作、推派代表出席对英、日经济绝交大同盟会及拒毒(鸦片)运动等函件》,上档,卷宗号:Q80-1-12-31、33。
1927年 10月5日 至12日	上海民众国庆纪念大会		《庆祝国庆纪念各方之筹备讯》,《申报》1927年10月7日,第13版;《上海民众国庆纪念大会结束消息》,1927年10月9日,第10版。

参加时间	会议或组织名称	参加地点、人物	资料来源
1927年 11月20日	经济学社年会	上海总商会	《经济学社年会第三日记》,《申报》1927年11月21日,第10版。
1927年 11月2日	讨唐讨奉大会	上海市党部	《上海商业联合会关于慰劳和欢迎北伐军、庆祝宁汉(蒋介石与汪精卫)合作、推派代表出席对英、日经济绝交大同盟会及拒毒(鸦片)运动等函件》,上档,卷宗号:Q80-1-12-48、49。
1927年 11月8日	庆祝孙中山诞辰会议	上海市党部	《上海商业联合会关于慰劳和欢迎北伐军、庆祝宁汉(蒋介石与汪精卫)合作、推派代表出席对英、日经济绝交大同盟会及拒毒(鸦片)运动等函件》,上档,卷宗号:Q80-1-12-51。

(注:上海市档案馆藏上海商业联合会档案,在本表简称"上档"。)

本 章 小 结

从组织制度、章程、会议制度、运作经费、会员来源等方面来看,上海商业联合会对上海总商会存在诸多的借鉴与参考,体现了上海商业联合会对上海总商会的继承性。同时,在领导人产生方式、宗旨、会议议事规则、会员的权利与义务等方面,上海商业联合会与上海总商会存在一定的差异。上海商业联合会这种继承性与差异性,既是上海商界在1927年出于"外应形势之需要,内谋自身之保障"的考量,也是上海商界临时性、便捷性的一种选择。

在组织与制度等方面,上海商业联合会也与上海总商会存在同一性与差异性。在会员来源的构成方面,上海商业联合会既囊括了上海总商会的部分分帮会员和合帮会员,也增加了部分原来游离于上海总商会之外的一些工商团体。从领导层的构成来看,上海商业联合会的领导层主要由上海各业具有相当经济实力的一些大资本家组成,既包含以前上海总商会的部分会董,尤其是1926年上海总商会选举落马的"反主流派",又包括许多金融业、面粉业、纺织业等行业新秀,在政局变动的情况下,这些商界精英通过上海商业联合会发挥自身作用,同时也对 1927 年上海总商会和 1928 年上海总商会领导层的重构产生了重要影响。

上海商业联合会通过保护商界利益和发起与参与的一系列社会救济活动,体现了该会的保商功能和社会功能。在保商功能方面,上海商业联合会通过代申会员冤抑、为商请命、传达政府政令、降低商人交易成本等,起到了联络官商、维护会员利益的积极作用。在社会救济方面,通过上海商业联合会对闸北灾民的救济不难发现,闸北灾户救济的经费主要由政府拨给,上海商业联合会联合其他商会主要完成调查、分配款项等具体事宜。这些情况表明,无论从经济实力还是从社会地位来讲,仓促而起的上海商业联合会都无法单独完成社会救济任务,反映了该组织在社会救济方面存在结构功能的某种不足。

通过上海商业联合会和上海总商会在运行机制、领导层与会员、商会功能等方面的比较,我们不难发现,上海商业联合会尽管建立起了一系列的规章制度、组织机构,拥有涵盖上海主要工商、金融等行业的会员团体,一度发挥其"外应形势之需要,内谋自身之保障""维护各业安全"等众商领袖的作用,但是无论是在运行机制、会员构成方面,还是在领导层的结构、商会功能的发挥等方面,上海总商会运行机制的实效性、组织机构的严密性、商会功能的影响力,都是上海商业联合会难以望其项背的。毕竟,时至 1927 年,上海总商会作为上海存在 20 多年的商会组织,它在近代中国、近代上海社会变迁的过程中,积累了丰富的商会运作经验,构建了广泛的商界资源与社会网络,在上海乃至全国都具有一定的影响力。因此,在一定的社会历史条件下,上海总商会就有可能重返历史舞台。

第五章　上海商业联合会与国民党政权

1927 年上海资产阶级与国民党政权之间的关系是民国史研究的热点之一。以往的成果往往受革命史框架与意识形态的影响,比较注重讨论上海资产阶级对国民党政权的资助以及双方联合镇压上海工人运动,揭露国民党是大买办、大资产阶级的政权本质。[1]近年来,随着新材料的发掘与研究范式的拓展,研究者开始不断分析上海资本家与国民党政权的矛盾。[2]事实上,上海商界与包括国民党在内的各派政治势力的博弈,都体现了商界为了维护上海商界利益而进行的各种努力。

第一节　上海商业联合会与国民党政权的合作

在上海商业联合会成立以前,上海金融等行业的一些资本家已经对蒋介石进行多次资助,以虞洽卿为首的大资产阶级和民族资产阶级的一些上层人物也与蒋介石进行了秘密的磋商。蒋介石到了上海以后,双方的交往与联系更加密切。1927 年 3 月 26 日,蒋介石一到上海,就立即接见上海个别资本家,据虞洽卿称:"蒋总司令到沪,昨已见过。"[3]3 月 27 日,蒋介石单独会见虞洽卿,要求上海工商界迅速筹集 1 000 万元军饷,同时商谈财政与外交委员会等问题。[4]3 月 28 日,上海商业联合会特地推举吴蕴斋、荣宗敬、劳敬

［1］ 这方面的主要成果有黄逸峰:《旧中国的民族资产阶级》,江苏古籍出版社 1990 年版;黄逸峰等:《旧中国的买办资产阶级》,上海人民出版社 1982 年版。

［2］ 比较重要的研究有吴景平:《上海金融业与国民政府关系研究(1927—1937)》,上海财经大学出版社 2002 年版;【法】白吉尔:《中国资产阶级的黄金时代》,张富强、许世芬译,上海人民出版社 1994 年版;【美】小科布尔:《上海资产阶级与国民政府:1927—1937》,杨希孟、武莲珍译,中国社会科学出版社 1988 年版。

［3］ 《上海商业联合会议事录》(3 月 26 日),上海市档案馆藏上海商业联合会档案,卷宗号:Q80-1-1-6。

［4］ 《商业联合会昨开会员会议,虞主席报告谒蒋经过》,《申报》1927 年 3 月 28 日,第 11 版;徐鼎新、钱小明:《上海总商会史(1902—1929)》,上海社会科学出版社 1991 年版,第 368 页。

修、陆伯鸿、吴麟书、闻兰亭、叶扶霄、顾馨一为代表谒见蒋介石。[1]3月30日,在上海商业联合会代表谒见蒋介石的时候,代表们向蒋介石诉说上海工人运动对资本家造成的"威胁",希望蒋介石能够镇压工人运动。上海商业联合会主席吴蕴斋向蒋介石陈述:"我辈商人受种种压迫,已有年所,此次总司令到沪,定能为我辈谋有解脱之方。"[2]吴蕴斋还向蒋介石表示,对于北伐军的到来,"商界全体欢迎,而以北伐胜利为祝,并以此次革命商界无表现工作为歉,而希望蒋介石对于商业有维护办法,而商界当与合作到底"。他所指的"维护办法"无非是要求蒋介石镇压工人运动,维护大资产阶级和民族资产阶级的一些上层人物的政治、经济利益。对此,蒋介石立即表示:"此次革命成功,商界暗中助力,此后仍以协助为期,大非浅鲜,所有保护商会的各种条例,不日当可颁布,决不许上海有武汉方面的态度。"[3]蒋介石所说的"暗中助力"就是指在北伐战争过程中,上海金融等行业的资本家对北伐军的垫款、借款,而蒋介石要求上海商界"此后仍以协助为期",则是要求资本家们接下来仍然要给予蒋介石政权财政、经济上的资助与支持,也预示着为蒋介石政权筹集军饷,将是上海商业联合会的中心任务之一。"决不许上海有武汉方面的态度"则暗示蒋介石政权对中国共产党及国民党左派领导的工农运动不是像武汉那样采取扶持与帮助的政策,而是将对工农运动进行抑制、取缔、镇压。蒋介石上述表示,尤其是"决不许上海有武汉方面的态度",给上海大资产阶级和民族资产阶级的一些上层人物吃了一颗定心丸。

一、蒋介石的回应:镇压工人运动

根据上海大资产阶级和民族资产阶级的一些上层人物与蒋介石的秘密协商,蒋介石很快便将镇压中国共产党即工人运动的计划付诸实施。蒋介石扑灭了上海地区工人运动的熊熊烈火,摧毁了工会组织并残杀工会领袖。国民党通过"清党"运动,大肆捕杀中国共产党党员,消解中国共产党对工人的领导,既在政治上清除了异己的政治势力,同时也获得了上海大资产阶级和民族资产阶级的一些上层人物的在经济上更多的支持。

北伐战争以后,上海日益发展的工人运动对上海大资产阶级和民族资

---

[1]《商业联合会开会记》,《申报》1927年3月29日,第11版。

[2]《商业联合会代表昨日谒蒋,劳资及商业问题旦夕即有办法》,《申报》1927年3月30日,第10版。

[3]《上海商业联合会见蒋介石新闻稿》,上海市档案馆藏上海商业联合会档案,卷宗号:Q80-1-6-1;《商业联合会代表昨日谒蒋,劳资及商业问题旦夕即有办法》,《申报》1927年3月30日,第10版。

产阶级的一些上层人物构成了严重的"威胁"。因此,摧毁上海工会组织及中国共产党的领导力量,是上海大资产阶级和民族资产阶级的一些上层人物希望蒋介石所完成的第一桩心愿。蒋介石到达上海以后,也亲眼目睹了声势浩大的工人运动,便假惺惺地保证不对工人纠察队进行缴械,以麻痹工人的斗志。[1]蒋介石又致函上海临时政府,"务望暂缓办公,以待最后之决定"。[2]为了对付上海总工会,蒋介石让张伯岐等一些流氓兵痞组织了上海工界联合总会,这个组织的核心成员都是蒋介石的党徒。蒋介石为了公开表示对上海工界联合总会的支持,于4月6日派东路军政治部秘书邓祖禹作为他的代表,向该会送去写有"奋斗到底"的一面锦旗。蒋介石还将严重"左"倾、同情工人运动的薛岳军队调离上海,而由周凤歧的第二十六军接替上海防务。一切布置就绪以后,蒋介石离开上海去南京。在离开上海时,为了打消大资产阶级和民族资产阶级的一些上层人物的疑虑,蒋介石安慰道,"沪事布置粗告就绪,地方秩序当由白总指挥会同周军长维持,各界态度亦与当局一致,可无他虑,本人因北伐进行事宜,诸待与前方将领磋商,故明日当赴宁一行,必要时仍可来沪,还望各界诸君,共同努力,赞助革命"[3]。4月11日,蒋介石在宴请上海银行家的宴会上称:"暴行不仅在南京发生,哪里的工农要共产,那里也会发生同样的暴行。"[4]蒋介石这一番话,再次向上海大资产阶级和民族资产阶级的一些上层人物表示国民党政权即将镇压工农革命运动的态度。

4月11日,上海总工会委员长汪寿华被谋杀。4月12日凌晨,[5]大批配备武装的共进会流氓由南北两路冲出租界,分别向闸北、吴淞、南市、曹家渡等地的工人纠察队驻地发起进攻。在流氓的袭击下,工人纠察队因"抵

---

[1]《商业联合会开会记》,《申报》1927年3月29日,第11版。

[2]《商业联合会代表昨日谒蒋》,《申报》1927年3月30日,第10版。

[3]《商业联合会代表谒蒋总司令》,《申报》1927年4月8日,第13版。

[4]中国人民解放军政治学院党史教研室编:《中共党史参考资料》,人民出版社1979年版,第38页。

[5]有关四一二政变的研究主要有孙武霞等:《"四·一二"反革命政变始末纪事(1927·2—1927·4)》,《上海师范大学学报(哲学社会科学版)》1980年第1期;宋东:《简论"四·一二"后的民族资产阶级——兼与施巨流同志商榷》,《南充师院学报》1987年第4期;施巨流:《四·一二后民族资产阶级叛变革命根据的质疑》,《探索》1989年第3期;沈予:《四一二反革命政变的酝酿和发动》,《档案与历史》1987年第2期;石磊:《1927:民族资产阶级的政治选择》,《上海档案》1996年第4期;王光远:《"四一二"政变前的庐山密谋》,《文史精华》2000年第11期;邢建榕:《"四·一二"前后的陈光甫与蒋介石》,《史林》1988年第1期;杨奎松:《蒋介石从"三二○"到"四一二"的心路历程》,《史学月刊》2002年第6、7期;顾祥盛:《"四一二"上海工人纠察队缴械析因》,《中共党史研究》1992年第3期,等等。

抗而死者百余人,工友群众死者数百人"。[1]而周凤歧的第二十六军假装
充当冲突双方的调停人,竟然大量收缴工人纠察队枪械,上午共收缴"步枪
3 000 枝,手枪 600 只,机关枪 20 挺,另外有大量长矛"。[2]同日,周凤歧、
白崇禧称:"上海工人纠察队发生械斗……不得不严行制止。"[3]4 月 13 日
上午,上海总工会组织罢工游行又遭二十六军疯狂镇压,"当场打死百人以
上,伤者不计其数"。"宝山路一带百余丈马路,立时变为血海。"[4]4 月 13
日下午,蒋介石党羽控制的上海工界联合总会占领了上海总工会的湖州会
馆,宣布取消上海总工会与工界联合总会,改名为上海工联总会。[5]4 月
14 日,上海警察厅解散了上海临时市政府、中国济难会、上海学生联合会、
平民日报社。[6]上海总工会领导的工会组织也都被改组或被查封,沪宁铁
路总工会、江南造船所工会、中国铁路工厂工会以及金融业、典押业、药业、
茶食业、地毯业工会都被查封,美英烟厂、日华纱厂、南洋烟草公司等工会都
被捣毁。[7]上海的工人运动发展至顶点时,在总工会领导下有千余工会,
四一二政变以后,工会组织绝大部分都被国民党破坏,仅存二十余处,"缩小
到极小的规模"。[8]四一二政变以后,国民党还先后成立了所谓的"上海工
会组织统一委员会",作为国民党的御用工会,极力破坏中国共产党领导的
革命工会。[9]国民党军队还成立了行动大队,大肆捕杀工人领袖与共产党
员。自 4 月 14 日开始,大批共产党员与杰出的工人领袖被相继杀害。蒋介
石解除了工人武装,镇压了工人反抗,摧毁了工会组织,捕杀了工人领袖,使
上海的工人运动转入低潮,赢得了上海资产阶级的称赞。

---

[1]《上海总工会为反抗蒋介石四一二反革命政变的总同盟罢工宣言》,见中华全国总工会
　　　职工运动研究室编:《中国工会历史文献》,中国工人出版社 1981 年版,第 380 页。
[2]《工会纠察队昨日缴械》,《民国日报(上海)》1927 年 4 月 13 日,第 2 张,第 2 版;刘惠吾:
　　　《上海近代史》,华东师范大学出版社 1989 年版,第 163 页。
[3]《淞沪工人纠察队昨均被缴械》,《申报》1927 年 4 月 13 日,第 13 版。
[4] 郑振铎:《就四一二惨案对国民党的抗议书》,中国人民政协全国委员会文史资料委员会
　　　编:《文史资料选辑》第 17 辑,文史资料出版社 1989 年版;作新:《蒋介石屠杀上海工人
　　　纪实》,《向导》周报第 5 集第 194 期,第 2107 页。
[5]《上海工联总会通告及启事》,《蒋逆铁蹄下之东南》,转引自《四·一二反革命政变资料
　　　选编》,人民出版社 1987 年版,第 170 页。
[6]《四一二大屠杀纪实》,转引自《四·一二反革命政变资料选编》,人民出版社 1987 年版,
　　　第 239 页。
[7] 中共上海市委党史研究室编:《中国共产党在上海》,上海人民出版社 1991 年版,第 99 页。
[8] 朱邦兴、胡林阁、徐声合编:《上海产业与职工》,上海工人运动史料委员会校订,上海人
　　　民出版社 1984 年版,第 4 页。
[9] 上海沿革编写组:《国民党统治时期的上海》,《上海地方史资料(一)》,上海社会科学院
　　　出版社 1982 年版。

二、上海商业联合会对蒋介石的支持：筹款

早在 1926 年冬，由于北伐军节节胜利的浩大声势和工农运动的蓬勃发展，上海一些资本家经过商议，决定推派虞洽卿和四行储蓄经理钱新之去南昌与蒋介石达成秘密交易，这项交易就是蒋介石镇压上海的工人运动与"制裁共产党"，而上海一些资本家"借钱"给蒋介石。[1]

当北伐军到达上海以后，上海大资产阶级和民族资产阶级的一些上层人物曾经慷慨地表示，他们不但要"借钱"给国民党军队，而且要"捐助"500 万元。借钱与捐款当然不是一回事，"捐助"即捐款，是指个人或者组织将金钱赠送给他人或组织的行为。1927 年 3 月 29 日，上海商业联合会代表前往会见蒋介石时，曾经表示愿意："认捐五百万元，即继续输将，亦商界所愿，借款可另案办理。"[2]

国民党残酷地镇压了中国共产党及其领导的工人运动。然而轮到一些资本家掏钱的时候，他们却没有那么慷慨了。"四一二"政变以后，工人运动受到严重摧残，工人"威胁"基本扫除，上海一些资本家很快将捐款 500 万元的事情抛到九霄云外。

4 月 16 日，蒋介石发电报给上海商业联合会，称："日来军事进展，饷项奇绌，前日承蒙自动的募借之数，可否于最短期内筹拨，以济急需。革命成败，国家存亡，全在此举。"[3]

上海商业联合会却回电称："师行所至，烛鉴几微，恩威兼施，工商翕服，军需急迫，商民应效驰骋，请克日饬部迅将案券或债票条例颁布，敝会尽力筹募，以尽国民之职。"[4]此时，上海一些资本家要等到蒋介石政权公布债券条例以后，才肯解囊回报国民党。

对此，蒋介石没有理会上海商业联合会的回电，毕竟 500 万元是上海一些资本家自愿认捐的。蒋介石接二连三地发电报给上海商业联合会，不断催促。4 月 26 日，蒋介石致电上海商业联合会，称："近日饷项奇绌，前承允自动捐助的五百万元，以尽国民职责，务祈力践前约，踊跃输将，以固国本。尚望于最短期内，如数筹足，以济急需。"[5]当上海商业联合会主要领导就

---

[1] 陈书臣：《1927 年虞洽卿去南昌后的一句话》，上海市工商业联合会档案史料，卷宗号：169-40。

[2] 《王晓籁回忆商业联合会筹备》，上海市工商业联合会档案史料，卷宗号：146；《蒋介石来沪第四日》，《时报》1927 年 3 月 30 日，第 3 版。

[3] 上海市档案馆编：《一九二七年的上海商业联合会》，上海人民出版社 1983 年版，第 63 页。

[4] 《蒋介石要求上海商业联合会筹借军费及该会承销国民党发行军需二五附税库券的函件》，上海市档案馆藏上海商业联合会档案，卷宗号：Q80-1-7-3。

[5] 《蒋介石要求上海商业联合会筹借军费及该会承销国民党发行军需二五附税库券的函件》，上海市档案馆藏上海商业联合会档案，卷宗号：Q80-1-7-4。

蒋介石电报内容进行讨论时,吴蕴斋认为:"款数过巨,复电措辞甚难,若虎头蛇尾,将来恐于本会信用大有关系。"[1]王一亭对此表示赞同。

4月27日,蒋介石又致电上海商业联合会:"商业联合会捐款务于本月底凑足,务请大力玉成,否则必误大局",连连催促。[2]

在蒋介石的催促下,上海商业联合会于4月27日召开了委员会议,会上推定姚紫若、王晓籁、王彬彦、石芝坤、叶惠君、吕葆元、席云生、陈翊庭、伍咏霞9人组成筹饷审查委员会。[3]4月28日,上海商业联合会致函催促筹饷审查委员会委员,要求他们即日召开会议。[4]4月29日,上海商业联合会又致函筹饷审查委员会,称:"蒋急电催款,势难再缓。"[5]

4月29日,上海商业联合会召开了会员会议,讨论为蒋介石政权筹款的事情。[6]这次会员会议原本是讨论为国民党捐款500万元的事情,但是后来会议的中心议题却变成了讨论500万元江海关二五库券的认购。[7]在这次会员会议上,虞洽卿还是为捐款500万元做过一些努力的,他极力劝

---

[1] 《蒋介石要求上海商业联合会筹借军费及该会承销国民党发行军需二五附税库券的函件》,上海市档案馆藏上海商业联合会档案,卷宗号:Q80-1-7-8。

[2] 《蒋介石要求上海商业联合会筹借军费及该会承销国民党发行军需二五附税库券的函件》,上海市档案馆藏上海商业联合会档案,卷宗号:Q80-1-7-9。

[3] 上海市档案馆编:《一九二七年的上海商业联合会》,上海人民出版社1983年版,第68页;《上海商业联合会筹助军饷会议》,《申报》1927年4月29日,第13版。

[4] 《致筹饷审查委员函》,上海市档案馆藏上海商业联合会档案,卷宗号:Q80-1-3-20,Q80-1-7-69。

[5] 《致筹饷审查委员函》,上海市档案馆藏上海商业联合会档案,卷宗号:Q80-1-3-20。

[6] 《商业联合会之重要会议》,《新闻报》1927年4月29日,第10版;《商业联合会筹募军饷》,《新闻报》1927年5月1日,第13版。

[7] 有关江海关二五库券方面的研究主要有吴景平:《江苏兼上海财政委员会述论》,《近代史研究》2000年第1期;洪葭管:《张嘉璈与中国银行》,《近代史研究》1986年第5期;蒋立场:《上海银行业与南京国民政府成立前后的若干内债》,《江海学刊》2011年第2期;刘杰:《近年来中国公债史研究之回顾与前瞻》,《中国社会经济史研究》2014年第3期;刘梅英:《政府行为对民间金融机构发展的影响——以1927—1937年上海钱庄为例》,《世纪桥》2013年第2期;王琦:《1927—1936年南京国民政府公债对上海中资商业银行的盈利性影响研究》,厦门大学2019年硕士论文;宋时娟:《江海关二五附税国库券基金保管委员会始末》,《档案与史学》2000年第3期;吴景平:《对近代上海金融中心地位变迁的思考》,《档案与史学》2002年第6期;吴景平:《上海钱业公会与南京国民政府成立前后的若干内债——对已刊未刊档案史料的比照阅读》,《近代史研究》2004年第6期;诸静:《金城银行的放款与投资研究(1917—1937)》,复旦大学2004年博士论文;张启祥:《交通银行研究(1907—1928)》,复旦大学2006年博士论文;蒋立场:《上海银行业与国民政府内债(1927—1937)》,复旦大学2009年博士论文;董昕:《中国银行上海分行研究(1912年—1937年)》,复旦大学2005年博士论文;何品:《从官办、官商合办到商办——浙江实业银行的制度变迁(1908—1937)》,复旦大学2006年博士论文,等等。

说众会员兑现给蒋介石政权的 500 万元捐款。在会议开始的时候,虞洽卿开门见山地提出此次会议讨论的一件"重大事情",即"蒋介石电催本会催解捐款 500 万元是也",他指出:"倘军饷不济,军事不能顺手,不特南京危急,即上海也不能如今日之安宁。"王晓籁称:"欲保永久安宁,必须筹款,若待库券发行,实属缓不济急,吾人最怕之事,即共产,现在幸经解决,然除银行公会垫款六百万元外,吾各业团体曾有一钱捐助否?"但是,与会者除了王晓籁以外,附之者寥若晨星。虽然吴蕴斋、吴震修也分别发言,他们都劝告会员"军人打仗,吾人筹饷,实属应尽之职责",但是也没有明确表态支持虞洽卿。

可见,上海商业联合会领导层之间对于"捐款"一事意见并不一致,吴蕴斋比较委婉地说明让会员捐款有相当难度,只能在会员当中推销二五库券。因此,在接下来会议讨论的过程中,对于虞洽卿要求众会员为蒋介石捐款 500 万元的事情,吴蕴斋认为:"现值商业不振,欲筹巨款,实非易事,而募款关系吾人本身问题甚大,只有仍就承销库券一方着手做起。"

而这时,江海关二五附税库券的发行已在孕育之中。二五附税是指上海海关在原有的 5% 的关税以外,另外加上 2.5% 的附加税,二五附税库券就是以此作为担保而发行的一种库券。国民党政权二五库券发行量为 3 000 万元,分万元券、千元券、百元券三种,月息 7 厘,自 1927 年 5 月 1 日正式发行,到 1929 年 12 月本息如数还清。[1]

为了打消会员团体认购二五库券的疑虑,吴蕴斋向众会员介绍了江海关二五库券及其保管委员会。经过讨论,大会推定秦润卿、王晓籁、姚紫若、朱吟江、王一亭就入会团体酌定认购二五库券数目。[2]当日,上海商业联合会致函各会员团体,称:"共产风潮虽经平息,而欲保吾人之永久安宁,厥惟筹募军饷,俾蒋总司令得以尽保护之责",要求各会员积极认购二五库券。[3]

---

[1] 《江海关二五附税国库券条例》,上海市档案馆藏上海商业联合会档案,卷宗号:Q80-1-7-12;据方伯椒回忆,北洋军阀江苏省主席韩国钧和严加炽在严家的南阳路家宴上宴请上海商界时提出,当时参加者寥寥,没有什么结果,见方伯椒:《二五库券之根源》1965 年 10 月 9 日访谈,上海市工商业联合会档案史料,卷宗号:181-27;《江苏兼上海财政委员会布告》,《民国日报(上海)》1927 年 5 月 6 日,第 1 张,第 4 版;《江苏兼上海财政委员会布告》,《民国日报(上海)》1927 年 5 月 14 日,第 1 张,第 3 版;《江苏兼上海财政委员会布告》,《民国日报(上海)》1927 年 5 月 15 日,第 1 张,第 1 版。

[2] 《上海商业联合会议事录》(4 月 29 日),上海市档案馆藏上海商业联合会档案,卷宗号:Q80-1-1-24。

[3] 《蒋介石要求上海商业联合会筹借军费及该会承销国民党发行军需二五附税库券的函件》,上海市档案馆藏上海商业联合会档案,卷宗号:Q80-1-7-70。

1927年5月1日,国民政府的江海关二五附税库券正式发行,这次3 000万元二五库券最初的分派计划是:江浙两省共1 000万元,上海绅商1 000万元,银钱业500万元,上海商业团体500万元。上海商业团体500万元主要靠上海商业联合会、上海县商会等完成。其中,上海商业联合会单独承担400万元,上海县商会、上海总商会、闸北商会共同承担100万元。[1]上海商业联合会与上海县商会等团体摊派总数是500万元,这个数字刚好就是上海资本家答应为蒋介石捐款的数目。根据陈光甫日记,由于国民党军队攻占了长江北岸的一些地区,上海商业团体减少200万元,相应江苏增加200万元,所以上海商业联合会、上海县商会等团体完成的任务是300万元。[2]

5月2日,为了完成国民党摊派的库券任务,上海商业联合会再次召开会员会议。虞洽卿称"军需甚急",并向会员说明交易所联合会已认购二五库券50万元并已经缴款。王晓籁也积极动员广大会员认购二五库券,他称:"现在非募款补助军事不可,败固不必说,即军事一时不能胜利,迁延时日,吾人之损失已属不赀,若不幸而为反革命者得势,则吾人之地位不堪设想矣。"[3]

5月2日会员会议以后,上海商业联合会继续不停地催促众会员认购与缴纳二五库券款。5月3日,上海商业联合会致函各认购团体,要求他们将库券款送交江苏兼上海财政委员会。[4]5月4日,白崇禧致电上海商业联合会,称:"诸已毁家纾难正其时,务望协同财会诸公,竭力筹措,俟有成数,星速解宁,援助义师,完成大业"[5],上海商业联合会致函各认购团体,要求各会员将认购的数目、未认购或未缴款的团体开列一单送呈上海商业

[1]　谟研:《"四・一二"反革命叛变与资产阶级》,《历史研究》1977年第4期。

[2]　《江苏兼上海财政委员会成立经过及筹备发行二五库券概要报告》,上海市档案馆编:《一九二七年的上海商业联合会》,上海人民出版社1983年版,第115、116、117页。

[3]　《上海商业联合会议事录》(5月2日),上海市档案馆藏上海商业联合会档案,卷宗号:Q80-1-1-28、29、30。

[4]　《蒋介石要求上海商业联合会筹借军费及该会承销国民党发行军需二五附税库券的函件》,上海市档案馆藏上海商业联合会档案,卷宗号:Q80-1-7-79;《沪北米业派认十万元军款之函知》,《申报》1927年5月1日,第13版;《报关公所昨为筹饷事开会》,《申报》1927年5月4日,第14版;《嘉谷堂议定认缴库券办法》,《申报》1927年5月6日,第14版。

[5]　《蒋介石要求上海商业联合会筹借军费及该会承销国民党发行军需二五附税库券的函件》,上海市档案馆藏上海商业联合会档案,卷宗号:Q80-1-7-23、24;《白总指挥电请商民筹饷》,《民国日报(上海)》1927年5月7日,第3张,第1版;《白崇禧函恳商界筹款解宁》,《申报》1927年5月7日,第13版。

联合会。[1]5月6日,俞飞鹏又致函上海商业联合会:"查商业联合会认筹四百万元,仅缴到一百五十万元,先军饷需款,请转催该会再缴一百万元,其余一百五十万元亦请十号以前如数缴足。"[2]接到该函后,上海商业联合会函告纱厂联合会与煤业公会认购的库券数目分别是50万元和5万元,但是缴款只有12.5万元和1.5万元,要求它们将剩余的库券款迅速解交。[3]5月10日,上海商业联合会要求书业商会将认购的10万元迅速解交江苏兼上海财政委员会。[4]5月11日,项如松报告五金同业公会认购库券数目不足万元,王一亭请项如松再行劝募,并解释说上海商业联合会还剩下200万元二五库券无人认购。同日,上海商业联合会召开委员会议,众委员决议将未认购的团体名单送交江苏兼上海财政委员会催收。[5]5月14日,上海商业联合会催促丝经业同业公会、木商会馆、纸业公所、粤侨商业联合会,要求它们将认购的款项尽快解交江苏兼上海财政委员会。[6]

由于这些库券数目是上海商业联合会主要领导分摊给各会员的,而不是各会员自愿认购的。因此,会员认购二五库券并不积极。有的会员团体虽然接到了上海商业联合会的派认数目,但就是不去认购,有的会员团体只是象征性地认购上海商业联合会摊派的一部分,有的会员团体即使认购了上海商业联合会摊派的库券,也是过了很长一段时间才去缴款。因此,到了5月16日,"虽认缴者不少,而认而未缴仍居多数",[7]因而库券的整个认购过程困难重重。

许多会员在收到上海商业联合会摊派库券数目的通知后,纷纷致函上海商业联合会,陈述该业的痛苦与艰难,要求减免认购库券的数目或是延缓缴款时间。4月30日,上海电机丝织同业公会致函上海商业联合会,称该

[1] 《蒋介石要求上海商业联合会筹借军费及该会承销国民党发行军需二五附税库券的函件》,上海市档案馆藏上海商业联合会档案,卷宗号:Q80-1-7-80、81。

[2] 《蒋介石要求上海商业联合会筹借军费及该会承销国民党发行军需二五附税库券的函件》,上海市档案馆藏上海商业联合会档案,卷宗号:Q80-1-7-20。俞飞鹏5月6日说上海商业联合会缴到150万元,实际上到5月21日,上海商业联合会缴款只有144万元。

[3] 《蒋介石要求上海商业联合会筹借军费及该会承销国民党发行军需二五附税库券的函件》,上海市档案馆藏上海商业联合会档案,卷宗号:Q80-1-7-124。

[4] 《蒋介石要求上海商业联合会筹借军费及该会承销国民党发行军需二五附税库券的函件》,上海市档案馆藏上海商业联合会档案,卷宗号:Q80-1-7-120。

[5] 《上海商业联合会议事录》(5月11日),上海市档案馆藏上海商业联合会档案,卷宗号:Q80-1-1-33。

[6] 《蒋介石要求上海商业联合会筹借军费及该会承销国民党发行军需二五附税库券的函件》,上海市档案馆藏上海商业联合会档案,卷宗号:Q80-1-7-101。

[7] 上海市档案馆编:《一九二七年的上海商业联合会》,上海人民出版社1983年版,第101页。

业资本薄弱,且又受到工潮的影响,"因是收闭者已有三厂,现在正被接收预备停业者,亦实繁有徒"。[1]5月1日和5月7日,厢业集义公所先后两次致函上海商业联合会,称该业仅只数家,营业范围又属狭小,所定认数过巨,难以筹集,"营业又值凋零,兹今一再设法勉力筹措,只筹集洋3 000元……原鄙业等罗掘俱穷,实已心力交瘁"。[2]5月3日,上海参业公所以"商情困苦,筋疲力尽,不易分担派销库券"为由,表示仅能凑齐两万元,而上海商业联合会则要求其按认购数目缴款。5月4日,南北市报关公所以"小本经营"为由,声称无力认购库券。5月5日,洋货商业公会以"市面衰退,自顾尚属不暇,无法再行加认库券",而上海商业联合会以该会包含颜料等九业,规模宏大,仍请勉为其难,照原定的3万之数认销。5月6日,上海参业公所只好再认2万元,但仍不到原定认购数目10万元的一半。[3]5月7日,上海铁业公会以该"商号范围狭隘,智穷力尽"为由称无力劝销库券。5月7日,通崇海花业公所致函上海商业联合会,一面称上海商业联合会"派认库券2万元为数不多,承蒙体谅",但同时又称该业"人数无多,虽竭力劝募只能认定1万元,再多实在无力担任"。[4]上海染织业公会也称"近年受战事影响,营业已一落千丈,若再认购库券,似属力有未逮,但饷项为军队之命脉,革军争吾人之幸福,解囊乐助、义不容辞,何况认购、仍得本利归还之库券乎,则我染织业理宜勉力分认以济军需,旋因时晏,认购若干,改日再议"。[5]

也有一些会员对上海商业联合会摊派的二五库券持拖延与观望态度。5月8日,江浙丝业同业公会以经销额减少,"甲年做而乙年歇,资本短缺,其困难情形当为商界所共见"为由,称只能等到20日以后才能竭力劝募。5月17日,上海书业商会称该业自上年秋季以来营业锐减,要求等到交通恢复、视收账的情况才能确定是否认购库券。5月20日,上海机器碾米公会称该业营业清淡、客货阻滞,只能勉强认购库券5 000元。铜锡业公会致函

[1] 上海市档案馆编:《一九二七年的上海商业联合会》,上海人民出版社1983年版,第283—287页。
[2] 上海市档案馆编:《一九二七年的上海商业联合会》,上海人民出版社1983年版,第290页。
[3] 上海市档案馆编:《一九二七年的上海商业联合会》,上海人民出版社1983年版,第292—293页。
[4] 《蒋介石要求上海商业联合会筹借军费及该会承销国民党发行军需二五附税库券的函件》,上海市档案馆藏上海商业联合会档案,卷宗号:Q80-1-7-98。
[5] 《染织公会与布厂公会联席会议纪》,《申报》1927年5月8日,第14版。

上海商业联合会,称由于该公会的朱隆、钱泰、如意祥号等六家坚决不肯认购库券,致使其他商号竞相观望。对此,上海商业联合会一方面要求铜锡业公会继续劝说各业认购,另一方面威胁"倘该号等始终不认,固执如前,届时再由本会函呈财政委员会或军事当局核实办理"。[1]然而,任凭上海商业联合会软硬兼施,一些会员仍然迟迟不肯认购,一些规模宏大或资金雄厚的会员也只象征性地认购摊派数目的一半甚至一半以下敷衍了事。上海商业联合会会员不肯认购库券的各种理由,详见表5-1。

表5-1　上海商业联合会会员拒绝或要求减少认购库券的理由

团体名称	去函日期	拒付或减少认购的理由	资料来源
上海参业公所	5月1日、6日	无如叠经战祸,损失殊巨,商业一落千丈,捐项千疮百孔,范围既小,同行无多,战事频繁,交通壅滞,营业萧条	《上海参业公所为商情困苦筋疲力尽不易分担派销库券有关函件》,上档,卷宗号:Q80-1-7-113、109。
上海电机丝织同业公会	4月30日、5月9日	资本在十万元以下者约居七成,此次工潮,首受苛迫条件,迄今仍未解除,营业萧条,金融信用一落千丈	《上海电机丝织业同业公会为营业萧条资本薄弱决难如数认销库券函》,上档,卷宗号:Q80-1-7-130、131、132、133。
厢业集义公所	5月1日、7日	敝业只有数家,营业范围又属狭小,频年多故,市面萧条,五卅以后倒闭者日有所闻,现入敝公所内硕果仅存者,只有数家	《厢业集义公所为团体狭小营业凋零难以筹集派销库券函》,上档,卷宗号:Q80-1-7-179、180、181、182。
鱼业敦和公所	5月2日	公所无公款聚集,而各行只有十余家,范围既小,近年来业务减少	《鱼业敦和公所为范围既小无力认购库券函》上档,卷宗号:Q80-1-7-175。
油厂公会	5月2日、6日、12日	开会未成,有英商开厂,难以派认	《油厂公会为开会未成难以派认库券函》,上档,卷宗号:Q80-1-7-143。
振华堂洋布公所	5月2日	受江浙战争、五卅案、沙面案、万县惨案影响,市面寥落,营业凋敝,闭歇停搁,各号血本尚难保存	《振华堂洋布公所为营业凋敝血本难保无力认销库券函》,上档,卷宗号:Q80-1-7-88。
杭绸业钱江会馆	5月3日、7月17日	工潮澎湃,工厂停业,战争迭起,交通梗塞,营业锐减	《杭绸业钱江会馆为工潮澎湃营业损失难于两地分销库券有关函件》,上档,卷宗号:Q80-1-7-110、111、114、115、116。

[1]《铜锡业公会为六家商号坚不认销库券要求商业联合会派员查核往来函》,上海市档案馆藏上海商业联合会档案,卷宗号:Q80-1-7-169;《商业联合会催缴库券款》,《新闻报》1927年5月22日,第11版。

团体名称	去函日期	拒付或减少认购的理由	资料来源
南北报关公所	5月4日	内战不已,交通迟滞,报关事业日益凋敝,该业小本经营	《上海南北市报关公所为小本经营无力认销库券函》,上档,卷宗号:Q80-1-7-190、191。
洋货商业公会	5月5日	市面衰颓,已达极点,各处放账分文无着,银根紧迫,生活增高	《洋货商业公会为市面预废自顾不暇无法加认库券有关函件》,上档,卷宗号:Q80-1-7-183、184、185。
上海铁业公会	5月7日	范围狭隘,营业凋敝,败者接踵,维持现状已属不易	《上海铁业公会为商号范围狭隘智穷力尽无法劝销库券函》,上档,卷宗号:Q80-1-7-162、163、164。
江浙丝经业同业公会	5月8日	经销额减少,甲年做乙年歇,资本短绌	《江浙丝经业同业公会为经销减少资本短绌无力劝销库券函》,上档,卷宗号:Q80-1-7-103、104。
上海书业商会	5月17日	营业锐减,停业者固无办法,营业者也不能支持	《上海书业商会为营业锐减难以派认库券函》,上档,卷宗号:Q80-1-7-121、122。
上海染织业同业公会	5月19日	受时局影响,营业式微,实属力有未逮	上档,卷宗号:Q80-1-7-99;《染织公会与布厂公会联席会议纪》,《申报》1927年5月8日,第14版。
上海机器碾米公所	5月20日	客货阻滞,妨碍营业,停业者已有十余家,战事阻隔交通,厂家受其打击,洋米充斥	《上海机器碾米公所为营业清淡客货阻滞勉力认销库券函》,上档,卷宗号:Q80-1-7-148、149。
沪北经售米粮公会	5月21日	各同业系代客售卖,不过数百元至千元资本,庶遇来客卸货,急待款用,垫给周转;且年来内地歉收,到货缺乏,洋货来沪多属沪南,各同业生机已感不能维持	《沪北经售米粮公会函》,上档,卷宗号:Q80-1-7-154。
纸业公会	5月25日	家数不多,范围狭小,近年舶货充斥,国货不销,加以军事倥偬,营业停顿	《蒋介石要求上海商业联合会筹借军费及该会承销国民党发行军需二五附税库券的函件》,上档,卷宗号:Q80-1-7-172。
绪纶公所	5月26日	南北市场属于绪纶公所者仅有九家,款巨力绌,万分困难	《蒋介石要求上海商业联合会筹借军费及该会承销国民党发行军需二五附税库券的函件》,上档,卷宗号:Q80-1-7-208。

(注:上海市档案馆藏上海商业联合会档案在本表简称"上档"。)

上述会员以一种堂而皇之的理由要求减少二五库券的认购数目,然而,个别会员竟然拿存在纠纷的票据去冲抵二五库券的缴款。7月16日,通商各口岸转运会所将与虞洽卿的三北公司存在纠葛的票据充任二五库券款,遭到江苏兼上海财政委员会拒收。江苏兼上海财政委员会称:"此票据与三北公司发生重要关系,所以未能照付,该公所不该将此等未经洽妥之票据故意抵交库券款项,且此票据系尤君森庭经手,与个人亦发生纠葛等语,不料该公所乃竟以纠葛之支票前来蒙混,如此用意实属非是。"[1]

在上海商业联合会的催促下,[2]一些会员由于不能及时上缴二五库券款,只好暂时向银行借款充作认购库券之款。上海煤业公会不得不向银行借款充缴二五库券款,5月7日,该会代表谢天锡致函王晓籁和虞洽卿称:

晓籁,洽卿先生阁下,

敬启者:敝会认购库券五万元,除缴呈洋一万四千元以外,其余应缴三万五千元,今日敝会召集全体会议同业大会,以同业行号众多分头劝募为数尤甚,至少两星期不可,方可集数。昨承面示以10天缴齐,恐难遵命,仍请贵会介绍银行做押款,二十天内敝公会完全负责并资周转,此次之事在敝公会极欲从速照缴以应需要,有此上述原因谅邀鉴及,制定何家可作请为示知,以便礼拜一前来照办也。专此敬颂公绥。[3]

5月9日,上海商业联合会将交通银行介绍给煤业公会作为煤业公会的借款银行。[4]5月15日,上海煤业公会派人去交通银行办理借款手续,向交通银行垫借二五库券款3.5万元,将借款3.5万元交纳到上海商业联合会。[5]

5月3日,中国棉业联合会沈润挹致函上海商业联合会,函称:

[1]《蒋介石要求上海商业联合会筹借军费及该会承销国民党发行军需二五附税库券的函件》,上海市档案馆藏上海商业联合会档案,卷宗号:Q80-1-7-3、4、5。

[2]《商业联合会催缴库券款》,《新闻报》1927年5月22日,第11版。

[3]《蒋介石要求上海商业联合会筹借军费及该会承销国民党发行军需二五附税库券的函件》,上海市档案馆藏上海商业联合会档案,卷宗号:Q80-1-7-125。

[4]《蒋介石要求上海商业联合会筹借军费及该会承销国民党发行军需二五附税库券的函件》,上海市档案馆藏上海商业联合会档案,卷宗号:Q80-1-7-127。

[5]《蒋介石要求上海商业联合会筹借军费及该会承销国民党发行军需二五附税库券的函件》,上海市档案馆藏上海商业联合会档案,卷宗号:Q80-1-7-128。

　　敬启者:日前接奉台函,嘱筹饷款并与本月2日开会集议等因,本应趋前列席。只因鄙人自四月十五日以来忽患春温,连绵被褥已逾半月,悠楚前状,以致久未到会,不获与诸君子晤叙情怀,一切颇多隔膜,殊深懊恨。近日热势虽退,忽得失眠之症,更筹静数,辄到天明未能交睫,遂使精神萎顿甚于前,饷项等未克躬行筹募,至稽裁达,怅恨何似,兹正与薛文泰先生等诸领袖接洽拟即召集棉业同人全体大会切实劝募,以期集事一俟得当即奉闻。知关锦注,先此布复,惟希见谅为荷。此致上海商业联合会。[1]

　　从这封信我们可看出,中国棉业联合会向上海商业联合会解释,该会因为沈润挹生病,所以才耽误了二五库券的认购与缴款。在5月2日的会员会议上,上海商业联合会摊派给以沈润挹为代表的中国棉业联合会和南市花业吉云堂公所两个会员的库券总数是5万元,而两个会员却在很长一段时间内不去向上海商业联合会认购。直至拖到5月14日,才勉强认购2.21万元,但直到5月21日,也没有缴款。因此,沈润挹是真的卧病在床,还是有意推托,不得而知。

　　由于上海一些商业团体同时身兼上海商业联合会会员与上海县商会会员的双重身份,而上海县商会又是上海商业联合会的会员。因此,在认购库券的过程中,就不可避免地产生了同一商业团体被重复派认的现象。5月10日,上海县商会向上海商业联合会说明纸业景伦堂、鱼业敦和公所应该作为上海县商会的会员来摊派二五库券,上海商业联合会不能够再次要求这两个会员认购库券。[2]5月13日,当上海县商会准备向嘉谷堂米业公所摊派二五库券时,不料该公所却称已经向上海商业联合会购买库券1万元,对于上海县商会加派的2万元无力负担。[3]5月14日,上海商业联合会致函上海县商会,说明纸业景伦堂、鱼业敦和公所、嘉谷堂米业公所已经分别认购库券1万元、2万元和1万元。[4]5月17日,当上海商业联合会准备向腌腊公所派认2万元时,该公所向上海商业联合会解释,已经向上海县商

　　[1]　《蒋介石要求上海商业联合会筹借军费及该会承销国民党发行军需二五附税库券的函件》,上海市档案馆藏上海商业联合会档案,卷宗号:Q80-1-7-93。

　　[2]　《蒋介石要求上海商业联合会筹借军费及该会承销国民党发行军需二五附税库券的函件》,上海市档案馆藏上海商业联合会档案,卷宗号:Q80-1-7-84。

　　[3]　《蒋介石要求上海商业联合会筹借军费及该会承销国民党发行军需二五附税库券的函件》,上海市档案馆藏上海商业联合会档案,卷宗号:Q80-1-7-86。

　　[4]　《蒋介石要求上海商业联合会筹借军费及该会承销国民党发行军需二五附税库券的函件》,上海市档案馆藏上海商业联合会档案,卷宗号:Q80-1-7-87。

会认购库券 1 万元。[1]但是,也许是碍于情面,该公所最后还是向上海商业联合会认购了 1 万元库券。

在督促会员缴纳二五库券款的过程中,上海商业联合会和江苏兼上海财政委员会相互推诿。5 月 14 日,上海商业联合会委员会议决定致函财政委员会,将那些未缴款会员的名称、数目、代表姓名送达江苏兼上海财政委员会,请其去函催促这些会员缴纳库券款。[2]5 月 16 日,江苏兼上海财政委员会竟然将未缴款团体的名单送还上海商业联合会,要求上海商业联合会"分别催缴,勿延为荷"。[3]

不过,尽管认购与缴款困难重重,但是经过上海商业联合会的努力,一些会员团体不得不陆续认购库券或将库券款送交上海商业联合会。5 月 6 日,上海油厂公会致函上海商业联合会说明,除了英商经营的至德厂以外,该业已将其余 5 家共筹集的认购款 1.6 万元于 5 月 12 日解交江苏兼上海财政委员会。[4]5 月 18 日,杭绸业钱江会馆将再募的 3 万元解交财政委员会。[5]中国棉业联合会致函上海商业联合会说明该会只能认购 2.5 万,并将竭力解款 2.21 万元。[6]5 月 18 日,机电丝织公会致函上海商业联合会该公会已经缴款 1.27 万元,[7]并答应 5 月 26 日将解交剩余的 1700 元。[8]5 月 19 日,中华水泥厂联合会将 1.5 万元送交江苏兼上海财政委员会。[9]截至 5 月 21 日,各会员认购与缴款情况详见表 5-2。

---

[1]《蒋介石要求上海商业联合会筹借军费及该会承销国民党发行军需二五附税库券的函件》,上海市档案馆藏上海商业联合会档案,卷宗号:Q80-1-7-178。

[2]《蒋介石要求上海商业联合会筹借军费及该会承销国民党发行军需二五附税库券的函件》,上海市档案馆藏上海商业联合会档案,卷宗号:Q80-1-7-32、33、34。

[3]《蒋介石要求上海商业联合会筹借军费及该会承销国民党发行军需二五附税库券的函件》,上海市档案馆藏上海商业联合会档案,卷宗号:Q80-1-7-36、38。

[4]《蒋介石要求上海商业联合会筹借军费及该会承销国民党发行军需二五附税库券的函件》,上海市档案馆藏上海商业联合会档案,卷宗号:Q80-1-7-143。

[5]《蒋介石要求上海商业联合会筹借军费及该会承销国民党发行军需二五附税库券的函件》,上海市档案馆藏上海商业联合会档案,卷宗号:Q80-1-7-118。

[6]《蒋介石要求上海商业联合会筹借军费及该会承销国民党发行军需二五附税库券的函件》,上海市档案馆藏上海商业联合会档案,卷宗号:Q80-1-7-93。

[7]《蒋介石要求上海商业联合会筹借军费及该会承销国民党发行军需二五附税库券的函件》,上海市档案馆藏上海商业联合会档案,卷宗号:Q80-1-7-134。

[8]《蒋介石要求上海商业联合会筹借军费及该会承销国民党发行军需二五附税库券的函件》,上海市档案馆藏上海商业联合会档案,卷宗号:Q80-1-7-135。

[9]《蒋介石要求上海商业联合会筹借军费及该会承销国民党发行军需二五附税库券的函件》,上海市档案馆藏上海商业联合会档案,卷宗号:Q80-1-7-140。

表 5-2　上海商业联合会对二五库券的认购、缴款情况表　（单位/万元）

会员团体	上海商业联合会摊派给会员的数目	截至5月2日会员认购情况	截至5月9日会员认购情况	截至5月14日会员认购情况	截至5月21日会员的缴款情况
上海县商会					上海县商会、闸北商会与上海总商会合购100万元
闸北商会					
银行公会					银行、钱业公会单独认购和垫款,故另行统计
钱业公会					
交易所联合会	50	50	50	50	50
南北报关公所	5		1	1	
纱厂联合会	50	50	50	50	12.5
杂粮公会	10	5	5	5	5
纱业公会	10	10	5	5	5
面粉公会	20	20	20	20	10
纸业公会	5				
金业公会	10		5	5	2.5
粤侨商业联合会	30				另行认购
茶业会馆	4	2	2	2	2
丝经同业公会	10				
振华堂	10	2	2	2	2
书业商会	10			2	
商船会馆	10	5	5	5	4.9
通商各口转运会所	5	3	3	3	1.9
中国棉业联合会	5			1.38	
南市吉云堂花业公所				0.83	
运输公会	2	1	1	1	
绸缎业绪纶公所	10	4	4	4	4
上海机器碾米公会	10			0.7	
沪北经售米粮公会					
沪北米业联合会					

会员团体	上海商业联合会摊派给会员的数目	截至5月2日会员认购情况	截至5月9日会员认购情况	截至5月14日会员认购情况	截至5月21日会员的缴款情况
参业公所	10			2	1.96
上海华商织袜公会	2			0.3	0.5
上海银楼公会	5	3	3	3	3
上海酒行公会	2				
上海南北烧酒业公所	2				
上海染织布厂公会	2				
中华水泥厂联合会	3			1.7	1.5
敦善堂腌腊公所	2			1	1
新药业公会	5	2.5	2.5	2.5	1.365
杭绸业钱江会馆	10		3	3	4
华商码头公会	5	5	5	5	4
电机丝织公会	5			1.5	1.244 6
通崇海花业公所	2		1	1	1
上海料器业公会	2				
典质业公所	10			3	2
糖洋南北杂货公会	5	2	2	2	1.96
上海油厂公会	2		1.6	1.6	1.6
木商会馆	5				
布业公所	2				1.274
喻义堂药业	5	2	2	2	2
和义堂饮片业	5				1
信义堂饮片业	2				
江苏火柴同业会	3	3	3	3	1.7
旅沪商帮协会	3				
上海染织同业公会	2			0.5	
上海铜锡业公会	2	1	1	1	
纸业公所景伦堂	2	1	1	1	1
上海市区押当公所	10		1	1	1

续表

会员团体	上海商业联合会摊派给会员的数目	截至5月2日会员认购情况	截至5月9日会员认购情况	截至5月14日会员认购情况	截至5月21日会员的缴款情况
上海糖业点春堂	5		2	2	1.96
嘉谷堂米业公所	2	1	1	1	0.6
厢业集义公所	2		0.3	0.3	
上海出口各业公会	5				1
上海银炉公会	3	1	1	1	0.3
铁业公会	5				1.016 85
上海五金同业公会	5				
洋货业公会	3		0.3	0.5	
上海煤业公会	10	5	5	5	2.4
鱼业敦和公所	5	2	2	2	
总计	402	180.5	190.7	202.7	140.180 45

（注：其中,5月2日、5月9日、5月14日是上海商业联合会统计的各会员认购数目,5月21日数字是截至5月21日众会员认购后缴款数目。）

资料来源:《蒋介石要求上海商业联合会筹借军费及该会承销国民党发行军需二五附税库券的函件》,上海市档案馆藏上海商业联合会档案,卷宗号:Q80-1-7、43-49、51-53、71;上海市档案馆编:《一九二七年的上海商业联合会》,上海人民出版社1983年版,第81、85页;《各界认购二五券之踊跃》,《申报》1927年5月19日,第10版;《各界认购二五券之踊跃》,《申报》1927年5月27日,第9版。

根据档案材料记载,5月2日上海商业联合会会员认购数目为182.5万元。笔者对此进行了重新统计、计算,5月2日会员的认购数目应该是180.5万元,而不是182.5万元,可能是时人统计、计算错误。并且,5月9日共增加认购数目10.2万元,认购总数是190.7万元,去掉增加的10.2万元,也可以计算出5月2日各会员认购总额是180.5万元。5月14日,经过催促,未认购库券的会员又有认购,比5月9日增加12.01万元,加上5月9日的190.7万元,故5月14日上海商业联合会会员共认购202.71万元,可能当时并未将0.01万元计算在内,所以最后认购的总数就是202.7万元。但是,截至5月21日,上海商业联合会会员的认购库券的缴款数目也只有140余万元。[1]

---

[1] 据严鄂声回忆,虞洽卿曾亲自告诉严鄂声,蒋介石要他筹集军费1 000万元,虞洽卿问蒋介石,真北伐还是假北伐,真北伐1 000万元怎么够,至少要2 000万,结果筹集了3 000万,这3 000万指的就是二五库券。严鄂声:《虞洽卿替蒋介石奔走策划向商界筹款》(1965年访谈),上海市工商业联合会档案史料,卷宗号:169-190。

5月24日,上海商业联合会致函江苏兼上海财政委员会,已经有53个团体认定库券数目并陆续解款,并请江苏兼上海财政委员会将所收之款陆续归还垫付银行项下,以后又团体缴款"当再续呈"。[1]5月25日,鱼业敦和公所告知上海商业联合会,该公所已经缴款5 000元。[2]5月26日,华商纱厂联合会将认购库券款50万元的余款37.5万元解交江苏兼上海财政委员会。[3]6月3日,丝经业同业公会告诉上海商业联合会,该公会已筹募2万元,并将设法劝募剩余库券。[4]也就是说,截至6月3日,上海商业联合会会员缴款约180万元。

经上海商业联合会等团体努力,至6月14日,二五库券"已筹得三分之二"[5]。

将上表5-2的会员认购、缴款情况加以统计,分别计算认购、缴款的会员与会员总数之间的比例,可得表5-3。

表 5-3　上海商业联合会会员认购库券、缴款情况统计表

认购或缴款占摊派数目的比例	认　购		缴　款	
	团体数（个）	在总团体所占比例	团体数（个）	在总团体所占比例
全部	5	8.4%	1	1.6%
1/2 强	4	6.7%	5	8.4%
1/2	13	22%	9	15.2%
1/4 强	11	18.6%	8	13.5%
1/4	1	1.6%	4	6.7%
不足 1/4	11	18.6%	9	15.2%
0	14	23.7%	23	38.9%

上海商业联合会共有64个会员。其中,上海县商会、闸北商会、银行公

---

[1]《蒋介石要求上海商业联合会筹借军费及该会承销国民党发行军需二五附税库券的函件》,上海市档案馆藏上海商业联合会档案,卷宗号:Q80-1-7-42。

[2]《蒋介石要求上海商业联合会筹借军费及该会承销国民党发行军需二五附税库券的函件》,上海市档案馆藏上海商业联合会档案,卷宗号:Q80-1-7-176。

[3]《蒋介石要求上海商业联合会筹借军费及该会承销国民党发行军需二五附税库券的函件》,上海市档案馆藏上海商业联合会档案,卷宗号:Q80-1-7-123。

[4]《蒋介石要求上海商业联合会筹借军费及该会承销国民党发行军需二五附税库券的函件》,上海市档案馆藏上海商业联合会档案,卷宗号:Q80-1-7-105。

[5]《二五库券筹募之成绩》,《申报》1927年6月14日,第13版。

会、钱业公会、粤侨商业联合会等会员都是单独认购二五库券。因此,实际上上海商业联合会共以 59 个会员团体的名义认购库券。在这 59 个会员中,被上海商业联合会派认 10 万元库券以上的会员有:交易所联合会、纱厂联合会(各 50 万元)、面粉公会(20 万元)、金业公会、丝经同业公会、振华堂、书业商会、商船会馆、绸缎绪纶公所、参业公所、杭绸业钱江会馆、上海市区押当公所、纱业公会、杂粮公会、上海煤业公会(各 10 万元),其他会员团体也分别被摊派不同数目的二五库券。

从库券的认购情况来看,在上海商业联合会会员中,全额认购上海商业联合会摊派数目的会员团体有 5 个,它们是:交易所联合会、纱厂联合会、面粉公会、江苏火柴同业会、华商码头公会,仅占上海商业联合会会员总数(59个)的 8.4%。认购数量达到认购上海商业联合会摊派数目 1/2 以上但未能全部认购的有 4 个会员团体,占上海商业联合会会员总数 59 个的 6.7%,它们是:通商各口转运会所、上海银楼公会、中华水泥厂联合会、上海油厂公会。认购数量占认购上海商业联合会摊派数目 1/2 的会员团体有 13 个会员团体,它们是:杂粮公会、纱业公所、金业公会、茶业会馆、纸业公所景伦堂、商船会馆、运输公会、敦善堂腌腊公所、新药业公会、通崇海花业公所、上海铜锡业公会、嘉谷堂米业公所、上海煤业公会,占上海商业联合会会员总数(59 个)的 22%。认购数量占上海商业联合会摊派数目 1/4 以上的会员有 11 个,它们是:中国棉业联合会、南市吉云堂花业公所、绸缎业绪纶公所、杭绸业钱江会馆、电机丝织公会、典质业公所、糖洋南北杂货公会、喻义堂药业、上海糖业点春堂、上海银炉公会、鱼业敦和公所,占上海商业联合会会员总数(59 个)的 18.6%。认购库券数量是上海商业联合会摊派数目 1/4 的会员是上海染织同业公会。认购库券数量不足上海商业联合会摊派数目 1/4 的有 11 个会员,它们是:南北报关公所、振华堂、书业商会、上海机器碾米公会、沪北经售米粮公会、沪北米业联合会、参业公所、上海华商织袜公会、上海市区押当公所、洋货业公会等,占上海商业联合会会员总数(59 个)的 18.6%。

没有认购二五库券的会员有 14 个,它们是:纸业公会、丝经同业公会、上海酒行公会、上海南北烧酒业公所、上海料器业公会、木商会馆、布业公所、和义堂饮片业、信义堂饮片业、旅沪商帮协会、上海出口各业公会、铁业公会、上海五金同业公会等,占上海商业联合会会员总数(59 个)的 23.7%。

从库券的缴款情况来看,截至 5 月 21 日,缴款的团体共有 36 个,从团体总数上来看似乎比较可观,但是如前所述,按照上海商业联合会摊派数量足额缴款的团体只有交易所联合会。缴款占上海商业联合会摊派数量1/2以上的会员只有5个,即:上海银楼公会、华商码头公会、上海油厂公会、布业公所、江苏火柴同业会。缴款占上海商业联合会摊派数量1/2的有9个会员团体,即:杂粮公会、纱业公会、面粉公会、茶业会馆、商船会馆、中华水泥厂联合会、敦善堂腌腊公所、通崇海花业公所、纸业公所景纶堂。缴款摊派数量占1/4以上的有8个会员团体,它们是:通商各口转运会所、绸缎业绪纶公所、新药业公会、杭绸业钱江会馆、糖洋南北杂货公会、喻义堂药业、上海糖业点春堂、嘉谷堂米业公所。缴款占上海商业联合会摊派数量1/4的有4个会员,它们是:纱厂联合会、金业公会、上海华商织袜公会、电机丝织公会。缴款占上海商业联合会摊派数量1/4以下的有9个会员团体,它们是:振华堂、参业公所、典质业公所、和义堂饮片业、上海市区押当业公所、上海出口各业公会、上海银炉公会、铁业公会、上海煤业公会。

没有缴纳库券款的会员有23个,它们是:南北报关公所、纸业公会、丝经业同业公会、旅沪商帮协会、上海酒行公会、上海南北烧酒业公会、上海织布厂公会、上海料器业公会、木商会馆、信义堂饮片业、书业商会、中国棉业联合会、南市花业吉云堂公所、运输公会、上海机器碾米公会、沪北经售米粮公会、沪北米业联合会、上海染织业同业公会、上海铜锡业公会、厢业集义公所、洋货业公会、鱼业敦和公所、上海五金同业公会。

既没有认购库券也没有缴纳库券款的会员有10个,它们是:纸业公会、丝经业同业公会、上海酒行公会、上海南北烧酒业公会、上海织布厂公会、上海料器业公会、木商会馆、信义堂饮片业、旅沪商帮协会、上海五金同业公会。

有的团体或企业因为"小本经营",又受到战争与工潮的影响,客观上,购买库券的能力确实有限。然而,有的会员团体经济实力雄厚,也没有按照上海商业联合会摊派的数目认购库券。被称为"棉纱大王"的荣宗敬,在上海商业联合会开始筹备成立时,曾拍着胸脯对虞洽卿和王晓籁说:"要铜钿用我有,要多少,我出多少,做事具体请虞洽卿、晓籁两位老哥做。"[1]在认购库券时,上海商业联合会摊派给他主持的华商纱厂联合会库券总额为50万元,该纱厂联合会虽然认购了50万元,但是缴款只有12.5万元。

从上述分析可以看出,无论是经济实力一般的会员团体,还是经济实力雄厚的会员团体,大多对二五库券的认购持消极与抵制的态度。即使在上

[1]《王晓籁回忆商业联合会筹备》,上海市工商业联合会档案史料,卷宗号:146。

海商业联合会的领导人中间,除了虞洽卿所代表的交易所联合会在认购库券与缴款中比较积极以外,荣宗敬、徐静仁(华商纱厂联合会代表)、吴麟书、徐庆云(纱业公会代表)、孙景西、王一亭(面粉公会代表)、范和笙(机器碾米公会代表)等人对待二五库券的认购并不热情。当初,蒋介石要求虞洽卿帮忙筹款1 000万元时,虞洽卿对蒋介石说:"做这么大的事情,一千万怎么能够用,要筹就多筹些,不要一次又一次地筹,捐钱的人不会一次又一次捐的。"蒋介石听了很高兴,说:"很好很好,那么办法由你去想好了。"在筹款过程出现这么多的困难,也许是虞洽卿没想到的。[1]

　　由于众会员未能及时上缴库券款,上海商业联合会不得不多次向银行借款以充作缴二五库券认购款的垫款,借款情况如表5-4所示。

表5-4　上海商业联合会向银行借款情况表

时　　间	银　　行	借款/万元
1927年5月4日	交通银行	22.5
	又诚记户	20
1927年5月9日	交通银行	12
1927年5月20日	交通银行	10
	上海银行	10
	金城银行	10
	中南银行	10
1927年5月25日	交通银行	35
	上海银行	15
	金城银行	10
	中南银行	10
1927年6月14日	交通银行	合借10
	上海商业银行	
	中南银行	
合　　计		174.5

资料来源:《上海交通银行等关于商业联合会库券借款借据注销函》,上海市档案馆藏上海商业联合会档案,卷宗号:Q80-1-7,62-68。

---

[1]　王晓籁:《蒋介石要虞洽卿筹款》,上海市工商业联合会档案史料,卷宗号:181-9。

除了向所属会员团体推销二五库券外，上海商业联合会还按照国民政府财政部的要求，向上海一些大公司摊派二五库券。当然，这些数目是在上海商业联合会会员认购的 400 万元之外。上海商业联合会向这些公司推销的二五库券共计 325 万元。325 万元的分配情况是：闸北水电公司 25 万元，华商保险公司 50 万元，内地自来水公司 25 万元，南市电气公司 30 万元，南洋烟草公司 50 万元，粤侨商业联合会 30 万元，华成烟草公司 10 万元，先施公司 25 万元，商务印书馆 20 万元，永安公司 25 万元，新新公司 25 万元，丝茧总公所 10 万元。[1]

除向上述大公司推销二五库券以外，上海商业联合会还向陈雪佳、杨梅南等商人推销二五库券，[2]要他们"解囊相助，共维大局"[3]。至于这些商人是否接受上海商业联合会的摊派，以及缴款情况如何，史料缺乏相应的记载。

三、金融行业的垫款与认购库券

银行业的垫款与筹款对于缓解国民党政权的财政危机发挥了重要作用，相对上海商业联合会其他会员认购库券与缴款来说，其过程比较顺利一些，但其间金融界与国民政府也充满冲突与矛盾。1927 年 3 月 31 日，蒋介石分别致函上海商业联合会与上海银行公会，称："所有关于财政问题，应该由委员会通盘筹划，惟是军事未已，庶政待理，需款孔亟，亟应设法筹垫……以期公家与商界双方兼顾，而求互助之效。"[4]据说，当国民党准备向上海

[1] 《财政委员会致各商会函》，《申报》1927 年 5 月 18 日，第 10 版；《江苏兼上海财政委员会关于蒋介石电令摊派各大公司认购库券数目函》，上海市档案馆藏上海商业联合会档案，卷宗号：Q80-1-7-21。严鄂声回忆虞洽卿在上海商业联合会成立时，曾答应在该会方面援助 500 万元，推定王晓籁、王彬彦、叶惠钧、石芝坤等为劝募委员，分配各业认购二五库券数目，记闸北水电公司 25 万元，商务印书馆 20 万元，南洋烟草公司 10 万元，丝茧总公所 10 万元，粤侨商业联合会 30 万元。这些团体本来是在上海商业联合会之外认购的，总数是 325 万元，严鄂声将 325 万元说成是上海商业联合会的 500 万元的一部分，可能是他记忆的误差。严鄂声：《虞洽卿替蒋介石奔走策划向商界筹款》（1965 年访谈），上海市工商业联合会档案史料，卷宗号：169-190。

[2] 陈雪佳、杨梅南二人都是英太古洋行买办，见马学强：《论近代上海买办的教育背景》，《史林》2004 年第 4 期；李吉奎：《近代买办群体中的广帮（1845—1912）：以上海地区为中心》，《学术研究》1999 年第 12 期。

[3] 《上海商业联合会议事录》（5 月 2 日），上海市档案馆藏上海商业联合会档案，卷宗号：Q80-1-1-23、24、25；《蒋介石要求上海商业联合会筹借军费及该会承销国民党发行军需二五附税库券的函件》，上海市档案馆藏上海商业联合会档案，卷宗号：Q80-1-7-19。

[4] 上海市档案馆编：《一九二七年的上海商业联合会》，上海人民出版社 1983 年版，第 49 页；《孙锡三回忆上海商业联合会的成立》，1965 年 4 月 23 日访谈，上海市工商业联合会档案史料，卷宗号：181-11。

银行公会借款300万元时,李馥荪却不同意帮忙。蒋介石知道这件事很不高兴,打算派人去抓李馥荪,陈光甫便请孙锡三帮忙调解。经过磋商,4月1日至4日,上海银行公会只好答应为蒋介石垫借200万元,上海钱业公会垫借100万元,并由江苏兼上海财政委员会与银钱两业订立借款合同。[1]上海银行公会、上海钱业公会答应向蒋介石提供300万元的短期借款,同时要求蒋介石政权能够维护金融秩序,完全承认和偿还北京政府时期所欠的债务,财政部长当即答应银、钱两业所提的条件,蒋介石也以北伐军总司令的名义,通告江、浙、皖、粤各省军政当局,要求各地切实维护银钱业的正常营业。[2]4月12日,国民政府财政部又致函上海银行公会,称前次垫款"业经用罄",要求上海银行公会、钱业公会再次垫款300万元。4月13日,宋子文又致函上海银行公会重申了财政部前一请求,要求上海银行公会"上紧设法,如数照拨,幸勿片延"。[3]4月16日,上海银行公会、上海钱业公会回信给财政部长宋子文,称:

> 惟念国民生计赖农工商业以维持,金融业调剂流通,负责尤重。比年内乱频繁,交通梗塞,各业横加摧残,损失甚巨,亟需休养生息,以培国本。所有反动分子扰乱秩序,并已屡加制裁,渐就宁贴,就我商民无不拍手称庆。但改革伊始,事杂言庞……道路传言,仍多顾虑。恳请政府将建国大计以及保护实业、维持金融的各项政策,即日确定,明日宣布,以释群疑。……现垫款一百万元,以后每隔十天垫款四十万元,以垫足三百万元为度。各地机关历年积欠敝业各行庄借款为数甚巨,必须按期归还,方足以资周转。[4]

当然,迫于压力,4月25日,上海银行公会、上海钱业公会又只好垫借给国民党政权300万元。

中国银行是近代中国资本雄厚的银行之一。因此,中国银行自然也成为国民党政权寻求垫款的对象。1927年5月初,蒋介石要求中国银行上海分行垫款1000万元。虽然中国银行有一定的经济实力,但是1000万元也不是一个小数目,于是蒋介石的要求遭到该行负责人宋汉章的拒绝。5月3日,蒋介石向宋汉章发去了措辞严厉的电报,称该行"上年以大款接济军阀,

[1] 上海市档案馆编:《一九二七年的上海商业联合会》,上海人民出版社1983年版,第49页。
[2] 虞宝棠:《国民政府与民国经济》,华东师范大学出版社1998年版,第73页。
[3] 上海市档案馆编:《一九二七年的上海商业联合会》,上海人民出版社1983年版,第53页。
[4] 《银钱两业公会致财政部函》,上海市档案馆编:《一九二七年的上海商业联合会》,上海人民出版社1983年版,第56页。

反抗本军,至今尚有助逆之谋。久闻先生素明大义,当不使贵行再助桀虐。惟贵行为沪上领袖,若不如数筹款,不惟妨碍革命进行,且不足表示赞成北伐与讨共大事,先生转告贵行为盼"[1]。接到蒋介石的电报,宋汉章也毫不示弱,他不仅列举了中国银行自北伐战争以来为北伐军所作的贡献,宋汉章称:"北伐出发时,粤行垫借五十万元,湘行垫借八十万元,即抵闽抵汉,闽行垫借七十万元,汉行垫借一百四十七万元,最近革命军克服江浙后,宁属各行共垫借七十余万元,浙属各行共垫借一百三十二万余元,沪行于两次银钱业库券垫款六百万元案内,担任一百二十余万元,先后已垫借六百六十余万元。"宋汉章还以军事、财政、金融之利害关系来回敬蒋介石:"军事与财政相表里,财政与金融相维系,巩固金融机关,即可确定财政基础,然后得以维持久远,以利军事进行。"[2]宋汉章还特别强调:"窃议金融为国家命脉,银行为金融枢纽,汉章为创办中国银行一分子,初即忝长沪行。历年来鉴于政治之纷更,不忍使沪行随之转移,作为孤注。故对于民五袁政府停兑命令,毅然拒绝,对于北方政府方面暨省库事务,向非汉章所问,但求维持沪行,纯为营业机关,避免政治漩涡。诚以我国银行尚在幼年时代,沪埠外商银行林立,若并此萌芽之沪行,而不克保全,不啻为丛驱雀,其结果将陷我国金融于绝地。"[3]尽管宋汉章言之确凿,有理有据,但蒋介石并不买账。5月20日,蒋介石在给宋汉章的电报中称:"贵行在汉竟给共产政府一千八百万元之报效,使其尚敢负隅一方,荼毒同胞,殊甚痛惜,此次沪上借款,以有确实二五税作抵,信用卓著,而贵行竟表示反对,始终作梗,明达如先生想不至此。"[4]对此,宋汉章加以解释说:"中行宁愿居首,绝无丝毫反对作梗之意,不图引起误会,上烦麈虑,惟有痛自引咎。汉行非属沪行管辖,惟汉章所知,总行历次派员赴汉将存券运出,均为共党串通行员监视,未得如愿不得已存于中孚、浙江两行中。"[5]面对蒋介石的威胁,宋汉章只好致函钱新之、陈光甫等,向他们求助:"若总司令不予见谅,必令增垫,设谣言一番,纷纷挤兑,汉章个人原不足惜,恐银行从此倾覆,金融亦将不可收拾,反响及于

---

[1]《张嘉璈日记》(1927年5月3日),上海市图书馆藏残本。
[2]《宋汉章5月13日函》,上海市档案馆编:《一九二七年的上海商业联合会》,上海人民出版社1983年版,第95页。
[3]《张嘉璈日记》(1927年5月6日),上海市图书馆藏残本。
[4]《张嘉璈日记》(1927年5月25日),上海市图书馆藏残本。
[5]《宋汉章5月21日电》,上海市档案馆编:《一九二七年的上海商业联合会》,上海人民出版社1983年版,第97页。

财政,此汉章期期以为不可者。"[1]

在垫款的问题上,蒋介石与中国银行领导人宋汉章之间的矛盾持续了一段时间,双方的关系并没有缓和的迹象。最后,经过黄郛、张群、陈光甫等人出面调停,这场风波才逐渐平息。时任中国银行总裁的张嘉璈与黄郛、张群是至交,为了解决因垫款问题而引起的中国银行与国民党政权之间的矛盾,张嘉璈先后托黄郛、张群两人向蒋介石说情,黄郛劝说蒋介石,要保全中国银行的元气,对中国银行不要逼迫太甚,并向蒋介石建议,可以让中国银行垫借 600 万元,分三个月交付,每月垫 200 万元。[2]陈光甫也告诫蒋介石:

> 倘操之过急,一旦金融界发生问题,势必垫款无门,险象环生,于军事前途影响极大,此不可虑及者之二也。今英对南京政府种种设施,多未了解,倘因筹款发生金融问题,更容易引起彼方之反感……倘金融局面如此破绽,信用坠失,外国不知底蕴,以误传误,尤足为国民政府将来设施上之重大障碍。[3]

陈光甫还说:"处置中行于其本身上所受之损失固大,惟于社会金融及政府前途上之影响尤巨。至汉口方面利用中行钞票一事,辉德不知其象,倘使上海中行果有甘心通敌之事实,应由政府指派专员彻底查办清理,非仅以一千万元即可以了事也。辉德为国民政府根本计,为社会金融安全计,不能逾己于言。"[4]

陈光甫的告诫使蒋介石也有所顾忌,毕竟中国银行实力雄厚,其影响也非同小可。在劝说蒋介石的同时,陈光甫又告诉张嘉璈,国民政府发行江海关二五库券的事情已经确定,不要担心银行垫借的款项将来收不回的问题。在陈光甫的调解下,张嘉璈于是就顺水推舟地接受了调停方案,但同时要求南京政府答应中国银行提出的三个条件:承认北洋政府发行的公债,包括整理公债和九七公债,但债票可以检验并认购若干新债票;江浙人管财政;还款有保障。对此,蒋介石强硬地作出回应:国民党政府准备检查中国银行的发行及准备情况(当时中国银行的准备库采用了十足准备金制度,别的银行

---

[1] 《宋汉章致钱新之、陈光甫、俞鹏飞等函》,上海市档案馆编:《一九二七年的上海商业联合会》,上海人民出版社 1983 年版,第 98 页。

[2] 《张嘉璈日记》(1927 年 5 月 26 日),上海市图书馆藏残本。

[3] 《陈光甫致蒋介石函》,上海市档案馆编:《一九二七年的上海商业联合会》,上海人民出版社 1983 年版,第 110 页。

[4] 《陈光甫劝说蒋介石宜慎重处置中国银行垫款事往来函》,上海市档案馆编:《一九二七年的上海商业联合会》,上海人民出版社 1983 年版,第 110 页。

对此有些恐慌);称"中国银行是北佬银行"(言外之意是可以随时派人接管);制造中国银行内容空虚的舆论(对张嘉璈进行威胁恫吓)。虽然中国银行和国民政府之间存在矛盾,但是毕竟双方也相互需要,所以两者整体上还是合作的。张嘉璈在中国银行20多年,张群和黄郛一直是其政治上的支持者,蒋介石也需要中国银行财力上的支持,还需要张嘉璈帮助联络列强。[1]

经过不断谈价还价,最后由张静江拟定了解决问题的办法,中国银行先垫借200万元,7月10日和8月10日再各垫借200万元,共垫款600万元。

1927年,上海金融业先后共为国民党政权垫款2 028万元,购买库券711万元,详见表5-5。

表5-5　银行公会与钱业公会为国民政府垫款与认购库券情况表

垫款或认购库券情况	时　　间	数　　目
江海关二五附税库券垫款	1927年4月4日	银行公会200万元,钱业公会100万元
	1927年4月25日	银行公会200万元,钱业公会100万元
国民党政权垫款	1927年6—8月	600万元
江海关二五附税库券认购	1927年5月19日	上海银行公会、上海钱业公会以垫款的八四成认购库券504万元
盐余库券垫款	1927年8月17日	中国银行、交通银行两行一共366万元,各商业银行262万元,钱庄200万元,共828万元
续发二五附税库券认购	1927年9月20日	上海银行公会、上海钱业公会按盐余库券垫借款的1/4认购,共207万元

资料来源:二五附税库券见中国第二历史档案馆编:《中华民国史档案资料汇编》,第五辑第1编,财政经济(三),凤凰出版社1991年版,第12—14页;千家驹编:《旧中国公债史资料》,中华书局1984年版,第170、171页;《江苏兼上海财政委员会致银钱业函》,1927年5月2日、5月9日、5月19日,上海市档案馆编:《一九二七年的上海商业联合会》,上海人民出版社1983年版,第57、58、59、89、90页。盐余垫借款见《国民政府财政部公函》,上海市档案馆编:《一九二七年的上海商业联合会》,第132—135页;《续发二五附税库券款见财政部致银行公会函》,上海市档案馆编:《一九二七年的上海商业联合会》,上海人民出版社1983年版,第143、145页;《劝募库券之顺利》,《申报》1927年11月7日,第15版。

---

[1]　洪葭管:《张嘉璈在中国银行的二十二年》,《旧上海的金融界》,上海人民出版社1988年版。

第二节 上海商界与国民党政权的矛盾

一、蒋介石利用恐怖活动对付资本家

"四一二"政变之后,国民党政权希望上海资本家尽快兑现他们的捐款承诺。对于答应捐助的 500 万元,虽然蒋介石多次催促,但是上海资本家的捐款却"淡然若忘"。在二五库券认购与缴款方面,到 6 月 3 日为止,上海商业联合会的二五库券的缴款只有 180 余万元,还不到原来预定额 400 万元的一半。1927 年 5 月,国民党军队军费需要 1 600 万元,而 6 月份需要军费 1 800 万元。[1]蒋介石想依靠上海资本家筹集军饷的计划,没有顺利实现。由于缺乏军饷,"上海的二十六军拒绝命令北调参加北伐战争"[2]。

对于上海资本家的吝啬行为,国民党政权先是对之进行谴责与鞭挞,后来又动用青帮对资本家进行恐怖活动。江海关总监俞鹏飞在其致江苏兼上海财政委员会的信中称:"现在沪上叛徒业经法庭解决,超过该会期望甚远,而认捐之数,未缴分文,商会诸公,当日义形于色,弟不敢谓毫无诚意,但事定之后,淡然若忘。"[3]他严厉批评上海商界这种首鼠两端的态度犹如"落水求命,上水求财"的守钱旧态。潘公展也指责上海商业联合会会员"首鼠两端""眼光如豆","总脱不了市侩本色"。[4]

恐怖活动是国民党在商界筹款的重要手段。国民党按蒋介石的授意宣布:"在军政时代,宜用非常手段特别方法筹款,不能墨守成规。"[5]一些大资本家成为国民党筹款的对象。由于许多大资本家住在上海租界,蒋介石不便贸然直接下手,便利用青帮去执行绑架任务,所以"青帮成为压迫商界、扑灭劳工运动的鹰犬"[6]。1927 年 5 月 14 日,一位蓝靛商人的儿子以"反革命罪"被捕,5 月 19 日,在捐赠 20 万元国家事业费后,该商

---

[1] 《财政部会议中的军费问题》,《申报》1927 年 6 月 28 日,第 9 版。

[2] 【美】小科布尔:《上海资产阶级与国民政府:1927—1937》,杨希孟、武莲珍译,中国社会科学出版社 1988 年版,第 48 页。

[3] 《照抄江海关俞监督公函》,上海市档案馆藏上海商业联合会档案,卷宗号:Q80-1-7-5、6。

[4] 徐鼎新、钱小明:《上海总商会史(1902—1929)》,上海社会科学院出版社 1991 年版,第 375 页。

[5] 巴图:《民国金融帝国》,群众出版社 2001 年版,第 34 页。

[6] 【美】小科布尔:《上海资产阶级与国民政府:1927—1937》,杨希孟、武莲珍译,中国社会科学出版社 1988 年版,第 43 页。

人的儿子即被释放。[1]住在租界的富商席宝顺,他的儿子也以"反革命罪"的罪名被捕,席宝顺知道国民党这样做的意图,在他答应捐赠 29 万元给国民党后,他的儿子很快就被释放回家。5 月 16 日,上海的一位酒商也被逮捕,直到他捐了 20 万元才被释放。上海著名的先施公司老板欧炳光的儿子被捕,被勒索 10 万元后才被释放。棉纺厂的厂主许宝箴的儿子以"参加共产党"的罪名被捕,在捐赠 67 万元后才被释放。据估计,蒋介石政权依靠恐怖手段榨取的钱财高达 5 000 万美元,"是现代以前的政权从来未有的如此恐怖的统治"。[2]

5 月 15 日,由于华商纱厂联合会对上海商业联合会摊派的二五库券持消极态度,只是象征性地认购二五库券 12.5 万元,只达到上海商业联合会摊派数量的三分之一。蒋介石先是授意御用文人发表《江浙财界与三民主义》,宣称"某一理事说,孙传芳又要来了,留些钱备孙传芳用吧"从而"拒绝借款",又杀气腾腾地宣布要在工商界"除掉害群之马,努力承销二五附税库券"。随后,蒋介石密令地方当局抄没荣宗敬在无锡老家的家产,又以"附逆孙传芳"的罪名通缉荣宗敬,直到荣宗敬答应认购库券 50 万元,通缉令才被取消。[3]浙江兴业银行不接受上海银行公会的摊派库券数目,只是勉强认购 25 万元,蒋介石害怕其他银行仿效,就在社会上散布流言蜚语,不断对该行施加压力,该行董事长叶揆初被迫认购库券 40 万元。[4]

蒋介石政权还利用全国人民的反帝运动来勒索资本家。其中,抵制日货同盟成为国民党在上海商界榨取更多"捐赠"的一种便利手段。在反帝口号下,许多资本家以依附帝国主义的罪名被捕,如商人虞洪英被捕后,被迫捐赠给国民党 15 万元。上海商业联合会的会员上海糖业点春堂的大糖商黄振东被逮捕,被迫捐赠了 15 万元。据美国驻中国领事称:"几乎每天都有人被捕,他们被迫捐赠一定数目的现款而先后被释放。"[5]据统计,仅 1927

---

[1] 【美】小科布尔:《上海资产阶级与国民政府:1927—1937》,杨希孟、武连珍译,中国社会科学出版社 1988 年版,第 43 页。

[2] 【美】小科布尔:《上海资产阶级与国民政府:1927—1937》,杨希孟、武连珍译,中国社会科学出版社 1988 年版,第 40 页。

[3] 上海社会科学院经济研究所编:《荣家企业史料》(上),上海人民出版社 1962 年版,第 198、199 页;《查封荣宗敬产业》,《申报》1927 年 5 月 16 日,第 4 版;严鄂声:《上海总商会与商界联合会的若干活动》,上海市工商业联合会档案史料,卷宗号:144。

[4] 黄逸平:《江浙"财团"析》,《学术月刊》1983 年第 3 期。

[5] 【美】小科布尔:《上海资产阶级与国民政府:1927—1937》,杨希孟、武连珍译,中国社会科学出版社 1988 年版,第 41 页。

年的七起绑架案,国民党当局共勒索赎金 212 万元。[1]经过一番折腾,上海一些资本家方才如梦初醒,发现他们支持蒋介石,无异于喂了一条"得志便猖狂的中山狼",[2]双方的矛盾与冲突很快就出现了。

二、国民党政权的不断勒索与资本家的不满

国民党政权残酷地镇压了上海的工人运动,同时索要的酬金与各种摊派使上海民族资产阶级喘不过气来。1927 年 4 月 1 日,上海特别市党部要求上海商业联合会为孙中山两周年纪念活动捐款 4 000 元。[3]4 月底,刚刚收到上海银行公会、上海钱业公会的两笔 600 万垫款的蒋介石,又开始伸手向上海资产阶级索要捐款,催促上海商业联合会马上把原先认捐的 500 万元军饷解往南京,此事虽经上海商业联合会会员会议讨论,却毫无结果。接着,国民党政权又要上海商业联合会会员认购二五库券 400 万元,上海县商会、闸北商会、上海总商会合购 100 万元。但是,直至 5 月 14 日,上海商业联合会认购的库券才 202.7 万元,截至 6 月 3 日,上海商业联合会各会员的缴款仅有 180 余万元。认购二五库券的任务尚未完成,7 月间,蒋介石又致电虞洽卿,要他通过上海商业联合会发起"房租协饷活动",要求上海房主将 7、8 两月的房租捐赠给国民党军队作为军饷。[4]8 月,南京国民政府成立了劝募盐余库券委员会,要求上海商业联合会向各会员劝购盐余库券,称"素仰贵会为上海各商业总绾枢机,登高一呼,众山皆应。况是项库券较诸二五库券,尤觉担保确实,利息犹厚,载以条例,无俟赘陈"。[5]与此同时,国民党军队的额外索要更是名目繁多,国民革命军总司令部特务处向商界征抽 10 万元的"警备队开办费"。[6]8 月 24 日,国民革命东路军总指挥白崇禧致函上海总商会,要求在上海工商界筹集 200 万元作为部队的"给养费用"。[7]8 月 31 日,上海商业联合会、上海总商会、上海县商会、闸北商会联

---

[1]　虞宝棠:《国民政府与民国经济》,华东师范大学出版社 1998 年版,第 73 页。

[2]　朱华:《上海一百年》,上海人民出版社 1999 年版,第 20 页。

[3]　《上海商业联合会议事录》(3 月 22 日),上海市档案馆藏上海商业联合会档案,卷宗号:Q80-1-1-1。

[4]　《房租协饷联席会》,《申报》1927 年 6 月 1 日,第 15 版。

[5]　《劝募盐余库券委员会要求商业联合会向各业劝募库券函》,上海市档案馆藏上海商业联合会档案,卷宗号:Q80-1-7-26。

[6]　《三商会讨论为白总指挥助饷》,《孙筹成日记》1927 年 3 月 28 日;上海工商业联合会档案史料,卷宗号:189-68。

[7]　《蒋介石要求上海商业联合会筹借军费及该会承销国民党发行军需二五附税库券的函件》,上海市档案馆藏上海商业联合会档案,卷宗号:Q80-1-7-196、197。

合召集各自会员的紧急会议,经过交涉,这笔给养费用由 200 万元减少到 100 万元,最后决议除中国银行、交通银行垫借 70 万元以外,其余的 30 万由银行业、钱业及各商会分别认 10 万元。[1]1927 年 9 月,蒋政权又颁发了续发二五附税库券的正式通告,总额为 2 400 万元。为了继续劝募这笔为数不小的二五库券,蒋介石把上海商业联合会领导虞洽卿、王晓籁、秦润卿、胡孟嘉等列入"劝募二五库券委员会常务"的名单,以方便他们动员会员认购续发二五库券。[2]截至 1927 年 9 月,国民党政权已经三次发行库券(见表 5-6)。11 月 3 日,国民政府财政部又要求虞洽卿在商界再次筹款 50 万元。[3]上海广大中小资本家苦不堪言。

表 5-6   国民党政权 1927 年发行库券情况表

库券名称	发行时间	数　　量	分派情况
江海关附税二五库券	1927 年 5 月 1 日	3 000 万元,月息 7 厘,期限是 30 个月	上海钱业 500 万元,上海商业团体 300 万元,江苏、浙江两省 1 200 万元,上海绅富 700 万元,两淮盐商 300 万元
盐余库券	1927 年 7 月 19 日	6 000 万元,以江浙两省的盐税作抵,1928 年 1 月至 1932 年 2 月还清	银钱业 207 万元
续发二五库券	1927 年 10 月 1 日	2 400 万元,月息 8 厘,以 2% 的回扣发行,承购时,预付 3 个月的利息,期限 6 年,至 1933 年 4 月偿还本息	江苏、浙江两省各机关各认募 250 万元,绅富各业劝募 500 万元,商业团体、银钱两业各 400 万元,其余 400 万元,向他省及海外劝募

资料来源:《国民政府财政部关于续发二五附税国库券通告》,上海市档案馆编:《一九二七年的上海商业联合会》,第 125—131、142、144、145、152 页;《四商会今日讨论续发库券案》,《申报》1927 年 10 月 14 日,第 13 版;《各业昨日磋商续募库券》,《申报》1927 年 10 月 16 日,第 13 版。

　　为更好地解决在上海地区筹款的问题,蒋介石设立了一些机构协助筹

---

[1]《蒋介石要求上海商业联合会筹借军费及该会承销国民党发行军需二五附税库券的函件》,上海市档案馆藏上海商业联合会档案,卷宗号:Q80-1-7-198;上海市工商业联合会编:《上海总商会议事录》,上海古籍出版社 2006 年版,第 2474 页。

[2] 徐鼎新、钱小明:《上海总商会史(1902—1929)》,上海社会科学院出版社 1991 年版,第 337 页。

[3]《财政部电沪再筹 50 万》,《申报》1927 年 11 月 4 日,第 13 版。

款,在这些机构中大力利用上海商业联合会的一些领导。蒋介石还任命上海商业联合会领导在一些政府部门担任职务,以示回报,当然其中也不免有些拉拢成分。为了承担为蒋介石筹集军费的任务,经蒋介石与虞洽卿等人商谈,决定设立"江苏兼上海财政委员会",该委员会是蒋介石政权初建、政府结构未臻完备阶段的产物,其所发挥的作用是暂时性、过渡性的,但却是以蒋介石为代表的南京国民政府与上海金融业之间最初和主要的中介环节,并使二者之间的关系在磨合过程中得以维系。[1]在蒋介石亲自指定的15名财政委员中,上海商业联合会委员占了8名,即陈光甫、虞洽卿、王晓籁、钱永铭、顾馨一、秦润卿、徐庆云、徐新六。[2]其中,陈光甫任江苏兼上海财政委员会主任委员,钱永铭、王晓籁为驻沪常委,该会管辖"苏省属于中央征收机关及江苏地方财政机关"。[3]在二五库券与续发二五库券的基金保管委员会中,蒋介石也任用上海商业联合会委员。

根据《二五库券基金会条例》第三条规定,二五库券基金委员会人数定为14人,由民众团体自行推出的代表组成。二五库券基金委员会主要包括:南京国民政府特派代表邓泽如、张人杰、林焕庭,江苏兼上海财政委员会代表徐静仁、虞洽卿,上海银行公会代表李馥荪、叶扶霄,上海钱业公会代表谢韬(弢)甫、王伯埙,上海商业联合会代表吴蕴斋、吴麟书,上海总商会代表林康侯,上海县商会代表朱吟江,上海县商会代表王晓籁。显然,在二五库券基金会委员中,上海金融界和商业团体代表占大多数,其中李馥荪、虞洽卿、林康候、王晓籁都与南京国民政府关系非常密切。1927年5月24日,二五库券基金会在上海银行公会三楼召开成立大会,出席大会的是江苏兼上海财政委员会、上海银钱两业公会及上海总商会的代表,其他团体代表均未出席。大会选出李馥荪、谢韬(弢)甫、林康侯、徐静仁、吴麟书5人为常务委员,公推李馥荪为主任委员。[4]

在二五库券基金保管委员会中,属于上海商业联合会的有:虞洽卿、李

---

[1]　吴景平:《上海金融业与国民政府关系研究(1927—1937)》,上海财经大学出版社 2002年版,第 49 页。

[2]　《江苏兼上海财政委员已发表》,《申报》1927 年 3 月 31 日,第 9 版;《上海财政委员会已成立》,《民国日报(上海)》1927 年 4 月 27 日,第 3 张,第 1 版;《苏沪财政委员已发表》,《钱业月报》1927 年第 7 卷第 3 期,第 177 页。

[3]　上海市档案馆编:《一九二七年的上海商业联合会》,上海人民出版社 1983 年版,第115 页。

[4]　吴景平:《上海金融业与国民政府关系研究(1927—1937)》,上海财经大学出版社 2002年版,第87 页。

馥荪、叶扶霄、吴蕴斋、吴麟书、林康侯、朱吟江、王晓籁等人。[1]1927年10月6日,在续发二五库券劝募委员会中,上海商业联合会的人员也占据多数,详见表5-7。

表5-7　上海商业联合会、江苏兼上海财政委员会、江海关二五库券
基金保管委员会人员构成关系表

姓　名	字号	籍贯[2]	资　　历	上海商业联合会	江苏兼上海财政委员会	江海关二五附税库券基金保管委员会	续发二五附税库券委员会
王文选	伯群	贵州兴义			委员		
王伯陨		江苏太仓	钱业公会			委员	
王晓籁	孝贲	浙江嵊县	总商会会董,闸北商会会长	总务科委员常务委员	委员	委员	常务委员
成　铣		江苏上海			委员		
朱吟江		江苏嘉定	上海县商会	交际科委员		委员	
吴蕴斋	在章	江苏镇江	金城银行	主席、常务委员、总务科委员	委员	委员	
吴振修	荣必	江苏无锡	中国银行上海分行中国银行总文书		委员		常务委员
吴麟书		浙江宁波	大丰、统益纺织厂	总务科委员		委员	
李　铭	馥荪	浙江绍兴	浙江实业银行董事长兼总经理,上海银行公会			委员	
贝祖诒	淞荪	江苏吴县	中国银行				常务委员
林康侯		江苏上海	上海新华银行经理及中华汇业银行经理、上海总商会			委员	常务委员
林焕庭	茂泉	山东峄县	江海关监督			委员	
俞鹏飞	樵峰	浙江奉化	江海关监督		委员		
胡　筠	笔江	江苏江都	交通银行		委员		
胡祖同	孟嘉	浙江鄞县	上海交通银行副经理	经济科委员			常务委员

[1]《二五附税库券基金保管委员名单》,上海市档案馆藏上海商业联合会档案,卷宗号:
　　　Q80-1-7-13、15。
[2]　人物籍贯以当时行政区划为准。

姓　名	字号	籍贯	资　历	上海商业联合会	江苏兼上海财政委员会	江海关二五附税库券基金保管委员会	续发二五附税库券委员会
徐国安		安徽当涂	纱厂经理		委员	委员	
徐寄顾	陈晃	浙江永嘉	浙江兴业银行副经理兼常务董事				常务委员
徐新六	振飞	浙江杭州	浙江兴业银行总经理	调查科委员	委员		
徐庆云		浙江慈溪	纱业公所代表	总务科委员	委员		
秦润卿	祖泽	浙江慈溪	福源钱庄经理、钱业公会会长、总商会副会长	常务委员、经济科委员	委员		常务委员
张人杰	静江	江苏吴兴	监察委员、浙江省政府主席			委员	
张定璠	伯璇	江西南昌	总司令参谋处处长、东路军指挥部参谋长兼淞沪卫戍司令参谋长		委员		
张寿镛	咏霓	浙江鄞县	江苏财政厅厅长		委员		常务委员
陈　群	人鹤	福建长汀	东路军前敌总指挥政治部主任		委员		
陈其采	霭士	浙江吴兴	浙江财政委员会主席浙江财政厅厅长		委员		常务委员
陈炳谦		广东	粤侨商业联合会	常务委员、调查科委员	委员		常务委员
陈德辉	光甫	江苏镇江	上海商业储蓄银行总经理	外交委员	主任委员		
汤　钜		江苏江都	交通银行总行秘书		委员		
汤沧济		浙江吴兴	上海市党部执行委员		委员		
钮永建		江苏上海	江苏特务委员会委员		委员		
冯培熹	少山	广东香山	龙章造纸公司董事总商会会董	常务委员			
杨　铨	杏佛	江西清江	上海特别市执行委员兼宣传部长		委员		

续表

姓 名	字号	籍贯	资 历	上海商业联合会	江苏兼上海财政委员会	江海关二五附税库券基金保管委员会	续发二五附税库券委员会
叶 熏	扶霄	江苏吴县	上海总商会执行委员、上海银行公会	经济科委员		委员	常务委员
虞和德	洽卿	浙江镇海	四明银行发起人	主席、常务委员	委员	委员	常务委员
荣宗敬	宗锦	江苏无锡	茂新福新面粉厂总经理、申新纱厂总经理	常务委员、交际科委员			
劳敬修		广东鹤山	粤侨商业联合会	交际科委员			
闻兰亭		江苏武进	上海证券交易所常务理事	交际科委员			
潘宜之		江苏南京	东路军指挥部秘书长兼办公厅主任		委员		
邓泽如		广东新会	监察委员、"清党"委员会委员			委员	
穆湘玥	藕初	江苏上海	厚生纱厂总经理、上海华商纱布交易所理事长	交际科、外交、常务委员			
钱永铭	新之	浙江吴兴	北四行联合准备库协理兼上海分库经理、财政次长	常务、经济科委员	委员		
缪 斌	丕成	江苏无锡	国民革命军总司令部经理处长		委员		
谢弢甫		浙江余姚	上海钱业公会			委员	常务委员
顾馨一	履桂	江苏上海	面粉业代表		委员		常务委员

资料来源:《上海商业联合会委员名单》,上海市档案馆藏上海商业联合会档案,卷宗号:Q80-1-32;《二五附税库券基金保管委员名单》,上海市档案馆藏上海商业联合会档案,卷宗号:Q80-1-7-13、15;魏伯桢:《上海证券物品交易所与蒋介石》,《文史资料选辑》第49辑;《江苏兼上海财政委员会成立经过及筹备发行二五库券概要报告》,上海市档案馆编:《一九二七年的上海商业联合会》,上海人民出版社1983年版,第115页;《续发二五库券委员会常务委员名单》,上海市档案馆编:《一九二七年的上海商业联合会》,上海人民出版社1983年版,第148页。

陈光甫任江苏兼上海财政委员会主任是多种因素使然。1927年,陈光甫的上海银行已经具有一定的实力,在银行界和工商界中有一定的影响力。另外,陈光甫与蒋介石和国民党内部官员都有一定的联系。孔祥熙和宋子文的母亲是上海银行的股东,在该行各有 5 000 元的投资,孔祥熙又是该家银行的董事。孔祥熙和宋子文在上海投资商业和外汇的时候,经常向上海银行借款。北伐战争开始以后,孔祥熙取代宋子文就任广东省财政厅厅长,他曾于 1927 年 2 月间邀请陈光甫去广东,并专门派贝淞荪向陈光甫报告南方的情况,陈光甫与孔、宋两人的关系早已建立,后来又通过这两个人与蒋介石建立了密切联系。[1]"北四行"的储蓄会主任钱永铭则是后来的南京国民政府财政部次长兼代理部长,直接掌管财政大权。另外,浙江实业银行的李铭担任总额为 7 000 万元的江海关二五附税库券基金保管委员会主任。[2]中国银行的吴震修也是江苏兼上海财政委员会成员,这是因为中国银行总行虽然由宋汉章控制,但是由于总行所在地北京 1927 年还在张作霖的控制之下,所以宋汉章只好派吴震修参加江苏兼上海财政委员会。[3]

蒋介石不断地向上海资本家索要"军饷""爱国捐",[4]发行二五库券,续发二五库券、盐余库券,垫款与借款越来越多,"军费支出浩繁,长此以往,殊有朝不保夕之势"。[5]资本家对此极为不满,与国民党政权之间的矛盾日趋尖锐。在摊派二五库券的过程中,上海商业联合会希望华商纱厂联合会能够认购 50 万元。1927 年 5 月,华商纱厂联合会召开会员会议,众会员一致决定只认购 12.5 万元,并请荣宗敬、吴麟书向福源钱庄借款暂时垫付。但是,荣宗敬心中另有打算,他只想认购二五库券 10 余万元敷衍了事。蒋介石得到消息后暴跳如雷,他以荣宗敬"甘心依附孙传芳,平日拥资作恶多端,劣迹甚多"为借口,密令无锡县政府立即查封荣氏在无锡的企业和荣家家产,并通令各军侦缉逮捕荣宗敬。无锡县政府接到命令后,于 5 月 15 日立即查封了荣宗敬家族在无锡的企业。事后,上海金融界的显赫人物上海银行总经理陈光甫、中国银行总经理宋汉章以及中国通商银行总经理傅筱庵,他们也因二五库券的事情来到了荣宗敬的办公室,他们纷纷感叹:"我们原把他当自己的救星,现在发现他原来是灾星。"[6]

---

[1] 洪葭管:《上海商业银行的历史概述》,《陈光甫与上海银行》,中国文史出版社 1991 年版。

[2] 洪葭管:《20 世纪上海金融变迁》,《20 世纪的上海金融》,上海人民出版社 2004 年版,第 5 页。

[3] 吴震修:《我参加江浙财政委员会的原因》,1965 年 12 月 8 日访谈,上海市工商业联合会档案史料,卷宗号:181-144。

[4] 《发起组织爱国捐劝募委员会,劝办房租捐饷事》,《申报》1927 年 7 月 24 日,第 13 版。

[5] 蔼庐:《内债暴落之危机及其救济策》,《银行周报》1927 年第 11 卷第 8 期,第 28—31 页。

[6] 李占才、张凝:《著名的实业家荣氏兄弟》,河南人民出版社 1993 年版,第 79 页;李国伟:《荣家经营纺织和制粉企业六十年概述》,中国人民政协全国委员会文史资料委员会编:《文史资料选辑》第 7 辑,中华书局 1960 年版。

当上海商业联合会会员认购二五库券款不能及时上缴时，蒋介石要求中国银行上海分行先行垫借给上海商业联合会 100 万元，中国银行上海分行经理宋汉章答应只垫借 30 万元，后来宋汉章虽然同意垫借 100 万元，但他却要政府做担保人。蒋介石知道此事以后大为恼怒，他强硬要求中国银行必须垫借 500 万元，后来又加码至 1 000 万元。蒋介石的做法使江苏兼上海委员会的委员们也感到难堪。张嘉璈责怪蒋介石"糜费过巨"，讽刺宋子文"少不更事"。[1]他还在日记中控诉"南京政府压迫中行第一次"，批评蒋介石"军人不明财政，处处干涉财政，前途悲观在此"。[2]而担任江苏兼上海财政委员会主任的陈光甫，也在其日记中对国民党政权的做法表达了愤懑与强烈不满：

> 1927 年 6 月 11 日昨阅适之在联华总会演说稿，见其万分崇拜美国物质文明，差不多已有物质文明，则共产自然会消灭。余亦主张物质文明之一人，不过数年来在中国老子、佛学、半无政府党等环境下，忽觉主张不坚定矣。总之，远观欧美，近看各国在东方之殖民地，如香港、西贡、河内、小吕宋，日本经营之大连，外人共管之上海，总较苏州、无锡、常州、镇江、南京高出万万倍矣。今后蒋介石之政府能否成立，乃在为人民做一二件事（孙到江浙一事未办，以致失败），如完成粤汉铁路、整理淮河流域。此二事如即着手，十年后生产可加增无量倍也。若照张作霖之管理东三省办法，虽日言打倒军阀，打倒帝国主义，不二三年，自有他人起而代之，张之失败在：（一）不洽舆情；（二）滥发奉票，以之扩充军备；（三）不善用人；（四）不待人民做事；（五）以个人为本位，视东三省如张家天下。蒋之政府成立时间虽尚早，不觉已有七成张作霖之办法：（一）不顾商情，硬向中国银行提款一千万元；（二）以党为本位，只知代国民党谋天下，并不以天下为公；（三）引用一般半无政府之信徒扰乱政治。……财政等事，古、钱毫无权柄，全凭张静江，此人为半残废之人，令其主张财政，则前途可想而知矣。如照此办法，不出二三年，江浙又要出事矣。[3]

> 国民党为人民之指导者，而一入政治舞台，贪钱买法不知廉耻，大言不惭自私自利，较之前人更坏，此无他，乃穷化恶化之处产品也。[4]

---

[1] 谟研：《"四·一二"反革命政变与资产阶级》，《历史研究》1977 年第 2 期。
[2] 《张嘉璈日记》(1927 年 6 月 10 日)，上海市图书馆藏残本。
[3] 上海市档案馆编：《陈光甫日记》，上海书店出版社 2002 年版，第 57 页。
[4] 上海市档案馆编：《陈光甫日记》，上海书店出版社 2002 年版，第 11 页。

民国初元将大清银行改为中国银行，而即以中央银行国家银行视之。十余年来该行因受恶政治影响，其资本及钞票准备金时为政府提用，私人存款亦皆为政府挪用，作为无聊之军费，以致金融工商界不获沾其余润，而国家银行乃成为一政府之筹款机关。[1]

南京政府用钱过于浪漫，前在军事时期月需千万，现在战事停止，每月仍需七百万，但苏、浙、皖三省收入每月平均仅三百万，所差过半，势需借款度日，一面不得不增加苛捐杂税，结果仍不脱离北京政府生涯之旧态。[2]

张嘉璈、荣宗敬、陈光甫等作为上海商界的代表人物，他们的心声可以说在大资产阶级当中具有普遍性，他们对蒋介石的资助，与其说是自愿，不如说是迫于无奈。对于上海一般的中小工商业者，也是如此，更有署名"前溪"者以《借钱新解》对国民党这种巧取豪夺的做法进行了辛辣的讽刺：

世知官借诚贤于盗夺赤共者万万。而不知官借端开，再普通殷贤者，固同一切腹之痛，在工商经营者，实无异凌迟之刑。何也，朝遇盗夺赤共，夕可闭市休业，商工经营者苦痛，与普通殷实者同也，若夫官借，旦旦而伐，源源而致，商工经营者，迎无可迎，避无可避。欲以旧亏报罢，则债权依然，薄书固有积盈，将期新余弥补，则市野萧条，人民咸在涸辙。退不可能，进不可期。朝有红帖，夕有朱票。未补旧疮，又割新肉。[3]

1927 年 10 月 14 日，在上海商业联合会委员会议上，虞洽卿、叶惠钧等哀叹："商民最初希望国民政府者，未获达到相当程度，反受无穷隐痛……近来失望太多，营业萧条，率相观望。"[4]

第三节　上海商业联合会会员拒认库券及不肯垫款的原因

"国债成立，必有两项重要条件，第一为金融市场之存在，第二为民众对于财政之信用。"[5]在上海商业联合会向会员派销二五库券的过程中，大

---

[1]　上海市档案馆编：《陈光甫日记》，上海书店出版社 2002 年版，第 63 页。
[2]　上海市档案馆编：《陈光甫日记》，上海书店出版社 2002 年版，第 50 页。
[3]　前溪：《借钱新解》，《国闻周报》1926 年第 3 卷第 36 期，第 4 页。
[4]　严鄂声：《上海总商会与商界总联合会的若干活动》，上海市工商业联合会档案史料，卷宗号：144。
[5]　蔼庐：《论国债之偿还（续）》，《银行周报》1927 年第 11 卷第 24 期，第 28—31 页。

多数会员不是积极支持,而是采取观望、抵制与敷衍了事的态度,有其一定的现实原因。上海商界的行为不仅受到当时中国政治局势动荡、战争频繁的影响,还与资本家所经营的行业性质密切关联。

一、受战争影响,商业凋敝

商业的发展有赖于稳定的社会环境。在 20 世纪 20 年代,"战云弥漫,土匪蜂起,商民既供应之战费不暇,复益以盗匪之骚扰,迁徙流离,几无宁日。如此政相不安,金融应急之时,一切工商业,莫不就日凋零"。[1]在 1927 年前后,军阀混战,以及军阀对上海地区的疯狂掠夺,严重阻碍了这些地区的商品交换与商业秩序。"大军所至,庐舍为墟,戎马之后,流离遍野,人民损失之巨,盖不可偻指可数也。"[2]

由于"连年战祸,遍于全国,民生困苦,十室九空,农废于野,工嬉于市,内地生产,已无可言;即使通商大埠仅存之实业生机,亦不绝如线"。[3]上海商业联合会宣言(稿二)称:"甲地战衅未弭,乙地战端又启,兵卒疲于疆场,居民死于沟壑,长此迁延,抱忧曷极。"[4]1924 年 9 月,江浙战争的爆发,给上海及其周边地区带来了惨重的损失。据估计,这次战争造成的直接和间接损失在 4 亿元以上。1927 年初,北伐军进攻上海及附近地区,以及上海工人发动三次武装起义,毫无疑问,这些战争对上海及周边地区的商业活动产生了严重的影响。就在北伐军进军上海前后,上海"南市商业受时局影响,各行商号至下午四时,莫不先后收市,市面一片萧条"。[5]因此,上海商业联合会会员以战争损失、交通阻隔、商业停滞、工人运动兴起等作为拒购或勉强购买库券的理由,是有一定事实根据的,并非全属借口。

频繁的战争、动荡的政局也使上海商界如坐针毡。银行家陈光甫在日记中提到:"吾人闭目回想十六年以来,国内混乱之情形,人民所受之痛苦为何如,商业与金融所受之打击又何如,可知吾人日处乱世之中,一无宁岁。尤以革命军进占长江流域后,工潮突起,战事蔓延,率至市面大受影响,元气损伤。本行所处非常情形之下,一方受军阀勒借之苦痛,一方遭战事与工潮

---

[1] 爱伯:《时局前途之希望》,《国闻周报》1926 年第 3 卷第 1 期,第 2 页。

[2] 子明:《最近战事影响社会经济之一斑》,《银行周报》1927 年第 11 卷第 7 期,第 34—35 页。

[3] 前溪:《全国实业界应要求蒋介石宣明态度》,《国闻周报》1926 年 3 卷 36 期,第 2 页。

[4] 上海市档案馆编:《一九二七年的上海商业联合会》,上海人民出版社 1983 年版,第 15 页。

[5] 《南市商业受时局影响》,《申报》1927 年 3 月 7 日,第 9 版。

之影响,遂不得不将外埠分行除留宁汉津通四行外暂行停止。此十二年来惨淡经营之分行,一旦收束,当为吾人共引为痛惜者,所幸本行基础巩固,经此挫折,实力犹存,但天演之理,不进则退,此时止予吾人以改造之机会,亟应群策群力,再接再厉,向前做去,是应由吾人共同负责共起而图之。"[1] 面粉业在其宣言中感叹:"今政体虽更,国是未定,所谓实业者,一任风雨飘摇,毫无振作气象。"[2]

二、购买公债风险较大

"公债市价之涨落,全以公债基金之巩固与否为转移。不料自入近年以来,趋势骤变,各债价格,莫不跌落。"[3]公债属于高风险高收益的投资,其风险主要来自政府债务风险和不稳定的政治局势,如果忽略公债风险,投资者将要付出巨大的代价。早在北洋政府时期,银行业曾经热衷于公债投机,但银行家们很快便发现,北洋政府脆弱的公债信用无法保障公债的偿还,发行公债已成为政府向银行和社会索取钱款的幌子。1926年奉系军阀因南口战争失败,奉票因之暴跌。[4]1927年,中国政局前途未卜,政治局势仍然不是很明朗。对此,时人不由感叹:"环顾我国今日现状,政治纠纷,尚未静止。"[5]

1927年3月,贝淞荪写信给陈光甫:"如政局无解决之希望,交行分支行跨南北各省当局困苦情状不言而喻,我公与上海银行有历史关系,届时于交行不能有为,而于上海行反受无形之牵制。且赣汉两方对于财政前途对我公有极大之希望,赣方且曾……正式表示,我公经婉言却之。而今任交通总席,闻深恐将来受无谓之责次。"[6]

动荡的时局对公债销售产生很大影响,尤其是频繁的战争、政权的更迭,增加了人们对于公债是否能够如期兑现的疑虑,时人对此有过精辟的论述:

---

[1] 《时局之变化与本行所处之地位》,《陈光甫先生言论集》,上海市档案馆藏上海商业储蓄银行档案,卷宗号:Q275-1-2563。

[2] 《主要工业界之哀鸣》,《国闻周报》1927年第4卷第19期,第5页。

[3] 子明:《公债暴跌之原因与维持之必要》,《银行周报》1927年第11卷第22期,第28—29页。

[4] 《奉票又暴跌》,《广州民国日报》1926年8月14日,第9版。

[5] 蔼庐:《我国亟应确立经济政策(二续)》,《银行周报》1927年第11卷第47期,第32—33页。

[6] 《上海商业储蓄银行关于政局金融情况伪中行业务情况贝淞荪与陈光甫的来往函件》,上海市档案馆藏上海商业储蓄银行档案,卷宗号:Q275-1-2367,1924,1-1927,3。

> 公债市场价格之涨落,靡有定时,他如时局发生变化,公债市价最蒙影响。公债涨落之原因,由其原始性质论,常由于国家安定与否为涨落之最大原因,国家多故,债市看跌,国家债市看涨。……政局之变动,与公债市价实负紧密之连带关系,政局紊乱时,人心惶恐,为自卫计皆纷纷吸收现金,以防不测,在谣言繁兴之日,公债市场上本欲购置者,停止购置,已经收买者,大量吐出,而公债市场遂由是疲萎衰退亦,待政局太平,人心坚固,债市又可渐次恢复,且价格稳定,与政治清明,呈相对的比例为升涨焉。[1]

1927年,虽然蒋介石领导北伐军占领中国长江以南地区的半壁江山,直系军阀、皖系军阀的精锐都已遭受惨重打击。但是,北方的奉系军阀仍然具有相当势力。罗家伦在《革命文献》的一篇文章中指出:

> 南京虽经克服,然国民革命之大业,仍面临四项重大危机,一为长江北岸之北洋军阀如孙传芳、吴佩孚、张宗昌等结合其剩余兵力,尚属可观,且有张作霖以雄厚之东北部队为其后盾,正未易侮,随时可以南犯。[2]

除了奉系北洋军阀仍然有一定的实力以外,就国民党自身而言,国民党军队内部的派系斗争也非常严重,李宗仁与白崇禧等人拥有桂系军事力量,举足轻重。因此,在上海商界看来,蒋介石政权是否巩固仍是一个动荡、不确定的未知数。一些资本家认为,"国民政府建都南京,对于此项公债,尚无切实保障之办法。人心又不免疑虑,整理案各债还本,均不克履行,于是人心益虚",[3]正是这种心态的写照。当国民党政权未能获得真正的稳定统治的时候,其发行的库券风险是不得而知的。上海商界的顾虑是,一旦国民党政权垮台或者失败,它发行的库券有可能不被新政权承认。如果是这样,这些库券就会变成一堆废纸,不值一钱。[4]

1927年,在上海商界看来,国民党政权的巩固仍然需要时间,金融业大资本家身处"漂流高下,荡漾徘徊,自窥身细细,遥望而路漫漫"的境地,[5]

---

[1]《上海金融市场之近况》,《民国丛书》第34册《钱庄学》第二编,上海书店出版社1989年版,第152页。

[2]罗家伦主编:《革命文献》第15辑,1978年影印本,《前言》。

[3]子明:《民国十六年内债公债之回顾》,《银行周报》1927年第11卷第50期,第26—29页。

[4]千家驹:《旧中国公债史资料》,中华书局1984年版,第24页;陈炳章:《南京国民政府发行公债的回忆》,见上海市政协文史资料委员会编:《上海文史资料存稿汇编》(4),上海古籍出版社2001年版。

[5]寄楳:《论中国之前途及挽救方法》,《钱业月报》1927年第7卷第8期,第163—164页。

金融行业"已非往日可比，对内对外，颇为踌躇"。[1]在没有确定保障的前提下，上海商界购买库券要承担极大的风险。因此，尽管蒋介石政权颁布了二五库券条例，给库券的购买者以优厚的回报，但人们对此仍然持谨慎与怀疑态度。据此看来，上海商业联合会向各会员团体摊派二五库券所出现的重重困难，也就在情理之中。1927年6月初，当蒋介石率领的北伐军三路大军逼近陇海线时，武汉方面出现的反蒋运动的声浪也随之高涨。7月，汪精卫命令张发奎率领国民革命军第二方面军进攻南京，蒋介石和李宗仁慌忙将占领徐州等地的部队撤回。[2]在重重压力下，蒋介石被迫暂时下野，胡汉民、吴稚晖先后去了上海，南京方面只有何应钦、白崇禧等人支撑危局。因宁汉之争，徐州防备松弛，北伐战争的军事局势发生了逆转，奉军以"安国军"的名义乘势反攻，7月24日，奉系军阀的部队攻占徐州。8月中旬，孙传芳与张宗昌的部队乘胜由徐州长驱直下，直至江南，逼近南京。[3]孙传芳曾向北京、上海地区扬言，他本人将前往上海欢度中秋节，"商民闻讯，将信将疑"。[4]当时，孙传芳的军队由京杭运河两岸向镇江、南京等地进发，张宗昌、褚玉璞的主力向徐州逼近，直鲁联军的铁甲车沿着津浦铁路向浦口进发，武汉方面的唐生智、张发奎也由长江顺流而下，目标直指南京。这时候，上海商界，人心惶惶，有些人已经准备用五色旗来欢迎孙传芳。[5]因此，当白崇禧去上海筹款时，上海各界皆"托辞推诿，一连两日，尚无结果"。此时，广东军饷一时接济不上，当钱新之劝说中国银行为库券垫款100万元时，宋汉章就是不答应，并说："孙传芳的军队已经过江来了。"[6]当时的真实情况是，那些购买与持有二五库券的上海资产阶级都很担心蒋介石在龙潭战役的失败。与此同时，国民党政府发行的二五库券的面值一路走低，价格跌

[1] 市隐：《处于今日情势下之金融业》，《钱业月报》1927年第7卷第7期，第2—3页。

[2] 贺贵严：《蒋介石背叛革命后下台又上台》，见中国人民政协全国委员会文史资料委员会编：《文史资料选辑》第9辑，中华书局1960年版。

[3] 简又文：《东出潼关、会师中原》，全国政协、广东省政协文史资料委员会编：《国民革命军北伐亲历记》，中国文史出版社1994年版。

[4] 李宗仁：《徐州班师与龙潭之战》，全国政协、广东省政协文史资料委员会编：《国民革命军北伐亲历记》，中国文史出版社1994年版；李宗仁：《李宗仁回忆录》，华东师范大学出版社1995年版，第369页。

[5] 白崇禧：《龙潭战役》，全国政协、广东省政协文史资料委员会编：《国民革命军北伐亲历记》，中国文史出版社1994年版；《张嘉璈日记》（1927年5月1日），上海图书馆藏残本；万仁元、方庆秋编：《中华民国史史料长编》，南京大学出版社1993年版，第599页。

[6] 冯耿光：《我在中国银行的一些回忆》，中国人民政协全国委员会文史资料委员会编：《文史资料选辑》第41辑，中华书局1963年版。

至 4 折。[1]

在政局飘摇不定的岁月,金融业更是各派政治势力拉拢、压榨、胁迫的对象,因为金融资本家也需要考虑到各派势力的利害关系,有时候也确实进退两难。1926 年 8 月,中国银行贝淞荪写信给陈光甫:"惟中行此后极难。若(中国银行)当局不速变更方针,则与北洋军阀将同其进退。譬如北军退出长岳时,中行即将长沙支行停业。在中行或有不得已之苦衷,而外间不察,以为中行有政治意味,随北军之进退为进退,不免存敌视中行之心。治曾函公权副总裁详陈利害,不知伊有何方针。近数月来,治为中行事与粤政府疏解费尽九牛二虎之力,粤方疑窦渐释。如长江方面应付不灵,将来又恐发生问题。"[2]

就中国银行的宋汉章与蒋介石的矛盾而言,其实宋汉章并不是想强硬地拒绝蒋介石的请求,只是因为在政局尚不明晰之时,他"对当时的形势还要再看一看"。[3]1927 年 2 月 24 日,孙传芳领导下的安国军组织了政治、财政、外交三大讨论会,决定任命梁士诒、孙宝琦、曹汝霖为委员长,聘名流为委员,虞洽卿、傅筱庵、宋汉章、劳敬修、盛竹书、荣宗敬等为财政委员。[4]当孙传芳与上海商界磋商,准备发行江海关二五库券 1 000 万的鲁票时,[5]国民党马上警告上海银行公会:"此项借款完全为反革命之军费,将来国民政府万难承认,且二五附税曾经列国会议不得作为军用,贵公会既尊重北政府之命令,何以自坏附税之保障。本会特郑重警告,希即停止此项借款交涉,若悍然不顾,自居于反革命之地位,则国民革命军及全国人民因此项借款所受之损失,当惟贵公会是问。"[6]

后来,当孙传芳又准备以二五附税库券作为抵押,要求中国银行和交通银行垫借 500 万元时,国民党江苏省党部又迅速向上海银行公会发出措辞严厉的电报:"鲁张以二五税向中交两行抵借五百万,万一中交两行允其要

---

[1] 俞莱山:《张寿镛与上海的渊源》,上海市政协文史资料委员会编:《上海文史资料存稿汇编》(4),上海古籍出版社 2001 年版。

[2] 《上海商业储蓄银行关于政局金融情况伪中行业务情况贝淞荪与陈光甫的来往函件》,上海市档案馆藏上海商业储蓄银行档案,卷宗号:Q275-1-2367,1924,1-1927,3。

[3] 赵晋卿:《蒋介石如何筹集军费》,上海市工商业联合会档案史料,卷宗号:181-2;上海市工商业联合会编:《上海总商会议事录》,上海古籍出版社 2006 年版,第 2413 页。

[4] 《孙筹成日记》(1927 年 2 月 24 日),上海市工商业联合会档案史料,卷宗号:189-58。

[5] 《孙筹成日记》(1927 年 3 月 20 日),上海市工商业联合会档案史料,卷宗号:189-64。

[6] 《国民党中央政治会议上海分会致上海银行公会函》,上海市档案馆编:《一九二七年的上海商业联合会》,上海人民出版社 1983 年版,第 44 页;《发行库券训令已到沪,张宗昌发行二五库券》,《申报》1927 年 3 月 8 日,第 10 版。

求,本党自有制裁。"[1]无独有偶,当国民政府准备发行二五附税库券时,孙传芳也马上作出对等的反制措施,立即向上海银行界发出最为严厉的警告:

> 查附税为国家收入,赤逆侵占已属不法,再滥发行库券,将未来之收入提前接济赤逆军费,以为杀我讨赤军健儿之用,其罪厥惟商界、金融界尸之,一旦义军归复上海,兵力所及,轻则议罚,重则军法从事。即在未经归复上海以前,各商号、银行在大江以北分店甚多,我讨赤军亦将采取严厉对待之手段,言尽于此,惟商界诸子察之。[2]

除了受到孙传芳等政治势力的威胁与拉拢以外,当时交通银行的董事长卢学溥也劝告上海金融资本家对国民党政权发行的二五库券应保持谨慎态度。他认为:"闻南军将发行二五税库券数千万,此事重大,如果实行,将来北方难以承认,或须援例办理,最好打消此事。……明知南北相持,我辈同感应付之苦,惟政变难测,损失固应预防,而金融界之在北方有事业者,此类尤不宜露面,否则影响所至,祸变难测。"[3]

在上海的金融业,陈光甫等对二五库券同样持怀疑态度,对时局的困惑的表白更是不言自喻,他曾经说"购买库券是押宝",[4]而在他的日记中,也有这么一段记载:

> 蒋介石问陈上海商人对政府态度如何,陈说,上海商人对南京政府态度不信任,主要是兵驻民房,政府没收中兴煤矿,蒋答,中兴煤矿之事,缘该公司先已答应借垫政府款,嗣后不肯照付,故特将没收予以惩罚。中兴煤矿,该公司初则以北伐未成,意存观望,继则以战地政委会行将取消,妄冀该会同时裁撤。现款也筹足,复提出种种要求,不肯将款缴案。蒋总司令以该公司竟敢背约要挟,显系军阀奸商朋比为奸,希图阻挠北伐,大为震怒,遂将该矿的所有财产一律充公。[5]余为此点

---

[1] 《国民党江苏省党部致上海银行公会函》,上海市档案馆编:《一九二七年的上海商业联合会》,上海人民出版社1983年版,第44页。

[2] 《孙传芳、张宗昌致上海银行公会电》,上海市档案馆编:《一九二七年的上海商业联合会》,上海人民出版社1983年版,第45页。

[3] 《卢学溥劝告上海金融界对发行二五库券宜持镇静态度密电》,上海市档案馆编:《一九二七年的上海商业联合会》,上海人民出版社1983年版,第79页。

[4] 杨桂和:《金融企业家陈光甫》,中国人民政协全国委员会文史资料委员会编:《文史资料选辑》第80辑,文史资料出版社1982年版。

[5] 陈真编:《中国近代工业史资料第三辑》,生活·读书·新知三联书店1961年版,第699页。

解说,商人心理因当时北伐尚未成功,故对南京政府难免有疑虑之处,至欲避免借款,亦人情之常耳。[1]

由此可见,社会动荡不安,政局飘摇不定,工商业缺乏稳定有利的社会、政治和经济环境,而且有可能因政局的变化丧失已有的产权,金融等行业的大资本家确实处于一种左右为难的窘境。

三、陷入"用新债为旧债做保证"的恶性循环

财政上寅吃卯粮、朝不保夕的北洋政府,主要靠大量发行公债来维持政权的运作。在1914年至1926年13年间,北洋政府先后发行公债28种,总额为876752228元,实际获612062708元,两项合计7亿多元,平均每年举借5000多万元。到1926年北伐战争开始时,中国的债务总额已经高达173400万元,[2]北洋政府时期,政府公债曾多次出现过贬值的沉痛教训,使上海资本家不能不引以为戒,"九六公债,变动尤烈,此则不独破坏国家之债信,且足以扰乱金融界之安全。公债前途,又不免悲观也"。[3]因此,上海商业联合会会员对蒋介石的支持,也不能不有所顾虑。一方面,资产阶级要维护自己正常的商业经济利益,他们必须保证商业资金的正常周转。另一方面,如果蒋介石每次要求他们垫款和认购库券,资本家都无条件地满足,如此下去,势必危及资本家自己的经济利益,动摇他们的商业根基,这种事情是他们不乐意去做的。当蒋介石要中国银行垫款1000万元时,张嘉璈曾表示:"他把我们银行的准备金都拿走,万一发生挤兑,银行岂不要完蛋?"[4]国民政府在承认旧政府债务的基础上发行新的债券,金融行业在购买国民党的库券换取国民党对旧债的承认的同时,也跌进了国民党政府的债务陷阱。在陈光甫的日记中,有这么一段记载:

自革命军占领南京以来,用钱如泥沙,不惜财力,财部秉呈意旨,在沪筹款,其唯一之方法在搜寻新税,不顾民生。朝增一税,夕发千百万之债,在财政当局以为已筹了款,在军事当局以为已得了款,但当人方面觉得借款期短息重,成了全国的卖身契,一方面埋怨财部无政策,一方面恨银行家剥削政府与人民,势必唤起民众的反对,结果仍是银行家

---

[1] 上海市档案馆编:《陈光甫日记》,上海书店出版社2002年版,第48页。
[2] 千家驹:《旧中国公债史料》,中华书局1984年版,第10—12页。
[3] 子明:《民国十五年之内国公债情形》,《银行周报》1927年第11卷第1期,第56—58页。
[4] 洪葭管:《陈光甫把小小的上海银行发展成最大的私人银行》,《20世纪的上海金融》,上海人民出版社2004年版。

自作孽。

就以上三点观察，可知根本上不能有好的结果，而银行家所希望维持者，仍在维持旧债，故不惜牺牲将来的利益，愿借新债抵扣旧债，不知愈陷愈深，不能脱离循环式之陷阱。银行家更不明白，现时政府政策未定，无论何时皆有政变之危险，譬如最近郑鸿年主张政府旧债应重新推翻，改订清理之办法。在此改革期间，只有唱新调足以迎合大多数党人之心理，即可付诸实行，推翻原案，而财政当局亦无法顾及信用矣。[1]

四、同金融资本家相比，产业资本家更不愿意购买库券

上海商业联合会会员认购库券的不同态度与其经营的行业性质、经营的项目相关，也反映了产业资本家与金融资本家的商业利润产生过程的差异。如果仔细分析上海商业联合会会员认购二五附税库券的过程，我们不难发现，金融行业无论是在垫借库券款还是在认购二五附税库券方面，其数量都是上海商业联合会的其他产业会员无法比拟的。除了金融行业会员的实力强大以外，主要是由金融业与上海商业联合会的其他产业在营运性质和资本运行过程的差异所决定。

金融业所经营范围包括收受存款、办理放款、受托经营信托资金、票据承兑、票据贴现、邮政储金汇兑、保证、汇兑、买卖金银及外国货币、投资证券、投资及买卖短期票券暨代理收付款项等业务。简而言之，经营与投资公债是银行的基本业务之一，其运作的资本是金融资本。

工业、农业、运输业等物质生产部门所运作的资本属于产业资本，其运行过程须经历从货币到商品以及从商品到货币的过程，即产业资本在对原材料的加工与运销的过程中实现资本增值。以此看来，虽然产业资本家与金融资本家在购买库券方面存在同样的风险；但是，金融资本家购买二五库券属于他们正常的业务范围之一。对于产业资本家来说，大量购买库券会使自己投放到产业部门的资本减少，从而影响该行业资金周转的资本增值。因为，产业资本家在资本增值过程中的第一阶段，必须用货币资本去支付原材料与劳动力，即货币转化为商品的过程，然后利用劳动力将原材料加工成产品，然后再进行销售，这个过程就是商品到货币的过程。如果产业资本家拿出过多的资金去认购库券，他们投放到生产过程的资本就会大大减少，因为库券是不能用作流动资金来使用的，所以，产业资本家的资本运作也会受

---

[1]　上海市档案馆编：《陈光甫日记》，上海书店出版社 2002 年版，第 51 页。

到影响。

除上述因素以外,蒋介石镇压了上海的工人运动,摧残了工人组织,这对上海大资产阶级和民族资产阶级的一些上层人物而言,他们认为工人运动带来的"威胁"已经结束。因此,当工人运动转入低潮时,大资产阶级和民族资产阶级的一些上层人物又会重新回到"水上求财,水下求命"的守钱旧态。

本 章 小 结

1927年国民党政权与上海资产阶级的关系基本上是围绕着以虞洽卿为首的上海商业联合会与国民党政权的交易为中心展开,而两者之间的合作与矛盾都取决于交易条件的实现。国民党为了获取上海资产阶级的经济支持,同时也为了消灭自身的政敌,发动"四一二政变"镇压了中国共产党领导的工人运动,基本上兑现了对上海大资产阶级和民族资产阶级的一些上层人物的承诺。

对于上海大资产阶级和民族资产阶级的一些上层人物而言,他们是在国民党恐怖行动中才勉强完成筹款计划。但是,对先前答应的自愿捐助500万元"淡然若忘",[1]也就是说,上海资本家没有自愿捐助国民党一分一毫,致使国民党政权不得不发行库券来获取资金。但是,在后来国民党政权摊派的500万元的江海关二五附税库券认购过程中,上海商业联合会会员以各种理由拒购、少购的现象层出不穷,在缴款的过程中也互相观望。从自愿捐助到认购库券的过程中,上海一些资本家那种"水上求财,水下求命"的商人特性暴露无遗。因此,潘公展指责上海一些资本家"首鼠两端,眼光如豆,总脱不了市侩本色"。

国民政府动用军事力量乃至恐怖活动迫使大资本家捐款,从某种程度上讲,是大资本家失信于人的结果。由于上海一些资本家自食其言地"赖

---

[1] 北伐军到上海,起初上海几个大行业的商人,听到"打倒土豪劣绅、平均地权、节制资本"的口号,都很惊慌,买办出身的陈炳谦、贝润生表示愿意捐助一些军饷来保全生产,可是总工会知道了这件事以后,就立即反对与拒绝这种捐款。陈炳谦因为总工会反对他捐款更加惊慌,而贝润生很早就答应捐助10万元给北伐军,可是迟迟不肯拿出来,因为他还想观望观望,到了1928年,国民党派人向他要捐款,并对他恐吓,他还想抵赖,但是又怕有危险,就请虞洽卿去疏通,结果还是捐了10万元了事。见王晓籁:《陈炳谦、贝润生曾愿捐北伐军饷》,1965年12月3日访谈,上海市工商业联合会档案史料,卷宗号:181-16。

掉"了捐助国民党的 500 万元,并在其后对国民党政权发行的二五库券也采取消极态度,蒋介石不得不动用恐怖势力来对付上海一些资本家,从而导致了国民党政权与上海一些资本家之间矛盾的产生。

国民党政权与上海一些资本家从合作到产生矛盾的过程,为我们研究国民党政权与上海资产阶级的关系提供了新的视角,从而也为我们重新思考国民党政权的性质提供了新的思路。从捐助 500 万元到认购库券 500 万元这个过程,通过本章对认购库券的量化、动态统计可见,在上海资本家当中,除了极个别的大资产阶级和民族资产阶级的一些上层人物如虞洽卿以外,其他的如宋汉章等,尤其是诸多的中小资本家,他们不仅"赖掉"了自愿捐助的 500 万元,而且对国民党摊派的 400 万元二五库券也消极应对。上海资本家没有对国民党积极地进行经济支持,同国民党政权没有形成一种亲密关系。即使后来江北克复,国民党把库券认购任务减少到 300 万元,上海商业联合会会员及上海县商会、闸北商会等团体也是勉强完成,对国民党主动的、自愿的经济支持非常有限。

第六章 上海商业联合会与帝国主义

上海的民族资本主义企业自产生之日起便在封建主义与帝国主义的夹缝中顽强地生长,民族资产阶级与封建势力和西方在华列强存在着千丝万缕的联系。西方列强根据鸦片战争以来的一系列不平等条约所取得的特权,使中国的民族工业一直处于不利地位,随着时代的发展,这种状况日益明显。因此,改变民族资本主义发展的不利处境,是资产阶级梦寐以求的事情。1927年,上海商业联合会在同帝国主义列强交往的过程中,在谋求与帝国主义国家妥协的同时,也偶尔发出反对列强侵略的声音。但在西方列强的炮舰政策面前,弱国尚无话语权,上海商界的请求只是一种微弱的呼声。

第一节 上海商业联合会与帝国主义的交涉

鸦片战争以后,中国逐步沦为半殖民地半封建社会。中国因土地辽阔、资源丰富,很快便成为英国等西方列强原料的供应地与商品的倾销市场,正如华岗所言:

中国是东方产业落后的国家,又是资料丰富的地方,在欧洲资本主义国家宰割了美非澳及亚洲西部后,中国便成了资本帝国主义侵略最肥壮的对象。[1]

甲午战争以后,随着列强不断对华实行资本输出,帝国主义在铁路、矿山、对外贸易等方面的投资逐渐占据垄断地位。1926年,我国煤矿业的总投资为35 314万元,而帝国主义列强在华的煤矿投资高达25 494万元,占全国煤矿投资总额的72.2%;1926年,在全国煤矿的总产量中,帝国主义

---

[1] 华岗:《中国大革命史(1925—1927)》,文史资料出版社1982年版,第9页。

控制下的产量占 53.1%,机械采煤部分占 78.3%,年产量百万吨以上的煤矿全部由外资所控制。[1]上海所用煤,几乎百分之九十为洋煤。[2]中国的生铁产量为 22.8 万吨,而帝国主义控制的铁矿产量高达 21.6 万吨,占总产量的 94.6%。帝国主义在华银行共 32 家,分支机构 121 处,其发行的纸币大大超过中国。[3]中国的对外贸易 90% 也都控制在外商手里。[4]

在第一次世界大战期间,由于欧美一些主要资本主义国家忙于战争,到 1922 年,民族工矿、交通运输业的投资总额已上升到 41 326.3 万元,三年内新增加的资本共 13 390 万元。[5]由于"外货来源断绝,无与我竞争者","新生了一些纱业家、丝业家、航业家及国货商",[6]我国的棉纺织业趁机"突飞猛进,利市数倍"。1914 年至 1922 年的 9 年期间,华商开设的纱厂共有 54 家,其中 1920 年至 1922 年间开设的就达 39 家,掀起了华商开办纱厂的一个高潮。[7]但是,这一时期,日本利用西方其他列强无暇东顾的机会,加剧了对中国的经济侵略。第一次世界大战以后,日本在华开设纱厂数量不断增加,到 1927 年,已多至 42 家,"仅青岛、上海两地,计有日商纱厂 150 万锭,已经开工的有 100 万锭"。[8]日本利用其先进的生产技术、雄厚的经济实力、便捷的市场需求信息,疯狂地在中国抢购原材料。日本在把中国变成原料供应地的同时,还企图将中国变成永久的商品倾销市场,日本输出的棉纱在中国的销售量占其海外销售总额的 63%。仅 1916 年这一年,日本棉纱对华输入高达 132 万担,价值 6 380 万日元。因此,有人称,自 1914 年至 1921 年,虽然是中国纺织业蓬勃发展的时期,但也可以说是被日本"摧残时期"。[9]

中国民族资本家在发展的过程中,往往面临资金短缺等困难,为了解决资金不足的问题,他们往往不得不向外国银行借款。根据中方企业与外资

[1] 严中平编:《中国近代经济史统计资料选辑》,科学出版社 1961 年版,第 90、123、127、133 页。
[2] 侯厚培:《中国实业发展之根本问题》,《东方杂志》第 33 卷第 12 号。
[3] 吴承明:《帝国主义在旧中国的投资》,人民出版社 1955 年版,第 40 页。
[4] 严中平编:《中国近代经济史统计资料选辑》,科学出版社 1961 年版,第 287 页。
[5] 徐鼎新:《五卅运动与上海的资产阶级》,《上海社会科学院学术季刊》1985 年第 2 期。
[6] 独秀:《革命的上海》,《向导》周报第 4 集第 160 期,第 1568 页。
[7] 陈真编:《中国近代工业史资料第四辑》,生活·读书·新知三联书店 1961 年版,第 200 页。
[8] 穆藕初:《花贵纱贱之原因》,《民国丛书》第 74 册,上海书店出版社 1989 年版。
[9] 陈真编:《中国近代工业史资料第四辑》,生活·读书·新知三联书店 1961 年版,第 210 页。

银行签订的借款合同,我国的民族资本主义工商业不但要遭受巨额利息的盘剥,一些企业还因无力按时偿还借款而被没收。日本就经常以贷款给中国企业为手段来兼并华商纱厂。上海的宝成纱厂的第一、二厂建立于1920年,1921年因资金短缺向日本东亚兴业会社贷款50万日元,利息12%。到1925年,贷款的本息合计高达53万日元,因一时无力偿还债务被日方拍卖。除了宝成纱厂以外,申新纺织公司的第七分厂、汉口第一纱厂、上海统益的第一和第二分厂、南通大生纱厂、上海三新纱厂也都遭受到同样命运。[1]穆藕初曾指出:"日人在华设厂竞争者,大有喧宾夺主之概,日商投间抵隙,乘我之空虚,制我之死命,竞争剧烈,锐不可当。"[2]

中国的棉纺织业,其纱锭数在1924年占全国纱锭总数的59.1%,到1927年则下降为57.4%,中国的布机数,在1924年占全国中外布机总数的58.3%,1927年则下降为50.3%。[3]据上海华商纱厂联合会统计,1927年中国纺织业共有工厂119家,其中,华商共有73家,日商共有42家,英商共有4家,华商占其61.3%,日商占其35.3%,英商占其3.4%。纱锭数共3 541 584枚,其中,华商2 033 588枚,日商1 626 676枚,英商205 320枚,华商纱锭占其56.9%,日商纱锭占其28.9%,英商纱锭占其14.2%。线锭共计143 102枚,其中,华商为65 470枚,日商77 631枚,华商仅占其45.7%,而日商占其54.3%。布机共计29 788台,其中,华商13 459台,日商13 981台,英商2 348台,华商占其45.1%,日商占其46.9%,英商占其8%,中国纺织业势力被外商占去一半有余。[4]英日等帝国主义的侵略直接损害了中国民族资本家的利益,"棉纱大王"荣宗敬说,"上天不令中国人做第一等人"。帝国主义控制下的煤、铁、棉、布等产业产量详见表6-1。

表 6-1 帝国主义控制下的煤、铁、棉、布等产业及产量表

年份	类　　别	全国产量	帝国主义控制下的产量	占　　比
1926	煤矿生产/万吨	15 616 713	12 235 269	78.3%
1927	煤矿生产/万吨	17 693 507	13 509 714	76.4%

---

[1] 严中平:《中国棉纺织史稿》,科学出版社1962年版,第180、181页。

[2] 穆藕初:《五十自述》,《民国丛书》第74册,上海书店出版社1989年版。

[3] 严中平编:《中国近代经济史统计资料选辑》,科学出版社1955年版,第136页。

[4] 陈真编:《中国近代工业史资料第四辑》,生活·读书·新知三联书店1961年版,第211页。

续表

年份	类　　　别	全国产量	帝国主义控制下的产量	占　　比
1927	生铁生产/万吨	257 945	253 945	98.4%
1927	铁矿/万吨	1 181 235	1 172 235	99.3%
1927	棉纱/万锭	2 127 483	893 435	42%
	棉布/匹	5 639 270	4 739 704	53%
	水泥/万吨	498 022	112 377	23%
	纱锭/万锭	3 515 882	1 497 294	42.6%
	线锭/万锭	143 102	77 632	54.2%
	布机/台	24 082	11 973	49.7%

资料来源:严中平编:《中国近代经济史统计资料选辑》,科学出版社1955年版,第123、124、127、129、130、131、135页。

开办银行也是西方帝国主义列强资本输出的重要形式之一,"外国银行如投资矿山铁路等事业,盖其经济势力,已随政治侵略而日趋发展"。[1]1895年至1913年,帝国主义在华开设的银行有十三家八十五个分支机构,1914年至1926年又增加了四十四家一百二十五个分支机构,加上甲午战争前的八家,共有银行六十五家分支机构二百二十六处,其中日本占有四十六家九十个分支机构。[2]1874年,汇丰银行成立时资本仅250万港元,到1922年年底,已有4 307万港元的金镑准备金、2 450万港元的银元准备金,现款高达8 400万港元。自1874年成立到1927年,汇丰银行共向中国政府及企业提供贷款白银3.5亿两。汇丰银行通过向中国的钱庄、银行提供贷款或收回银款,"外人挟其帝国主义之野心,在我国境内遍设殖民性质之外国银行,以为执行经济侵略政策之机关。坐使我国国内金融,被其操纵。国外汇兑,受其垄断",[3]通过拒用庄票及操纵洋厘等手段控制钱庄,有时候可以导致钱庄、银行破产,银行钱庄的破产又会引起一系列连锁反应,它会导致我国金融行业的货币或者信贷危机。[4]陈光甫曾对中国银行的职

[1]　子明:《经济侵略下之外国银行》,《银行周报》1927年第11卷第12期,第44—46页。
[2]　吴承明:《帝国主义在旧中国的投资》,人民出版社1955年版,第45页。
[3]　庄叔英:《今后之外国银行应严加取缔》,《银行周报》1927年第11卷第19期,第56—57页。
[4]　郭太风:《汇丰银行在旧中国的主要活动》,中国人民政治协商会议委员会上海文史资料委员会编:《上海文史资料选辑》第56辑,上海人民出版社1987年版。

员说:"我们要记住,中国当前的敌人是外国的经济侵略。外国银行专做汇兑生意,他们所关心的是曼彻斯特的棉布,以及匹斯堡的铁矿,底特律的汽车,并不管我们工业的兴衰。"同年,陈光甫还在《银行周报》上撰文说:"上海进出口生意,由本国直接投资的,不过百分之十光景,其余的百分之九十俱取给于外国资本……听说钱庄有一千万现款寄存在汇丰银行的库中。"[1]

在帝国主义的侵略与压榨下,中国民族资本家深刻认识到,西方列强"简直要把中国人的生产力,从根本上铲除净尽,永远做他们的劳奴",西方列强这样做的主要目的是让"外国资本家的天下,可以延绵亿万斯年"。[2]因此,民族资本主义企业家认为,因中国人"衣食用三品,来自海外者甚多",只有不断抵制外国商品、抵制帝国主义的经济扩张,才能振兴本国实业,才能使我国"财源不致外溢"。[3]

为了抵制外国的经济侵略,我国民族资本家曾经尝试建立起一个组织叫生产协会,以求联合应对外国咄咄逼人的经济压迫,生产协会指出:

……况百年受国际压迫之中国,生产事业,势单力薄,瞠乎欧美各国之后,固无论矣,即举世界上任何独立之小国,亦难比肩而齐背,乃以贫国的现状,卷入富国之潮流。

……

故为国家为民族,为事业,凡我从事生产事业之同人,无论老子两方,上下各级,利益攸同,存亡相共,故不能默守坐视之理,亦不能独一手一足之劳,必须团结,借谋互助,视人事为己事。内部困难,互相救济。视国家如个人,各方意见,合力妥协,根据现状,另辟新机。绝不故步自封,亦不绝尘而走,勉以中国经济之环境,期合世界经济之潮流。特拟集聚全国生产事业之机关及个人,创设生产协会,以协助精神,应对内外,凡我同人,盖兴夫来。[4]

租界是帝国主义依据不平等条约建立的"国中之国",也是帝国主义侵略中国的桥头堡和滩头阵地。随着北伐战争的推进和全国反帝浪潮的高

---

[1] 杨桂和:《陈光甫与上海银行》,中国人民政协全国委员会文史资料委员会编:《文史资料选辑》第23辑,文史资料出版社1991年版。

[2] 胡善恒:《在华之外国经济势力问题》,《东方杂志》第24卷第7号。

[3] 《中国实业失败之原因及补救方法》,《民国丛书》第三卷第74册,上海书店出版社1989年版。

[4] 《生产协会创设之提议与评论》,《国闻周报》1927年第4卷第2期,第6页。

涨,民族资本家也曾经希望中国政府能够收回租界,维护国家主权,他们曾经疾呼:

> 近年以来,吾国民气磅礴,鉴于主权之旁落,遂有收回租界之主张,国民革命军规复淞沪,收回上海租界之声浪,益甚嚣尘上。然外人处此尚无交还之决心,且纷纷出兵上海,将永远据为己有,夫从国际待遇上,设置租界原为不平等条约之一,故收回租界,外人自无反对之余地。[1]

然而,面对中国国内的民族主义浪潮,帝国主义列强却置之不理。上海公共租界工部局董事会召开会议后决定,对于中国人收回租界的呼声和收回租界的做法,"从汉口的经历吸取的教训是,一开始就应该坚决回击由广东军队或者由广东军队策划的任何这种企图",因为在他们看来,"目前部分华人存在的排外主义已经达到了无以复加的程度",他们坚决拒绝交还租界。[2]

关税"实为国家经济上财富之命脉",[3]是民族工商业的重要保障。王正廷曾指出:"关税一项,实最重要。因其性质是普遍的,故弊之所及,实以全国为范围。我国之国内外商业都不发达,可谓皆由关税不能自主而来。若欲望实业与商业之发达,非关税先得自主不可。"[4]近代以来,由于中国关税不能自主,国内工业的发展受到诸多的制约,中国资本家所感受之痛苦"莫可言喻"。[5]在纱厂宣言中,纱厂资本家认为:"上无政府之维护,外有强邻之劲敌,加以不平等条约之存在,关税无自主之权,为各种实业之厉阶。"[6]

"所谓中国之自由者,即取消不平等条约,而国权可以行使也。"[7]打破外国商人凭借不平等条约取得的多种特权地位,增强民族工业的竞争力,

---

[1]　子明:《时局严重中之上海经济的地位》,《银行周报》1927年第11卷第13期,第40—43页。
[2]　上海市档案馆编:《工部局董事会会议记录》第23册"1927年1月7日",上海古籍出版社2003年版。
[3]　黄发节:《关税特别会议与中国商人》,《广州民国日报》1926年8月11日,第6版。
[4]　王建朗:《中国废除不平等条约的历史进程》,江西人民出版社2000年版,第239页。
[5]　《上海针织业公会请求商业联合会转达国民政府修改出厂税条例函》,上海市档案馆藏上海商业联合会档案,卷宗号:Q80-1-10-19、20。
[6]　《华商纱厂宣言》,《民国日报(上海)》1927年5月11日,第1张,第3版;《华商纱厂宣言》,《民国日报(上海)》1927年5月12日,第1张,第1版。
[7]　戆斋:《国民革命与工商业》,《钱业月报》1927年第7卷第8期,第160—163页。

资本家一直希望有强有力的政府作为后盾,来实现梦寐以求的关税自主目标。[1]上海商业联合会的一些会员也希望国民政府能够开创关税自主的新局面。中华水泥厂联合会曾多次请求上海商业联合会召开会员会议讨论关税自主办法,"以免徒有善意,而无善法"。[2]1927年7月19日,国民政府财政部致函上海商业联合会,拟以出厂与出口量税代替通过税,希望上海商业联合会将所属会员按要求列表统计,以备参考。[3]上海针织业公会要求上海商业联合会转呈国民政府修改出厂量税规则,其具体修改意见为:只针对那些在产地以外地区销售的商品征收出厂税,其在本厂所在地就地销售者,可以按照以前的办法"免于课税",以防止"纯依人工及工人不满十人之工厂出品独占本埠之销路";对于运往新税以外地区,仍旧依照值百抽五至正税一道,其余概免征收,以防窒碍销路;政府应该速定发还原料税之标准办法,将一切附属之装潢、商标及上光、染色等用品一并作为原料,已完税者一律于出厂税内扣除。[4]

卷烟业是19世纪末20世纪初我国兴起的民族工业之一,在社会经济结构中占据重要地位,它可以增加政府税收与外汇收入,它的盛衰荣枯不但直接影响着烟厂工人的就业与生活,而且也影响到种植烟叶的农民的收入。然而,同其他工业一样,卷烟业也长期受到帝国主义列强与封建势力的双重压迫,鸦片战争以来遗留的协定关税问题以及国民政府制定的不合理税收

---

[1] 国民政府关税自主方面的研究主要有叶松年:《中国近代海关税则史》,上海三联书店1991年版;唐培吉:《中国近现代对外关系史》,高等教育出版社1994年版;陈诗启:《中国近代海关史》(民国部分),人民出版社1999年版;王建朗:《中国废除不平等条约的历史进程》,江西人民出版社2000年版;戴一峰:《近代中国海关与中国财政》,厦门大学出版社1993年版;程道德:《试述南京国民政府建立初期争取关税自主权的对外交涉》,《近代史研究》1992年第6期;陈诗启:《迈向关税自主的第一步——广东国民政府开征二五附加税》,《近代史研究》1995年第1期;陈诗启:《南京政府的关税行政改革》,《历史研究》1995年第3期;陆仰洲:《中国海关自主权的挽回》,《民国春秋》1993年第5期;吕亚红:《试析〈整理中美两国关税关系之条约〉的签订》,《宁波师院学报(社会科学版)》1994年第2期;申晓云:《南京国民政府"撤废不平等条约"交涉述评——兼评王正廷"革命外交"》,《近代史研究》1997年第3期;单冠初:《南京国民政府收复关税自主权的历程》,复旦大学2002年博士论文;王良行:《1929年中国国定税则性质之数量分析》,《近代史研究》1995年第4期;张生:《南京国民政府初期关税改革述评》,《近代史研究》1993年第2期。
[2] 《上海华商各烟厂、针织业公会等要求免征重税的函件》,上海市档案馆藏上海商业联合会档案,卷宗号:Q80-1-10-12、21。
[3] 《上海华商各烟厂、针织业公会等要求免征重税的函件》,上海市档案馆藏上海商业联合会档案,卷宗号:Q80-1-10-1、2、3。
[4] 《上海针织业公会请求商业联合会转达国民政府修改出厂税条例函》,上海市档案馆藏上海商业联合会档案,卷宗号:Q80-1-10-19、20。

条例,更是令卷烟行业的资本家失望不已。

上海洋商烟厂如美、大美、花旗、美迪、宝大、锦华、杜柯等 8 家烟厂的资本总额,仅在上海一地就达 42 166 000 元,而华商 60 家烟厂的资本总额仅为 15 461 000 元。如果以全部资产额相比,洋商烟厂在 4 亿元以上,而华商烟厂仅有 7 730 万元。洋商烟厂与洋商银行联系密切,于收叶及急需时可无限划汇,而华商烟厂则与华商银行联系较少,以致稍遇缺乏资金等情况即不得不停业。因洋商烟厂资本之巨大,国产烟叶市场尽皆操纵于洋商行之手,华商烟厂因缺乏资金,不能在烟叶价格较低时大量买进,而在烟叶价格高涨时却不得不忍痛购买。不但如此,洋商烟厂有西方列强在华的军事力量作为后盾,所以它们开设工厂及采购烟叶的店铺能够平安无事,而华商烟厂因连年战争不息,不敢在内地或烟叶产区设厂。华商烟厂还受到洋商在华烟厂产品的竞争。我国每年卷烟销售的数量达 150 万箱(每箱 5 万支),其中,华商厂所供给者仅占 30%,洋商在华设厂制造者占 50%,其他 20% 为国外工厂生产的卷烟。洋商卷烟厂尤其英美烟草公司及其分厂遍及中国南北各通商口岸,因此在运输上占据便利条件,英美烟草公司在华北一带设立天津分厂,在东北一带设立辽哈分厂,在华东一带设立上海分厂。华商烟厂多集中于上海,主要靠外国的洋轮运往全国各地进行销售,"即以运费一项而论,增加成本者已属不赀"。洋商烟厂占据多种优势,于是"即施其跌价竞卖出价垄断操纵之故技"。[1]

南京国民政府成立后,为了缓解财政困难、争取民心以及巩固其在党内派系斗争中的地位,同时也为了打击北京政府、树立"独立国家"的形象,很快就宣布实行关税自主、裁撤厘金和统一税则。1927 年 6 月 28 日,国民党中央政治会议致函财政部,表示已采纳中央财政会议意见,决定于 8 月 1 日起实行关税自主,同时将所有粤、桂、苏、浙、闽、皖六省厘金及与之性质相近的通过税一律裁撤,入口关税除特定物品如烟酒等,依特定税则征收外,其奢侈品征 30%,普通品征 12.5%,以后统一各省即继续仿行,令财政部切实实行。[2]1927 年 7 月 1 日,为了开辟新税源增加财政收入,国民政府财政部部长古应芬发出通令:于 7 月 1 日起实行统一卷烟税,值百抽五;废除旧时之二五出厂税及附税。对此,华商烟厂不得不缴纳卷烟统税,而洋商烟厂却无视国民政府的命令,如此一来,华商烟厂产品成本再次急剧增加,销量

---

[1] 陈真编:《中国近代工业史资料第四辑》,生活・读书・新知三联书店 1961 年版,第 454 页。
[2] 单冠初:《南京国民政府收复关税自主权的历程》,复旦大学 2002 年博士论文。

日趋减少。8月25日,南洋兄弟烟草公司请上海商业联合会向国民政府代呈信函,请求免征租界华烟统税,称:"自纸(卷)烟统税开办以来,洋商抗税,独责华商以实行,尤以租界最为困难,洋制卷烟在租界行销完全无税,同一货物有税与无税相差百分之五十,舍贵取贱,人之常情,以致华商重税之货,几于销路断绝,比月营业受困,痛苦万状。"[1]8月31日,南洋兄弟烟草公司再次致函上海商业联合会,指出:"我国开办纸烟统税,洋商抗不遵办,结果所致,洋商以无税之烟四处行销,华烟税重价昂,无人过问,华人纸烟实业因此遂濒临绝境。"[2]9月14日,上海各华商烟厂发布宣言,宣言称:

> 吾国实业幼稚,全赖政府奖进……三月以来,吾华商受尽挫折,在此青天白日之下,虽欲为党国牺牲,已陷于无可牺牲之地步。此时,惟望各社团、各界人士共奋良心,代持公论,应否令本国故有实业及数万男女工人处于不平等之征税,沦亡以尽。敝烟厂亦惟有联合同业,设法暂图自救,支撑应付,苟延残喘,冀望有解放一日。[3]

在华商烟厂的呼吁下,上海商业联合会、上海总商会等四商会就卷烟统税问题召开会议,会上四商会一致认为:"卷烟统税,中外不平等,影响华商烟厂,至为重大。"[4]与会的华商烟厂代表指出:"国民政府以党立国,废除不平等条约一项,载在党纲,凡隶属于国民政府之下,无论任何行政机关,不容任何更变。卷烟统税办理三个月,华商不能得平等之待遇,因此华商烟厂对于在一厂征收百分之五十重税之负担,而洋商之烟出厂无税,反得日夜加工制造,三月以来,华厂营业,一落千丈,势将垂毙。"大会决议由上海商业联合会等四商会电请国民政府改善办法,改变中外卷烟行业的不平等竞争局面。[5]然而,在当时的情况下,废除不平等条约以及实行关税自主并不是

[1]《南洋兄弟烟草公司请求商业联合会代陈国民政府免征租界华烟统税及废除华洋纳税不平等有关函件》,上海市档案馆藏上海商业联合会档案,卷宗号:Q80-1-10-10。

[2]《南洋兄弟烟草公司请求商业联合会代陈国民政府免征租界华烟统税及废除华洋纳税不平等有关函件》,上海市档案馆藏上海商业联合会档案,卷宗号:Q80-1-10-12、13、14;万仁元、方庆秋编:《中华民国史史料长编》,南京大学出版社1993年版,第605页。

[3]《南洋兄弟烟草公司关于华商各烟厂抗议华洋纳税不平等发布宣言函》,上海市档案馆藏上海商业联合会档案,卷宗号:Q80-1-10-17;《上海华商各烟厂宣言》,《银行周报》1927年第11卷第37期,第55、56页。

[4]《四商会电请持平办理卷烟统税》,《申报》1927年9月6日,第9版。

[5]《南洋兄弟烟草公司关于华商各烟厂抗议华洋纳税不平等发布宣言函》,上海市档案馆藏上海商业联合会档案,卷宗号:Q80-1-10-18;《四团体会商卷烟税问题》,《申报》1927年9月21日,第9版;《四商会为广东金融界呼吁》,《新闻报》1927年9月4日,第9版;《四商会电请持平办理卷烟统税,因外商未就范影响华商请予救济》,1927年9月6日,《新闻报》第11版。

一件容易的事情。因此,国民政府没有立即回应四商会的请求。华商烟厂于10月初再次请求国民政府变通卷烟税则,称在此税则束缚下,"洋商营业一日千里,华商营业一落千丈,华商烟厂停业,日有所闻"。[1]

不仅如此,帝国主义列强还依靠不平等条约取得的各种在华特权,加之它们拥有雄厚的经济实力,使我国初具规模的民族工业遭受诸多摧残,"渐见衰落之象"。上海商业联合会在其送交国民政府的呈稿中称:

> 我国社会经济情形迥与欧美各国不同,各地企业家尚缺乏大资本家,工厂事业向受帝国主义经济侵略,渐见衰落之象。各埠大公司既多数为外资所组织,而关税系协定性质,复不能实施保护政策,因是国内幼稚工业几无以自存。故今日国家辅助劳工方针,应为不妨害产业之发展为度。中山先生前在广东工人代表大会演说谓:中国工人现所受之病,由于本国资本家的压迫者小,所受最大的压迫,还是外国的资本家。[2]

鸦片战争以后,随着中国主权的不断丧失,关税不能自主。针对中国丧失关税自主权对中国民族工业的严重影响,时人无不疾呼:"中国的生产品,在外国受外国关税壁垒的阻碍,在本国却得不到关税政策的保护,更有甚的是,而且依据不平等条约,反而给外国工商业者以种种特权。"[3]

丝绸业是中国传统的产业部门,在近代中国的产业中占有重要地位。然而,帝国主义列强凭借先进的生产工艺与技术,使中国的丝绸业受到外国同类商品如人造丝的严重冲击。[4]据丝厂厂主称:

> 在"价"的方面,我们现将俄、意诸国撇开不说,即就日丝来作比较,华丝每担(1百斤)的茧本需元950两。日丝只需日金320元至350元——约合元450两。(华丝每担需茧480斤至650斤,今年秋茧竟需7百斤,日丝只需280斤至4百斤,平均350斤)。华丝售价每担合规元925两,日丝(78%)才合日金565元——约合规元720两。华丝比较日丝每担要贵2百两上下。而且日丝存积甚富,专就横滨一埠,目前已有20万担之多,急待求售,如何能容华丝的插足?[5]

---

[1]《华商烟厂请求变通卷烟税则》,《申报》1927年10月1日,第13、14版。

[2]《上海商业联合会拟请国民政府颁布劳工争议调解仲裁法规呈稿》,上海市档案馆藏上海商业联合会档案,卷宗号:Q80-1-23-1、2、3、4、5。

[3] 彭学沛:《工人运动》,太平洋书店1927年版,第2页。

[4] 彭南生、李庆宁:《20世纪二三十年代人造丝对华丝的影响及政府应对》,《湖北大学学报》2019年第1期。

[5] 陈真编:《中国近代工业史资料第四辑》,生活·读书·新知三联书店1961年版,第105页。

在丝绸业方面,中国的主要竞争对手是日本。日本利用先进的生产技术大大降低了生产成本,疯狂地抢占中国原有的丝织品国际市场。据1924年调查,在每年输入美国的生丝中,日本占百分之八十,中国只占百分之七八,中国丝绸产品从前巨大的国外贸易,几乎"全为东瀛所夺"。[1]

在《江浙丝绸机织联合会之宣言》中,该业资本家称:

> 东西各国的洋绸充斥全国,我们自己的国货绸缎销路一天天减少了。手持凶器,包围工厂,提出苛酷的条件,压迫签允,甚至绑经理架职员,商人谈虎色变,看得经营工商业为畏途。定出种种从来未有的压迫条件差不多城下之盟。金融界观此情形,不敢放款,实业界周转不灵,工厂闭歇。商人水深火热,天天在痛苦之中。[2]

杭绸业钱江会馆曾向上海商业联合会倾诉:"查丝绸一行,为江浙两省商业大宗,间接直接赖以生活者,不知凡几,近兹二十年为舶来呢绒以及丝织等品所揽夺,久成强弩之末。"[3]

1927年4月,在上海各丝厂联合发表的宣言中,比较详细地列举了中国丝绸行业的艰难处境,该宣言称:

> 最近数年,物质劣而物价贵,工作次而工资增,销售外商,每以检验不合而受退回;更以金钱涨落,而遭损失;屡思自运国外,直接贸易,苦于资本有限,不易周转,又无汇兑银行,更乏邮船装运,事事仰从鼻息,无可发展。中国捐税繁重,不恤商艰,历来华丝运于欧美年约30万件(每件百斤),华丝运于法美两国,年约45 000件,相去6倍以上,皆因成本太高,受人束缚。[4]

面粉行业也在其宣言中称:"原料不得不取给外洋,以补不足,成本虽昂,事关民食,不得不忍痛贬值,方今各厂困难情形,已臻极点。迄今政体虽更,国是未定,所谓实业者,一任风雨飘摇,毫无振作气象。"[5]

受到外国商品冲击的不仅仅是丝绸业等传统产业,我国一些新兴的民族工业如火柴业在同外国的不平等竞争中,也苦不堪言。我国火柴业始创于1889年的重庆森昌泰公司,由于该地资源丰富而交通不便,外国火柴进

---

[1] 彭泽益编:《中国近代手工业史资料》第三卷,中华书局1962年版,第6页。
[2] 《江浙丝绸机织联合会之宣言》,《银行周报》1927年第11卷第19期,第62—64页。
[3] 《上海机器面粉等业同业公会关于职工要求复职、增加工资以及罢工等情况致上海商业联合会的报告》,上海市档案馆藏上海商业联合会档案,卷宗号:Q80-1-17-15。
[4] 陈真编:《中国近代工业史资料第四辑》,生活·读书·新知三联书店1961年版,第133页。
[5] 《各面粉厂之宣言》,《银行周报》1927年第11卷第18期,第68、69页;《各面粉厂宣言》,《民国日报(上海)》1927年5月14日、15日、16日,第1张,第1版。

入四川销售,运费极其昂贵,成本较高。由于四川地方政府的积极扶持,并给予 25 年的专利许可,该地区的火柴业曾一度兴盛。其后,又有一批新的火柴厂纷纷成立,如北京的丹凤,天津的华昌,长沙的和丰,浙江的光华、正大,江苏的荧昌,山东的振业,等等。截至 1923 年,国内火柴厂已达 99 家,"依本国之供求情形而论,已足适应裕如"。[1]

随着帝国主义在华经济扩展的进一步加深,火柴业在与外国同类产品的竞争过程中,也逐渐处于劣势。江苏火柴同业公会在致上海商业联合会函中称:

> ……并以年来,工资、原料逐渐增加,外货输入外国数益日巨,土造火柴原为抵制外货起见,前北政府提倡实业之意,免予重征,始维持至今,势不能任此重征。国民政府向以废除一切扰商害民的苛捐杂税及打倒帝国主义经济侵略为前提,则爱护商民,自非北政府所能比拟。土造火柴为利虽微,实为数千工友所托命。今若迫令加征办税,则物价愈高,营业益困,外货之输入将日复增加,直接则为摧残实业,间接则为帝国主义经济侵略扩张势力,为渊驱鱼,想非国民政府之本旨。用特具函奉恳,伏乞商业联合会,电呈国民政府财政部,转饬汕头、汉口及各处内地税局,凡土造火柴进口一律免缴半税或二五税,以维实业,而惠工商。[2]

帝国主义列强还依靠它们长期控制的中国海关,任意向中国商人征收各种赋税。这样一来,中国产品的生产成本就会大大提高,在与洋商生产的同类产品的竞争中就丧失了优势地位。1927 年 5 月 6 日,三新染织厂在致上海商业联合会的函中称:

> 凡机制国货同业之受此危害者,亦有多家,所慨乎不予交涉者,厥有四端:(一)时将落令为当务之急;(二)处外人之压迫之下,交涉乏良好之结果;(三)交涉法程不谙,似呼吁之无门;(四)已受者方知痛苦,未遇者如秦越,既恐商业停顿,复虞周转不灵,饮恨纳之非所愿也。抑更有进者,此次增高估价,敝厂为人既非染织商品独受之危害,实我机制国货届同受之痛苦,殚精竭虑,请与海关进出口货架调查处探询。据云:英人因我政府加二五附税,若不将中国商品及土或提高估计,使其加重成本,则我舶来品之受挤可预卜也云云。据此,我同业出品,此时

---

[1]　陈真编:《中国近代工业史资料第四辑》,生活·读书·新知三联书店 1961 年版,第 630 页。

[2]　《江苏火柴同业联合会请求商业联合会转呈财政部免征出口重税函》,上海市档案馆藏上海商业联合会档案,卷宗号:Q80-1-10-4、5、6、7、8、9。

售价较之十年前、五年前究增若干或尚不及。海外外人必曰:汝出口较前精良,已多进步,货价自能增益。设词留难,非一厂一业所能抗,必须扩大范围,我机制国货工厂群起而图之。[1]

中国政府丧失关税与海关自主权对中国民族工业产生了诸多的不利,染织行业即为其中行业之一。5月8日,染织业同业公会在致函上海商业联合会时,称:"关税操于英人之手,借口提高估价,使国货加重成本,以抵二五税之外货,尚属于实情。"[2]6月20日,染织业商民协会在向上海商业联合会倾诉时称:"我国受不平等条约束缚,海关不能自主,进口税率轻微,以致洋布增进,充斥市场,究其货品价格与国布相等,或且较为优廉,人皆乐购,即使成本照旧,尚难抵制外货,设再增加工资,提高价格,势必洋布销场日见兴旺,国布价昂无人问津。"[3]

当列强的行为损害到资本家的切身利益时,上海商业联合会有时也会进行一定程度的抗争。1927年4月,工部局以财政困难为由,决定从7月1日起对租界内的华人商店加征房捐2厘,法租界当局公董局随后也作出同样决定。在此以前,工部局已经强行向租界内的住户征收巡捕捐,那些拒绝支付巡捕捐的数十家中国商店被勒令停止营业。[4]7月20日,工部局再次要求未交纳房捐的商店店主在24小时内交纳,否则吊销他们的营业执照。工部局总董还建议在华人报纸发布告示,要求中国商店限期交纳房捐,否则将切断这些商店的电力和煤气供应。[5]上海公共租界纳税华人会以工部局的增捐未得他们同意为由,首先要求交涉署向领事团抗议,并请求上海商业联合会"一致抗争为荷"。[6]上海纳税华人会的抗议增捐的斗争得到了上海商业联合会的支持。5月31日,上海商业联合会致函交涉署,称:"函请贵交涉员严惩抗议,以恤商困,而保主权,实为公感。"[7]同时,在回复给纳税华人会的信函中称:"以工部局公报载纳税西人年会有加征房捐二成,拟于本年七月一日,实行征收之决议,事先未征得贵会的同意,贸然通过,殊

---

[1] 《上海染织业同业公会请求商业联合会转呈海关监督等取消机制布出口增税函》,上海市档案馆藏上海商业联合会档案,卷宗号:Q80-1-10-14、15。

[2] 上海市档案馆编:《一九二七年的上海商业联合会》,上海人民出版社1983年版,第312页。

[3] 《染织业商民协会致上海商业联合会函》,上海市档案馆藏上海商业联合会档案,Q80-1-17-28。

[4] 万仁元、方庆秋编:《中华民国史史料长编》,南京大学出版社1993年版,第573页;《英工部局竟强迫收捐》,《民国日报(上海)》1927年7月6日,第3张,第1版。

[5] 上海市档案馆编:《工部局董事会会议记录》第23册"1927年7月20日",上海古籍出版社2003年版。

[6] 《纳税华人会坚决反对增捐》,《申报》1927年7月12日,第13版。

[7] 《致交涉公署函》(5月31日),上海市档案馆藏上海商业联合会档案,卷宗号:Q80-1-14-4。

属不全……事关蔑视我华人主权,增加我华人担负,凡我中华国民,理宜一致抗议。"但是他们的抗议遭到工部局的镇压,也没有得到国民党当局的支持。[1]7月15日,因山东银行无视商界一致抗争之决议,擅自同意工部局加捐,上海纳税华人会请求上海商业联合会通知会员断绝与山东银行的业务往来。[2]7月28日,上海商业联合会召开紧急会员会议,就工部局增加房捐一事,商讨对策,虞洽卿的主要意思是对工部局增捐之事进行调解,他声称,"工部局征房捐,盖因预算不敷,不得不增,华人方面以蔑视主权为由,现在双方成骑虎之势",他又强调,"双方各走极端,势必迫至全体罢市,由罢市又欲牵动罢工,则将来势难收什(拾),故本会现拟出任调停,总期双方顾及不失体面为主旨"。[3]1927年8月22日,上海商业联合会在为解决华人反对交纳房捐问题的声明中称:

> 今年的房捐增加2%,亦即增加到16%,此事引起纳税华人会方面的强烈反对。纳税华人会数次发表声明,反复阐述了其反对的理由。在工部局董事会方面看来,本年的预算既已通过,如今就不能再做任何更改,而纳税华人会方面看来,华人代表权问题并未得到圆满解决,而且纳税华人会也没同意增加房捐,因此他们有理由加以反对。

> 由于双方各抒己见,商界联合会虽然也持反对态度,但是为了维持治安和社会秩序,为了解决当前……[4]

后来,上海商业联合会对工部局加征房捐一事的态度已由"一致抗争"转变为"调停"。8月11日,金业公会请上海商业联合会给出具体抗争办法。[5]上海商业联合会向其说明:"抗缴工部局非法增捐事,已由上海总商会等团体筹议妥善办法,于非法加征至二厘始终须一直坚持拒付以保我市民权威。"[6]8月下旬,上海纳税华人会接受上海商业联合会等团体的调停办法,在抗议之下交付二厘加捐,工部局必须在1927年年底以前解决华董的职务问题,工部局如果再次增捐,必须与纳税华人会协商。9月24日,纳

---

[1]　《今日举行反对增捐大会》,《申报》1927年7月3日,第13版。

[2]　《纳税华人会努力工作》,《申报》1927年8月5日,第13版。

[3]　上海市档案馆编:《一九二七年的上海商业联合会》,上海人民出版社1983年版,第195页;《纳税会反对增捐之昨闻,商业联合会再开会,友邦人士表示钦佩》,《新闻报》1927年8月1日,第13版。

[4]　上海市档案馆编:《工部局董事会记录》第23册,"1927年8月22日",上海古籍出版社2003年版。

[5]　《金业公会函》(8月11日),上海市档案馆藏上海商业联合会档案,卷宗号:Q80-1-14-3。

[6]　《商业联合会参加上海租界纳税华人会选举大会往来函》,上海市档案馆藏上海商业联合会档案,卷宗号:Q80-1-14-26。

税华人会要求上海商业联合会通知会员向外国机关挂号注册者立即纠正其错误行为,改向中国官厅挂号注册。[1]为了支持上海纳税华人会,直至解散前不久,上海商业联合会还多次参加纳税华人会的活动。10月26日,上海商业联合会还派人参加纳税华人会召集的重要会议。[2]纳税华人会通知上海商业联合会推举在公共租界居住5年以上、付房捐在50两以上或付年房捐在1 200两以上的二人作为代表参加选举大会。[3]根据纳税华人会要求,11月29日,上海商业联合会又派人参加在上海总商会举行的纳税华人会的选举大会。[4]

在全国反帝怒潮下,为了抗议英日帝国主义列强的在华暴行,上海商业联合会亦多次参加反对与抗议英日帝国主义的活动。4月7日,上海商业联合会参加工、商、学、兵等各界在上海老西门少年宫举行的反英大同盟成立大会。[5]6月14日,上海商业联合会派闻兰亭作为代表参加由商民部、宣传部举办的对英经济绝交会议。[6]6月23日,为纪念沙基惨案和五卅惨案,上海商业联合会参加国民党商民部和国民党上海市党部在南市九亩地新舞台、闸北蒙古路更新舞台举行的纪念大会。[7]6月26日,上海商业联合会通知会员参加上海各团体反对日本出兵来华运动委员会在上海总商会举行的对日经济绝交会议。[8]上海商业联合会在致会员函中称:

---

[1]《商业联合会参加上海租界纳税华人会选举大会往来函》,上海市档案馆藏上海商业联合会档案,卷宗号:Q80-1-14-22;《纳税会呈请取缔华产向外人挂号》,《申报》1927年9月27日,第9版;《注意华人产业向洋商挂号》,《民国日报(上海)》1927年8月6日,第3张,第1版。

[2]《纳税华人会今日召集重要会议》,《申报》1927年10月26日,第9版。

[3]《商业联合会参加上海租界纳税华人会选举大会往来函》,上海市档案馆藏上海商业联合会档案,卷宗号:Q80-1-14-21。

[4]《商业联合会参加上海租界纳税华人会选举大会往来函》,上海市档案馆藏上海商业联合会档案,卷宗号:Q80-1-14-20。

[5]《反英大同盟会昨日成立》,《申报》1927年4月8日,第13版;《反英大同盟成立》,《民国日报(上海)》1927年4月8日,第2张,第2版。

[6]《上海商业联合会关于慰劳和欢迎北伐军、庆祝宁汉(蒋介石与汪精卫)合作、推派代表出席对英、日经济绝交大同盟会及拒毒(鸦片)运动等函件》,上海市档案馆藏上海商业联合会档案,卷宗号:Q80-1-12-21;《对英经济绝交之会议》,《申报》1927年6月9日,第13版。

[7]《上海商业联合会关于慰劳和欢迎北伐军、庆祝宁汉(蒋介石与汪精卫)合作、推派代表出席对英、日经济绝交大同盟会及拒毒(鸦片)运动等函件》,上海市档案馆藏上海商业联合会档案,卷宗号:Q80-1-12-24。

[8]《上海商业联合会关于慰劳和欢迎北伐军、庆祝宁汉(蒋介石与汪精卫)合作、推派代表出席对英、日经济绝交大同盟会及拒毒(鸦片)运动等函件》,上海市档案馆藏上海商业联合会档案,卷宗号:Q80-1-12-25;《上海民众对日经济绝交大同盟开会并记》,《申报》1927年6月29日,第13版。

兹择于六月二十六日下午一时,在总商会开会对日经济绝交,各团体联席会议关于商人团体尤显重要,为持专函贵会通知所属商业团体派代表陈述意见相互研究详细办法,事关国家大局,切勿延误,为盼等因,相应代为转知,即希颂安。[1]

9月7日,上海商业联合会参加上海市党部商民部在小西门少年宫举行的"九七"国耻纪念大会。[2]对西方列强挑衅与侵犯中国主权的行为,上海商业联合会也加以反对。针对上海的外国海陆航空军队屡次侵入华界的问题,吴蕴斋在致顾子仁的电稿中称:"似此蔑权挑衅之举动,若不加以制止,恐将酿成不可防止之祸端。"[3]

在处理上海商界的涉外纠纷中,上海商业联合会也能够坚持原则,据理力争。外国洋行违背事先与振华堂洋布公所、糖业点春堂等会员签订的契约,擅自宣布自8月1日一律改为即期庄票,即现银出货,引起振华堂洋布公所、糖业点春堂等会员的不满。得知这一情况后,7月25日,上海商业联合会认为外国洋行要求振华堂洋布公所和糖业点春堂等会员在交易中实行现银出货有违契约,要求振华堂洋布公所等"据契约理论,如果仍然不得要领则由联合会集议办法"。[4]

第二节 上海商业联合会对帝国主义的妥协

上海资本家在对西方列强进行抗争的同时,有时候又表现出妥协的一面。面对北伐以来的工人运动,上海一些资本家不但担心工人运动使自己的利益受到损害,而且还害怕工人运动引起西方列强的武装干涉。正如《上海总工会告世界工人书》中指出的:

上海是全世界的大都会之一,也是帝国主义列强侵略中国及远东

---

[1] 《上海商业联合会函件底稿》,上海市档案馆藏上海商业联合会档案,卷宗号:Q80-1-3-30。
[2] 《上海商业联合会关于慰劳和欢迎北伐军、庆祝宁汉(蒋介石与汪精卫)合作、推派代表出席对英、日经济绝交大同盟会及拒毒(鸦片)运动等函件》,上海市档案馆藏上海商业联合会档案,卷宗号:Q80-1-12-52;《昨日国耻纪念大会》,《申报》1927年9月8日,第9版。
[3] 上海市档案馆编:《一九二七年的上海商业联合会》,上海人民出版社1983年版,第181页。
[4] 《上海商业联合会关于禁用中央银行钞票、洋行背约要求支付即期压票、警备司令部封闭典当业及营救当主翁耐甫等问题的函件》,上海市档案馆藏上海商业联合会档案,卷宗号:Q80-1-29-3、5;《上海商业联合会函件底稿》,卷宗号:Q80-1-3-43;《商界对付现银出货之办法》,《新闻报》1927年7月26日,第5版。

的最大根据地。若我们把帝国主义列强中国极大的根据地推翻了，不独他们在远东的统治完全被推翻，并且整个帝国主义世界都要坍塌了，这是一切帝国主义者都看得清楚的，所以现在他们都非常着慌。[1]

1927年3月23日，上海总工会等团体举行上海市民大会，大会通过了宣言，表示坚决拥护武汉国民政府和上海临时市政府，坚决主张人民拥有自卫权，主张人民集会、结社、言论、出版和罢工的自由，要求肃清一切反革命势力，撤退外国驻华的陆海军，收回租界。[2]租界工部局于3月21日、22日、24日三次发布戒严布告，禁止任何人在马路上或公共场所闲逛、举行游行示威、举行宣传演讲，并称："为维持地方起见，请示保安队全力保护，以免不测"，"盖军事不能不务，宁愿备而不用"，同时又不断进行恐吓"至于弹压地方为军队之责，自应按照军法办理"，"希望民众循规蹈矩，如有人胆敢违此警告，或干涉巡捕或本局特派人员维护治安者，或强占本局应查之权，凡扰乱公安之罪者，即行捉拿"。[3]

面对租界工部局的嚣张气焰，上海商业联合会领导人与一些会员代表竟然表现得非常惶恐，为此多次召开会议，寻求"大事化小，小事化了"的妥协。对于上海市民大会宣言引起工部局戒严等问题，3月25日，在上海商业联合会会员会议上，虞洽卿提出："英人恶感，应否电英政府疏解。"王一亭认为："宜使工部局消释疑虑，为目前最重要之事，一面与白总指挥接洽；一面与工会接洽，总期恶感消于无形，斯为重要。"[4]

3月26日，上海市临时政府向租界当局发出书面警告，要求他们立即恢复交通，撤除障碍物，让工人回到工厂复工，并严正指出，租界当局不得因此次罢工而开除工人。上海特别市临时政府致函英法总领事及公共租界工部局、法租界公董局云：

> 迳启者，兹据上海总工会代表报告，该会已于3月24日上午10时下令一律复工。下令之后各方报称，贵当局有阻止复工情事，现有该工会主张以三月二十七日下午四时为斯静待贵当局正式表示，不复阻止复工，否则将取消复工命令，再行总同盟罢工。本市政府闻悉之余，曷

---

[1]《上海总工会告世界工人书》，中华全国总工会职工运动研究室编：《中国工会历史文献》，工人出版社1958年版，第376页；《上海总工会告世界工人书》，《向导》周报第5集第193期，第2087页。

[2]《公共租界昨日之戒严》，《申报》1927年3月25日，第11版。

[3]《公共租界戒严之布告》，《申报》1927年3月25日，第11版。

[4]《上海商业联合会会员会议事录》，上海市档案馆藏上海商业联合会档案，卷宗号：Q80-1-2-28。

胜骇异,须知此次罢工,该会早已声名系政治的,非经济的,并非对外
的,而在罢工期内,亦无扰乱公共租界治安行为。现在该会下令复工,
贵当局如加以阻止,则将使全市市民咸感不安,该工会现在之主张,本
市政府认为是适当的。如果贵当局不允所求,而致发生总同盟罢工时,
则贵当局应负完全责任,兹特提出具体要求,(1)即日恢复交通,并撤除
种种障碍物,(2)即日允许复工,(3)不得因此次罢工而开出工人。以上
三种要求即希照办,实纫公谊。[1]

上海公共租界当局在上海总工会和上海市临时政府的双重压力下,被
迫同意让各厂的工人全部复工。[2]但是,上海一些资本家却非常担心此举
引起中外纠纷。3月26日,在上海商业联合会会员会议上,虞洽卿说:"现
在外交情势严重,租界当局非常恐慌……鄙见拟本此意,由本会函致公共租
界与法租界工部局。"[3]虞洽卿在致工部局的信中称:

敬启者:近日沪上谣言甚炽,全埠居民咸处于恐惶之中,至为不安。
敝会同人等为大局安宁计,业经与白总指挥暨总工会接洽,已承认双方
切实申明:对于上海治安完全负责,竭力维持,并保障无轨外行动之虞。
深望贵当局在此时局纷扰之际,处以镇定,协力合作,俾中外人士俱得
安居乐业,是为至幸。兹由余日章先生、黄明道先生、钱承绪先生前来
晤教,即请赐接洽为荷。此致公共租界、法租界工部局商业联合会主席
虞和德十六年三月二十六日。[4]

3月27日,上海商业联合会委派该会的外交委员钱承绪与工部局总巡
毛鼎举行会谈,商讨如何维护上海公共租界的安全。钱承绪称:"鄙人代表
联合会至贵局声述意旨,目的请贵局在现势之下,处以镇静态度,故敝会主
席虞洽卿先生,不惜其精神与能力,向各方奔走,解除一切误会。"[5]

在北伐战争中,为了干涉中国革命,帝国主义列强制造了"南京惨案",
给中国军民造成巨大的财产损失和人员伤亡。上海商业联合会置我国人民
生命财产的巨大损失于不顾,反而非常害怕由此引起的中外冲突损害上海

---

[1]《两团体致英法租界当局函》,《新闻报》1927年3月27日,第9版。
[2] 沈以行、姜沛南、郑庆声主编:《上海工人运动史》,辽宁人民出版社1991年版,第350页。
[3]《上海商业联合会会员会议事录》(4月2日),上海市档案馆藏上海商业联合会档案,卷宗号:Q80-1-2-10。
[4]《致工部局函》,上海市档案馆藏上海商业联合会档案,卷宗号:Q80-1-13-1;《商业联合会致两工部局之要函》,《申报》1927年3月27日,第10版。
[5]《钱承绪与工部局总巡毛鼎会谈维护租界安全情况报告》,上海市档案馆藏上海商业联合会档案,卷宗号:Q80-1-13-2、3、4、5、6。

一些资本家的利益。3月30日,上海商业联合会的会员上海县商会、闸北商会、银行公会、钱业公会、交易所联合会、纱厂联合会等联合发布致美英日政府电稿,称:"宁事至为惋惜,美人罹难者,外人死伤者共七人,真相在调查中,请持镇静态度,继续信任中国人民。"[1]3月31日,在上海商业联合会的会员会议上,外交委员余日章报告:"外人鉴于南京之变,刻刻中心战栗,以为上海乃通商大埠,华洋杂处,事难逆料,故恐慌特甚,我人见伊等时,务必劝对其镇静,并须自己亦表示镇静态度。现正从事接洽,命其拆去障碍物,并向索通行证。又外人对于南京之变甚注意,以为确系党军所为,故此事之正确与否,上海应对外人有以向之表示。"[2]经过讨论,会议决定推举沈润挹、石芝坤赴南京调查,然后将南京事件调查结果递交上海商业联合会会员会议进行讨论,将会员会议对于南京事件的决议上报蒋介石审核,发表于外国报纸。[3]

4月1日,朱兆梓从瑞士日内瓦致电上海商业联合会,请其转告当局保护在华的外国人,避免被西方列强抨击,以此获得外国的忍耐与信任,并保证南京事件不再发生,"当以和平方法要求世界改组之不平等条约之废除"。4月2日,东京中国公使馆又致电上海商业联合会,向其说明已将该会会员关于中国外交情况的电文刊登于各新闻报纸,"颇得时人良好印象"。[4]

4月3日,由于汉口日租界发生纠纷,日本借此派日军上岸,"围守租界"。对此,上海商业联合会深恐日本派兵干涉上海。上海商业联合会主席虞洽卿匆忙去日本领事馆,交换意见。虞洽卿向日领事保证,"上海形势非比汉口,决无危险"。同时,虞洽卿又在会员会议上说:"日人与英人态度不同,我们亦可稍为安心。"[5]可见,上海商业联合会不但没有对帝国主义在华的暴行提出抗议与谴责,反而竭力对帝国主义进行劝慰与谋求妥协,他们把一些本应由列强承担责任的事件与惨案归咎于中国军民,多方寻求妥协办法,以换取帝国主义列强的"谅解"与"友善"。

上海工人第三次武装起义胜利以后,工部局在租界与华界交界处设置

[1]《致美英日政府电稿》,上海市档案馆藏上海商业联合会档案,卷宗号:Q80-1-11-3。

[2][3]《上海商业联合会会员会议事录》(3月31日),上海市档案馆藏上海商业联合会档案,卷宗号:Q80-1-2-15、16。

[4]《上海县商会致商业联合会函》,上海市档案馆藏上海商业联合会档案,卷宗号:Q80-1-11-24。

[5]《上海商业联合会议事录》(4月4日),上海市档案馆藏上海商业联合会档案,卷宗号:Q80-1-1-9、54;《商联会代表昨谒日领事》,《民国日报(上海)》1927年4月5日,第2张,第1版。

了铁丝网等障碍物,构筑了大量的防御工事,给人们的日常生活与交通运输带来了极大的不便。"华租交界各处,栏栅门竟日紧闭,断绝交通。"[1]租界内的居民纷纷迁往华界,一些商店纷纷停止营业。[2]4月4日,上海商业联合会因"租界防御工程,形势严重,商业凋零"召开会员会议,会议决定"除陈请蒋总司令,请饬交涉使向租界当局交涉拆除障碍物",同时决定派虞洽卿、冯炳南等谒见日本领事,请日本领事出面请求各国当局撤销铁丝网等障碍物。[3]4月5日,上海商业联合会会员会议,推举王晓籁、徐庆云等至功德林与上海总工会领导人会晤并向工人说明,虞洽卿已经提议工部局在通行处拆除铁丝网。[4]4月7日,上海商业联合会召开会员会议并以主席名义致函工部局,向工部局说明:"因铁丝网遍布,各工厂工人复工困难,几及无法营业","目前时局足以安定,拆除某部分铁丝网,不会使贵租界面临危险,希望贵董事部对拆除铁丝网之请求,迅速施行"。[5]4月8日,虞洽卿再次请求工部局对上海商业联合会的请求"核准实施",虞洽卿在致函两租界工部局函中称:

> 总董先生大鉴,敬启者,四月一日奉上一函,请予颁给通行证,分发敞会会员,以便出入租界,并于各途设铁丝网处多开通行途径,以利交通,并建议于各出口要道,拨派能操华语捕头或巡士数人,借免误会。对于妇女实行检查,如属绝对必要,亦宜派女巡士为之,以崇体面等因,谅邀洞鉴,极盼早示复。数日以来,叠奉敞会会员报告,因交通是实在困难,备受种种损失,又因铁丝网遍布,营业无法恢复,用特修函再申前情,务希察核,准予多开进出口道。此不独便中外商民交通而已,实亦恢复沪埠原装之要策也,再者晚间十时后禁止行人,亦商民大感困苦者,可否准予延迟至晚间十二时三十分,始行戒严。此则中外人民共望者,本会同仁,非不知沪地局势紧张,然深知当局持之以镇定,力求恢复原来状态,必于安定人心大有裨益。兹为中外共同之便利起见,特再修函奉达,敬希贵会董事对于前述请愿及建议,速及核准施行,至纫公谊,顺颂台安。[6]

---

[1] 《两租界昨日断绝交通》,《申报》1927年3月28日,第9版。
[2] 《租界防范严紧之影响》,《申报》1927年4月4日,第13版。
[3] 《商业联合会代表昨谒日领事》,《申报》1927年4月5日,第15版。
[4] 《上海商业联合会议事录》(4月5日),上海市档案馆藏上海商业联合会档案,卷宗号:Q80-1-1-10。
[5] 《商界请撤铁丝网之呼吁》,《新闻报》1927年4月16日,第14版。
[6] 《虞洽卿致两租界工部局函,对戒严事有所建议》,《申报》1927年4月8日,第13版;《虞洽卿对租界之建议》,《民国日报(上海)》1927年4月8日,第2张,第2版。

可是,工部局却将拆除交通要道的铁丝网的事情一再拖延。4 月 19 日,工部局总董称:"拆除铁丝网及其他工事,必须由军事当局根据上海局势的发展来决定,才能照准。"[1]4 月 29 日,上海运输同业公会函告上海商业联合会代为请求工部局拆除一些路口的铁丝网以便货车进入。[2]4 月 30 日,上海运输同业公会再次请求工部局拆除铁丝网,上海商业联合会委员会会议决议派余日章等人以私人身份向工部局请求,工部局却以维护治安为借口,[3]再次拒绝了上海商业联合会的请求。

第三节　上海商业联合会成为国民党政权与列强的联络者

上海资产阶级通过上海商业联合会对内加强与蒋介石的交往与联系,对外有时候又充当蒋介石政权政策的代言人。据上海工商界人士称,上海商业联合会成立目的之一就是为了加强国民党政权与西方列强的联系。[4]因此,在一定程度上,上海商业联合会成为帝国主义列强与国民党政权联系的渠道与中介。3 月 26 日,在上海商业联合会会员会议上,虞洽卿说:"外人方面,仍不能深信无疑。今晨并偕挪威领事谒白,声明兵队勿过租界,并禁勿携军械入租界,白云:早已严禁,请转告租界当局,勿过恐慌,必意图维持。今既经工会与白总指挥双方申明,鄙见拟本此意,由本会函致公共租界与法租界工部局,即派人去持函当面安慰,力劝勿信谣言,引起纠纷,并商请合作办法。"[5]

为了使列强更好地了解国民党政权和上海一些资本家对于西方列强的政治态度,上海商业联合会专门设立了宣传机构,并聘请代表从事海外宣传,不断向列强报道中国的政治情况、国民党当局对列强的外交政策,同时也向国民政府传递列强的对华政策。3 月 30 日,在上海商业联合会会员会

---

[1] 《工部局认为尚未到拆铁丝网时机》,《民国日报(上海)》1924 年 4 月 28 日,第 3 张,第 2 版;《商界请撤铁丝网栅》,《新闻报》1927 年 4 月 26 日,第 14 版。

[2] 《商界请撤铁丝网栅》,《新闻报》1927 年 4 月 26 日,第 14 版。

[3] 《上海商业联合会议事录》(4 月 30 日),上海市档案馆藏上海商业联合会档案,卷宗号:Q80-1-1-27;《工部局铁丝网问题》,《民国日报(上海)》1927 年 5 月 5 日,第 2 张,第 1 版。

[4] 《赵晋卿谈上海商业联合会成立的目的》,上海市工商业联合会、复旦大学历史系编:《上海总商会组织史料汇编》,上海古籍出版社 2003 年版,第 885 页。

[5] 《上海商业联合会会员会议事录》(5 月 26 日),上海市档案馆藏上海商业联合会档案,卷宗号:Q80-1-2-10。

议上,众会员决定聘请李国钦、顾子仁二人担任上海商业联合会代表,从事海外宣传,并拨宣传费5万元。[1]4月2日,上海商业联合会在给蒋介石的信中称:"敝会兹鉴于外人,在海外传播吾国消息,每多不实,于外交上颇多不利,故有海外宣传之设,业已推定美华商李国钦、顾子仁二者代表敝会从事宣传,俾知真相而释群疑。"[2]

4月23日,在上海商业联合会委员会议上,外交委员余日章报告:"美国代表来电云:美国有通讯社担任九百二十五家报馆送稿,向对中国甚表好感,现拟派员常驻司令部,以通消息。欲请本会之接洽,可否允其常驻。"[3]4月25日,上海商业联合会发电报给顾子仁,向其说明中国的政治局势,电报称:"国共分裂已经完成,蒋介石将在其区域以内镇压共产党,汉口与蒋介石已经决绝,拒不出席南京会议,参加南京会议的领袖人物已经开始筹备新的政府,孙传芳可能与南京联合,武汉与南京之间亦不致发生真正战争……"最后,上海商业联合会决定,每周海外发表关于中国局势的全部或部分消息,由顾子仁、李国钦"斟酌决定"。[4]为了保证海外宣传机构的正常运作,上海商业联合会多次为筹措海外宣传费而奔走。4月26日,上海商业联合会在给江苏兼上海财政委员会的信中称:

> 敝会鉴于外国报纸记载关于吾国近事每多失实,致不能邀彼邦人士之好感,于外交上殊多棘手,故有海外宣传费之决议。暂定费用五万元,并呈蒋总司令面允,与以赞助半数在案。兹接在外代表略谓:外人对于本会去电认为近理,故近日报纸及舆论界之论调,则似稍谅解,并盼每周告以消息等云。似此种不敢归功于敝会之去电,要亦不无稍补于万一,际此外交尚在紧急之时,而舆论有可转圜之机,则每周发电报告消息,亦属必要之举。然此项宣传托诸海外之友,使无充足之经济,则必不能稍事活动,务将连前功而尽弃。[5]

5月5日,上海商业联合会又通过海外宣传代表顾子仁将美国对华政策转达给国民政府。顾子仁指出:"美国对决定不加入各国对华用强硬手段,中国人极为欣感。"他又将国民政府对南京惨案的处理情况传递给美国

[1]《上海商业联合会会员会议事录》(3月30日),上海市档案馆藏上海商业联合会档案,卷宗号:Q80-1-2-13、14。

[2]《致蒋介石函》,上海市档案馆藏上海商业联合会档案,卷宗号:Q80-1-3-9。

[3]上海市档案馆编:《一九二七年的上海商业联合会》,上海人民出版社1983年版,第178页。

[4]上海市档案馆编:《一九二七年的上海商业联合会》,上海人民出版社1983年版,第179页。

[5]《致财政委员会函稿》(4月26日),上海市档案馆藏上海商业联合会档案,卷宗号:Q80-1-3-19。

政府,向美国说明"南京当局不日将发通告,闻有表示愿负完全责任及担任损害之赔偿"。[1]

除了设立海外宣传机构以外,上海商业联合会还通过各种渠道与列强接触,加强中外之间沟通与联系。8月27日,上海商业联合会委派虞洽卿、王一亭参加太平洋国交会,虞洽卿对此表示赞成,后来他还致函国交会,称该会"勉附骥尾,共同进行"。[2]8月28日,上海商业联合会致函太平洋国交讨论会,同意参加欢迎爵士怀德大会,[3]函称:

> 敬启者:此次章与同人等代表我国出席太平洋国交讨论会,一切尚称顺利,幸免陨越会中各国代表,其最为吾人注意者厥惟英代表团之领袖怀德爵士,章曾与之谈论中英各项问题,怀德拟于9月1日来华调查实况,然后于阳历12月间回英,将一切情形报告英政府以定今后对华之方针。查怀德爵士此行即含有重大使命,则我国一方面可表示欢迎以资联络,一方面正可将中英两国种种重要问题乘机与之商决。然兹事体大,非敝会独力所能支,是以对于筹备欢迎大会及讨论会各事现正与总商会、闸北商会、上海县商会、银行公会诸商业团体商榷进行,贵会为上海重要商业团体,对于此举谅有同情,用特奉请即日见示,为祈,至当会一切筹备,当托会负责办理顺以奉闻,此致,上海商业联合会,吴蕴斋、王一亭等,太平洋国交讨论会委员长余日章敬启。[4]

本 章 小 结

鸦片战争以来,西方列强的侵略不断加深,民族资产阶级每况愈下、难以为继的危机感,是促使商人反帝爱国民族主义高涨的重要因素。尤其是从19世纪末到20世纪初,帝国主义的疯狂掠夺使中国主权丧失殆尽,不少华商遭到排挤破产,华商的生计危机随之产生。商人特殊的经济地位,决定了他们的政治态度在很大程度上取决于自身经济利益的得失,帝国主义的

---

[1] 《致顾子仁电稿》,上海市档案馆藏上海商业联合会档案,卷宗号:Q80-1-11-21。
[2] 《上海商业联合会为宁事(北伐军攻占南京死伤外人)向英美表示惋惜及救济美国水灾、欢迎英国怀德爵士等函件》,上海市档案馆藏上海商业联合会档案,卷宗号:Q80-1-11-30。
[3] 《上海商业联合会函件底稿》,上海市档案馆藏上海商业联合会档案,卷宗号:Q80-1-3-48。
[4] 《上海商业联合会为宁事(北伐军攻占南京死伤外人)向英美表示惋惜及救济美国水灾、欢迎英国怀德爵士等函件》,上海市档案馆藏上海商业联合会档案,卷宗号:Q80-1-11-26。

掠夺使商人的生计受到严重的威胁,由此必然激起商人的强烈反抗。上海商业联合会成立以后,对于因西方在华列强特权造成中外企业在纺织业、丝织业、火柴业等行业的不平等竞争,该会也多次转呈会员诉求,希望国民政府能够实现关税自主。对于西方列强侵犯自身利益的行为,上海商业联合会也进行了一定的抗争,在一定程度上也有利于扩大该会的社会影响。

上海商业联合会在对西方在华列强进行一定抗争的同时,也竭力向帝国主义列强谋求妥协。上海一些资本家对西方列强的妥协主要是希望保持安定的社会环境,维护自身利益。一方面,上海一些资本家出于对列强的炮舰政策的恐惧,他们害怕北伐战争引起西方列强的干涉,这种干涉会阻碍工商业的发展。另一方面,上海商界尤其是有些买办与外国商贸往来密切。

上海商业联合会还不断在列强与国民党政权之间穿针引线,上海一些资本家希望通过上海商业联合会构筑起国民党政权与西方列强之间沟通的桥梁,加强中外的联系与沟通,在宣传国民政府的外交政策的同时,也把列强的对华政策传递给国民政府。上海商业联合会加强中外外交政策传递与沟通,其主要目的是希望能够避免中外纠纷与引发中外战争,从而保全商界的利益。

上海商业联合会与列强的交往在一定程度上也体现了民族资产阶级的革命性与妥协性。在近代社会发展的过程中,民族资产阶级虽然强烈地要求发展资本主义经济,维护自身经济利益与实现资本增值,但是这种要求与愿望愈来愈受到西方列强与本国军阀势力的双重制约。因此,民族资产阶级与帝国主义列强和本国封建主义的矛盾也不可避免,尤其是在一定的社会历史条件下,他们希望借助某种社会力量对两股势力进行抗衡。五卅运动以后,全国掀起的反帝怒潮、国共合作以后全国高涨的革命形势,以及国民革命政府的反帝政策使上海民族资产阶级一时兴奋,一些资本家以为从此便可夺回长期为列强垄断的中国市场。然而,随着工人运动逐渐触及自身利益,以及国民党政权对列强不断妥协,上海的民族资产阶级的反帝激情也随之淡化。上海商业联合会对帝国主义的抗争与妥协,其主要原因是上海的民族资产阶级出于自身的经济与政治利益对帝国主义列强所作出的迫于形势的选择。

第七章　上海商业联合会与工人运动

对于 1927 年的上海工人运动，早期的研究多侧重于大资本家依靠蒋介石政权镇压工人运动，从统一战线分裂来说明资产阶级上层即买办资产阶级的反革命性。近来，一些学者从联合阵线破裂的根源入手，指出上海工人运动的组织化和"左倾化"是导致中小工商业者"左倾化"的主要原因。也有一些涉及 1927 年前后的工人运动的研究，主要是围绕劳资问题展开。[1]如上海第三次工人武装起义胜利以后，上海一些资本家不得不答应工人提出的增加工资、改善待遇等条件。"四一二"政变以后，上海一些资本家对遭到镇压的工人运动，仍心有余悸，采取了一些措施防止工人运动的复苏，并由此与国民党政权"党化"的工人运动政策发生矛盾，如争夺店员事件的出现。[2]

---

[1] 有关国民政府劳资问题的研究主要有：魏文享：《雇主团体与劳资关系——近代工商同业公会与劳资纠纷的处理》，《安徽史学》2005 年第 5 期；汪华：《近代上海社会保障研究（1927—1937）》，上海师范大学 2006 年博士论文；夏慧玲：《南京国民政府〈工厂法〉研究（1927—1937）》，湖南师范大学 2006 年硕士论文；周良书：《国民党初掌政权后的劳工政策解析》，《学术界》2006 年第 3 期；赵洪顺：《国民党政府劳工政策研究（1927—1949）》，山东师范大学 2007 年硕士论文；卫然：《申新三厂劳资合作研究（1922—1937）》，华中师范大学 2012 年硕士论文；张忠民：《近代上海工人阶层的工资与生活——以 20 世纪 30 年代调查为中心的分析》，《中国社会经济史研究》2011 年第 2 期；彭贵珍：《政治博弈与劳资冲突——1927 年上海英美烟厂罢工》，《吉首大学学报（社会科学版）》2013 年第 5 期；田明：《转型中的国民党与工会——以南京国民政府建立初期的劳资关系为视角》，《社会科学辑刊》2016 年第 5 期；周永祥：《评国民党御用工具——上海工统会和上海工总会》，《史林》1987 年第 2 期；徐思彦：《20 世纪 20 年代的劳资纠纷问题初探》，《历史研究》1992 年第 5 期；【美】裴宜理：《上海罢工：中国工人政治研究》，刘平译，江苏人民出版社 2012 年版；王奇生：《工人、资本家与国民党：20 世纪 30 年代一例劳资纠纷的个案分析》，《历史研究》2001 年第 5 期；张亦工：《商民协会初探》，《历史研究》1992 年第 3 期；冯筱才：《劳资冲突与"四一二"前后江浙地区的党商关系》，《史林》2005 年第 1 期。

[2] 有关 1927 年上海工人运动方面的研究主要有江文路：《中共领导工人运动与帮会势力之关系演变——以上海罢工（1919—1949）为例》，《党史文苑（学术版）》2017 年第 1 期；金应熙：《从"四·一二"到"九·一八"的上海工人运动》，《中山大学学报（社会科学版）》1957 年第 2 期；付婷婷：《中共早期领导工人运动的策略（1921—1927）》，华中师范大学 2013 年硕士论文；【美】裴宜理：《上海罢工的中国工人政治研究》，刘平译，江苏人民出版社 2012 年版；刘文凯、王真：《1919—1927 年中国工人运动》，工人出版社 1957 年版。

224

第一节　上海商业联合会对工人运动的妥协

一、北伐战争前的上海工人运动

上海工人有着光荣的革命传统。1919 年五四运动,工人阶级第一次登上历史舞台并显示了强大的力量。1921 年,中国共产党成立以后,上海工人又开始在中国共产党的领导下开展多种形式的斗争。1925 年 6 月,上海的工会组织有 120 余个,会员约 20 万人。[1]自 1925 年五卅运动到北伐战争前夕,上海工人运动的主要目标是反对外国资本家剥削。对此,上海资本家曾一度支持工人运动,因为他们从上海工人的反帝斗争中获得了不少经济利益。五卅运动及其后的几个月,抵制洋货之运动不断走向白热化,也正是这次抵制洋货运动为中国纺织业带来了发展与兴起的新机遇。"即是年,纱厂增至 58 家,至 1925 年复增至 65 家,纱锭增至 1 832 352 枚,械布机增至 11 121 台。"[2]一些民族资本主义的纺织业获得了极好的发展机会,棉纺织产品比较畅销,申新各厂大多在这一时期内转亏为盈。[3]《银行周报》称:"五卅案以后,抵制日英货甚盛,国纱市情乃大俏。"[4]《纺织时报》亦载:"五卅惨剧发生,提倡国货,不遗余力,于是呆滞不动之本国布顿见活动……如能趁此机会,努力增加出产,平价推销,前途实大有希望也。"[5]上海资本家抓住这一千载难逢的机会,纷纷开足马力,千方百计开设新厂,增加生产。在五卅运动抵制英日货物、经济绝交的反帝斗争中,西方列强的对华贸易每天损失达 1 000 万元。美英香烟市场的营业额暴跌,华商烟厂由原来的 10 家增加到 60 多家,[6]逐渐夺回了被列强抢占的部分国内香烟市场。

五卅运动也给上海金融业的发展带来新的契机。在五卅运动期间,一些爱国人士提出"不向外国银行存款,不用外国银行的钞票"的口号,人们纷纷响应。在这一口号的影响下,外国在华的金融企业受到严重的影响。其中,英、日两国在华开办的银行受到打击最大,如汇丰银行的发行额 1923 年

---

[1]　中央民众运动指导委员会:《二十一年度各地工会调查总报告》,1933 年铅印本,《民国时期社会调查资料汇编》,第 23 册,国家图书馆出版社 2013 年版。

[2]　陈真编:《中国近代工业史资料第四辑》,生活·读书·新知三联书店 1961 年版,第 211 页。

[3]　李占才、张凝:《著名的实业家荣氏兄弟》,河南人民出版社 1993 年版,第 83 页。

[4][5]　上海社会科学院经济研究所编:《荣家企业史料》(上),上海人民出版社 1962 年版,第 175 页。

[6]　朱华:《上海一百年》,上海人民出版社 1999 年版,第 152 页。

高达 4 909 万港元,到 1928 年却减少至 4 826 万港元。日本横滨银行的发行额由 1921 年的 754.2 万元下降至 1930 年的 367.3 万元,台湾银行的发行额由 1924 年的 5 126 万日元下降至 4 865 万日元。[1]人们纷纷将外商银行的存款取出,转而存入中国人自己开办的银行,以至上海华资银行的存款迅速增加。1924 年,"南三行""北四行"7 家银行的存款为 1.4 亿元,1926 年增至 2.4 亿元。1925 年,外商银行、钱庄、华资银行在总资本中所占的比重分别为 36.7%、22.5%和 40.8%,华资金融业开始活跃。[2]上海资本家将所得利润的一部分支持罢工工人,希望利用工人运动来抵制外国的经济侵略。五卅运动时,上海总商会为罢工工人募集并捐赠了 220 万银元。[3]不过,上海民族资产阶级对工人运动的支持主要是出于自身利益的考虑,有时候他们的心情也非常复杂,华岗曾对资本家这种心态做过描述:

> 工人阶级在同帝国主义争斗时,他会加以赞助过,因为他很想利用工人阶级的力量打击一下帝国主义的势力。但是他们自己的工厂也有工人,这些工人与外国工厂的工人一样要吃饭穿衣,一样要改善生活。他们看到外国工厂中工人的生活改善了,当然也会团结自己,并要求改良生活,而这种斗争,在同时可以强大工人的力量……但是民族资产阶级看自己要吃亏,而且看见工人阶级力量膨大于己不利。[4]

可见,上海一些资本家既希望借助汹涌的工人运动打击帝国主义列强在华企业,从中渔利,又希望工人反帝运动见好即收,以免"城门失火,殃及池鱼"。他们担心工人运动将会引起西方列强的武装干涉,危害自己的利益。尤其当工人纷纷建立工会组织加强联合,有可能波及上海一些资本家自己的企业时,要求抑制工人运动的心情愈发迫切。后来,在上海工人反对外国资本家剥削的过程中,华商纱厂联合会等团体主动表示希望能够调解列强在华企业的劳资纠纷。[5]

二、北伐战争时期上海工人运动的新发展

五卅运动后期,上海的工人运动一度转入低潮。1926 年,北伐战争一路

---

[1] 洪葭管:《20 世纪的上海金融》,上海人民出版社 2004 年版,第 265 页。
[2] 洪葭管:《论历史上的金融中心和当前重建上海金融中心》,《上海文史研究论丛》第 11 辑。
[3] 【美】费正清主编:《剑桥中华民国史》(一),章建刚等译,上海人民出版社 1990 年版,第 852 页;姜维新:《从二月罢工到五卅运动》,上海市、区、县政协:《20 世纪上海文史资料文库》第 1 辑,上海书店出版社 1999 年版。
[4] 华岗:《中国大革命史(1925—1927)》,文史资料出版社 1982 年版,第 416 页。
[5] 上海社会科学院经济研究所编:《荣家企业史料》(上),上海人民出版社 1962 年版,第 189 页。

势如破竹,直抵长江流域。在北伐军节节胜利的鼓舞下,上海的工人运动再次高涨,工人运动在总工会的领导下逐步复兴。1926 年 7 月,上海总工会发表拥护北伐的宣言,发动同盟罢工与单独罢工共有 34 次。据统计,从 1926 年 6 月到 9 月,上海全市发生 112 次工潮,参加罢工的人数累计超过 20 万。[1] 中国共产党上海区委根据全国与上海的形势决定推动上海的自治运动,并在上海举行市民暴动,响应北伐军的到来。到 1927 年 1 月,上海总工会领导下的工会组织共有 187 个,比 1926 年 9 月增加了 1 倍以上,会员人数增加了 50%。到 1927 年 3 月中旬,上海工会会员已达 30 万人。为了配合与支持上海工人阶级第三次武装起义,上海工人举行了第二次总同盟罢工,参加罢工的工人总共有 80 万人。上海工人第三次武装起义胜利以后,在上海总工会登记的工会组织增加到 502 个,会员高达 82 万人。1926 年 6 月至 1927 年 4 月初,上海总工会的工会组织和会员变化详见表 7-1、表 7-2。

表 7-1 上海总工会所属工会的变化表

行　业	1926 年 6 月	1926 年 9 月	1927 年 1 月	1927 年 3 月	1927 年 4 月
食　品				13	2
手工业	7	3	24	54	29
华洋服务		2	4	17	10
烟　厂			4	9	4
地方运输	6	6	6	8	6
市　政	3	4	8	46	38
铁　路			1	1	1
纺　织	46	46	89	184	135
印　刷	7	8	11	27	22
化　学				12	4
金　属	2	2	6	46	23
艺术界			1	8	5
店　员	3	16	28	72	34
海　员		1	1	1	1
建筑业	1	1	4	13	5
总　计	75	96	187	502	329

---

[1] 施英:《七论上海罢工潮》,《向导》周报第 4 集第 172 期,第 1756 页。

表 7-2　上海总工会所属会员的变化表

行　　业	总人数	1926 年 6 月	1926 年 9 月	1927 年 1 月	1927 年 2 月	1927 年 3 月
食　　品	22 596					72 596
手工业	226 900	2 247	2 240	6 230	5 000	166 900
华洋服务	66 617		600	200	2 000	37 117
烟　　厂	36 020		500	4 120	14 000	19 600
地方运输	78 500	2 000	2 898	4 250	30 300	43 000
市　　政	149 480	1 910	2 100	9 250	12 660	119 484
铁　　路	6 740		1 500	1 500	1 500	3 500
纺　　织	246 390	27 280	30 408	25 640	74 440	175 280
印　　刷	36 445	5 880	5 790	4 793	47 830	36 445
化　　学	33 760					6 260
金　　属	39 500	420	420	2 460	15 300	21 100
艺术界	29 300					21 300
店　　员	373 440	3 044	4 155	11 050	79 950	217 710
海　　员	6 800		1 200	4 500	5 000	6 800
建筑业	10 830	350	150	500	1 200	10 830
总　　计	1 253 326	43 100	51 961	75 245	289 180	821 282

資料来源:【日】金子肇:《上海资产阶级与上海商业联合会——围绕四一二政变》,《史学研究》1986 年第 168 号。

在上海工会组织增加的同时,中国共产党开始建立工人武装,其中工人纠察队是工人武装最重要的一种组织形式。1926 年 10 月,上海工人纠察队的总人数已达 2 000 余人。1926 年 11 月,为了更好地开展工人运动,中国共产党决定把工人纠察队分为武装工人和纠察队两种形式。其中,武装工人为经常性的军事组织,其成员主要由在职产业工人组成,它的主要任务是准备工人起义与保护工会组织,而纠察队是为罢工而设立的临时性的工人军事组织。这些措施使上海工人具有更强的战斗力。1927 年 3 月,上海工人第三次武装起义获得成功。上海工人以大无畏的革命精神殊死战斗,经过 30 小时的浴血奋战,歼敌 5 000 人,缴获枪支 4 000 支,闸北、吴淞、南市等地的工人纠察队发展到 2 700 多人。上海工人第三次武装起义,被誉

为"无产阶级英勇斗争中的大事",[1]为北伐军进入上海扫清了障碍,连国民党在《国民革命军战史初稿》中也不得不承认:

> 工人所组织之民兵,向上海北站之直鲁军赤手猛攻,死亡枕藉,未肯稍却,卒将直鲁军击退,为民众战胜驻军之最大光荣史。毕庶澄之所以退却,革命军之安然入上海者,民众之战斗与有力焉。[2]

由于上海第三次工人武装起义的胜利和工人纠察队队伍的不断发展,中国共产党及其领导的工人组织成为上海一股极其重要的政治力量。上海市许多地区实际上为中国共产党领导的工人纠察队所控制,《中国劳工运动史》称:

> 十六年国民革命军尚未到达上海,而黄浦江上狂风暴雨,已成排山倒海之势,人心动摇,市场骚动,实上海开埠以来所仅见之恐怖现象也。此时官厅,已成军阀残余势力之夕照,故仓惶不知所措,益失其维系之力,其维然握住全市中心,指挥一切,控制一切者,则为上海总工会。[3]

上海第三次工人武装起义胜利以后,中国共产党领导的工人纠察队的强大影响力,也可以从李宗仁、白崇禧等国民党将领那里得到印证。1927年3月28日,李宗仁到达上海,他发现上海的"情形极为严重,全市的群众运动悉为共产党所操纵,工人拥有纠察队千余人,终日游行示威,全市骚然,稍不如意,便集众要挟,动辄数万人,情势汹汹,不可终日"。[4]白崇禧在后来的"清党"报告中也指出:"共产之大本营,即在上海,有工人数万人,有枪八千支以上,陈独秀、汪寿华、李立三均在上海指挥……且在沪各军,大都为共党之麻醉者。""共产党不仅控制了工人纠察队,还使一部分国民军大受熏陶,他们不仅有自己的武装,独立的指挥系统,还准备攻进租界,赶走外国列强。"[5]李宗仁、白崇禧两人的言论,从反面证明了中国共产党及其领导下的工人阶级已经成为上海地区不容忽视的政治力量,特别是工人武装的不断壮大,更令国民党反动派及其盟友惶惶不安。

---

[1] 【苏】阿卡托娃:《民族因素在中国工人运动中的作用》,《国外中国近代史研究》第6辑,中国社会科学出版社1984年版。

[2] 陈训正:《国民革命军战史初稿》第2卷,国防部印制厂1952年重印版,第343页。

[3] 马超俊:《中国劳工运动史》,商务印书馆1942年版,第113页。

[4] 李宗仁:《清党与宁汉分裂》,《李宗仁回忆录》,华东师范大学出版社1995年版,第335—341页。

[5] 黄绍竑:《四一二反革命政变前的秘密反共会议》,中国人民政协全国委员会文史资料委员会编:《文史资料选辑》第45辑,文史资料出版社1964年版。

第二节　上海商业联合会对工人运动的忍耐

一、上海资本家对工人运动的防守与妥协

受北伐战争和上海第三次工人武装起义的影响，上海工人运动的星星之火，顿成燎原之势，"工潮之多，相继迭起。在工人方面，以为生计困难，不得不要求增加工资"。[1]工会组织的纷纷建立、罢工运动的开展，不仅使上海的中小工商业者疲于应付，一些大资本家也难以为继，上海商界对工人阶级呈现防守的态势。北伐军进占杭州时，有一则关于工人运动的报道称：

> 自1927年2月中旬以后，浙省政局改组，各项劳动社会纷纷起而应时势之所趋，到处组织工会，以致商店伙友，皆有团体之运动。凡经团体结合之后，多向资本家提出两项要求，一为增加工资，一为改良待遇……在二月下旬至四月初旬，杭州各界，殆陷于混乱状态，各业或因要求不遂而罢工，或因待遇不佳而歇业，或今日复工明日又罢工。小商店无法维持，大工厂亦难于应付，各业无不人人自危。[2]

随着北伐军占领上海，上海一些资本家对工人运动的态度很快由五卅运动时期的支持转为恐慌，"群众运动已使上海的资产阶级团体处于守势"。[3]《钱业月报》中的一篇文章对上海资本家的恐慌心理有过生动的写照：

> 今者春申江上，已有山雨欲来之势，覆霜坚冰，其来渐矣。吾人在商言商，对于政治上之主张，不愿有所论列，惟丁兹风摇雨撼之秋，诚有来日大乱之感。[4]

依托众多的工会组织和强大的工人武装为后盾，上海工人不断向资本家提出改善政治、经济待遇等要求。上海第三次工人武装起义胜利以后，上海总工会在与一些资本家的谈判中提出了一系列要求，主要包括：承认工会有代表工人之权，增加工人工资，规定最低工资额；限制物价高涨，保障工人生活；要求8小时工作制；废除包工制；修改厂规及雇佣契约；星期日节日休

---

[1]　记者：《罢工潮感言》，《新闻报》1927年1月17日，第10版。

[2]　《杭州最近劳资间之交涉情形》，彭泽益编：《中国近代手工业史资料》第3卷，中华书局1962年版，第347页。

[3]　【美】费正清主编：《剑桥中华民国史》（一），章建刚等译，上海人民出版社1990年版，第857页。

[4]　薇樵：《时局困扰中之金融界》，《钱业月报》1927年第7卷第2期，第8页。

息,工资照发,不休息工资加倍;恢复失业工人工资,雇主不得借罢工关厂,抵制工人;不准打骂工人,乱罚工资;不准任意开除工人,开除工人须得总工会同意;规定因工作而死伤的抚恤金;工人在疾病时,厂主须负责医治,并须发给半数以上之工资;男女同工同酬,改善女工及童工之待遇,女工在生产前后,休息六星期,工资照给,童工不得做过重的工作;改良工厂之设备,增加门窗、天窗、厕所等。[1]这些条件基本上被资本家所接受。

这一时期,在上海工人与一些资本家之间的劳资纠纷中,工人阶级也依仗上海第三次武装起义胜利的优势,使资本家节节退守。3月26日,《申报》有这样一则关于典质业公会资本家与工人冲突的报道:

上海典押业(实为典质业)职工会,3月25日下午二时,在城内侯家浜典质业公所内,开全体大会,集议该会一切革新事宜,并宣布反对派名单及要求条件,到会人数约六百余人。正在集议时,忽得报告,有南市少数职员,被店主用强迫手段,禁闭店内,以激动众怒,群往各店交涉,各押店预先得讯,即将店门严闭,拒不出见。该职员向拥至西门锦丰押店,正在门外喧扰时,店内之人,即在楼窗内抛掷砖石,击在职员身上。群众怒极,遂大喊打倒蛮店主,破门而入,双方冲突之下,将该店器具捣毁一空,继复至小西门明和护军营兴南码头左近庆源工兴等,共计5家押店,均发生同样冲突,该职员等,即整队唱歌归会而散。[2]

经历了这一事件,典质业公会感觉到该业受到工人力量的强大威胁,于第二天(3月26日)申请加入上海商业联合会,寻求保护。

饮片业也遭受与典质业相类似的情形。饮片业工人自3月份建立工会组织以来,工人们态度强硬地要求资本家增加工资,"职员薪资最少二十二元,司务十八元,每加一级加五角"。[3]迫于工人与工会的压力,饮片业资本家连日开会商讨对策,信义堂、和义堂两公所以"环境所迫,形势所趋",决定两公所合并以增强实力,而喻义堂也考虑并入。[4]信义堂、和义堂、喻义堂三公所于3月28日加入上海商业联合会。出现这种情况,也可以说是该

---

[1]《全上海工人之总要求》,《申报》1927年3月16日,第10版。

[2]《典押(质)业职员与店主冲突》,《申报》1927年3月26日,第10版;《典押(质)业职员与店主冲突》,《时报》1927年3月26日,第6版;《各工会消息》,《民国日报(上海)》1927年4月1日,第2张,第2版。

[3]《各业工潮汇志》,《申报》1927年4月8日,第14版;《药业饮片公会宣言》,《申报》1927年4月14日,第15版;《各业工潮起伏》,《新闻报》1927年4月6日,第8版。

[4]【日】金子肇:《上海资产阶级与上海商业联合会——围绕四一二政变》,《史学研究》1986年第168号。

业资本家面对工人强大的攻势所采取的不得已的自我保护措施。

然而,面对工人运动的强大声势,上海一些资本家只好作临时屈服,不得不"忍辱负重",裕孙的《实业界呻吟之声》,便是资本家这种心声的流露:

> 当年来上海工潮澎湃之际,沪埠几全变为工人世界。唯同情工人者可以存在,稍露反对,即锡以反动之佳名,或发生意外之危险。故厂方当局,虽极感压迫之苦,大率忍辱负重,三缄其口,偶于报端窥见一二,辄异常辛酸,读之不怡,举例以概其余。[1]

这一时期,上海工人的政治地位、经济待遇出现有利于工人的一些变化。上海总商会曾多次召开会董会议,准备承认上海总工会。[2]上海商业联合会建立以后,对于工人提出的一些政治要求甚至比较苛刻的条件,上海商业联合会也大多被迫接受。早在1927年3月11日,上海永安公司职工会致函该公司,要求公司同意因参加上海总同盟罢工而被开除的工人复工,并提出复工条件与先决条件,这些复工条件与先决条件如下:

复工条件

(一)承认职工会。

(二)恢复被开除的职工(无论去年冬季因经济运动及此次同盟罢工之失业者一律在内)。

(三)此次同盟罢工开除之职工,失业期内工资加倍发给,并须每人赔偿损失费洋三百元正。

(四)此后公司不得压迫及无故开除职工,即犯重大过失者,亦须征求职工会之同意。

(五)被捕职工顾炳华、程伯元二君,由公司负责保出,并须公司每人赔偿特别损失费洋五百元正。

(六)永安第一纱厂此次所提条件,本会极表同情,希公司速与以圆满答复。

先决条件

(一)复因政治运动而失业者之工作。

(二)失业期内工资加倍发给。

(三)赔偿失业者每人损失费洋叁百元。[3]

---

[1] 裕孙:《实业界呻吟之声》,《银行周报》1927年第11卷第40期,第32—35页。

[2] 上海市工商业联合会编:《上海总商会议事录》,上海古籍出版社2006年版,第2417页。

[3] 《永安公司职工会等参加同盟罢工遭开除职工要求复工有关函件》(3月11日),上海市档案馆藏上海商业联合会档案,卷宗号:Q80-1-16-3、4。

3月24日,先施公司职工会也提出类似的工人复工条件。后来,上海商业联合会召开会员会议,听取了永安、先施两公司代表关于两大公司工潮情况的报告,决定先派虞洽卿、劳敬修、冯少山等四人至两公司调查情况。3月26日,经上海商业联合会会员会议,决议请劳敬修向两公司方面解劝"忍耐痛苦,暂先接受条件"。孙景西说:"请告该两公司将来再有此种事情发生,归四位调停人负责,如犹有不满,由本会全体会员负责。该公司总可委曲求全也。"[1]4月4日,经上海总工会与上海商业联合会协商,永安公司被迫同意让离职职员一律复工。[2]工人待遇提高必然会导致资本家榨取的剩余价值的减少。据统计,1927年是永安公司利润最少的一年(见表7-3)。

表7-3　1926—1931年永安公司的盈亏情况表　　（单位:千元）

年　　份	1926年	1927年	1928年	1929年	1930年	1931年
盈亏情况	1 183	716	1 482	2 083	2 422	2 051
自有资本	6 620	6 861	7 613	8 740	10 122	11 702
利润率	17.7%	10.4%	19.5%	23.9%	23.9%	21.4%

资料来源:上海社会科学院经济研究所编:《上海永安公司的产生、发展和改造》,上海人民出版社1981年版,第63页。

纱厂是上海工业中比较重要的行业。在上海工人第三次武装起义前,纱厂工人每天的工作时间长达12个小时,而且待遇低下。上海工人第三次武装起义胜利以后,纱厂工会向资本家提出承认工会、增加工资、缩短工时、给予医疗条件、不得无故开除工人等几项条件,由于工人运动的高涨,这些条件大多为资本家所接受。[3]在沪东永安纱厂,资本家也被迫承认工会有代表工人之权并津贴开办费百元,会所由工房拨给、不收租金,增加工资十分之一、同意开除的工人全体复工等条件,[4]一些因参加罢工、起义等原因而被开除的工人又重新回到工厂工作。电机丝织工会提出"增加工资四

[1]《上海商业联合会会员会议事录》(3月26日),上海市档案馆藏上海商业联合会档案,卷宗号:Q80-1-2-8、9。
[2]《永安公司离职职员今日复工》,《申报》1927年4月4日,第14版;上海社会科学院经济研究所编:《上海永安公司的产生、发展和改造》,上海人民出版社1981年版,第119页。
[3]朱邦兴、胡林阁、徐声合编:《上海产业与上海职工》,上海人民出版社1984年版,第143页。
[4]《永安纱厂工潮解决》,《申报》1927年3月30日,第10版。

成,此外如任免工友,不得自由"等等,被资本家称为"战争状态中之城下要盟"。[1]申一厂工人施二宝起义胜利前失业在家,起义胜利以后他与其他三四个工人重新回到工厂上班,并受到工人们的热烈欢迎。一些被捕的工人也被释放,工人还惩办了工厂里那些为非作歹、为工人所痛恨的工头或领班。工人们把有的领班、工头进行游行示众,有的领班还被驱逐出工厂。对此,资本家也只好忍气吞声。[2]

对于工人提出的增加工资、减少工作时间的要求,资本家也不得不答应。据申一厂工人施瑞生回忆,起义胜利以后,工人工资增加10%,工作日由10个日工减少到7个夜工或6个日工,以1924年工作待遇为标准(分值100),1925年和1927年均有较大提高,详见表7-4。

表7-4　申一工厂工人工资增加情况表

年　份	工资额指数	工人数指数	平均工资指数
1924 年	100	100	100
1925 年	121	100	121
1927 年	145	115	126.2

资料来源:上海社会科学院经济研究所编:《荣家企业史料》,上海人民出版社 1962 年版,第 329 页。

除了典质业、纱业等行业以外,上海金融业的工人运动也不断兴起。在1926年下半年,长沙、武汉两地金融业的职工首先组织了公职会。1927年3月23日,上海第三次工人武装起义胜利以后的第二天,上海银行的职工立即组织了职工会,又加入了上海银行业职工总会。上海金融业的职工会和职工总会除了向资本家提出改善经济待遇、改善职工在银行的地位的要求以外,还在宣言中提出了取缔外商银行的口号和创办平民化的银行的主张。[3]

上海工人第三次武装起义胜利以后,一些资本家已被上海的工人运动吓得胆战心惊,尤其是上海工人手中拥有相当实力的武装力量,更是令一些资本家如坐针毡。

---

[1] 胡叔仁:《各厂宣言中之我见》,《钱业月报》1927年第7卷第5期,第17—29页。

[2] 上海社会科学院经济研究所编:《荣家企业史料》(上),上海人民出版社 1962 年版,第 326 页。

[3] 洪葭管:《上海商业储蓄银行的历史概述》,《陈光甫与上海银行》,中国文史出版社 1991 年版。

二、会员团体向上海商业联合会寻求帮助与支持

工人运动也给一些资本家的商业活动产生了影响,上海商业联合会会员纷纷向该会反映工人运动对商业秩序造成的影响。上海商业联合会在宣言中称:"工人运动利用时机,横施捣乱,以暴易暴,变本加厉。我商民危疑振(震)撼,莫知所措,斯时苦痛,殆难言状,夫使共产政策果能有利国家,我商民自当忍痛须臾造福群众。……甚有假借名义,隐图侵夺,宵小横行,贤良远引,天下汹汹,伊于何底。"[1]电机业丝织同业公会称工人"得陇望蜀""贪得无厌",该业"出境日艰,几经风波之险恶";面粉业公会也向上海商业联合会陈述,由于工人运动,"厂方失其主权,营业归于停顿"。[2]对于会员们的诉求,面对声势浩大的工人运动,上海商业联合会也毫无办法。4月3日,在上海商业联合会会员会议上,上海染织布厂公会请求上海商业联合会帮忙解决该厂的劳资纠纷,虞洽卿却表示"无能为力",请该厂回去自行磋商办法,并建议该厂尽量答应工人提出的"增加工资二成左右要求"。[3]

工人运动使一些资本家的工厂的生产秩序陷于进退维谷的境地。4月6日,电机丝织同业公会致函上海商业联合会,称:

> 年来丝价骤涨,正虞绸无销路,在进退维谷之际,方庆义军莅沪,以期商业从此可以复振。不意各厂工人亦于此时一律组设工会,并由总工会派人干涉,复组电机丝织总工会,于欢迎义军、总罢工后,各厂工人一律提出要求优待条件十条,增加工资四成之多,罢工期内以及女工生育前后,均须厂方发给工资。厂方以出货为生产,罢工及生育期内,厂方既无出货生产,又受停工损失,工资从何支付。要求不遂,辄以厂方无诚意谈判,罢工要挟,复将某厂平日管理稍微认真之职员,由丝织总工会唤去,加以侮辱,以致某厂职员见而寒心。亦有加入工会谋以自卫者,亦提出条件,向厂方要求条件之苛,骇人闻听。如此循环不撤,破产之忧可以立待。查电机丝织厂公司较多,势力薄弱,平日流动悉赖息贷转移。今受工潮影响,根本动摇,岌岌可危。至工资,全沪工厂比较,向以我丝织厂为最优,一经调查,不难明晰。厂方因罢工本已损失,复须贴给工资,不得不委曲求全,忍痛签

---

[1]　上海市档案馆编:《一九二七年的上海商业联合会》,上海人民出版社1983年版,第15页。

[2]　记者:《主要工业界之哀鸣》,《国闻周报》1927年第4卷第19期,第5页。

[3]　《上海商业联合会议事录》(4月3日),上海市档案馆藏上海商业联合会档案,卷宗号:Q80-1-1-5、6、7、8。

认已有数家,余则尚有在相持之中。其已忍痛承受者,原冀售价稍增,藉减亏负。若云打倒资本家,我绸厂俱不过百元一股和五十元一股,零星召集有限公司居其多数,藉博蝇头微利,直接间接聊谋生活而已。何得谓之资本家。业此者何止万人,一旦休业,谁之过欤! 欲罢不能,欲进不可。[1]

4月,在上海丝厂联合发表的宣言中,一些丝厂也陈述了资本家的处境:

经理无他,集合少数资本,租赁一厂,勉成一局。旦夜尽心,无非求其交货无疵。收款即以赎茧,周而复始,免致工作之停顿,设或交货不佳,收回另售,不但成本受亏,抑且原料不济,嗟乎! 经理之困难,不自今日始,今顺潮流所趋,工会组织,当能解除工商之痛苦,不受环境之压迫,然非得劳资双方彻底觉悟,仍处于危机四伏之中,不久即受连带牵制,卷入漩涡。[2]

后来,在电机厂发布的宣言中,一些电机厂也指出:

……现在同业中,所有工人条件,完全出自非法总工会代表何大同,或自称电力丝织工会会长沈实成等,威胁提出,增加工资四成,此外如任免工友,不得自由等等。将厂商内部行政各权,侵夺净尽。等于战争状态中强迫城下之盟,亦类似无赖之勒索诈欺行为,安得谓之劳资契约,岂能强迫继续有效,所谓各厂陆续容纳者,皆受命于动辄罢工,以及种种恫吓之劫持,同业暂时容忍,勉顾大局。[3]

一些资本家认为工人运动严重地损害了资本家的经济利益,对工人罢工多有指责,他们认为:

罢工是一种至悲愤至消极的表示,其用意所以警告对方……盖其结果能减少生产,增加消费,停顿交通,恐慌金融,人心为之震动,社会为之不安,必增至可危虑之骚扰,而纳于同归于尽之一点。故用之得其道,诚为解除一切之利器,用之失其道,则为破坏社会组织之工具,予有望于指导者,毋堕国家之体面,毋以社会作孤注。[4]

但是,由于上海第三次工人武装起义以后,工人与资本家力量对比悬

---

[1] 《上海电机丝织厂同业公会陈述商业困苦反对工人罢工公函》,上海市档案馆藏上海商业联合会档案,卷宗号:Q80-1-17-15、16。
[2] 裕孙:《实业界呻吟之声》,《银行周报》1927年第11卷第40期,第32—35页。
[3] 记者:《主要工业界之哀鸣》,《国闻周报》1927年第4卷第19期,第5页。
[4] 市隐:《罢工》,《钱业月报》1927年第7卷第2期,第6页。

殊,资本家只能从二者之间的利害关系来告诫工人:

> 职工与资本家,既有休戚之关系,应存互助之心,则遇事能相见以诚,不难得双方之谅解,资本家尤宜事事之公开,摒除私见,务求物得其平,则罢工之工潮自息。至若以胁迫之手段,为罢工后盾,激于一朝之念,不顾前途厉害,是同激励分子所为,而为智者所不齿焉也。[1]

电机丝织业公会劝告工人停止罢工,并告诫工人"如果一意孤行",则会"船到江心,补漏嫌迟",该业宣言称:

> ……若再执迷不悟,则相依为命之厂工两方,势必同归于尽,亦近自杀,终有冰山既倒,鸟尽弓藏、兔死狗烹之一日,祸到临头,纵使憬然醒悟知返,已如船到江心,补漏嫌迟,届时厂商破产,工友失业,所谓打倒资本家,不待打倒而自倒。[2]

也有一些评论认为,虽然资本家苛待工人是造成工人反抗的主要原因,但是工人所提的要求过高,"考其内容,实属失当"。也有人认为,资本家与工人的做法都不可取,资本家与工人双方应当"形影相依","互守其界,始能成两利之局"。[3]

资本家一边勉强接受工会条件,一边紧急寻求对策,但工人运动的熊熊烈火使资本家不得不有所顾忌。面对声势浩大的工人运动与相当数量的工人武装,上海商业联合会一度寻求妥协的办法。1927年3月31日,在上海商业联合会的会员会议上,该会主席虞洽卿指出:"对于工会的无理要求,或因此发生暴动等行为,本会当设法抵制。"[4]1927年4月2日,在上海商业联合会会员会议上,有人报告无锡工厂工人运动的情况,请众会员讨论应对办法。穆藕初建议请国民党第二十六军军长帮忙,出兵镇压工人运动,但是这一建议遭到王晓籁的反对。王晓籁认为:"现在民气之盛,远非昔日,恐压力愈重,反抗力越大,此事只能与工会磋商。"接下来,会员上海染织业同业公会的潘旭升报告染织业工人提出增加工资数倍以上,他称:"现正相持不能复工,上海各大厂家甚多,相率而行,商界之幸福何存。"在讨论过程中,徐静仁认为:"凡厂中工人十九里良善,不过极少数分

---

[1] 楚声:《罢工感言》,《钱业月报》1927年第7卷第1期,第7—8页。

[2] 记者:《主要工业界之哀鸣》,《国闻周报》1927年第4卷第19期,第5页。

[3] 渊泉:《武汉工潮感想》,《北京晨报》1926年11月28日。

[4] 上海市档案馆编:《一九二七年的上海商业联合会》,上海人民出版社1983年版,第217页。

子在内煽惑搬弄,良者不敢不从,故而如是。故两方磋商得一妥当办法,自可解决,不可各走极端。"[1]他主张积极与工会进行沟通,通过协商的途径解决劳资问题。

上海商业联合会在寻求与工人合作、通过协商途径解决劳资问题的同时,[2]还试图向工人说明,外国经济侵略是造成劳资纠纷的主要原因,"故吾国今日之劳资问题,并不纯在资本家压迫劳工,其根本症结之所在,实由于国外经济之压迫。所以中国的工人,应该联成一气,对外国资本家宣战"。[3]因此,上海资本家曾积极倡导"工商相互谅解,抵外货于无形",资本家称"工人处今日而欲起与资本家为难者,结果唯有同归于尽,转使环伺于旁之外国资本家引为快心而已"。[4]3月31日,上海商业联合会在拟请国民政府颁布劳工争议调解仲裁法规的呈稿中称:"本会为商业集合机关,愿与各业工人共同对外奋斗,首图收回关税自主之权,实施保护政策,以促国内实业之发展;次谋外商在华营业,一律与华商同遵国民政府法令,以除外商免纳税项种种之特殊条件。迨至帝国主义经济侵略政策排除之后,各地产业日见兴盛,劳资两方均受同等利益,始收彻底补救之效;否则,各地产业内外交困,日处于奔涛骇浪之中,耗折愈盛,势将纷纷闭歇。劳工无事可做,亦必流离失所。"[5]王晓籁也曾指出:"现在中国实业只可谓一线曙光,弥望工商方面相互谅解,并相互牺牲,以冀国货之生产力增加,而抵制外货于无形,俾一线之中国实业不致受风雨之摧残,则幸甚矣。"[6]

对于工人的罢工斗争,也有人列举了罢工也会对工人产生不利影响,希望工人保持镇定,以防帝国主义列强乘虚而入,他们不失时机地劝导工人:

> 罢工为工人维持生存权之唯一武器,在现代资产制度之下,自有难免于使用者。然唯其为武器也,故用之不能不慎。譬彼利刃,欲保其

---

[1]《上海商业联合会议事录》(4月2日),上海市档案馆藏上海商业联合会档案,卷宗号:Q80-1-1-1、2、3、4。

[2]《劳工问题之面面观》,《银行周报》1927年第11卷第19期,第32—39页。

[3]子明:《国外经济压迫与我国劳工》,《银行周报》1927年第11卷第16期,第28—30页。

[4]慎予:《五一节之两面观》,《国闻周报》1926年第3卷第16期,第2页。

[5]《上海商业联合会拟请国民政府颁布劳工争议调解仲裁法规呈稿》,上海市档案馆藏上海商业联合会档案,卷宗号:Q80-1-23-1、2、3、4、5。

[6]《上海商业联合会议事录》(6月15日),上海市档案馆藏上海商业联合会档案,卷宗号:Q80-1-1-46。

锋,须善藏之。必其对象有可用之价值,而环境又有不能不用之趋势,而后始勉用之,庶不至滥用,徒缺锋刃,自失其作用。我国工人之团体的训练,尚乏经验,而罢工之意义,亦多未能了解,故往为野心家所利用,盲从附和,一若罢工结果,工人终属有利者,何不患之甚耶? 在我国今日产业制度之下,苟工人不知劳资双方所处之地位,动以罢工要挟资本家,则牧其利者,尽为外国帝国主义者矣。

我国产业之能勉强支持者,寥寥可数。外受列强之侵占,内感资料之缺乏及技术之拙劣,劳资通力合作,奋战苦斗,犹恐不易防守国内之市场。若劳资更立于敌对地位,则任何事业皆将立见败坏,而充斥吾市场,吸收吾骨髓者,悉为外货矣。故居今日而谈劳资问题,只可合作,不可敌对。劳资宜联立于一方以对抗外国资本家,不宜分立于两方以分散吾一致对外之实力。就劳资之广义的意义而言,则中国人皆工人,外人始为真正之资本家。外国之劳资问题为国内的性质,中国之劳资问题,则为国际的性质。此理一明,万事皆易得其正当解决之道。[1]

一些资本家还告诫工人:"若不工商合作,以求发达于国外,仅争权于国内,酿成工商辍业,造成经济竭蹶,必同归于厄境。"[2]

当然,长期以来,列强在华企业凭借 19 世纪强加给中国的不平等条约,我国关税自主权逐步丧失,致使我国的民族工业在与洋商的竞争中一直处于不利境地。因此,华商企业为了在这种劣势下生存并且达到资本增值的目的,只有通过延长工人的劳动时间,或减少工人的工资等手段,来加强对工人的剥削,以降低生产成本,增加同列强在华企业在价格等方面的竞争力。4 月 3 日,在上海商业联合会的会员会议上,上海总工会负责人汪寿华在谈到劳资纠纷问题时,就曾批评一些资本家"不从关税自主与外国竞争,而注意于减少工资,实为非计。以前对于工人都觉恐怖,而现在不然。资本家对之常怀鄙视,每有工人条件提出,未容纳而排斥,致有先罢工后提出要求,盖恐资本家不纳也。今国民军到沪,工人手段不同矣。与以前相反,此乃劳资间不能融洽之故也"。[3]

---

[1] 渊泉:《武汉工潮感想》,《北京晨报》1926 年 11 月 28 日。

[2] 裕孙:《实业界呻吟之声》,《银行周报》1927 年第 11 卷第 40 期,第 32—35 页。

[3] 《上海商业联合会议事录》(4 月 3 日),上海市档案馆藏上海商业联合会档案,卷宗号:Q80-1-1-5、8。

第三节　上海商业联合会对工人运动的抵制

一、四一二政变以后上海劳资纠纷形势的逆转

四一二政变以后,上海的政治局势发生逆转,上海大资产阶级和民族资产阶级的一些上层人物纷纷推翻大革命时期答应工人的提高工资、改善待遇等条件,重新夺回劳资纠纷的话语权。工人已经取得的政治待遇、经济权利丧失殆尽,生活又重新陷入极度痛苦之中。"一种势力压迫另一种势力,本来翻身变正,一下子变动又转反了。"[1]而这一时期的劳资纠纷,从大体来看,其原因主要是雇主降低工资、增加工作时间、取消从前的某种待遇、开除工人等方面造成的,各业工人罢工,"十分之八九为不得已的防御战"。[2]

在纺纱行业,中、日、英三国纱厂厂主成立了上海纱厂业联合委员会,共同对付工人的反抗。纱厂工人在上海第三次武装起义胜利以后,迫使大资本家答应的要求包括:半小时吃饭并休息半小时,热水泡饭,每个月有 4 天的赏工,星期日、节日休息工资照发,生病给医疗费、死亡给抚恤金等,这全部被取消。[3]

在上海金融业,庄得之和陈光甫对于上海金融业的工人运动非常害怕,他们表面上不敢公开反对,暗地里却聚集在一起商讨对策。四一二政变以后,上海银行就立即开除职工会的工人代表和工人运动的积极分子 20 余人,尽管其中有人替个别有一定的社会关系的工人去说情,但上海银行最终还是开除了他们。[4]

在面粉行业,在北伐军到达上海以后,面对持续高涨的工人运动,面粉业的大资本家们曾经对工人进行妥协。四一二政变以后,上海商业联合会委员、阜丰面粉厂资本家孙景西立即开除参与工人运动的工人,不仅如此,

[1] 朱邦兴、胡林阁、徐声合编:《上海产业与上海职工》,上海人民出版社 1984 年版,第 148 页。

[2] 朱邦兴、胡林阁、徐声合编:《上海产业与上海职工》,上海人民出版社 1984 年版,第 8 页。

[3] 中共上海市委党史研究室编:《中国共产党在上海》,上海人民出版社 1991 年版,第 100 页。

[4] 杨桂和:《陈光甫与上海银行》,中国人民政协全国委员会文史资料委员会编:《文史资料选辑》第 23 辑,文史资料出版社 1991 年版;洪葭管:《上海商业储蓄银行的历史概述》,《陈光甫与上海银行》,中国文史出版社 1991 年版。

他还联合其他面粉厂一起对工人采取行动。[1]1927年的4月14日至18日,永安公司的大资本家先后写信给香港、天津等地的同行业资本家说:"党军已将总工会解散,并严办共党分子,人心因之略定……本厂一二三厂一个个恢复原状,如常工作,足慰远注,料政局经此一番政变,不但与实业有益,即北伐前途亦可日有进步也。"[2]

在四一二政变以后的相当一段时间,资本家开除工人的事件仍然时有发生。6月,法电公司开除46名参加纠察队的工人;7月,中华书局一次就开除参加工人运动的工人360人;8月,沪西内外棉五厂开除被怀疑为发动工人运动的工人120人;12月,先施、永安、新新三个公司一共开除工人300人,药业与米业也开除工人运动的积极分子100人。此外,一些工厂还规定禁止雇用参加过工人运动与工会组织的工人。[3]

对于资本家纷纷开除工人,致使劳资关系日趋紧张这一事实,国民党上海市农工商局也不得不承认。国民党在《上海工人运动史》中指出:"因为'清党'关系,发生工人组织的改组,但在这里,一般资本家,竟因之以前对工人所承认的条件,加以否认,其中最痛苦的莫过于纱厂工人了。过去的条件,完全被厂主取消,童工更是受尽工头的打骂,工资也由大洋改为小洋,以前曾经参加工会的,逐渐为厂方开除……至于厂内工作时间所受的种种痛苦与限制,更是笔难尽述。印刷工人与店员遭受厂主、店主的压迫与剥削,更是无孔不入,无微不至。"[4]

依仗与国民党达成的秘密交易,有了国民党作为政治靠山,上海商业联合会有时候请求国民党军队帮忙镇压工人运动,逼迫工人就范。1927年4月15日,上海染织业发生劳资纠纷,该业资本家马上请求上海商业联合会借用国民党的军警力量镇压工人运动,该业在致上海商业联合会的信函中称:

> 敬启者:据敝业各厂来称,近来时有无业游民到厂滋扰或强迫工人罢工或不准工厂停业,复有假借工厂名义向工人索费敛财,往往恃强横行不法,商民受累重大。按工人罢工系各工人之自由,而旁人强

---

[1] 孙仲立:《四一二阜丰开除职工》,上海市工商业联合会档案史料,卷宗号:181-102。
[2] 《邓金友史料座谈记录》,上海市工商业联合会档案史料,卷宗号:191-34。
[3] 中共上海市委党史研究室编:《中国共产党在上海》,上海人民出版社1991年版,第100页。
[4] 国民党中央民众运动指导委员会编:《上海工人运动史》1935年版,第182页。

迫罢工则属侵犯自由,至厂方开业停业亦属商人之自由,他人安得侵犯。为此,拟请转呈警察厅对歇业工厂八十家概行给与保护以维商业而保治安,至为感谢荷。此致上海商业联合会,上海染织业商民协会筹备处。[1]

1927年6月17日,上海药业饮片公会出现劳资纠纷,工人不服从国民党商民部、商民协会、工会统一委员会及药业公会的处理决定,要求"必须让全体工人复工"。事后,上海药业饮片公会称工人"因思解职问题,既经商决于前得有办法,奚能旋即反悔,集众要挟,无法妄为,私擅监禁,不独敝会同人咸深自危之心,抑且全埠商人能无闻之胆寒俱生疑惧",请求上海商业联合会与工统会"交涉办法,是否应诉诸刑典,借昭炯戒"。6月18日,上海商业联合会致函统一工会称:"伙友进退,业主有权,何得又生异议,该工会本不应伙友被歇而起反抗;且既经贵会调解,由公会给资了结,何得又生异议,至纠众持械监禁多人,尤属不法,贵会有指导监督之权,应请派员查明,予以相当处分,用儆将来。"[2]8月31日,为了防止工潮的再次发生,上海商业联合会联合上海县商会、闸北商会、上海总商会在上海总商会召开紧急会议,商讨如何对付工人运动及工会组织。[3]

1927年10月,苏州铁机丝织工人不堪资本家压迫,将苏州商会捣毁,割断了商会的电话线,并将商会会长捆绑起来游街示众,苏州市警察局派人去拘捕工人领袖张春山,也遭到工人们的强烈反抗。[4]10月19日,上海商业联合会等致电国民政府商民部,称:"商会对于厂方系居调解地位,因此横遭非法逮捕,更属蹂躏人权。此事违背劳资调节条例之轨外行、内有反动分子从事唆使,冀挑起阶级斗争。应请派员查办,并严行制止该工人直接行动。武汉恐怖之祸,不致重见于东南,商情惶骇,环乞主持。"[5]

10月26日,上海商业联合会等团体又致电国民党中央党部,称苏州铁机丝织工人"蔑弃法纪,抗违公会,凶横之极,显系秀工害群,操纵利用。试

[1]《上海药业饮片公会函》(6月17日),《上海机器面粉等业同业公会关于职工要求复职、增加工资以及罢工等情况致上海商业联合会的报告》,上海市档案馆藏上海商业联合会档案,卷宗号:Q80-1-17-8、22。

[2]《致统一工会函》(6月18日),上海市档案馆藏上海商业联合会档案,卷宗号:Q80-1-17-11、12。

[3]《四团体今开重要会议,讨论本埠治安防止工潮问题》,《申报》1927年8月31日,第14版。

[4] 小田、杨文:《近代劳工阶级的身份表达:以1927年苏州铁机工潮为案例》,《史林》2019年第1期。

[5]《苏州机工运动之反响,四商会请宁制止》,《申报》1927年10月20日,第10版。

思青天白日之下，法律失效至此，尚复成何世界，党国前途危险万分。试思商长、警察等公私法团，均失安全保障，则民众人人自危，更无立足地步"，"群性愤激，人心恐慌，切盼官厅破除情面，尽法制裁"。上海商业联合会害怕苏州工潮蔓延到上海，指出："苏沪咫尺，谊在唇齿，横暴所恣，尤切婴冠，应请钧座将此案提先惩治，以平公愤。"在上海商业联合会的催促下，国民党逮捕了苏州工人运动的主要领袖，"即经指饬移送地方法院讯究，并严缉逸犯各在案"。[1]

二、组织商民协会[2]

在北伐军占领区，工人运动蓬勃发展，工会组织纷纷成立。这些地区的商人为了保护自身利益，往往也建立商人组织与之对抗。在国民革命军占领下的武汉，武汉的一些商人曾经组织成立了商民大会，商人利用该会与工会进行对抗并取得了一定的成效，一些资本家曾对此不无褒奖：

> 武汉工潮勃发之后，继之以商民大会，就中国国民前途言之，此皆必至之趋势，且为步之象征。虽事限一隅，而犹有注目之价值也。所谓健全之社会，各业俱谋伸张，而同时互不妨害。其他各业亦仿照工会组织团结之，奋斗之，各伸张其正当理由，以共求其持平之解决。汉口商民有鉴如此，居然召集万人，议决三项，欲以罢市之武器与罢工抗衡，果也，表示一出，纠察队已解散千人，许多罢工案件相继解决。则商界组织化之功效亦大见矣。[3]

为了更为有效地对付工人运动，上海商业联合会成立以后，也企图建立能够同时吸收工人、资本家参加的组织，以模糊工人与资本家之间的阶级界限，篡夺工人运动的主导权。1927年4月1日，在上海商业联合会会员会议上，虞洽卿说："现在各店职员组织职工会，工人组织工会，则我等此会地位非资本家而似资本家矣。其实厂店为股东所有，我等受聘亦职员耳，故宜

---

［1］《上海总商会函》，上海市档案馆藏上海商业联合会档案，卷宗号：Q80-1-19-3、4；《中央党部已派员调查苏工潮》，《申报》1927年10月26日，第10版。
［2］张志东认为，商民协会是具有工商社团和国民党外围党务助理机构的双重性质的组织，表达了国民党在训政时期建立高度组织化、理想化的国家社团主义从事国家民族建设的追求，改组后的商会与国家的关系，是一种无功能状态的国家社团主义的制度安排，见张志东：《国家社团主义视野下的制度选择——1928—1931年的国民政府、商会与商民协会，天津的个案研究》，《"国家、地方、民众的互动与社会变迁"国际学术研讨会暨第九届中国社会史年会论文集》，2002年。
［3］《武汉商民大会的感言》（时评），《国闻周报》1927年第3卷第48期，第1页。

企谋使职工会与本会并为一体。"[1]王晓籁说:"广东商会等等外有商民协会之设,即虞先生之旨意,故宜使职员等组织本会,诸君可以在各本业发起或领袖,本会则总其成,此亦为扶持商人之一法。"[2]为了筹备组建商民协会,4月11日,上海商业联合会请求国民党政治部递送商民协会章程以备讨论。[3]4月13日,为了进一步抵制工会势力,上海商业联合会召开委员会讨论组织商民协会。不过,在指导各会员建立商民协会的问题上,上海商业联合会的领导层存在一些分歧。虞洽卿认为:"各职工会相继加入总工会,则殊非商界之乐观,按党章,商民本有商民协会之组织,故请各位注意各业组织商民协会分会,劝各职员加入。"而穆藕初和姚公鹤则认为,上海商业联合会会员是否加入商民协会可以听其自然,不必另行劝告。黄振东却认为,下级职工"智识极简单,听其自然则恐必行入歧途",他认为各会员的领导者与上级职员应该对下级职员加以指导,发起并组织商民协会。最后,还是黄振东的提议得到了与会会员的一致赞同。[4]4月14日,上海商业联合会致函各会员称:"以近为工潮澎湃之中,各业工会亦随之风起云涌,良因潮流所趋,难以自抑,吾各业商民似应组织法定之商民协会,以互助之精神,作自卫之团结,工会势力愈大,而我商界殊多自危,值兹工会纠察队之枪械被缴,工会势力稍杀之时,各店员、职员正有遑遑歧途、无所依归之际,急宜遵党部定章,组织合法之商民协会。所有店员、职员有正当之团结,不致引入歧途,则工界势力亦不致力益扩张,而商界始有存立之余地。"[5]4月15日,上海特别市商民协会筹备委员会致函上海商业联合会,希望上海商业联合会全体委员能够加入商民协会筹备委员会。[6]4月17日,上海商业联合会召开委员会议,决定通知各会员,要求它们组织商民协会并推举商民协会代表二人,而后再行加入上海市商民协会。[7]4月20日,上海商业联合会

---

[1]《上海商业联合会议事录》(4月2日),上海市档案馆藏上海商业联合会档案,卷宗号:Q80-1-1-4。

[2]《上海商业联合会议事录》(4月2日),上海市档案馆藏上海商业联合会档案,卷宗号:Q80-1-1-4。王晓籁在全国解放前夕,拒绝去台湾而去香港,1950年初返回上海,1954年当选为上海市人大代表,1958年任上海市政协委员。

[3]《商民协会消息》,《申报》1927年4月11日,第15版。

[4]《上海商业联合会议事录》(4月13日),上海市档案馆藏上海商业联合会档案,卷宗号:Q80-1-1-13、14。

[5]《为请各会员组织商民协会通告各会员函》,上海市档案馆藏上海商业联合会档案,卷宗号:Q80-1-3-16;《商业联合会促组商民协会》,《申报》1927年4月18日,第9版。

[6]《上海特别市商民协会筹备委员会邀请商业联合会参加筹备函》,上海市档案馆藏上海商业联合会档案,卷宗号:Q80-1-24-19。

[7]《商业联合会促组商民协会》,《申报》1927年4月18日,第9版。

召开委员会议,推定胡孟嘉、徐静仁、冯少山、穆藕初、秦润卿五人为商民协会研究委员会委员,负责研究商民协会章程。[1]4月21日,上海商业联合会致函各会员,要求他们推举二人,组织各业商民协会分会,并于4月27日以前呈报上海商业联合会,以便研究商民协会。[2]4月25日,由于仍有三分之二的会员没有呈报商民协会的分会名单,上海商业联合会召开临时紧急委员会议,再次催促那些没有呈报商民协会分会名单的会员。[3]在上海商业联合会的催促下,该会的会员纷纷组建商民协会分会,并推举该业商民协会的代表,如表7-5所示。

表7-5 上海商业联合会会员组建商民协会分会情况表

行业名称	加入时间	商民协会名称	代表人
上海针织业	4月16日	上海针织业商民协会分会	金喜敬、葛胜如
上海纸业	4月18日	上海纸业商民协会分会	冯少山、刘敏斋
上海染织业	4月26日	上海染织业商民协会分会	诸文绮、钱琛荣
南北市报关公所	4月17日	南北市报关公所商民协会分会	石芝坤、张贤坤
沪北经售米粮公会	4月20日	沪北经售米粮公会商民协会分会	祝厚甫、蒋石稚
沪北米业联合会	4月20日	沪北米业联合会商民协会分会	范和笙、周麟峰
糖业点春堂	4月24日	糖业点春堂商民协会分会	黄振东、刘甲生
押当业	4月22日	押当业商民协会分会	张应理、翁为云
洋货商业公会	4月25日	洋货商业公会商民协会分会	项如松、徐乾麟
杭绸业	4月25日	杭绸业商民协会分会	鲁正炳、邵懋章
糖洋南北杂货	4月25日	糖洋南北杂货商民协会分会	邱唯涛、凌荫松
中华水泥厂	4月25日	中华水泥厂商民协会分会	史乃修、谢培德
木商会馆	4月25日	木商会馆商民协会分会	马骥良、卢柜香
上海油厂	4月25日	上海油厂商民协会分会	薛文泰、朱静安
江苏火柴	4月25日	江苏火柴商民协会分会	顾丽江、王敬甫
华商码头	4月26日	华商码头商民协会分会	盛泽丞、陈耕莘

---

[1]《上海商业联合会议事录》(4月20日),上海市档案馆藏上海商业联合会档案,卷宗号:Q80-1-1-17。

[2]《商业联合会请各推代表》,《时报》1927年4月23日,第7版。

[3]《上海商业联合会议事录》(4月19日),上海市档案馆藏上海商业联合会档案,卷宗号:Q80-1-1-19。

行业名称	加入时间	商民协会名称	代表人
茶叶会馆	4月27日	茶叶会馆商民协会分会	胡德馨、沈锦柏
上海染织布厂	不详	上海染织布厂商民协会分会	潘旭升、张啸虞
新药业公会	4月27日	新药业公会商民协会分会	黄楚九、沈济川
土布业	4月27日	土布业商民协会分会	李旭章、洪震扬
电机丝织业	4月25日	电机丝织业商民协会分会	蔡声白、沈田莘
嘉谷堂米业公所	4月16日	嘉谷堂米业公所商民协会分会	黄吉生、葛培允
机器碾米	4月27日	机器碾米商民协会分会	朱北移、朱安生
上海出口各业	4月29日	上海出口各业商民协会分会	吴伟臣、虞景珊
厢业集义公所	4月30日	厢业集义公所商民协会分会	孙静洲、朱秀非
参业公所	5月1日	参业公所商民协会分会	孔慎甫、朱秉禄
铜锡业	5月2日	铜锡业商民协会分会	冯咏梅、杨苍柏
腌腊业	不详	腌腊业商民协会分会	吴臣芴、张栋云
绪纶绸缎业	不详	绪纶绸缎业商民协会分会	黄季纯、费振麟
华商杂粮公会	4月25日	华商杂粮公会商民协会分会	叶惠钧、严筱泉
铁业公会	4月25日	铁业公会商民协会分会	陆培之、郑世铭
运输业同业公会	4月30日	运输业同业公会商民协会分会	何秉香、王勖甫

资料来源:《上海商业联合会关于组织上海市民协会的函件、上海市商民协会草章》,上海市档案馆藏上海商业联合会档案,卷宗号:Q80-1-24-34、77。

　　然而,上海商业联合会组织商民协会的目的似乎与国民政府组建商民协会的意愿背道而驰。为了迅速成立商民协会,上海商业联合会致函国民党政治会议上海分会,要求该会就组织商民协会给予指导。[1]然而,5月9日,国民党上海市商民部通知上海商业联合会,称:"该党部为郑重起见,刻正修订关于商民协会一切组织法,不日即可明白公布,俾商民有所遵循。"又称:"一俟本党部委任指导员出席上海特别市商民协会筹备处时,先将该会筹备员加以严密之审查,不及格之筹备员一律检举剔除。"国民党商民部还要求上海商业联合会整体并入商民协会,共同筹备组建上海市商民协会。[2]

---

[1]《上海商业联合会函件底稿》,上海市档案馆藏上海商业联合会档案,卷宗号:Q80-1-3-23;《上海商业联合会关于组织上海市民协会的函件、上海市商民协会草章》,上海市档案馆藏上海商业联合会档案,卷宗号:Q80-1-24-96。

[2]《国民党上海特别市党部商民部公函》(5月9日),上海市档案馆藏上海商业联合会档案,卷宗号:Q80-1-24-28。

这无疑是想利用商民协会控制上海商业联合会,或者是利用商民协会吞并上海商业联合会,将上海商业联合会变成上海商民协会的一个分支机构。当然,对上海商民协会合并上海商业联合会的企图,上海商业联合会内部并非没有会员觉察到这一点。5月25日,上海商业联合会召开会员会议讨论如何组建商民协会时,[1]方椒伯认为商民协会应该以行业为单位进行组织,而不是以区域为单位,[2]他认为这样做也可以有效防止商民协会以区域为单位瓦解上海商业联合会。此外,为了审查上海商业联合会委派参加商民协会筹备会委员资格,商民协会筹备处和国民党商民部多次要求上海商业联合会填交该会商民协会筹备委员会的履历表,上海商业联合会对此也消极应对。5月14日,商民协会派王汉良、王汉强、成爕春、邬志豪向上海商业联合会说明商民协会章程修正过程,并要求上海商业联合会尽快递交商民协会筹备会委员会委员名单。[3]5月15日,商民部又要求上海商业联合会填交商民协会筹备处委员的履历表。[4]5月28日,商民部再次要求上海商业联合会填写各筹备委员的履历表。[5]国民党商民部这一系列做法令上海商业联合会感到不满。基于上述原因,虽然上海县商会等团体早在5月10日就将顾馨一、姚紫若、朱吟江等人的履历表交到了上海商业联合会。[6]可是,当商民协会和商民部向上海商业联合会索要参加商民协会筹备会委员履历表时,上海商业联合会却一再拖延。5月29日,上海商业联合会托辞各委员的履历表的填写应该征得各委员的同意。[7]为了缓和紧张气氛,5月30日,商民部向上海商业联合会解释要填写履历表是为了方便商民协会筹备处出示书面通知而用,以资备案属于误会。[8]即使这

[1]《上海商业联合会关于组织上海市民协会的函件、上海市商民协会草章》,上海市档案馆藏上海商业联合会档案,卷宗号:Q80-1-24-96。

[2]《上海商业联合会关于组织上海市民协会的函件、上海市商民协会草章》,上海市档案馆藏上海商业联合会档案,卷宗号:Q80-1-24-24。

[3]《上海商业联合会关于组织上海市民协会的函件、上海市商民协会草章》,上海市档案馆藏上海商业联合会档案,卷宗号:Q80-1-24-6。

[4]《上海商业联合会关于组织上海市民协会的函件、上海市商民协会草章》,上海市档案馆藏上海商业联合会档案,卷宗号:Q80-1-24-87。

[5]《上海商业联合会关于组织上海市民协会的函件、上海市商民协会草章》,上海市档案馆藏上海商业联合会档案,卷宗号:Q80-1-24-93。

[6]《上海商业联合会关于组织上海市民协会的函件、上海市商民协会草章》,上海市档案馆藏上海商业联合会档案,卷宗号:Q80-1-24-95。

[7]《上海商业联合会关于组织上海市民协会的函件、上海市商民协会草章》,上海市档案馆藏上海商业联合会档案,卷宗号:Q80-1-24-92。

[8]《上海商业联合会关于组织上海市民协会的函件、上海市商民协会草章》,上海市档案馆藏上海商业联合会档案,卷宗号:Q80-1-24-91。

样,过了很长一段时间,直到6月17日,上海商业联合会才将委员的履历表送交商民部。[1]经国民党商民部审查,6月25日,中央党部委定虞洽卿、吴蕴斋、王晓籁、冯少山、叶惠钧、朱吟江为商民协会筹备会委员。[2]7月1日,商民协会要求上海商业联合会分发商民协会就职典礼券100张。[3]8月2日,商民协会筹备处要求上海商业联合会推选代表二人参加由商民协会主办的关税自主大会。[4]10月12日,上海商民协会筹备处要求上海商业联合会通知所属会员,双十期间职工休息,工资照发,[5]俨然是上级向下级传达指令。不过,上海商业联合会对于商民协会筹备处后来的通知与要求基本上都没有理会。

三、与工统会等争夺会员资源

国民党政权为了有效利用工人、商人这些阶层的政治资源,企图利用多种手段插手与控制工人运动与商民运动。为此,国民党成立了专门的指导工人运动的机构工统会。然而,工统会的成立,却引发了工统会与上海商业联合会争夺会员的纠纷。早在1926年9月,国民党中央常务委员会决议将店员工会划归总工会之下,由工人部管辖。[6]1927年初,国民党又规定"与资本有关系者"为商人,应一律加入商民协会,反之,则加入工会。1927年5月1日,上海商业联合会致函国民党商民部,认为:"厂店职员,其职即系经营商人之买卖,当然属于商人范围,本不问于资本之有无,故应得入商民协会,凡属制造货物之人即系劳工,与商人迥然各别,该劳工自应加入工会。"[7]5月25日,为了厘定工商界限,上海商业联合会召开会员会议。在

---

[1]《上海商业联合会关于组织上海市民协会的函件、上海市商民协会草章》,上海市档案馆藏上海商业联合会档案,卷宗号:Q80-1-24-102。

[2]《中央委定商民协会筹备员》,《申报》1927年6月26日,第14版。

[3]《上海机器面粉等业同业公会关于职工要求复职、增加工资以及罢工等情况致上海商业联合会的报告》,上海市档案馆藏上海商业联合会档案,卷宗号:Q80-1-17-32。

[4]《上海商业联合会关于慰劳和欢迎北伐军、庆祝宁汉(蒋介石与汪精卫)合作、推派代表出席对英、日经济绝交大同盟会及拒毒(鸦片)运动等函件》,上海市档案馆藏上海商业联合会档案,卷宗号:Q80-1-12-60。

[5]《上海商业联合会关于慰劳和欢迎北伐军、庆祝宁汉(蒋介石与汪精卫)合作、推派代表出席对英、日经济绝交大同盟会及拒毒(鸦片)运动等函件》,上海市档案馆藏上海商业联合会档案,卷宗号:Q80-1-12-59。

[6]中国第二历史档案馆编:《中国国民党第一、二次全国代表大会会议史料》(下),江苏古籍出版社1986年版,第682页。

[7]《上海商业联合会关于调解土布业商民协会分会与工会组织统一委员会间争收会员纠纷问题的函件》,上海市档案馆藏上海商业联合会档案,卷宗号:Q80-1-28-12。

这次会议上,上海商业联合会的主要领导者吴蕴斋、王一亭、闻兰亭等与国民党商民部部长张振远在工商界限问题上的看法存在严重的分歧。吴蕴斋指出:"工商会员问题迄今未有相当之解决,见今报载中央执行委员会消息对于工商界略谓凡店员非与资本有关系者不得谓之商,似此天下皆工,商业前途堪危,不得不开会郑重讨论,日前特别是商民部张振远先生曾为工商界限解说事特前往南京接洽,今请其报告,幸诸君注意。"而张振远却认为:"鄙人前为特别市商民协会章程经敝部审查并送至南京请中央批准,并为工商界限说纠纷……意使有工之资本关系即可谓之商人,凡受雇者皆谓之工人,有虽为一公司之经理而对公司之资本无关系即为工人,虽为小贩因为资本即为商人,则工商之界限愈加混乱,而工商之纠纷更将增多,殊非工商前途之福利。此次往宁为特别市商民协会筹备事,已将贵会委员及现在商民协会筹备委员名单呈请中央加委为正式之商民协会筹备员。"吴蕴斋指出:"依中央之解释则店员等人皆大半属工应加入工会,则商业前途殊难逆料,请诸君不可轻视而忍之。"闻兰亭表示:"中央即已发表绝不能收回成命,只有本会陈述意见请之重新审查,至不能容纳再推举专员至宁作破釜沉舟之力争。"冯少山表示:"现中央政治会议起草商民协会工会条例,最好吾人送呈草案备参考。"吴蕴斋认为:"现在可双方陈述意见请中央重新审查,请冯先生重新召集研究商民协会章程,将讨论意见致起草委员会,再通告各团体如有何意见可开陈本会以收集思广益之效。"[1]5月26日,上海商业联合会致函各会员,要求他们研究商民协会章程,讨论如何准确划分工商界限。[2]同时,上海商业联合会再次呈请国民政府核定工商标准。上海商业联合会在其呈文中指出:

> 凡以买卖或以贸易为职业者,均系商人,凡属于商人,根据商民协会第一条,均得为会员,而商店店员均系以买卖或贸易为职业,当然应入商民协会。工字之意义,若广义而言之,则无论何种职业,非劳心即劳力,此种解释,且包含农商及一切职业,当然不能适用,就狭义而言之,则工者,从事制造业者也,应仅限制在工厂之作者,何能包括商店店员在内? 若以资本之有无关系,为判别工商之界限,则大银行大商店之经理、协理、账房,彼等未必与资本有关系,均应加入工会矣。而黄包车

[1]《上海商业联合会议事录》(5月25日),上海市档案馆藏上海商业联合会档案,卷宗号:Q80-1-1-35。

[2]《上海商业联合会关于调解土布业商民协会分会与工会组织统一委员会间争收会员纠纷问题的函件》,上海市档案馆藏上海商业联合会档案,卷宗号:Q80-1-28-26。

夫以稍微有些本,租车劳力,以图余利,亦应加入商民协会矣。或以为经理协理账房虽直接与资本无关,而有红利可分,可谓之间接与资本有关,故可谓之商,若以此言之,上海商店伙友十之七八均有红利可派,又何以强为之别。[1]

5月31日,上海商业联合会又呈文给中国国民党中央执行委员会,再次阐明上海商界的工商标准,指出:

> 为商店店员为商,应加入商民协会,窃查上海工会统一委员会与商民协会争执会员一案,经贵会第九十一次常务委员会决议,商店店员,凡不与资本有关系者,不得谓之商,不得入商民协会等因,并已函知上海统一工会及上海特别市商民协会,遵照此意办理在案。敝会为上海全市商业团体所组成,对于此项问题,利害切身,不容忽视。爰于本月25日开会讨论,佥以工商地位,各有界限,非得其正确之意义以区别之不能相互为利,各得其所。就工商性质而论,凡用技艺从事制作者为工,用知识从事买卖者为商,其义甚明,不难判别。若必纠广义而言之,谓一切劳动者皆为工,则是除资本者外,举凡农商及一切职业之人均可纳之于工,将见天下皆工,而无复农商之可言矣,故敝会以为工商之界限,应以职业为标准,不应以资本之有无为判别,商店店员以买卖货物为务,是从事贸易者,其劳动与一般工作者显然不同,且我国商业习惯,店中获利,店员即有红利可分,是虽无资本,而实间接与资本有关系也。贵会谓必与资本有直接关系者始为商,否则为工,似以劳资的解释为工商之标准,不独工商之意义易于牵混,即人之所处之工商地位,亦将难以确定。譬如一人同时以资本与人合设一肆,而自身复服务于另一肆中;又如一人在某公司工作中,同时以某些微资本,购置本公司股份千万分之一。此二人之所业,实兼工商而有之,为工抑为商,究何由确定乎?贵会诸公,万流仰镜,卓识昭明,所以为工商谋者,必至详且善,敝会在商言商,为欲保持原有地位,以求职业平等起见,谨根据全体会员之意见,呈请贵会俯赐采纳,将前项解释,重予审查,实为德便,谨呈中国国民党中央执行委员会。[2]

上海商业联合会坚持"工商界限应以职业为标准,而不应以资本的有无

---

[1] 《商民协会包含店员之讨论》,《申报》1927年5月25日,第9版;《商界请再审核工商标准》,《申报》1927年5月26日,第9版。

[2] 《商业联合会呈中央文》,《申报》1927年6月1日,第15版;《商业联合会呈中央文,对于工商界限之讨论》,《新闻报》1927年6月1日,第16版。

为标准",该标准得到广大会员的声援与商界同仁的支持。为了维护自身的利益,闸北商会、商民协会、上海总商会等团体纷纷致函上海商业联合会表示支持,[1]它们一致认为工商界限应以职业为标准,同时要求国民政府对以资本作为划分"工"与"商"的标准予以修正。闸北商会致函上海商业联合会:

> 敬启者,接奉中央联席会议解释统一公会与商民协会争执会员案,有商店店员非与资本有关系者不得入商民协会,本会以工商界限应以职业为标准不应以资本有无为判别。爰于昨日召集会员大会讨论一切,当今决议请前推定的五位研究商民协会的委员详加研究工商之界说与商民协会会员资格问题,先后用书面陈述意见呈请中央联席会议重予审查并分函各会会员请其共同研究,俾集充分之理由为正当之争议,除已分函五委员即日开会讨论外,特函达即希查照,将研究之所得抄示本会以资参考而策进行,实为公感等因,准此按商民协会章程第一条之规定,凡住中国之商人不论性别皆为本会会员云。以法理言之,无论公司商号之店主、经理、职员等人,是凡有商界之职业者皆为商人,此义极为明晰,致未能以资本有无为标准,若以劳资阶级关系认为工商界之区别似未免有所误解。尊示以工商界限应以职业为标准,此诚确定不移之论,本会深表同情,谨函奉复,即希查照是荷,此致上海商业联合会上宝两县闸北商会王晓籁。[2]

商民协会也致函上海商业联合会表示支持,"希一致力争,务达使店员加入商民协会之目的"。[3]商民协会反对国民党关于工商标准的规定,这主要是担心店员参加工会组织后对店主形成更大的威胁,认为"以多数店友挟工会为后援以压迫店东,又岂社会安宁之福"。[4]

上海总商会在致国民政府商民部函中称:"因有的既有资本又有自己的工作,必致工与商争,商与工争,子矛子盾纷扰,转无已时,不如各就其职业以为区别,贵会所定之标准必致此等商店见屏于商人之外,无从根据章程保障其应得之权利,此窒碍之大也。"[5]除了闸北商会、商民协会等对上海商

---

[1]《总商会之重要公牍》,《申报》1927年5月29日,第13版。

[2][3]《上海商业联合会关于调解土布业商民协会分会与工会组织统一委员会间争收会员纠纷问题的函件》,上海市档案馆藏上海商业联合会档案,卷宗号:Q80-1-28-22。

[4]《南京商协会之急要条陈》,《申报》1927年6月20日,第9版。

[5]《上海商业联合会关于调解土布业商民协会分会与工会组织统一委员会间争收会员纠纷问题的函件》,上海市档案馆藏上海商业联合会档案,卷宗号:Q80-1-28-17。

业联合会表示声援以外,上海商业联合会的会员参业公会、上海绸缎业绪伦公所、电机丝织业公会也致函上海商业联合会,对上海商业联合会的工商标准表示赞同,同时对国民政府商民部等部门所制定的工商标准提出批评。5月31日,参业公会致函上海商业联合会称:"贵会持论正当,查工商界限由职业划分,而工商标准由职业而定。在工厂或作坊工作者系劳动性质谓之工,有商店批发行所为职员者系买卖性质者谓之商,各专门技艺即应用苦力者谓之工,其他管理或销售农业品、工业品及帮同办事之职员谓之商……请贵会据理力争,俾工商界限各有标准,各得保障。"[1]6月1日,上海商民协会筹备处致函上海商业联合会称:

> 政治分会第二十九次会议讨论事项第十四项内载:上海特别市商民协会筹备处呈请本会起草公会商民协会等条例,时时将工商界限明白划分,使法理事实两须兼顾,以免纠纷。决议交实业团体条例起草委员会等因,因念贵会对此项问题既有表示亦应同时陈请上海政治分会起草新条例时加以容纳,庶免事后争议多费手续。[2]

6月2日,上海绸缎业绪纶公所致函上海商业联合会,认为国民政府商民部以资本作为工与商的界限,将导致店员与经理之纠纷层出不穷,"多一次纠纷则多一份感情交恶,愈演愈烈,卒之两败俱伤,同归于尽"。[3]6月6日,电机丝织业公会在致上海商业联合会函中称:"夫工商界限之说纯系以职业为标准,当然不能以劳资为判别,象形造器谓之,货殖或相会交换货物,扶佐买卖营利者都谓之商,比如商店经理、协理、店员均包含在此。"[4]

6月7日,上海县商会还专门呈文给国民党中央执行委员会,称:

> 呈为工商各有职业,界限分明,无可牵混,请妥易以息争端事。查上海工会组织统一委员会,与商民协会争执会员,由贵会第九十一次常务会议议决,非与商店资本有关系者,不得谓之商人等语。引起纠纷,争端愈甚,业经上海总商会、上海商业联合会、各路商界联合会,向贵会陈述意见。查所谓商民协会,系根据商民协会章程所组织,章程第一条

[1]《上海商业联合会关于调解土布业商民协会分会与工会组织统一委员会间争收会员纠纷问题的函件》,上海市档案馆藏上海商业联合会档案,卷宗号:Q80-1-28-10。
[2]《上海商业联合会关于调解土布业商民协会分会与工会组织统一委员会间争收会员纠纷问题的函件》,上海市档案馆藏上海商业联合会档案,卷宗号:Q80-1-28-6、7。
[3]《上海商业联合会关于调解土布业商民协会分会与工会组织统一委员会间争收会员纠纷问题的函件》,上海市档案馆藏上海商业联合会档案,卷宗号:Q80-1-28-44。
[4]《上海商业联合会关于调解土布业商民协会分会与工会组织统一委员会间争收会员纠纷问题的函件》,上海市档案馆藏上海商业联合会档案,卷宗号:Q80-1-28-4、5。

载明,凡住居中国之商人,不论性别,凡年龄在十六岁以上,皆得为本会会员,十六七岁系练习资格,安得有资本关系?是但系商人,不再论性别如何也。章程第六十三条,载明普通商民及商店职工并小贩,皆得为会员,商店职工,系雇佣资格,安得有资本关系?是章程对于商店职工,仅载明商店职工四字,不再论资本之有无也。对于会费或减或免,尚不失会员资格,是章程未指明有资本关系,方得为会员也。从事懋迁为商,应属于商民协会,从事制造业为工,应属于工会统一会,各有专门职业,界限分明,无可牵混。若不问为工为商,但以有无资本为区别,则工业之中,恐一有资劳问题,必致工商之地位难确定,对于组织商民协会,应请以商民协会章程原有字句为标准,理合呈请贵会俯赐采纳,重予审查,俾臻妥善,以息争端,至为公感,谨呈国民党中央执行委员会。上海县商会会长顾履桂、副会长朱得传。[1]

经过上海商业联合会、上海商民协会等一致抗争和多次交涉,国民政府商民部不得不作出一些让步。[2]6 月 13 日,上海特别市党部决议,商店店员可以当作商民协会会员。商民协会希望上海商业联合会对此广为宣传。[3]6 月 30 日,商民协会再次函告上海商业联合会,商店店员已经被认定为商民协会会员,"不必再行抗争"。[4]

但是,过了不久,国民党中央政治委员会会议又通过决议,将店员工会改为店员总会,重新划归商民部管辖。[5]

上海商业联合会与国民政府商民部、党部等部门关于"工"与"商"标准的争论焦点是商店店员究竟应该属于"商"还是"工",即商店店员的归属问题,其实质是国民党控制的工统会与上海商业联合会和上海商民协会等商业团体争夺会员资源的问题。据土布业公所向上海商业联合会诉苦:"各职员原入商民协会者多,乃近由工会统一委员会忽派专员至各号劝令已入协会之会员改入工会,殊觉难于应付。"[6]上海商业联合会在得知这一情况

---

[1]《县商会对于工商界限之意见》,《申报》1927 年 6 月 7 日,第 14 版。

[2]《工商划分问题之一再商榷:商民协会致省党部函》,《申报》1927 年 6 月 8 日,第 15 版。

[3]《上海商业联合会关于调解土布业商民协会分会与工会组织统一委员会间争收会员纠纷问题的函件》,上海市档案馆藏上海商业联合会档案,卷宗号:Q80-1-28-37。

[4]《上海商业联合会关于调解土布业商民协会分会与工会组织统一委员会间争收会员纠纷问题的函件》,上海市档案馆藏上海商业联合会档案,卷宗号:Q80-1-28-38。

[5]《中央商人部明定工商标准》,《申报》1927 年 10 月 28 日,第 9 版;《中央商人部告店友书》,《申报》1927 年 11 月 2 日,第 6 版。

[6]《上海商业联合会关于调解土布业商民协会分会与工会组织统一委员会间争收会员纠纷问题的函件》,上海市档案馆藏上海商业联合会档案,卷宗号:Q80-1-28-46。

后,很快致函国民党工统会,要求工统会纠正劝告商民协会会员改入工统会的错误行为,并称"在工商会员资格未界定以前,商店店员应何属等各会条例修正公布后再行遵照"。[1]

四、参加劳资调节委员会与组织商团

1927 年 6 月 17 日,为了使资本家在劳资纠纷中处于主动、有利的地位,上海商业联合会多次派人参加由工统会、商民协会等团体组织的劳资调节委员会。[2]应商民协会请求,上海商业联合会派三人参加劳资调解委员会代表大会。[3]6 月 27 日,上海商业联合会召开委员会议,讨论是否参加工统会与商民协会的劳资纠纷调解会问题,[4]会议决议推举徐庆云、孙景西、倪文卿为出席劳资调解委员会代表。[5]7 月 7 日,上海商业联合会通知工统会,徐庆云、倪文卿为该会的劳资调解委员会派出代表。[6]上海商业联合会在致劳资委员会代表孙景西、徐庆云等的信函中称:"以工商代表合作调解委员会,而谋双方妥协,自是解决工商纠纷的最好办法。"[7]7 月 11 日,商民协会请求上海商业联合会推派代表参加 7 月 14 日工统会主持召开的劳资调节委员会会议。[8]7 月 15 日,上海商业联合会派徐庆云参加上海劳资调节临时委员会会议。[9]7 月 26 日,上海商业联合会函告工统会,徐庆云为劳资调解委员会委员,以后该会的事务交由徐庆云处理即可。[10]根据有关方面商定,劳资调节委员会每月需要经费 500 元,其中商民协会分摊

---

[1]《上海商业联合会关于调解土布业商民协会分会与工会组织统一委员会间争收会员纠纷问题的函件》,上海市档案馆藏上海商业联合会档案,卷宗号:Q80-1-28-57。

[2]《劳资调解委员会明日成立》,《申报》1927 年 6 月 16 日,第 14 版;《商业联合会调解劳资纠纷》,《新闻报》1927 年 6 月 15 日,第 16 版。

[3]《上海机器面粉等业同业公会关于职工要求复职、增加工资以及罢工等情况致上海商业联合会的报告》,上海市档案馆藏上海商业联合会档案,卷宗号:Q80-1-17-29、30。

[4]《上海商业联合会函件底稿》,上海市档案馆藏上海商业联合会档案,卷宗号:Q80-1-3-30。

[5]《致孙景西、徐庆云、倪文卿三先生函》,上海市档案馆藏上海商业联合会档案,卷宗号:Q80-1-3-23、Q80-1-22-5。

[6]《上海商业联合会函件底稿》,上海市档案馆藏上海商业联合会档案,卷宗号:Q80-1-3-37;《店员职工加入商民协会之规定》,《申报》1927 年 6 月 14 日,第 13 版。

[7]《致孙景西、徐庆云、倪文卿三先生函》,上海市档案馆藏上海商业联合会档案,卷宗号:Q80-1-3-33、Q80-1-22-5。

[8]《上海机器面粉等业同业公会关于职工要求复职、增加工资以及罢工等情况致上海商业联合会的报告》,上海市档案馆藏上海商业联合会档案,卷宗号:Q80-1-17-31。

[9]《工商联席会决组劳资调节委员会》,《申报》1927 年 7 月 16 日,第 15 版;《工商两界合组劳资调节会》,《申报》1927 年 7 月 17 日,第 14 版。

[10]《致特别市商民协会函》,上海市档案馆藏上海商业联合会档案,卷宗号:Q80-1-3-44。

100 元,上海商业联合会及其他四商会各分摊 80 元。[1]虽然上海商业联合会多次参加劳资调解委员会活动,但是对于分摊经费 80 元的事情一再拖延,以致劳资调节委员会先后于 7 月 29 日、8 月 12 日、8 月 18 日三次致函上海商业联合会和徐庆云,要求分摊经费 80 元。[2]

此外,上海商业联合会还准备建立商团武装,随时应对工人的反抗。4 月 16 日,在上海商业联合会举行的委员会议上,虞洽卿认为:"工人纠察队枪械被缴,但未完全,以后危险殊多,吾商界亦亟自谋,劳资问题因应酌量办法,然自卫之计亦所不可缓,故鄙意商界应急组织商团以自卫。"[3]4 月 17 日,上海商业联合会会员会议就组织商团一事展开详细讨论,最后,大会拟定了商团组织大纲,由虞洽卿指定荣宗敬、徐庆云、王晓籁、叶惠钧、王一亭、冯少山等 11 位为审查委员会对商团组织大纲进行审查。[4]后来,荣宗敬等商团审查委员认为"兹事体大,在各工厂方面,际兹时局倏扰,自以得有实力保护为根本解决方法,但应否筹措具体办法,似非本会单方所能宣拟"。于是,上海商业联合会组织商团的事情也就不了了之。[5]

第四节　上海商业联合会与中国共产党

一、上海民族资产阶级与中国共产党的关系

上海民族资产阶级和中国共产党的关系与工人运动的消长密切相关。当中国共产党领导的工人运动处于强劲势头的时候,资本家往往表现出同中共"合作"或妥协的姿态。北伐战争开始以后,由于上海工人运动的不断发展与持续高涨,为了自身的利益,民族资产阶级"出现向革命阵营转化的迹象"。[6]资产阶级参加了中国共产党上海市委发起的自治运动,虞洽卿也打算组织上海市政委员会,"鸦片大王"邬志豪也准备与中国共产党合作。[7]1926 年,在中国共产党的倡导下,中国共产党、商总联会、闸北商会等六个团体组成了统一战线性质的上海特别市民公会。1927 年 3 月 12

---

[1] 《劳资调解委员会代表推定》,《申报》1927 年 8 月 1 日,第 13 版。
[2] 《商民协会筹备处函》,上海市档案馆藏上海商业联合会档案,卷宗号:Q80-1-21-12、13、14。
[3] 《上海商业联合会议事录》(4 月 16 日),上海市档案馆藏上海商业联合会档案,卷宗号:Q80-1-1-15。
[4] 《上海商业联合会议事录》(4 月 16 日),上海市档案馆藏上海商业联合会档案,卷宗号:Q80-1-1-16。
[5] 上海市档案馆编:《一九二七年的上海商业联合会》,上海人民出版社 1983 年版,第 237 页。
[6][7] 朱华:《上海一百年》,上海人民出版社 1999 年版,第 155 页。

日,上海特别市民公会第一次上海市民代表会议选举了包括工商学、国共两党、其他方面的代表 30 人。[1]1927 年 3 月 23 日,上海特别市民公会举行了第二次代表会议,选出常委执委 20 余人及各界代表 400 余人,汪寿华、顾顺章、虞洽卿、王晓籁、邬志豪、王汉良、陆文韶、何时桢、郑毓秀、颜福庆、丁晓光、杨贤江、罗亦农、赵世炎、林钧、何洛、高尔柏、朱又权等 20 余人当选为委员。[2]不过,虽然大资产阶级虞洽卿与陈光甫被授任上海市临时政府的委员职务,但是他们均辞不就。

二、上海一些资本家对蒋介石的政治支持

不过,当工人运动处于低潮,大资产阶级感到可以将蒋介石作为靠山的时候,他们对中国共产党又是另一种态度。上海商业联合会不仅在经济上试图给予初到上海的蒋介石支持,而且政治上也对蒋介石寄予厚望。上海商业联合会就在成立宣言中称:"所幸我蒋总怀念,烛照阴谋,立施乾断,妖雾既消,澄清可待。"[3]1927 年 3 月 28 日,蒋介石接见上海商业联合会代表,代表们向蒋介石表示,对于蒋介石的到来,"沪上商界一致拥戴"。[4]4月 7 日,当蒋介石准备离开上海前往南京时,上海一些资本家赶忙前去挽留,希望蒋介石可以继续坐镇上海。上海商业联合会召开临时会员会议,会议决议:致信给蒋介石,请他继续留在上海。该信称:"历年来国事蜩螗,人心惶恐,沪上自钧座莅止以来,众人欣欣于慰,以为得所凭依,人心稍稍镇静,商业将该恢复……钧座遽尔赴宁,则地方具其凭依,恐慌势将加甚,谨特出恳钧座为地方计,为人民计,暂于维持,以慰群望。"[5]可见上海一些资本家对蒋介石维护其经济利益、生产秩序心存幻想。上海商业联合会还派代表十余人,恳请蒋介石不要离开上海,请其"勿移宁垣,先行坐镇淞沪,一俟外交形势转机,人心稍定,再赴宁指挥军事,以策全功"。[6]

---

[1] 中华民国史事纪要委员会编:《中华民国史纪要》,中华民国史料研究中心 1976 年版,第 199 页。

[2] 沈寿亚:《上海市民政府的成立与被扼杀》,《上海市文史馆上海地方史资料》(一),上海社会科学院出版社 1982 年版。

[3] 上海市档案馆编:《一九二七年的上海商业联合会》,上海人民出版社 1983 年版,第 16 页。

[4] 《上海商业联合会代表迎见蒋介石新闻稿》,上海市档案馆藏上海商业联合会档案,卷宗号:Q80-1-6-1。

[5] 《上海商业联合会挽留蒋介石信稿》,上海市档案馆藏上海商业联合会档案,卷宗号:Q80-1-3-15;《商业联合会代表谒蒋总司令》,《申报》1927 年 4 月 8 日,第 13 版。

[6] 《商业联合会代表谒蒋总司令》,《申报》1927 年 4 月 8 日,第 13 版。

在四一二政变的过程中,上海大资产阶级与民族资产阶级的一些上层人物也参与其事。[1]四一二政变加速了民族资产阶级政治逆转的过程,在政变前后上海大资产阶级和民族资产阶级的一些上层人物拥蒋反共的行动中,上海商业联合会主席虞洽卿起了"特别恶劣的作用"。[2]1927年4月15日,国民党上海特别市清党委员会向各团体发出清党的信函,函中称:"经四月二日全体紧急会议决议:举发共产党谋叛证据,并知照以非常紧急处置,始将首要诸人照附来各单,及经党部举发者,就近知照公安局或军警机关,暂时分别看管监视,免予活动,酝酿或不及阻止之叛乱行为,仍须各平待遇……饬令严为侦察,如有上项情事,应依案执行,以维护治安而遏乱萌。"[3]4月16日,上海商业联合会收到国民党的清党信函以后,立即发出拥蒋清党通电:

> 南京,蒋总司令并转中央执监委诸公钧鉴:窃维革命告成,建设随之……幸当局未雨绸缪,俾免赤祸蔓延,此商民所感慰者也。倾谈吴稚晖先生呈递清党电文,益见当有扫荡反动之决心,诸公此时列席会议,解决国是,在兹一举,可否之间,关系甚巨。散会愿与三民主义相终始,对于当局清党主张,一致表决,愿为后盾。[4]

4月17日,上海银行公会和上海钱业公会也先后发出拥蒋"清党"通电,电文称:

> 南京中央执、监委员会诸公钧鉴:三民主义为救国救民之惟一政策,是以旌旗所至,靡不箪壶欢迎,乃不幸有捣乱分子,假党之名,窃党之权,欲试其倒行逆施之手段,为此反革命行为,全国人民视为公敌。乞伏诸公此次列席,毅力解决,扫除毒氛,锄暴安良,在此一举,凡我人

[1]　王晓籁:《虞洽卿自言参加过清党》,上海市工商业联合会档案史料,卷宗号:169-194。据王晓籁回忆,1927年4月12日,上海总工会罗亦农给了王晓籁一张条子,要王晓籁救总工会,正好虞洽卿在场,虞洽卿叫王晓籁不要管这种事情,说是要送命的。见王晓籁:《虞洽卿对我的恫吓》1965年5月24日访谈,上海市工商业联合会档案史料,卷宗号:181-95。

[2]　黄逸峰:《旧中国的民族资产阶级》,江苏古籍出版社1990年版,第324页。

[3]　《国民党上海特别市清党委员会责令各团体清党函》,上海市档案馆藏上海商业联合会档案,卷宗号:Q80-1-8-4。

[4]　《上海商业联合会拥蒋清党电》,上海市档案馆藏上海商业联合会档案,卷宗号:Q80-1-6-3;《商业联合会之清党赞助》,《申报》1927年4月17日,第14版;《孙筹成日记》(上海商业联合会电南京中央执监委员会,愿与三民主义相始终),上海市工商业联合会档案史料,卷宗号:189-70;《商业联合会之重要电文》,《时报》1927年4月17日,第5版。当然,由于虞洽卿等大资本家与蒋介石的密切联系及其反动本质,该"拥蒋通电"也许是虞洽卿等少数大资本家炮制,未必反映出广大中小资本家的真实意图。

民愿为后盾。[1]

上海银行公会还在其拥蒋通电中称:"自革命军奠定淞沪,商贾方期安居乐业,不图少数暴烈分子遂施破坏,扰乱大局,其叛党祸国,人民共愤。"[2]在上海金融资本家的带动下,华南、华西的金融资本家纷纷公开响应,华北的工商业者也号召同业拥护南京政权为唯一的中心势力。[3]4月18日,上海商业联合会会员上海纱厂联合会、交易所联合会等发布电文,称:

> 南京中央执行委员会、监察委员会联席会议公鉴,自蒋总司令勘定宁沪,苏省三千万人民,方欢欣鼓舞,渴望依据孙前大总统之三民主义,按照建国大纲及实业计划所规定,次第实行。不谓一般暴烈之徒,竟在大军入境布置未定之前,假穷党部之名义,怀公共机关为己有,诬善良分子以恶名,聚众威胁,到处横行,思演苏俄失败之政策。遂使江海要卫之巨埠,交通阻塞,百业停顿,其危害不惟足以扰军事之后方,且将陷民生于绝地。窃上海工业,惟纱厂粗具规模,且交易所为辅助实业机关,对外竞争,尤关重要。两旬以来,恐慌万状,此外各业,更不忍言,今幸白总指挥奉令阻止暴力,市民交颂,甚盼特下明令,为各业加以保障。一面将捣乱派严加取缔,务绝根株。庶几党军可爱之令誉,传之无形,党人再杀之谤言,从此不作,不平等之条约,可恃国民之公意取消,有主义之战争,不为跨党叛徒所掣肘,迫切陈词,诸为鉴纳。上海纱厂联合会、上海交易所联合会。[4]

上海众丝厂对国民党的反共行动也表示支持,在丝厂的共同宣言中称:"在今日高谈中国之劳资问题,诚不免为外人所窃笑,而意在借此鼓动中国阶级争斗,破坏一切固有之礼教文化与目前的经济组织者,断不容于青天白日旗帜之下,不待烦言,依国民政府最近毅然取缔共党制止工潮,实为党国前途一大转机,吾垂危之实业界,亦庶几有复苏之望尔。"[5]

---

[1] 上海市档案馆编:《一九二七年的上海商业联合会》,上海人民出版社1983年版,第62页;《商业联合会之重要电文,愿与三民主义相终始》,《新闻报》1927年4月17日,第9版。

[2] 上海市档案馆编:《一九二七年的上海商业联合会》,上海人民出版社1983年版,第62页。

[3] 巴图:《民国金融帝国》,群众出版社2001年版,第30页。

[4] 《上海纱厂联合会交易所电文》,《民国日报(上海)》1927年4月18日,第1张,第4版;《商界电请下令保障各业》,《申报》1927年4月18日,第9版。

[5] 裕孙:《实业界呻吟之声》,《银行周报》1927年第11卷第40期,第32—35页。

南京国民政府成立后不久,上海 120 多个商业团体 4 万余人召开所谓的国民党迁宁大会,以示对国民政府的支持。[1]陈光甫在四一二政变以后也表达了自己对当局的赞许:"在此数月间,见政府施政完善,人民安居乐业,共党工会根本铲除,各业得以自由用人,此为恢复市面最重要方法。"[2]张嘉璈也称赞国民党军队在此次解散共产党的行动中"颇为出力"。[3]在认购二五库券的过程中,上海商业联合会经常以"共产余孽"未除来要挟会员,在 5 月 2 日的认购库券的会员会议上,虞洽卿认为:"共产风潮虽暂平息,而根蒂未除,危险更甚,时机已迫,请勿观望。"[4]当一些会员在认购库券的过程中叫苦不已时,上海商业联合会领导人又以反共需要为名义进行劝募。当杭绸业钱江会馆以工潮澎湃、经营损失惨重为由表示难以两地认购库券,上海商业联合会则称:"商业困顿,自属实情,然同抱痛苦,岂独贵馆一业为然。惟此次认销库券,亦实有不得已之苦衷,莫非表示我商界于革命事业有合作之精神,并抵抗共产党之侵入,以免同归于尽耳。"[5]当上海针织公会决定无论会员还是非会员都按照每一商标认销库券一百元时,上海商业联合会立即表示赞同,同时宣称:"此次政府发行库券,为悉充讨赤军需之用,有附税作抵,基金确实,按期还本,非捐募可比。"[6]

8 月 18 日,在白崇禧邀请上海各界的座谈会上,虞洽卿等大资产阶级和民族资产阶级一些上层人物表示:"蒋总司令极力主张铲除共产党,我商人虽破产亦当设法捐助。"[7]12 月 20 日,仍然有资本家及其代理人在《银行周报》上发表了一篇名为《上海纱厂联合会成立感言》的文章。文章依然把斗争的矛头指向中国共产党及其领导的工人运动,文中称:

> 查近年以来,工潮澎湃,而以纺织业为尤甚。去年一年中,上海一隅纺织业之罢工,达八十四次之多。今年自"清党"以来,表面上虽已觉相安无事,但个中内幕,仍独不堪告语,延至今日,已蠢蠢复燃之势。揆厥主因,不外各厂开除工人,勾结厂中不良分子,而共党则发令指示于

[1] 巴图:《民国金融帝国》,群众出版社 2001 年版,第 30 页。
[2] 上海市档案馆编:《陈光甫日记》,上海书店出版社 2002 年版,第 16 页。
[3] 《张嘉璈日记》(1927 年 4 月 21 日),上海图书馆藏残本。
[4] 《上海商业联合会议事录》,上海市档案馆藏上海商业联合会档案,卷宗号:Q80-1-1-28、29、30。
[5] 《蒋介石要求上海商业联合会筹借军费及该会承销国民党发行军需二五附税库券的函件》,上海市档案馆藏上海商业联合会档案,卷宗号:Q80-1-7-119。
[6] 《蒋介石要求上海商业联合会筹借军费及该会承销国民党发行军需二五附税库券的函件》,上海市档案馆藏上海商业联合会档案,卷宗号:Q80-1-7-136。
[7] 黄逸峰:《旧中国的民族资产阶级》,江苏古籍出版社 1990 年版,第 348 页。

其后,所持武器者,惟手枪利斧。[1]

可见,对在四一二政变中遭到严重摧残的工人组织及中国共产党的影响力,以上海商业联合会为代表的上海一些资本家仍然心有余悸。

三、中国共产党领导工人反对资本家剥削

出于自身的阶级利益和阶级立场,大资产阶级和民族资产阶级一些上层人物一直将信仰马克思主义的中国共产党及其领导下的工人运动视为"洪水猛兽"。他们认为:"若共产主义不幸实行于中国,则国人所受切腹之痛什百倍于外人。"[2]

在北伐军占领武汉、即将席卷长江以南的半壁江山之际,大资产阶级和民族资产阶级一些上层人物便感觉到"党军入湘入鄂,所谓工潮也者亦随其势力以蔓延。于是社会骚然,人人危惧,惴惴于无产阶级独裁之将施行于中国"。[3]对于中国共产党领导与开展的革命斗争,他们片面地认为:

> ……普通人知者甚少,普通人心中所了解者不过共产共妻之说。自吾人所见……乃在其政治组织,盖苏俄政权,操纵于六十万共产党人之手,美其名曰无产阶级专政,实则巧黠之犹太人,利用劳工把持国柄而已。[4]

《中国共产党第一个纲领》提出:消灭资本主义私有制,没收机器、厂房、土地、半成品等生产资料归社会公有。[5]中国共产党在开展工人运动时,往往号召工人反对资本家、推翻现行剥削制度,不断激发工人阶级的阶级斗争意识,必然会损害大资本家的经济利益。[6]因此,中国共产党组织工人运动、建立工会组织与资本家开展斗争,也必然会招致大资产阶级和民族资产阶级一些上层人物的怨恨。上海纱厂在共同宣言中指出:"自由桀骜者暗被利用,愚弱者胁制以随,实际均为共产党人所愚弄。"[7]也有人在《银行

---

[1] 紫苍:《上海纱厂联合委员会成立感言》,《银行周报》1927年第11卷第49期,第36、37页。

[2] 超麟:《中国的大资产阶级、自由保障会与共产主义》,《向导》周报第4集第161期,第1588页。

[3] 《劳工运动》(时评),《国闻周报》1926年第3卷第46期,第3页。

[4] 政之:《国民之两种恐怖心理》,《国闻周报》1926年第3卷第36期,第3页。

[5] 中共中央宣传部办公厅、中央档案馆编研部:《中国共产党宣传工作文献选编(1915—1937)》,学习出版社1996年版,第323页。

[6] 张仲礼:《近代上海城市研究》,上海人民出版社1990年版,第794页。

[7] 记者:《主要工业界之哀鸣》,《国闻周报》1927年第4卷第19期,第5页;《上海华商纱厂之宣言》,《银行周报》1927年第11卷第18期,第67、68页。

周报》刊文指出：

> 吾人近年以来,尤其最近沪埠所生之工潮,辄抱无限悲观者,即因工潮之内幕,实由共产党之活跃。狡黠者被其收买,懦弱者为所挟持。以致工资虽已一再增加,待遇虽已努力改良,而工人之不满如故。工潮之汹涌如故,即使偶尔复工,亦能率减少,或且流行怠工。于是产额骤减,品质尤劣。其在厂方,开支既已扩大,营业反形缩小,重以罢工期中,有形与无形之损失,更难数计,以纺织业论,日厂资力十百倍于华厂,尚有迁地为良之拟议,华厂之无力应付,不胜压迫可知。纱厂如此,其他各业之困于工潮者,环境之恶劣又可知。中国实业原极幼稚,平时因受外力侵占竞争,不易发扬光大,乃复益以工潮之摧残,其尚有摧残之余地乎? 最远之将来,又复成何景象乎?[1]

在大资产阶级和民族资产阶级一些上层人物看来,在 20 世纪 20 年代劳资纠纷的过程中,中国共产党往往单方面地注重工人的条件与要求,而完全忽视资本家的利益。王晓籁曾指出:"前共产党所恃为利器者,亦为劳资问题。故先前解决之劳资纠纷,完全只顾及工人,而不及商,商界死无噍类。"[2]工人罢工运动使资本家损失惨重,仅 1926 年,"上海一地,几无一星期无罢工,六、七、八三月罢工人数达十五万,计全国一年中,损失工时 35 700 万小时",给资本家带来的经济损失高达 1.8 亿元。[3]

而事实上,引起劳资纠纷的主要原因还是大资本家对工人的残酷剥削。有人对此作过客观的评述:

> 若双方早有相当谅解,则冲突可以消弭于无形。我国产业规模狭隘,不惟劳动者方面无相当指导之人,而资本家亦多醉生梦死,未尝为被雇者谋幸福。我国产业尚幼稚,雇主不思图谋发展,而为罢工等是惧,乃其观念之错误。[4]

20 世纪的 20 年代的中国,中国工人的工作时间长,但是工资较低。[5]

---

〔1〕 裕孙:《实业界呻吟之声》,《银行周报》1927 年第 11 卷第 40 期,第 32—35 页。

〔2〕 《上海商业联合会议事录》(6 月 13 日),上海市档案馆藏上海商业联合会档案,卷宗号:Q80-1-1-37。

〔3〕 朱懋澄:《劳动问题之里面及其解决之方案》,《东方杂志》第 33 卷第 15 号。

〔4〕 蔼庐:《三民主义与劳资协调》,《银行周报》1927 年第 11 卷第 16 期,第 24—26 页。

〔5〕 20 世纪 20 年代上海工人工资及生活的研究主要有陈文彬:《1927—1937 年上海失业人群再就业状况述略》,《安徽史学》2004 年第 3 期;黄汉民:《试析 1927—1936 年上海工人工资水平变动趋势及其原因》,《学术月刊》1987 年第 7 期;匡丹丹:《上海工人的收入与生活状况(1927—1937)》,华中师范大学 2008 年硕士论文。

除了个别工厂以外,工人每天的劳动时间一般都在 10 小时以上,有的工厂需要工作 12 小时,有的工厂长达 13、14 小时,有的甚至长达 16 小时。工人不仅劳动时间长,劳动日也多,上海纱厂工人一年的工作天数多至 300 天至 350 天,铁路工人的工作天数长达 300 天至 352 天左右。[1]中国工人虽然劳动时间长,劳动天数多,但是工资收入却非常低。他们的收入是欧洲一些国家工人收入的 1/10 至 1/7,是美国工人的 1/20 至 1/15,童工每天的平均工资只有两角小洋。中国劳工的生活,"可算是世界上最苦的一种"。[2]

工人的工资低微,却很少有增加,即使稍有增加,其增长速度也大大滞后于物价的增长,"近年百物昂贵,工人终日劳苦,而其所得工资,往往不得温饱"。[3]据上海总工会宣言,1922 年以后,上海的物价,"无不陡涨,电车加价,房租涨一二倍以上,柴米油盐布涨一倍",生活费日益昂贵,而工人的工资,同十余年前相比却没有什么变动,仅增加百分之二三十,"每日所得在四角以下"。[4]这样的收入,工人数口之家很难维持正常生活。工人的工资,"仅仅维持自己的生命不至于饿死"。[5]因此,工人提出增加工资等要求,在一定程度上也确实合情合理,"因为当时的工资,欲维持最低限度生活,已属不能"。[6]

工人不但所得工资收入不能维持生活,还要受到中外厂主及职员的凌辱打骂,这种情况在童工身上表现更为突出,这种非人的待遇即使女工也"不能幸免"。遭受残酷剥削的工人,过着牛马不如的生活,据上海《农商公报》报道:

> 上海纺织业男女工之生活均极困难。属于本地帮其尚有父母之农家之子女,或稍有购买衣服化妆品之余资。若负有仰事俯畜之义务者,其生活状态,殊觉凄惨。彼等多居破屋,甚至区区斗室之内,亦数家杂居,设床如蚕架焉。彼等之食物,虽极粗劣,而一人一月之食费,亦须四五元,除独身者外,其家族平均皆有三人,收入既微,工资不足三人糊口

---

[1] 刘明逵编:《中国工人阶级的历史状况》第一卷第一册,中共中央党校出版社 1985 年版,第 232、244 页。

[2] 朱懋澄:《改善中国的劳工》,见彭泽益编:《中国近代手工业史资料》第 3 卷,中华书局 1962 年版,第 335—336 页。

[3] 谦益:《工潮问题评议》,《钱业月报》1927 年第 7 卷第 2 期,第 22—24 页。

[4] 《中国之劳动问题》,见彭泽益编:《中国近代手工业史资料》第 3 卷,中华书局 1962 年版,第 345 页。

[5] 《敬告上海市民》,《向导》周报第 4 集第 164 期,第 1624 页。

[6] 张正成:《上海劳工之状况》,见彭泽益编:《中国近代手工业史资料》第 3 卷,中华书局 1962 年版,第 344 页。

之用,苟一日不工作,则一日不能得食,其状至可怜也。[1]

另据对中国工人居住条件的调查,仅上海一地,就有大约 30 万工人住在简陋的贫民窟,曾经有报道称:

> 吾尚亲访沪上所谓贫民窟矣,居住此等贫民窟者不下二三十万口,其居室则结草为庐,茅茨土阶,不脱太古之风味。一家之中,夫妻子女五六人,俱处于长宽十余尺之斗室中。颓垣败壁,不蔽风雨,冬日则飕飕风呼呼,然吹隙作响,秋雨连绵,则室内泥潦没胫。既无沟洫以排污水,又无厕所以拧粪秽。入其境辄觉秽气触鼻,喉间作痒欲呕。[2]

由于深受一些资本家残酷的剥削与压榨,遭受非人的待遇,"一时组织工会,打倒资本家之口号,大有如火如荼之观。激烈而受怨深者群起攻之,作无意识之暴动,以泄平日受压迫之气"。[3]因此,在工人运动的过程中,回想起自己遭受到一些资本家的剥削的经历,某些工人就难免出现某些过激行为。

四、工人运动左倾行为加剧了一些资本家对中国共产党的仇视

中国共产党在早期领导工人同资本家斗争的过程中,由于斗争经验不足,曾出现一些"左"的倾向,加剧了一些资本家对中国共产党的仇视。刘少奇曾经指出:

> 这些事干起来而且越干越厉害,在社会上、政治上、经济上、人心上要发生严重的影响,这是无疑的,企业的倒闭,资本家的关门、停业与逃跑,物价的飞涨,货物的缺乏,市民的怨恨,兵士与农民的反感(当时有许多小城市的工会被农民捣毁,而且是农民协会领导的),军官与国民党人的非难,就随着这种"左"倾的严重程度而日加严重起来。而工人运动当时是共产党员负责的,这一切非难,就加在共产党身上,人们并不责备工人,而责备这是出于共产党的指示,这就影响共产党与各方面的关系。

> 在起初,人们都期求共产党设法,就是政府都并不直接去干涉工人,共产党在当时责无旁贷答应政府这些事,但共产党未能改正这些事,而且连阻止这些事的发展,都未作到,这就使人们走上了另外的路途。[4]

---

[1]　张正成:《上海劳工之状况》,见彭泽益编:《中国近代手工业史资料》第 3 卷,中华书局 1962 年版,第 283 页。

[2]　朱懋澄:《劳动问题之里面及其解决之方案》,《东方杂志》第 33 卷第 15 号。

[3]　孟昭:《劳动者反抗资本家之由来》,《钱业月报》1927 年第 7 卷第 10 期,第 145—146 页。

[4]　刘少奇:《关于大革命历史教训中的一个问题》(1937 年 2 月 26 日),见中国革命博物馆党史研究室:《党史研究资料》第 5 期(总第 22 期)。

在处理劳资纠纷时,中国共产党有时候也会指导工人向资本家提出一些过高要求,这无疑加深了一些资本家对领导工人运动的中国共产党的仇恨。当北伐军到达湖南时,湖南的工农运动就曾经出现过一些过激行为,工人提出的增加工资等要求大大超过了一些资本家的承受能力,中国共产党的领导人李维汉曾对此作出过批评与指正,他说:

> 工人的经济要求,不能超过现在商人的经济能力所担负的范围,须知不顾客观的形势一意孤行,则商人必被迫而反动,工人更有失业之虞,痛苦将更加不堪,所以不问已得未得,今后遇有必要时,可退让的要退让一点才行。[1]

1927 年 1 月 20 日,上海恒丰纺织厂发生工潮,工人全体罢工,"肆行捣毁什物木器玻璃",并要求资本家年终额外发放一个月的工资。工人的要求被厂方拒绝后,工人随后封闭工厂并于当晚在厂内放火焚烧厂房。事后,经厂方统计,"损失大洋五十五元,厂内棉条筒等设备都被焚毁,棉花、棉纱失去者无算"。[2]

1927 年 2 月,在绸布业劳资纠纷过程中,该业"店员提出条件,万分苛刻,且时间极为迅速,而手段亦更严厉。商店店员,同处露宿,饥寒交迫,实堪怜惜,并将店东擅行逮捕"。[3]杨树浦纱厂工会提出的条件,包括"增加工资十分之一,恢复同盟罢工时开除的工友,以后开除工人须得工会同意,创办工人学校,限一月后执行"。[4]

1927 年,在一次劳、资双方的争论中,代表工人方面的劳动者一方也不得不承认:"法外的增加工资,法外的减少工作时间,弄得工厂倒闭,工人失业,名义上是保护工人,实际上是把工人送到死路里去。"[5]这种认识其实也是比较客观的。

1927 年 2 月,中华全国总工会通过了行动纲领,该纲领规定:工会组织"完全自由,无论战时、平时,不受任何法律命令之束缚",工人罢工"完全自由,无论战时、平时不受任何命令之限制"。[6]在实际执行的过程中,受这些思想的影响,工人运动就难免出现过火、过激行为。1927 年 3 月 22 日,

---

[1] 李维汉:《大革命时期的湖南》,《回忆与研究》,中共党史资料出版社 1986 年版。

[2] 裕孙:《实业界呻吟之声》,《银行周报》1927 年第 11 卷第 40 期,第 32—35 页。

[3] 《绸布业罢工潮扩大》,《新闻报》1927 年 3 月 18 日,第 9 版。

[4] 《纱厂工潮并志》,《新闻报》1927 年 3 月 20 日,第 14 版。

[5] 彭学沛:《工人运动》,太平洋书店 1927 年版,第 2 页。

[6] 《全国工人阶级目前行动总纲》,中华全国总工会职工运动研究室编:《中国工会历史文献》,中国工人出版社 1981 年版,第 364—365 页。

在上海南市便发生了千余名药业友谊会的工人包围与捣毁药店的事件。在这一事件中,愤怒的工人为了惩戒店主童光甫勾结军阀欺压工人的罪行,在百余名工人纠察队员的带领下,"劈开店门,将药材器具捣毁一空,并抓走小老板及职员数人"。3月23日,南洋烟厂浦东分厂的工人和部分工人纠察队将素有民愤的两名职员和一名女"拿摩温"关押了一整夜,次日又将他们"戴上立帽并押街游行示众"。[1]

除上述"左"倾行为与错误外,当时一些工厂的工会组织在向资方提出改善待遇的某些条件当中,也不免存在一些脱离实际的要求,如永安公司职工会在与资本家谈判提出的条件中,第三条要求是:"此次总同盟罢工,开除之职工,失业期内工资加倍发给,并须每人赔偿损失费约三百元整。"[2]相比永安公司工会的要求,报界工会提出的改善工人待遇的条件更为苛刻,要求增加工资近50%以上,有的甚至要求增加工资1倍以上,见表7-6。

表7-6　报界工会要求工资增加情况表

原来工资等级/元	10～15	16～20	21～25	26～31
增加工资数/元	15	14	13	12

资料来源:《报界工会提出条件,限三日答复》,《时报》1927年3月28日,第7版。

在要求增加工资的同时,报界工会还要求资本家将工人每天工作时间减少到5—7小时,工人可以随便停工,可以在工厂内任意谈话。[3]在其他一些工厂的工会组织提出的条件中,也大多要求工资增加30%—50%,这些条件显然是资本家内心无法接受的。面对声势浩大的工人运动,资本家尽管无可奈何地暂时答应了工人的条件,但这只是他们的权宜之计。在资本家看来,这些条约属于"不平等条约,要求废除,尤在举国一致争求中,遑论乎前项苛迫条件哉。夫不平等则鸣,条件出自威胁,且多偏倚,不能两全,既失平等互助之精神,当然无强制承受履行之必要"。[4]因此,一旦革命形势发生逆转,资产阶级积压在心中由来已久的对中国共产党的怨恨就会像火山一样迸发出来。推翻四一二政变前被迫接受的条件,摧毁工人运动的组织与领导力量,把商业活动、生产秩序恢复到一些资本家理想的状态,自

---

[1][3]　沈以行、姜沛南、郑庆声主编:《上海工人运动史》,辽宁人民出版社1991年版,第353页。

[2]　《永安公司职工会等参加同盟罢工遭开除职工要求复工有关函件》(3月11日),上海市档案馆藏上海商业联合会档案,卷宗号:Q80-1-16-3、4。

[4]　记者:《主要工业界之哀鸣》,《国闻周报》1927年第4卷第19期,第5页。

然是上海商业联合会广大会员的共同心态。

本 章 小 结

上海商业联合会与工人运动和中国共产党的关系的变化与政治局势的发展、阶级力量的对比密切相关。当中国共产党领导的工人运动处于兴盛阶段时,上海一些资本家不得不对工人与中国共产党作暂时的妥协,与工人进行协商解决劳资纠纷,甚至"委曲求全",尤其是第三次武装起义到四一二政变前夕,上海商业联合会要求会员对工人提出的改善待遇、增加工资等条件与要求"忍气吞声"。在这种情况下,资本家往往不得不同工人进行合作与协商,并企图将劳资纠纷归因于外国列强在华企业的经济侵略。后来,随着四一二政变等政治形势的逆转,上海商业联合会的一些会员很快推翻大革命时期答应工人的改善待遇等条件与要求。不仅如此,上海商业联合会还通过建立商民协会、组建商人武装、参加劳资调解委员会等途径,进一步抵制与消除工人运动复苏的"隐患"。

上海商业联合会对中国共产党的不满不仅表现在四一二政变后很快发表拥蒋通电,而且在推销国民党政府发行的二五附税库券的过程中,该会也经常以"共产余孽"为借口来要挟会员,足以证明中国共产党领导的工人运动给上海大资本家带来的恐惧。上海大资产阶级对中国共产党的仇视,主要原因在于中国共产党领导工人运动、宣扬无产阶级斗争理论会造成大资产阶级既得利益的流失。

除了时局以外,上海商业联合会对工人运动与中国共产党关系发生变化最主要的原因在于资本家自身经济利益。在工人运动时期,工人提出的条件与要求中,主要内容不外乎提高工资、改善待遇、减少劳动时间、男女同工同酬、增加节假日工资等。资本家答应工人这些条件,就意味着资本家榨取工人剩余劳动、剩余价值的减少和生产成本的增加,"罢工,即工人全体离开职务,以强制该企业经营之中止,使之丧失获取利润之机会"。[1]

此外,在上海工人运动的过程中,工人为了响应中国共产党领导的上海总工会的号召,多次举行同盟罢工,有时候还参加游行示威与革命斗争。这样一来,资本家工厂正常的生产秩序就会遭到破坏,资本家被迫停工、停产、

---

[1] 静如:《工会运动之策略》,《银行周报》1927年第11卷第17期,第42—45页。

破产的情况在所难免,这些活动都直接威胁到资本家生产的进行与利润的实现。此外,在中国共产党早期领导工人开展运动的过程中,由于经验不足而出现"左"倾的错误,又由于"在一段时期内,上海的地方党组织难以通过工会实现对工人阶级的有力领导"。[1]

---

[1] 周家彬、陈奥:《试论中共对领导工人阶级方式的探索(1925—1927)——以上海区委对工会的领导为例》,《人文杂志》2021年第11期。

第八章　上海商业联合会的解散与历史影响

1927 年 11 月，上海商业联合会会员在一片煎熬中认购、摊派库券甚至被勒索，多已心力憔悴，失望有加，上海商界希望通过上海商业联合会实现"政商合作"的愿望最终落空。在这种内外交困的情况下，上海商业联合会的解散就被提上了日程。1927 年 11 月，虞洽卿以"军事已了，大局已定"要求会员讨论上海商业联合会的解散事宜。自 1927 年 3 月 22 日建立到 11 月解散，上海商业联合会只存在了短短 8 个多月的时间。上海商业联合会存在时间虽然只有 8 个多月，但是作为 1927 年上海乃至全国最重要的商会组织之一，其组织与活动，无论是对国民党政权还是对上海资本家，都产生了重要影响。

第一节　上海商业联合会解散的经过

1927 年 11 月 21 日，上海商业联合会主席虞洽卿认为："本会前为闸北军事，革命军到沪，维护大局起见，各商业团体联合组织，现军事已了，大局已定，无存在之必要。"[1]在征得王一亭等人同意的情况下，虞洽卿要求上海商业联合会发布通告，邀请各会员开会商议上海商业联合会解散事宜。[2]11 月 23 日，上海商业联合会召开会员会议，虞洽卿提出建议上海商业联合会解散的议案，他称："本会成立以来，业已八月，兹因大局已固定，会费之将罄，事实上无存在之必要。"接下来他又说："今日召集会议，是请诸君讨论本会的解散问题，兹者总商会将行选举，而时局已归宁定，故本会无存

---

[1]　《虞洽卿函稿》(11 月 23 日)，上海市档案馆藏上海商业联合会档案，卷宗号：Q80-1-5-29。

[2]　上海市档案馆编：《一九二七年的上海商业联合会》，上海人民出版社 1983 年版，第 25 页。

在之必要矣。"[1]在这次会员会议上,经济科委员孙景西报告上海商业联合会的收支状况。根据孙景西的报告,上海商业联合会的收入一共是15 900元,支出一共是15 825元,结余75元。[2]11月23日上海商业联合会会员会议的召开,标志着存在八个月的上海商业联合会开始走上解散的日程。

上海商业联合会在召开会员会议讨论解散事宜的同时,还向上海市政府、国民党财政部、江苏财政厅呈文,说明该会即将解散,请求注销该团体。[3]11月25日,上海商业联合会以木桌一件、油木椅两件作抵,向上海银行公会借款100元,"以资该会解散之用"。[4]11月30日,交通银行要求上海商业联合会偿还垫借的款项2万元。[5]直至解散前夕,上海商业联合会还被银行催促偿还债务,以及以桌椅为抵押借款充作解散之资,这说明上海商业联合会在经济上也确实到了油尽灯枯的地步。

11月29日,上海商业联合会要求各会员"集议通过宣言,以便发表"。[6]在讨论解散宣言时,虞洽卿曾提议就该会的解散发表一宣言"痛陈之",闻兰亭认为"措词重则有碍当局体面,轻则不如不说……不必发表宣言",吴蕴斋则建议发表双方无碍的宣言。从这些人的言论中,我们不难体会到上海商业联合会解散背后的难言之隐。11月底,上海商业联合会发表解散宣言,"借作当头之棒喝"。[7]

上海商业联合会解散宣言的主要内容包括:第一,列举了上海商业联合

[1]《上海商业联合会议事录》(11月23日),上海市档案馆藏上海商业联合会档案,卷宗号:Q80-1-1-52;《商业联合会讨论结束办法》,《申报》1927年11月23日,第15版;《商业联合会今日会议结束》,《新闻报》1927年11月23日,第15版;《商业联合会拟撤销,今日开会讨论》,《时报》1927年11月23日,第6版;《商业联会将结束》,《民国日报(上海)》1927年11月23日,第3张,第1版。
[2]《上海商业联合会议事录》(11月23日),上海市档案馆藏上海商业联合会档案,卷宗号:Q80-1-1-52、53页;《商业联合会讨论结束办法》,《申报》1927年11月23日,第15版。
[3]《上海商业联合会呈请解散呈稿》,上海市档案馆藏上海商业联合会档案,卷宗号:Q80-1-5-32。
[4]《上海商业联合会关于缴纳会费用开支问题的函件》,上海市档案馆藏上海商业联合会档案,卷宗号:Q80-1-45-17。
[5]《上海交通银行等关于商业联合会库券借款借据注销函》,上海市档案馆藏上海商业联合会档案,卷宗号:Q80-1-7-206。
[6]《上海商业联合会通知会员集议结束宣言函》,上海市档案馆藏上海商业联合会档案,卷宗号:Q80-1-5-31。
[7]《上海商业联合会结束宣言》,上海市档案馆藏上海商业联合会档案,卷宗号:Q80-1-5-33、34。

会成立的主要目的与作用,宣言指出,因"总商会正在交替廓清之际","商民协会尚在产生的胚胎之中",上海商业联合会"外应需要,内谋保障"而发起,上海一些资本家希望"竭商人之全力,促政治之改良",实行"政商合作"而"维各业安全"。第二,上海一些资本家理想与现实背离的无可奈何的心态。上海商业联合会宣言认为,1927 年上海商界"以绞脑沥血之有数金钱,供断头绝顶之武装同志","车薪杯水,无济时艰,箪食壶浆,徒烦供亿"。最后,宣言不得不哀叹:"事与愿违,心余力绌,痛定思痛,危乎其危,与其多一赘疣,留待天然之淘汰,何如早知匿迹,免随腐化以同归。"[1]

上海商业联合会的解散,从表面上看,其领导人罗列了"军事大局已定,会费将罄"等一连串理由,然而,如果我们对上海商业联合会存在的社会环境以及上海商业联合会自身的一些因素加以分析,即可知事实远非如此。

第二节　上海商业联合会解散的原因

一、国家权威的重建与地方势力的弱化

"朝小野大"是晚清国家与社会之间的基本格局,随着北京政府权威下降,对地方的控制力进一步减弱,国家无力强化基层社会治理,商人要求城市自治的呼声不断高涨,商会等民间团体乘势而起。北京政府对这些民间自发兴起的各种利益团体鞭长莫及,只能听之任之,这为民间社会开展政治活动提供了一个有利的客观环境。从 20 世纪 20 年代的社会政治环境来看,1926 年至 1927 年的中国正处于新旧政治势力消长、交替的时期。南方的革命军政府以迅雷不及掩耳之势席卷长江以南的地区,并欲问鼎中原。军阀割据、一盘散沙的局面即将结束,中国的统一指日可待,伴随着国家统一的是不断走向完备的国家机构。国家与政府对地方控制的加强,为新政权在新的形势下重建国家权威创造了条件,这就意味着晚清以来因中央政权虚弱无力而导致的地方势力强大、自治势力兴盛的状况将会大大改变。国民政府中央权威的重建势必导致地方势力弱化。汇集上海资产阶级的上海商业联合会正处于这一转变的过程当中。因此,在国民党政权逐步走向巩固、地方各级政权日趋完善的形势下,同以往的资产阶级自治运动相比,诸如上海商业联合会一类的民间团体发挥作用的空间将大为缩小,在一定

---

[1]《上海商业联合会结束宣言》,上海市档案馆藏上海商业联合会档案,卷宗号:Q80-1-5-34。

的时候甚至为当局所排斥、嫉恨。为了加强对地方的控制,国民党政权对一切可能对自身政权构成潜在威胁的社会集团都竭力加以孤立、冲淡和抵消。在国民党看来,不管是地主、资本家、工人、农民、学生,都是政府潜在的挑战势力。国民党政府力图压制代表这些阶层的一切组织或团体,并竭尽所能地将其置于政府的控制之下。[1]

在大革命期间,一些地区的商会为了维护自身利益曾经非常害怕甚至反对革命、反对北伐战争,这些情况与现象使国民党对资本家阶层表现出相当程度的不信任,并试图组织新的商会如商民协会取而代之,使国民党掌握商民运动的话语权。国民党在商民运动决议案中明确表示,"此种商会已处于不革命、反革命的地位,故本党当决毅然号召全国商民打倒一切旧商会",同时命令各地组织商民协会,"以监督其进行,以分散其势力,并作其整顿之规模"。[2]

1927 年 4 月 13 日,国民党政权虽然同意上海商业联合会进行备案,但无论如何也不能够允许上海商业联合会像以往的商会组织一样不受政府的控制,而是要求它随时接受国民党中央政治委员会的指导。国民党为了控制上海商业联合会,曾多次要求上海商业联合会将其成立的时间、地点、人物、组织与会员资格、内部纠纷、大纲与会费等情况详细地向国民党备案,同时,还要求上海商业联合会将会员对国民党的信仰与了解程度、对国民党的意见与看法进行摸底。[3]

1926 年,国民党第二届中常会通过了《各级党部与各级民众团体之关系条例》,其中规定,"凡民众团体之组织与活动应按其性质与范围受各级党部之监督与指导,对于各民众团体之活动,当地党部认为不适当时,得由执行委员会议决加以替告或纠正之","各级党部对民众团体不服从警告或纠正时,得呈请上级党部核办","各民众团体如发生重大事故,当地党部认为应紧急处置时,由党部知会当地军警制止,同时呈报上级党部核办"。[4]据此,国民党上海特别市政府训令上海商业联合会,"凡属本市范围以内的各

---

[1]　【美】小科布尔:《上海资产阶级与国民政府:1927—1937》,杨希孟、武莲珍译,中国社会
　　　科学院出版社 1988 年版,第 370 页。
[2]　中国第二历史档案馆:《中国国民党第一、二次全国代表大会会议史料》(上),江苏古籍
　　　出版社 1986 年版,第 389、392 页。
[3]　《国民党中央政治委员会上海分会函》,上海市档案馆藏上海商业联合会档案,卷宗号:
　　　Q80-1-8-23。
[4]　《各级党部与各级民众团体之关系条例》(1926 年 6 月),见蒋鸿源主编:《民国法规集
　　　成》第 69 册,第 153 页。

机关团体,其受本府及各局指挥监督"。[1]1927 年 6 月 14 日,国民党上海市党部也通知上海商业联合会,"凡关于本市的民众运动事宜须征得本党部同意"方可进行。[2]

国民党还企图通过支持与组织受国民党党部直接控制、操纵的商民协会来对抗与吸附上海商业联合会等工商业团体,以达到分化、瓦解、控制这些商业团体的目的。早在 1926 年初,上海部分商界人士就曾发起筹设沪商协会,希望扭转"沪上华商外受洋商之操纵,内受战争之影响,恐慌日甚,痛苦日深"的局面,以团结自救。[3]沪商协会是上海商民协会的前身,主要由中小商人发起、组成。商民协会是"国民党领导辅助国民革命的外围组织",[4]它的活动较多地受到国民党政权的支持,国民党在《商民运动的决议案》中指出:

> 我们商民运动的方法,乃是用商民协会等形式,组织中小商人群众,以图改造现有的商会,而不是仅仅联络现有的商会。因为现有的商会这种机关,尤其是大都市的商会,不单为大商人买办所盘踞,不能代表中小商人,并且空洞没有群众。
>
> 对于一般商人运动之方略,当注意多引起其对于政治之斗争,减少其对于经济之斗争,以打破商民在商言商不问政治心理,并使彼从政治上所得之经验,促其有与农工阶级联合战线之觉悟。[5]

1927 年 3 月 20 日,上海市临时商民协会执行委员会成立,并于 22 日发布第一号公告,宣称"遵照国民政府法令筹备组织上海市商民协会,并对付急切之时局,图谋全沪商民之福利"。[6]3 月 28 日,在商民协会公布的《商民协会章程草案》中,商民协会声称"本会遵照全国商民协会之规定,改善商民之组织,团结商民之力量,解除商民之痛苦,增高商民之地位"。[7]在国民党的支持下,上海市商民协会多次致函上海商业联合会,不时地展示该会在国民党政权下的合法地位,重点宣扬商民协会是革命的、受国民党控

---

[1] 《上海特别市农工商局函》,上海市档案馆藏上海商业联合会档案,卷宗号:Q80-1-8-36、37。

[2] 《国民党上海市党部函》,上海市档案馆藏上海商业联合会档案,卷宗号:Q80-1-8-5。

[3] 《组织沪商协会之发起》,《申报》1926 年 4 月 20 日,第 14 版。

[4] 张亦工:《商民协会初探》,《历史研究》1992 年第 3 期。

[5] 《商民运动的决议案》,中国第二历史档案馆:《中国国民党第一、二次全国代表大会会议史料》(上),江苏古籍出版社 1986 年版,第 391、393 页。

[6] 《上海市商民协会临时执行委员会第一号公告》《上海市商民协会临时执行委员会第二号公告》,《申报》1927 年 3 月 22、23 日,均为第 1 版。

[7] 《商民协会发布章程草案》,《申报》1927 年 3 月 28 日,第 12 版。

制的商业团体,强调该会的正统性与合法性。商民协会还一再强调该会与其他商会的区别在于商民协会为领导商民革命的机关,"组织商民协会,中央颁有章程及法令程序,应由中小商人自动发起,受本会及县特派员及特别市党部指导,断非原有商会所得干预,亦非由原有商会改组而成"。商民协会还宣称:"国民政府法定团体为商民协会,商民协会章程为国民政府所颁布","商协成立而后,商会本不应再为法定团体"。[1]按照商民协会的要求,上海商业联合会在组织商民协会的时候,必须按照国民党中央党部所颁布的程序,甚至连上海商业联合会参加商民协会筹备员代表的资格,也必须接受国民党上海市党部委任的指导员的严格审核,对商民协会筹备员"加以严密审查,不及格的筹备员一律检举剔除,同时并拟聘任相当之筹备员共同筹备"。[2]这样一来,如果上海商业联合会加入商民协会,该会的活动将会受到国民党更加严密的控制。因此,尽管商民协会一再催促,上海商业联合会会员加入商民协会并不积极。更有一位叫陈则武的商民劝诫上海商业联合会千万不要加入商民协会,甚至鼓动上海商业联合会想尽办法推翻商民协会,他在致上海商业联合会函中称:

> 本埠自国民革命军抵沪以来,各界之新立团体风起云涌,我商界方面有商民协会之组成,各业之自组商民协会由各业自行发起,可不具唯特别市商民协会发起与组成性质绝不明了,究系何种资格为根据而为自行发起各因国民政府所颁之章程办理,则此商人或各业领袖共同组织。今该会并未得各业团体如公会公所等之同意,擅自设立机关,推举执行委员,此项执行委员之资格究由何处产生?报载该会之执行委员有绝无职业者、并非商人者,即使有一二巨商参加其间,然亦被利用借作傀儡,其他皆绝无声誉者甚多,以此等人而握领袖上海商界之商民协会机关,任其操纵,商业前途危险特甚。日前闻总商会受其强迫占领办事室,强行入内不可理喻,似此行为无非自利之目的。鄙见以为国民政府果认商民协会足以代表商民,自应由真正商界领袖确有职业素有声誉为群众所仰望者出而组成,或由三商会会员共同发起组成,以纯粹之商人办理筹备之事宜,各业之商民协会一致加入正式选举,方足以昭郑重而垂永久,决不能听若辈任便操纵,以毫无根据之组织而为商民代

---

[1]　《商会与商民协会之关系之解释》,《申报》1927年7月27日,第9版。

[2]　《国民党上海特别市党部商民部公函》(5月9日),《上海商业联合会关于组织上海市民协会的函件、上海市商民协会草章》,上海市档案馆藏上海商业联合会档案,卷宗号:Q80-1-24-28。

表。查贵会为沪上各大职业团体合组而成,而委员会诸公尤为沪商领袖素著,今闻乃竟对自身密切之团体任人垄断,置若罔闻,未知是何用意。当诸公将来愿受特别市商民协会执行委员之指挥,俯首听命抑或别有怀抱或另有组织而故示镇定耶?要知总商会现在暂时存在,然后在国民政府政体之下,将来不能不有所改革,商民协会既为政府所认可,即代表商民机关即非商民协会,不可所谓联合会等等皆非正式团体,深望公等早日觉悟,勿以为有联合会在即足自安,从速奋起与商民协会交涉,一面函致国民党上海临时政治委员会否认该会注册,推翻现有之组织,另行召集正式筹备,由公正商人推举职员主持会务使宵小无所施其伎,得商人健全之保障。否则,时机一失,任人宰割,诸公明达,当不河汉斯言,务希提会议公决施行无任,盼祈,此请上海商业联合会委员先生公鉴。商民:陈则武,四月十三日。[1]

陈则武对时局以及商会未来地位的认识有一定的先见之明,对商民协会的分析也在情在理,他的信函引起了上海商业联合会一些会员的警觉。当上海商民协会与上海市党部要求上海商业联合会全体会员加入商民协会并逐步与商民协会合并时,上海商业联合会并未按照它们的要求照办,而只是象征性地派了几个代表参加商民协会,致使国民党利用商民协会来控制上海商业联合会的阴谋未能得逞。

1927年8月1日,为了进一步控制商会等团体,国民政府规定了党部与地方团体的关系,称:"凡民众之组织与活动,应按性质与范围受各级党部监督与指导;各民众团体之活动,当地党部认为不适当时,得由执行委员决议警告或纠正之;各地党部对于民众团体不服警告或纠正时,得呈上级党部核办;各民众团体如有重大事故,当地党部认为紧急处置时,得由党部通知军警制止;各团体对于党部的警告或纠正认为不适当时,得提交意见至上级性质相同团体,由其交上级党部核办。"[2]与此同时,国民党一些地方政府也不断为商民协会取代其他商会组织制造舆论。1927年8月2日,江苏省政府也宣告,"商民协会乃参加国民革命,代表大多数商民利益之团体,性质与旧式商会大异"。[3]1927年11月17日,国民党上海特别市党部转发国民党中央商民部通告,宣称:"旧有的商会组织不良,失却领导商人之地位,

[1]《上海商业联合会关于组织上海市民协会的函件、上海市商民协会草章》,上海市档案馆藏上海商业联合会档案,卷宗号:Q80-1-24-16。

[2]《中央规定党部与团体之关系》,《申报》1927年8月1日,第9版。

[3]《商会与商民协会关系之解释》,《银行周报》0927年第11卷第29期,第62页。

本部拟于第三次全国代表大会时提出议案,请求撤除全国旧商会,以商民协会为领导机关。"[1]至此,国民党利用商民协会控制并取代其他商会组织的企图昭然若揭。在上述形势下,上海商业联合会的自行解散不失为一个明智之举。

二、上海商业联合会自身的原因

从自身情况来看,上海商业联合会本身也存在无法克服的弱点,主要体现在以下几个方面:

(一)政治倾向增强,商会功能衰退

从上海商业联合会的主要活动来看,上海商业联合会摒弃了以往商会"在商言商"的宗旨,处理商业事务只占其活动的一小部分,上海商业联合会倡导"政商合作"的理念。因此,积极反共拥蒋、为国民党政权筹款等政治行为成为上海商业联合会活动的主要内容。这些情况表明,同以往的商会组织相比,上海商业联合会处理商界事务的职能大大削弱,参与国家政治事务的倾向性大大增强。上海商业联合会这种强烈政治倾向性反映了上海民族资产阶级在新的社会形势下依靠国民党政权,保护与发展实业的强烈愿望。穆藕初在《花贵纱贱的原因》中曾对这种愿望进行疾呼:

> 吾国纱业之不振,由外力压迫者半,由内政纷扰者亦半。然吾国当知外力压迫,可求助于政府,内政纷扰,绝不能求助于外人。若内政常此纷扰,则不但纱业受其害,凡为商业,无一不受其痛苦。是以在商言商之旧习,已不复适用于今日,吾商民对于政治,必须进而尽其应尽之责任,急起联合商界之重要分子,用各种方法,逼迫政府改良内政,则商业庶有恢复之望,否则商业愈衰,生计愈艰,非至全国论之不止,纱业不振,犹甚不焉者也。[2]

上海商业联合会在其解散宣言中称:"顾外应需要,需要何在,无非竭商人之全力,促政治之改良……我民众本不敢作过度之奢望,惟时局似应现比较之清明,而前辙依然,故吾犹是。"上海商业联合会结束宣言中的"竭商人之全力,促政治之改良",再次体现了上海商界对国民党政权维护商界利益的期待。

(二)组织结构松散,缺乏号召力

从上海商业联合会的组织与机构来看,虽然它继承了上海总商会的一

---

[1]　徐鼎新、钱小明:《上海总商会史(1902—1929)》,上海社会科学院出版社 1991 年版,第462 页。

[2]　穆藕初:《花贵纱贱的原因》,《民国丛书》第 74 册,上海书店出版社 1989 年版。

些组织形式、规章制度,但如前所述,我们很难说上海商业联合会比上海总商会更具有优越性。相反,由于上海商业联合会被个别江浙资产阶级操纵和利用,它基本上只是充当了上海一些资本家与国民党政权交易的工具。在制度方面,上海商业联合会虽然初步建立了现代商会的委员会制,实行分科处理事务。但是从整体来看,上海商业联合会仍然是一个松散的商业组织,因而也就难以在上海商界真正起到领导众商的作用。第一,会员入会的随意性。从上海商业联合会的章程来看,该章程对会员入会资格并无严格的规定与限制,对违反章程的会员也没有处罚措施。这样一来,上海商界的工商团体加入该组织就会不可避免地出现很大的随意性,上海商业联合会成立后不久,即使上海工商团体蜂拥般地申请加入,而上海商业联合会却无一例外地全部同意,即为很好的例子。第二,上海商业联合会会议的随意性。尽管颁布了章程,但是上海商业联合会并未照章办事。上海商业联合会章程规定,会员会议每个月一次,委员会议每周一次。然而,上海商业联合会的会员会议的次数却明显多于委员会议的次数。在上海商业联合会的前期,无论是会员会议还是委员会议,会议召开得都比较频繁,然而自 8 月以后,上海商业联合会的会议便日益稀少,可谓虎头蛇尾。第三,某些会员具有较大的独立性。一些实力较强的会员如上海银行公会、上海钱业公会、闸北商会等,它们虽然名义上是上海商业联合会的会员,但是它们有时往往单独行事,自立门户,将上海商业联合会晾在一边,如上海银行公会和上海钱业公会,都是单独地为国民党垫款、认购二五库券,银钱两业经济上对国民党的支持大大超过了上海商业联合会的其他会员。尤其是到了 1927 年下半年,闸北商会、上海县商会经常受邀与上海商业联合会平起平坐,共同参与处理事务。第四,上海商业联合会的许多会员脚踩两只船,身兼上海商业联合会与上海总商会双重身份,既是上海商业联合会的会员,又是上海总商会的会员。上海商人团体这种双重身份虽然有利于上海各业一些资本家见风使舵,应付时局的变化,有利于各工商团体对政局与上海商界的发展变化进行观望与选择,但是也为上海商业联合会地位的弱化与解散埋下了伏笔。

三、在劳资纠纷中占绝对主导权的希望的幻灭

1927 年,上海资产阶级为了维护本阶层的利益、应对时局的变化组织成立了上海商业联合会,其称道的"对内谋自身之保障,对外应时势之需要",说明它成立的根本目的就是为了应对政局巨变的"时势",保障资本家的商业秩序与商业利益。为了达到这个目的,上海资产阶级需要解决的重

要问题之一就是劳资纠纷问题。6月13日,在上海商业联合会召开会员会议上,王晓籁指出:"自北伐军克服上海以来,商人所最引以为虑者,即劳资问题。"[1]上海一些资本家希望通过国民党政权的支持,使资本家能够在劳资纠纷中处于绝对的主导地位,然而他们的幻想很快破灭了。在劳资问题上,蒋介石政权虽然答应帮助上海一些资本家解决劳资纠纷问题,发动四一二政变疯狂地镇压共产党及其领导的工人运动。但是,国民党为了维护自身的利益,最大限度地从社会汲取合法性资源,扩大政权的统治基础,并没有像一些资本家希望的那样,一味地镇压工人。[2]实际上,国民党为了最大限度地获取合法性政治资源、巩固自身的统治,在镇压工人运动、捕杀共产党员与工人运动领袖的同时,一定程度上也在利用孙中山的"扶助农工"政策,因为工人阶级毕竟也是一支强大的政治力量,是故工人阶级与工人运动就不可避免地受到国民党政府的重视。[3]

自孙中山发布《劳工条例》之日起,国民党就曾经多次强调要保护工人及工会的权利,改善工人的生活条件与生活状况。1924年11月,孙中山发布了《工会条例》,该条例规定:凡集合同一职业或产业之脑力或体力劳动者50人以上者,得适用于本法组织工会,工会与雇主团体立于对等之地位,工会有言论、出版及办理教育事业之自由,工会有权与雇主缔结团体契约,工会与雇主发生争议,有要求雇主开联席会议仲裁之权,并请求主管行政官员派员调查及仲裁,工会在必要时,得根据会员制多数决议宣告罢工,工会享有参与雇主方面规定的工作时间、改良工作状况及工场卫生之权等。由此可以看出,孙中山颁布的《工会条例》在会员范围、组织形式、职责权利等方

---

[1] 《上海商业联合会议事录》(6月13日),上海市档案馆藏上海商业联合会档案,卷宗号:Q80-1-1-37。

[2] 关于1949年前的工人运动,目前学术界的研究集中于1921年至1927年,尤其关注"五卅惨案"及大革命时期各地的工人运动,而1927年南京国民政府成立后的工人运动一般较少论及。学界一般认为,"四一二"政变以后,工人运动进入低潮,受到国民党的压抑。刘立凯、王真:《1919—1927年的中国工人运动》,工人出版社1957年版;沈以行、姜沛南、郑庆声主编:《上海工人运动史》,辽宁人民出版社1991年版;刘晶芳、唐玉良、赵永波:《土地革命战争时期的工人运动》,《中国工人运动史》第4卷,广东人民出版社1998年版。

[3] 当然,国民党内部矛盾重重,并非铁板一块,插手工人运动的,即有工统会和工总会。工统会以桂系军阀为靠山,而工总会以国民党上海市党部为靠山。国民党上海市党部利用人们反对工统会的情绪,派出党徒四处活动,煽动工人群众反对"工统会",同时竭力宣扬改良主义,欺骗和拉拢工人,他们还制定了《反对工统会宣传大纲》,攻击"工统会",把持工会,欺骗工人,指控工统会的把持人为流氓政客、贪官污吏。他们还在第四次国民党执行监预备会上,发出"打倒腐化分子,请愿取消工统会,要求承认上海工人总会",而工统会则派出大批的指导员到各厂活动,拉拢工人代表。详见沈以行、姜沛南、郑庆声主编:《上海工人运动史》,辽宁人民出版社1991年版,第404、405页。

面赋予了工会较多的自由与权利。[1]在北伐战争的过程中,国民党多次重申"保护农工"的政策,宣称"保护劳工,改良劳工的生活,尽劳工应得组织自由权",[2]要使社会"生产力之充分发展,使工人阶级之生活状况得因其团结力之增长而有改善机会"。[3]1927年3月26日,蒋介石在与上海商业联合会主席虞洽卿见面时,也曾经说过:"本人亦抱维持资本家之主张,但望资本家对劳工界之生活问题,亦应深加注意。"[4]

四一二政变以后,国民党虽然镇压了中国共产党及其领导的工人运动,但是,国民党名义上依然强调要继续执行孙中山爱护农工、扶助农工的政策。4月16日,国民革命军东路军政治部致函上海商业联合会称:

> 现闻有资本家、企业家此时以为中国国民党肃清共产分子,乘机压迫,工友拒绝上工等事,闻之殊深骇异。本部派员改组工会组织,系因反动分子屡有愚弄工友,希图扰乱后方,破坏国民革命行为。最近工友复自起冲突,双方武力相见……真正拥护国民革命者,应遵照总理扶助农工的政策,悉力保障,除通告外,望贵会即将此意广为宣传,勿生误会,仍须爱护农工,倘有乘机压迫,即属违背中国国民党党纲。[5]

在法条方面,国民党还沿袭了大革命时期倾向于保护劳工的部分立法精神,承认了全国总工会及地方工会的法律地位,并希望通过模仿此前中国共产党控制工会的组织模式建立纵向的工会系统来打通甚至是强化国民党与工人的关系。[6]"制定劳工法,改良劳动者之生活状况,保障劳工团体,并扶助其发展。"[7]这既可以说是当时国民党为维护工人合法权益而拟订的新劳工政策,也可以看作国民党改善工人生存状态、开展工人运动的一项重要步骤。为了解决上海的劳资纠纷问题,1927年4月18日,蒋介石亲自签发劳资调解条例共15条。为了笼络工人,缓和阶级矛盾与社会矛盾,蒋介石颁布的劳资调解条例,在某些方面也借鉴了上海总工会的要求,在某种程度上,客观上维护了工人阶级的利益,见表8-1。

---

[1] 胡振良、李中印编:《南京国民政府劳动立法研究》(上册),华夏出版社1994年版,第123—126页。

[2] 罗家伦主编:《革命文献》第13辑,1978年影印本,第238页。

[3] 罗家伦主编:《革命文献》第10辑,1978年影印本,第62页。

[4] 《上海商业联合会会员会议事录》,上海市档案馆藏上海商业联合会档案,卷宗号:Q80-1-2-11。

[5] 《国民革命军东路军政治部函》(4月17日),上海市档案馆藏上海商业联合会档案,卷宗号:Q80-1-25-1、2。

[6] 田明:《转型中的国民党与工会——以南京国民政府建立初期的劳资关系为视角》,《社会科学辑刊》2016年第5期。

[7] 中国第二历史档案馆编:《中国国民党第一、二次全国代表大会会议史料》(上册),江苏古籍出版社1986年版,第85、90、102页。

表 8-1　蒋介石颁布的劳资调解条例与上海总工会要求比较表

条目	劳资调解条例	上海总工会要求
1	承认工会为代表工人利益之集团,但须立案于当地政府与国民党党部	承认工会有代表工人之权
2	按照生活品物价指数规定一般最低工资	限制物价高涨,保障工人生活
3	每年至少须按照生活品物价指数增进率增加工资并须设法限制生活物价高涨	增加工人工资,规定最低工资
4	根据本党政纲规定之时间,参考新旧工业之状况,规定每种工业之最大工作时间	实行八小时工作制
5	废除工头,废断包工制,但厂家得派员管理	废除包工制
6	改善厂规及雇佣契约,保管及核准予政府设立劳资问题委员会	修改厂规及雇佣契约
7	星期日节日工资照给,不休息工资加倍	星期日、节日工资照给,不休息工资加倍
8	雇主不得因罢工开除工人	恢复失业工人工作,雇主不得借罢工关厂抵制工人
9	不得打罚工人及滥罚工资	不准打骂工人,滥罚工资
10	实行劳动保险及工人保障法,其条例由政府制定之	政府制定劳动保护法,举行社会保障
11	工人因工作受身体之损害时,厂主须负责医疗并发给半数以上工资	工人在疾病时,厂主应负责医治,并发给半数以上的工资
12	规定因工作而死伤的抚恤金	规定因工作而死伤的抚恤金
13	男女工人同工同酬,改良女工和童工之待遇,女工在生产前后休息六星期,工资照给,童工不得做过重的工作	男女工人同工同酬,改良女工和童工之待遇,限制童工的年龄,女工在生产前后休息六星期,工资照给,童工不得做过重的工作
14	改善工厂之设备,如增加门窗、天窗及厕所等	改善工厂之设备,如增加门窗、天窗及厕所等
15	由政府及工商两界设法安置失业工人	

资料来源:《上海机器面粉等业同业工会关于职工要求复职、增加工资以及罢工等情况致上海商业联合会的报告》,上海市档案馆藏上海商业联合会档案,卷宗号:Q80-1-17-26;《上海劳资调解条例昨公布》,《申报》1927 年 4 月 19 日,第 9 版;《劳资调解条例公布》,《时报》1927 年 4 月 19 日,第 6 版;《银行周报》1927 年第 11 卷第 15 期,第 70—71 页;《工界消息:上海劳资调节条例公布》,《上海总商会月报》1927 年第 7 卷第 4 期,第 1 页;《纺织时闻:国民革命军总司令公布上海劳资调解条例》,《纺织时报》1927 年第 400 期,第 408 页;万仁元、方庆秋编:《中华民国史史料长编》,南京大学出版社 1993 年版,第 494 页;《上海总工会工作进行方针》,中华全国总工会职工运动研究室编:《中国工会的历史文献》,工人出版社 1981 年版,第 378—379 页。

从客观上来讲,蒋介石制定的劳资调解条例是一个具有一定公平性、公正性的劳动法规。因此,当劳资调解条例一公布,上海各工会"表示非常之赞成,因为这个条例如果实行,即能够保障全上海工人的利益"。[1]但是,蒋介石的劳资调解条例一出台就遭到了上海商界资本家的强烈反对,其中,上海商业联合会的会员上海电机丝织业公会反应最为激烈。4月22日,上海机电丝织业公会给上海商业联合会写信,内称:

> 迳启者:昨阅报载四月十八号:蒋总司令颁布劳资调解条例原文凡十五条,惟第七条星期日节日休息工资照给、不休息工资加倍,又同例第十三条女工在生产前后休息六星期,工资照给各项,查敝同业各厂向例每月工人休息两天不给工资,若照前项第七条办法,每月节日两天,星期四天,除循例休息两天工资照给,其余工资加倍,是依原有工资计算每厂负担均约增加八成以上矣。至女工生产前后给以六星期工资条文益觉宽泛,设有狡黠的女工身怀六甲,距坐褥之期尚远,借此为由先入甲厂工作一月或半月,然后再到乙厂、丙厂如法炮制,依样葫芦,一经足月临盆势必借口条例断章取义,要求甲乙丙三厂同时各给六个星期的工资,以民生实业工厂一发而为产妇多方营利之善堂,似此漫无限制,更不知从何算起,实于厂工两方将来徒滋纠纷,驯至而为一般狡猾女工大开方便,转使企业家纵有志于投资于办实业因条文束缚必闻而寒心、裹足。寻绎前项第七、十三两条文义简泛,敝同业全体窃期之以为不可,窒碍殊多,虽以遵守如此办法,不独我国商业习惯所无,恐泰西各国亦无此创例,事属异举。我同业实无力负担,其他各厂如纱厂等业关碍尤巨,碍虽遵守更可想而知也。贵会为沪商巨擘,提纲挈领,万流仰镜,应如何提议持平待遇便利双方之处,尚祈声叙窒碍实情,公电蒋总司令秉公修正以便工商为维实业,卑见如何便希示复,以纫公谊,此致上海商业联合会,上海机电丝织厂同业公会。四月二十二日。[2]

国民党的劳资调解条例颁布以后,当资本家任意裁撤工人、停工等引起劳资纠纷时,国民政府也能够对资本家给予比较严厉的惩处。1927年4月30日,上海信大染织厂资本家因"压迫工人,停止(工人)饭食",严重违反了

---

[1] 《各工会赞成劳资调解条例宣言》,《申报》1927年4月21日,第10版;《工界消息:各工会赞成劳资调解条例宣言》,《上海总商会月报》1927年第7卷第4期,第1、2页。

[2] 《上海机器面粉等业同业公会关于职工要求复职、增加工资以及罢工等情况致上海商业联合会的报告》,上海市档案馆藏上海商业联合会档案,卷宗号:Q80-1-17-18。

国民党颁布的劳资调解条例,被国民党士兵逮捕。上海染织同业公会在致上海商业联合会的信中称:

> 4月30日,据散厂同业信大染织厂职员韩瑞宝、沈长生二人,因延寿、瑞宝称散厂厂主因历年亏本又受战争影响无力维持,不得已由厂主宣告停业,工人各发给洋四元作川资。据工人中有张友林、顾裕祥、张照等于本月二十二日向总政治部诬报压迫工人,停止饭食(实则自本厂厂主宣告停业以来,工人饭食在未行回籍以前仍照常供给),不多时被武装兵士十余人并率领原报告工人到厂,各兵士先行游行示威,张友林、顾裕祥等指点,兵士将瑞宝等2人按名拘捕。弟念瑞宝系染织厂职员,长生系布厂职员,延寿系工人,各兵士竟随原报告工人任意指名乱殴、乱拘到政治部,后并将瑞宝与长生以手镣镣之,嗣由散经理诸君得悉详细说明具保始释。瑞宝等无辜受此荼毒冤沉海底,持将被害情形详细报请转请申冤等情,据此相应据实函,请贵会烦照来函转呈申冤实为德便,此,上海染织同业公会致上海商业联合会,4月30日。[1]

1927年5月,蒋介石呼吁商人在经济上大力援助国民革命的同时,也要求商人贯彻孙中山的"扶助农工"的政策,不断改善工人阶级的生活条件。他说:

> 商友们,赶快组织起来,以经济的力量援助国民革命,不要目光短浅,以为现在还是和从前一样,可以不问社会政治环境,关门作生意,就可以完事的。不可以有更短浅的目光,以为工人的痛苦可以不问,工人的生活不须改良提高,便能长治久安的,赶快要自动扶助工人,使工人得到良好的生活。[2]

后来,在《中央半月刊》,蒋介石又重申要保障工人的利益。他告诫资本家,不要为富不仁,蒋介石称:"吾人不有打倒资本家之呼声,然若资本家误认为共产党打倒之后,本党不复为工人保障利益,彼等可任意虐待工人,则彼等为富不仁者,亦非打倒不可。"[3]

发动四一二政变镇压工人运动,国民党政权的主要目的除了包括完成与上海一些资本家的交易承诺以外,还包括清除中国共产党在工人运动中

---

[1] 《上海机器面粉等业同业公会关于职工要求复职、增加工资以及罢工等情况致上海商业联合会的报告》,上海市档案馆藏上海商业联合会档案,卷宗号:Q80-1-17-24、25。

[2] 《蒋介石谨告全国民众书》,上海银行公会档案,卷宗号:Q276-1-600-10。

[3] 蒋介石:《对第二次清党的意见》,见王奇生:《工人、资本家与国民党》,《历史研究》2001年第5期。

的影响,并将工人运动控制在国民党手中,而不是压制工人运动或取缔工会组织。1924年改组后的国民党,即"已注意于工人运动,一方面唤醒工人,以巩固民众的基础,一方面以深表同情于工人,使革命性最强大的工人群众,得着充实的力量和组织,不单自求解放,并且要他们来参加革命,树立伟大的革命基础"。[1]不仅如此,国民党对于工人运动也是"以全力助其开展,辅助其经济组织,使日趋于发达",以便"增进国民革命之实力"。[2]因此,四一二政变以后,对于工人某些时候提出的增加工资的要求,国民党也予以支持。6月15日,在上海商业联合会会员会议上,上海工会统一委员会调解部长吴苍敬又一次表示国民党将继续执行孙中山的扶助农工的政策,他希望资本家对于工人增加工资的要求,"不妨酌加"。他称:

> 现在之统一工会,乃接受从前之总工会,前总工会乃共产党一活动机关,故先在鄙人等着手的有二点,(第一点),即是"清党"问题,因前总工会为共产党盘踞,工人之无知者大多为其利用,故总工会虽消灭,而工会分子极其复杂,欲达真正之工会,对于"清党"问题,为所不容忽视者也。第二点,即为保护真正之工人,以(不)负先总理之维护农工政策。鄙人现任调节部事,关于调解方面颇感棘手,盖工人前以总工会为护符,所提条件期在必认,而总工会亦惟武力是恃,所提条件非迫业主承认不可。若现在我们统一工会关于工人之要求而调解,则工人方面非常不满,谓我辈勾结资本压迫工友。否则,使劝业主认受,则商人方面谓现在统一工会,实一总工会之改头换面,故调解之困难可谓至矣极矣。根本问题,工人知识太浅,前受共产党之遗毒,至今未能彻底澄清。故往往有要求过甚,至业主停业,而工人来会报告谓业主借停业要挟,请会中代为交涉。敝会为工人机关,自应有维护之责,然亦有监督之权。故对于此事,必审慎处之,必使不即不离双方得过去。若工人故意捣乱破坏,非独业主可以折退其工作,即敝会亦有相当之监管或取缔,以达"清党"主旨。鄙人甚愿业主对于不良之工人,不必加以姑容,如有确实证据可证明其为破坏分子,不妨报告敝会,敝会自会处理。然而工人要求之惟一目的,不过欲加点工资,鄙人亦希望各业主,如力所能及,不妨酌加。待遇方面,不妨酌改。[3]

---

[1]《工人运动的回顾与前瞻》,南华图书局1929年版,第56页。

[2] 中国第二历史档案馆编:《中国国民党第一、二次全国代表大会会议史料》(上),江苏古籍出版社1986年版,第87—88页。

[3]《上海商业联合会议事录》(6月15日),上海市档案馆藏上海商业联合会档案,卷宗号:Q80-1-1,39-46。

1927 年 9 月 17 日,国民党上海特别市农工商局致函上海商业联合会,称:"查本市内劳资纠纷层见叠出,其由劳工方面发生者固多,而资方任意变更已订条件,即裁减打骂人员,因此引起工潮者,事亦非少。"[1]为此,农工商局发布第九号布告,力图对上海资本家进行警示与约束。

上海特别市农工商局第九号布告

为布告事:查维护工商利益,促成劳资协调,外以抵抗侵略,内以改善劳工生活,原为本党党纲规定,亦为本局应尽之职责,凡属市民,允宜深体斯旨,共维实业。比迩来市内工厂商店,在职工方面难免有要求过度,使资方无力负担,营业因受影响,但店主、店东亦往往以商业一时不振,率行破弃成约,裁歇大批工友,为适合经济现状之借口,驯致工人失业者日众,竟成为社会上之一大问题。本局长职在保护工商,期其荣长,左提右携,一无偏袒。目击迩来情形不得不绸缪未雨,切切告诫。须知丁此赤氛甫息、军阀未灭之秋,我市内工商两界胥应仰体时艰,和衷共济,以安后方。为维现状。[2]

在一定程度上,由于受到国民政府"扶助农工""劳资合作"政策的影响,以至上海工人在四一二政变以后,仍然能够继续与资本家进行斗争,工人仍然是一支能够同资本家抗衡的力量,一些资本家对此也多有怨言。6 月 14 日,在上海总商会与上海商业联合会召开会议讨论劳资纠纷问题时,冯少山说:"最近时局发生变化后,打倒资本家,拥护农工之说,甚嚣尘上。照现在局面,工界势力膨胀,商与工相较,商之势力远不如工。"[3]

1927 年 6 月,一些工厂的工人仍然可以提出增加工资等要求,使资本家疲于应付。6 月 13 日,上海机器面粉业公会致函上海商业联合会称:

上海面粉公会要求各厂集议,以工人生活程度加增,不得不自动按码头工人原有之数加十分之二,以资补助,码头工人已照常服务,相安无事。乃忽有第三者沪西工会来厂要求加资十分之五,本工会各厂集议,不能承认。[4]

上海机器面粉业公会还抄录码头工会单方面对资本家提出的要求,主

[1]《上海特别市农工商局关于缮送协调劳资纠纷维持市内治安布告函》,上海市档案馆藏上海商业联合会档案,卷宗号:Q80-1-17-33。

[2]《上海特别市市政府农工商局布告》,上海市档案馆藏上海商业联合会档案,卷宗号:Q80-1-17-34。

[3]上海市工商业联合会编:《上海总商会议事录》,上海古籍出版社 2006 年版,第 23 页。

[4]《上海机器面粉等业同业公会关于职工要求复职、增加工资以及罢工等情况致上海商业联合会的报告》,上海市档案馆藏上海商业联合会档案,卷宗号:Q80-1-17-5、6。

要内容有:工人有病,厂方负责医治,因工致残,厂方给洋三十至五十元;因工死亡,厂方给洋二百元;国庆节、端午节、中秋节、阳历元日放假一天;上下货物之力资应按原有之数增加十分之三。[1]

可见,虽然一些资本家希望生产秩序是回到他们理想的状态,但是形势的发展在客观上也不允许劳资纠纷按照一些资本家一厢情愿的轨道发展,更不允许资本家完全推翻大革命时期中国共产党领导工人取得的斗争成果。刘公畏称:"故自总工会解散以后,业主稍稍舒气。要知总工会既已打倒,但共产党遗毒尚未消尽,工人心中尚留有打倒资本之影痕。"[2]因此,一些资本家开始抨击国民政府的劳资合作政策。6月13日,上海染织业商民协会致函上海商业联合会称:

> 据染织布厂称:在共产党把持工会之时,勒逼同业信大等六布厂签订条约,致不堪负担,信大、大新两厂因此实难维持,先后已宣告停业。……乃工人不察,只图自利,不顾大局,近复提到增加工资等条件十六条[3],核与共产党把持工会时条件无异。设或贸然承认,必致同归于尽,所谓劳资合作者何在?[4]

当然,也有一些资本家充分利用了上海"一市三政"的特殊的地理环境、政治条件,无视国民政府劳资调解条例的规定,任意开除工人,榨取超额的利润,漠视工人的利益。正如上海商民协会所揭露的:

> 乃近顷各商号行厂有以地在租界,为本国法治之权不及者,遂不惜借外力为护符,视条约于无睹,对于工友偶有要求,即动予开除,少所谅解。开除之工友,既不易谋复工,即津贴之费,亦无磋商余地。而在资方之措辞搪塞,非谓营业清淡,则曰照惯例开除,或延宕支吾,匿不见面,纵至理屈词穷亦不肯稍予接洽。其尤甚者,资方复相互联络,务在

---

[1]《抄录码头工会未成立草约三条》《上海机器面粉等业同业公会关于职工要求复职、增加工资以及罢工等情况致上海商业联合会的报告》,上海市档案馆藏上海商业联合会档案,卷宗号:Q80-1-17-7。

[2]《上海机器面粉等业同业公会关于职工要求复职、增加工资以及罢工等情况致上海商业联合会的报告》,上海市档案馆藏上海商业联合会档案,卷宗号:Q80-1-17-7。

[3]"十六条"中其中六条主要内容有:承认工会有代表工人之权,工作时间由厂方予本会议定;增加工资五成;厂方每月须贴饭金洋一元、纪念日、星期天、节假日休息一天,工资饭金照给;工友有病厂方须给医药费与平均工资,饭金半数;女工生产前后,厂方须给假六星期,工资半数。

[4]《上海染织业商民协会筹备处函》(6月13日),《上海机器面粉等业同业公会关于职工要求复职、增加工资以及罢工等情况致上海商业联合会的报告》,上海市档案馆藏上海商业联合会档案,卷宗号:Q80-1-17-27、28。

压迫工人。[1]

国民党不仅在华商企业中倡导贯彻劳资合作、扶助农工的政策,对于在华外商企业的工人提出改善待遇的要求,国民党也给予支持。1927 年年底,上海浦东美英烟厂工人向资本家提出:工会有代表工人之权;厂方增加工人须经工人同意;每年增加工资两次;实行 8 小时工作制;周日工资应该双倍发给;女工给予 6 周的产假;生病负责治疗;死亡须发给一年的工资作为抚恤金等。[2]在国民党的支持下,工人阶级经过斗争,资本家不得不接受工人提出的部分条件:工会为工人机关,女工有 6 周的产假,生病治疗,工资照给,死亡发给 1 500 元的抚恤金。因此,工人的斗争取得了部分胜利。对此,《北华捷报》上的一篇评论说:"这个原则是共产主义的,要求的每一句话都别有用心。"[3]

四、上海总商会的复苏

1926 年,由于上海总商会会长选举纠纷,其声望一度受到严重影响,其活动基本上也处于停滞状态。于是,1927 年 3 月,以虞洽卿为首的资本家便组织上海商业联合会取代名存实亡的上海总商会处理商界事务,联络官商。6 月 14 日,冯少山在上海商业联合会委员会议上称:"本会的会长前因非法产生,对于应作之事大都放弃,致为各界所轻视,前次各团体欢迎汪精卫时,甚至不许本会加入,经叶惠钧说项,始得加入,于是,会员中以为当此多事之秋,商会地位不站稳,于商业前途颇有关系,故起而合组商业联合会,以与各界周旋。"[4]11 月,上海商业联合会致会员函中称:"前为国民军到沪,在兹军事时期,一切未暇部署,爰由各商业团体联合组织本会,以维持大局。现上海军事已告结束,东南大局业已底定,本会似无存在之必要。"[5]

---

[1]《上海商民协会筹备处关于转达劳资纠纷协调意见函》,上海市档案馆藏上海商业联合会档案,卷宗号:Q80-1-21-4、5。

[2]《报界工会为英美烟工友罢工宣言》,《申报》1927 年 11 月 11 日,第 14 版。相关研究有彭贵珍:《政治博弈与劳资冲突——1927 年上海英美烟厂罢工》,《吉首大学学报(社会科学版)》2013 年第 5 期。

[3] 上海社会科学院经济研究所:《美英烟草公司在华企业资料汇编》,中华书局 1983 年版,第 1197、1212、1213 页。

[4] 上海市档案馆编:《一九二七年的上海商业联合会》,上海人民出版社 1983 年版,第 23、24 页。

[5] 上海市档案馆编:《一九二七年的上海商业联合会》,上海人民出版社 1983 年版,第 25 页;上海市档案馆藏上海商业联合会档案,卷宗号:Q80-1-5-30;据方伯椒回忆称,上海商业联合会是北伐军到来以前上海总商会已不起作用才临时组建的,见《虞洽卿专题座谈会第十四次座谈会所记录》,上海市工商业联合会档案史料,卷宗号:169-139。

事实上,从 1927 年 9 月份开始,上海商业联合会的活动已经逐渐减少。

1927 年 4 月,上海总商会被国民党指派由上海商业联合会接收,在此后的一段时间里,它仿佛成了上海商业联合会的附属物。在此期间,上海商业联合会包揽上海商界的主要活动,上海总商会则基本上处于瘫痪状态。[1]到了 1927 年的下半年,上海总商会的功能慢慢得到恢复,其活动亦日见频繁,经常与上海商业联合会、闸北商会、上海县商会等团体一起处理某些社会事务,到后来更发起或主持处理一些重要事务。这说明总商会的地位不但得到一定的恢复,而且有可能即将重新成为上海商界的领头羊。自 1927 年 9 月起,国民党续发二五库券认购的"接力棒"主要由上海总商会承担。10 月 15 日,江苏财政厅厅长到上海总商会参加续募库券会议,该会议就是由上海总商会主持。[2]10 月 23 日,上海总商会主持召开续发二五库券联席会议,邀请上海商业联合会等四个商会参加。[3]这说明上海总商会又重新受到当局与上海商界的重视,也表明上海资产阶级对上海商业联合会的失望,失望之余,他们又不免对往昔的上海总商会产生怀念之情。上海总商会与上海商业联合会之间的兴衰关系,也可以从另一个侧面说明上海民族资产阶级见风使舵、左右逢源的处世态度。上海总商会崩析之际,正是上海工商界蜂拥般地加入上海商业联合会之时,而后,上海商界发现上海商业联合会也难以为继,它们只好又转而汇集在上海总商会的麾下。上海商业联合会在结束宣言中称:"兹幸总商会正式改选,本会倘仍存在,殊属骈枝。"因此,随着上海总商会的复苏,上海商业联合会也就没有继续存在下去的必要了。

第三节　上海商业联合会的历史影响

一、上海商业联合会对上海资产阶级的影响

在江浙资产阶级利用上海商业联合会与蒋介石交往的过程中,一小批上海大资本家因为为蒋介石政权效劳而受到赏识与任用。通过源源不断地发行库券,上海的金融业也获得了丰厚的经济收益。但对于广大中小资本

[1] 黄逸峰:《旧中国的民族资产阶级》,江苏古籍出版社 1988 年版,第 322 页。
[2] 《四商会讨论续发库券办法》,《申报》1927 年 10 月 14 日,第 13 版。
[3] 《蒋介石要求上海商业联合会筹借军费及该会承销国民党发行军需二五附税库券的函件》,上海市档案馆藏上海商业联合会档案,卷宗号:Q80-1-7-28。

家来讲,他们得到的好处是非常有限的。蒋介石政权不但对上海民族资产阶级进行摊派与勒索,而且不断加强对民族资产阶级的政治控制,从政治与经济两方面把资产阶级搞得"虚弱无力","宁波商人资本以银行组团的形式给国民政府放贷,或者如同发达的荷兰商人资本一样,大量购买国家公债,此举获得了大量稳定的高额利息。纷纷卷入政治漩涡,大量放贷给政府,最后暗淡下去"。[1]这致使上海民族资产阶级对国民党政权十分失望。因此,国民党政权在加强对民族资产阶级控制的同时,也部分地失去了民族资产阶级的支持,从而使自己的政权基础受到损害与削弱。从这一方面来看,国民党政权从一开始就没有能够获得包括民族资产阶级在内的最广泛的支持者。

1927 年,上海商界组织成立上海商业联合会,在极少数大资本家的操纵下,上海商业联合会几乎成为为蒋介石筹款的工具。像虞洽卿等少数大资本家在为蒋介石政权筹集军饷的过程中,真可谓不遗余力,而他们本身的经济实力又相当有限。他们只会"慷他人之慨",把认购巨额二五库券的任务转嫁给其他资本家,以此来维持与巩固自己与蒋介石政权的关系。虽然蒋介石对上海商业联合会一些会员的"市侩"本色心存不满,但对上海商业联合会主席虞洽卿等大资本家还是比较感激的。因此,在上海商业联合会与蒋介石政权进行交易的过程中,虽然广大中小资本家没能捞到多少好处,但是少数大资产阶级领袖人物却能够受到蒋介石政权的任用与笼络。其中,虞洽卿最为引人注目。

1927 年 3 月,上海商业联合会成立后,虞洽卿被推举为该会主席,不久又被国民党任命为上海总商会接收委员,接管上海总商会事务,同时又被任命为江苏兼上海财政委员会委员、二五库券保管委员会委员,后来又被任命为"商整会"负责人、上海商民协会各业指导员等。虞洽卿因其特殊地位和身份,使之在当时错综复杂的社会政治背景下形成的各种商界社团角逐争雄中,依然可以左右逢源,应付裕如,加上他与蒋介石之间的特殊关系,另组上海商业联合会代替上海总商会对蒋介石以经济支持,使他在当时俨然以超脱于上海工商界矛盾纷争之外、在政治上支持北伐、反对军阀的革命商人领袖的形象获得国民党当局的赏识和上海工商界的信任。

上海商业联合会也为少数大资本家日后步入仕途架设了桥梁。通过上海商业联合会,部分资本家加强了与蒋介石政权的联系,江浙资本家后来在

---

[1]　罗翠芳:《近代转型时期中西新兴商人资本"角色"比较》,《江汉论坛》2021 年第 10 期。

南京政权占有一定的地位,工商业资本家及其政治代表通过参政在一定程度上增加了本阶层在国民党政权中的影响力。上海商业联合会的一些主要领导人担任了国民党政府财政金融部门的要职,分布在财政部、中央银行、中央造币厂财政委员会、经济委员会、公债基金保管委员会等关键部门。比较重要的任职有:钱新之任国民政府财政部长,[1]穆藕初任国民政府工商次长,[2]李馥荪任公债保管会主任委员,徐寄顷任中央造币厂厂长,赵晋卿任工商部商业司司长及实业部常任次长等。[3]张嘉璈由于对蒋介石给予了一定的经济支持,1928年任中国银行总裁,1935年任国民政府的铁道部长,1945年又任交通部长,1947年任中央银行总裁。虞洽卿担任了中央银行监事。徐静仁任财政部国民政府盐政处处长。[4]王晓籁后来担任国民政府财政部特税处副处长,全国卷烟特税局局长。[5]陈光甫受国民党委托,于1929年出席万国商会,1933年任全国经济委员会棉业统制委员会主任委员,1947年任国民政府的委员。[6]

国民党政府政策的制定在一定程度上受到了江浙财团的影响。在上海一些资本家的影响和推动下,南京政府改革了财政行政机构,划分了国家和地方收支,确定了预算制度,裁撤了厘金,统一了商标行政和度量衡,开始筹备统一的货币,制定了一系列重要的工商业法规,编制了工商业统计标准规范,筹设了工商金融机关,发表了关税自主宣言等。

但是,从根本上讲,国民党政权拉拢一部分资产阶级上层人物进入政府机构以后,通过控制资产阶级的头面人物从而达到控制上海地方势力、巩固自身政权的目的,"因为国民党政权通过拉拢少数与相互牵制的办法,逐步缩小了资产阶级的政治和社会动力"。[7]国民党政权在成功吸纳资产阶级上层人物进入政府机构以后,其他"资产阶级别无选择,只得让自己被吸附到国家机构中,随波逐流,任人摆布"。[8]1927年,上海商界一些资本家组

---

[1] 王少白:《钱新之与蒋介石的渊源》(1965年4月18日访谈),上海市工商业联合会档案史料,卷宗号:181-58。

[2] 孙煜峰:《穆藕初当上工商部长轶闻》,上海市工商业联合会档案史料,卷宗号:181-2。

[3] 张晓辉:《民族资产阶级与国民政府》,《史学集刊》1987年第1期。

[4] 谟研:《"四·一二"反革命政变与资产阶级》,《历史研究》1977年第2期。

[5] 史全生:《江浙财团与蒋介石政权的建立》,《江海学刊》1984年第4期。

[6] 袁熙鉴:《陈光甫的一生与上海银行》,中国人民政协全国委员会文史资料委员会编:《文史资料选辑》第88辑,文史资料出版社1983年版。

[7] 【美】费正清主编:《剑桥中华民国史》(二),章建刚等译,上海人民出版社1992年版,第863页。

[8] 【美】小科布尔:《上海资产阶级与国民政府:1927—1937》,杨希孟、武莲珍译,中国社会科学出版社1988年版,第313页。

织的上海商业联合会试图通过"政商合作"来加强上海商界在政治上、经济上的话语权,但是却也为蒋介石政权干预与控制上海资产阶级提供了一定的有利条件。国民党政权在重建国家权力与政府权威以后,通过各种办法限制与剥夺上海资产阶级自辛亥革命以来所享有的政治主动权。不仅如此,国民党还以此为契机,剥夺了上海资产阶级掌管社区的职能,行会的争端、经济统计资料的收集、慈善事业的开展,全部由国民党当局直接来处理。[1]所以,从某种意义上来讲,1927 年"是晚清以来上海资产阶级自治运动的终结"。[2]在这个过程中,上海商业联合会发挥了工具与桥梁的作用。

二、上海商业联合会对 20 世纪 20 年代末上海经济产生的影响

充当上海资产阶级与蒋介石政权交易工具的上海商业联合会,对上海的社会经济也产生了重要影响,具体表现在以下几个方面:

（一）生产资本的短缺与利润的下降

在一定的社会时期,社会总产值是一个既定的量。这个总量可分为积累基金与消费基金。当代经济学家诺思认为,在使统治者及其所在集团的租金最大化的所有权结构与降低交易费用和促进经济增长的有效率的制度之间,存在着持久的冲突,这种冲突就是导致社会经济不能实现持续增长的根源。换而言之,统治者可以利用国家政权等统治工具,通过制定规则或者是其他手段,将社会资源导向非生产领域,以防止国内、国外的竞争对手取而代之。[3]在中国历史上,国家的经济政策与经济思想所延续的传统特征,就是以国家为本位,以财政为中心。国家财政是经济政策与思想的核心,包括地赋、工商、货币等方面的经济政策,都以国家财政为出发点、立足点和归宿。这种国家财政本位政策与思想的形成,是由政策思想的主体即封建国家的性质以及历史传统决定的。[4]当政府把发行公债作为填补财政亏空的专门工具时,将会对社会经济产生强烈的破坏作用。就社会经济而言,中央政府稍有权威时,如果经济政策中积极的一面尚能萌生乃至成形,就能够产生有限的规范和引导作用,否则便乏善可陈。所以,控制固然

［1］ 【美】费正清主编:《剑桥中华民国史》(二),章建刚等译,上海人民出版社 1992 年版,第 864 页。
［2］ 李天纲:《1927 年,上海自治运动的终结》,《史林》1998 年第 1 期。
［3］ 【美】道格拉斯·诺思:《经济史中的结构与变迁》,陈郁等译,上海人民出版社 1994 年版,第 25 页。
［4］ 马伯煌:《中国经济政策思想史》,云南人民出版社 1993 年版,第 867—875 页。

有阻碍和破坏作用,一旦失控又会出现其他方式的阻碍和破坏,失控时各级军阀政权的反动性恶性蔓延,变本加厉,由兴实业养税源变成剜肉补疮、涸泽而渔,由有心无力的控制聚敛变为不加掩饰的压榨和抢掠。[1]1927 年,上海商业联合会为蒋介石政权筹款主要用于军事目的,"蒋介石把征收庞大的军事费用问题,看作高于一切"。[2]将大量的社会资金用于军事开支,势必影响社会再生产,这也是上海民族资产阶级不愿慷慨解囊的原因之一。

1927 年前后,国民政府公债的不断发行,导致投机盛行,银行借贷的利率上升,从而出现公债发行的"挤出效应"。[3]政府可以承受较高利率的借贷,而工商业者的承受能力却有一定的限度。因此,产业资本家要么在借贷的时候能够承受较高利率,要么被政府从借贷者的位置"挤"出去。永利公司的经理范旭东曾经指出:"市场利息因政府公债条例太滥之故,竟抬高至二分以上,市场的流动资金群趋于投机一途,民间生产事业之股票债券竟无人过问,谨厚之资产阶级则为公债利诱,动辄倾其家私,故公债残害我国实业,比任何暴力尤为凶猛。"[4]受政府发行公债挤出效应的影响,一些产业资本家不得不承受较高利息的贷款以维持生产。然而,银行借贷利率的上升,直接导致了一些企业利润率的下降,工业资本家深受其害。据统计,由于银行贷款利率的上涨,商务印书馆利润率低至 7.5%,南洋兄弟烟草公司利润率低至 5%。[5]1927 年,华商纱厂联合会在其宣言中称:"国内金融,贷款息重,厂商辛苦经营,谋偿银行钱庄欠款之子金,犹虞不足,日积月累,母子相乘,只有出于售厂之一法,长此不振,不出一年,现存各厂,势将无不憔悴以尽。"[6]

(二)造就了上海金融业短暂的兴盛与繁荣

从金融业角度上看,投资公债的原因不仅来自政府的劝募行为和制度约束,公债带来的丰厚利润也是银行无法抗拒的诱惑。近代中国本土金融

---

[1] 徐建生、徐卫国:《清末民初的经济政策研究》,广西师范大学出版社 2001 年版,第187 页。

[2] 【美】小科布尔:《上海资产阶级与国民政府:1927—1937》,杨希孟、武莲珍译,中国社会科学出版社 1988 年版,第 313 页。

[3] 姜良芹:《南京国民政府内债研究(1927—1937)——以内债政策及运作绩效为中心》,南京大学出版社 2003 年版,第 298—331 页。

[4] 杨桂和:《陈光甫与上海银行》,《文史资料选辑第 23 辑》,文史资料出版社 2000 年版。

[5] 姜良芹:《南京国民政府内债研究(1927—1937)——以内债政策及运作绩效为中心》,南京大学出版社 2003 年版,第 291 页。

[6] 《华商纱厂联合会宣言》,《银行周报》1927 年第 11 卷第 18 期,第 67—68 页;《主要工业界之哀鸣》,《国闻周报》1927 年第 4 卷第 19 期,第 5 页。

业的竞争十分残酷。因此,证券经营一直存在于银行的日常业务范围之内,它能够帮助银行扩大盈利渠道,在残酷的竞争中维持生存和发展。随着股票市场的没落,债券市场成为银行业的经营重心。此外,20世纪二三十年代国内外政治局势的动荡,导致农村经济日益凋敝,民族产业日趋衰弱,银行资金的用途受限,放款业务的增长远远跟不上存款的增长,金融资本市场面临供过于求的局面,具有较高收益率的公债自然成为金融投资业界的宠儿。

发行公债是战争年代军事势力榨取地方经济的主要手段之一。在齐卢战争时,齐燮元曾经发行公债700万元,张寿镛称这是个好办法,等于绑票,不仅能够得到一笔巨款,而且他必须打胜仗,公债才有还本付息的希望。[1]因此,当国民党政权财政不济时,张寿镛便向蒋介石献上了类似的锦囊妙计——发行二五库券。在上海资产阶级垫款与购买库券时,上海的金融业资本家出力最多,先后垫款2 000多万元,后来又认购二五库券、盐余库券700多万元,可以说是对国民党政权经济支持非常突出的行业,南京政府有1/5的政府收入来自政府公债与银行透支,"银行家也因此与南京政权形成了亲密的关系"。[2]1912—1926年北洋政府共发行27种,总额约为8.7亿元,到1925年,利息共计5 911万余元。[3]国民政府为了促使上海金融界资本家同意垫款与认购库券,不得不承认北洋政府时期发行的公债,而上海银行资本家在国民政府承认北洋政府发行公债的前提下,也同意认购国民政府的库券,在上海金融资本家与国民党政权交易的过程中,形成了利益共同体。南京国民政府的二五库券等公债大多数被上海比较有影响力的27家银行购买,使之命运相连。在1927—1931年期间,上海金融业认购了国内借款(当时总额已达到10亿元)的50%—75%。[4]这样一来,金融资本家为了保证这部分投资的安全,就必须全力拥护这个发行公债的政权,假如南京政府垮台了,这些债券将要变成废纸,那么金融资本家也要跟着遭殃。[5]

[1] 俞莱山:《张寿镛与上海的渊源》,上海市政协文史资料委员会编:《上海文史资料存稿汇编》(4),上海古籍出版社2001年版。

[2] 【美】费正清主编:《剑桥中华民国史》(二),章建刚等译,上海人民出版社1992年版,第155页。

[3] 千家驹:《旧中国公债史资料》,中华书局1984年版,第24页。

[4] 【法】白吉尔:《中国资产阶级的黄金时代(1911—1937)》,上海人民出版社1994年版,第318页。

[5] 陈炳章:《南京国民政府发行公债的回忆》,上海市政协文史资料委员会编:《上海文史资料存稿汇编》(4),上海古籍出版社2001年版。

当然,上海金融资本家购买二五库券也获得了丰厚的利润与回报。与北洋时期相比,南京国民政府初期银行业承购政府公债库券的条件更为优厚,利润更高。国民政府的内债发行以库券为主、公债为辅。一般来说,库券比公债期短利高。"公债通常每半年还本付息一次,利率大多为年息8厘,而库券按月还本付息,多为月息8厘(合年息96厘)。"无论是公债还是库券,其利率都要高于同期市场的普通投资生产率。而银行承购政府公债库券所获得的利益远不止于此。南京国民政府发行内债"通常先以所发债票"(在债票尚未印就,而又急需款项时甚至以预约券的形式)向上海的银行或钱庄订立借款合同,规定抵押条件,进行抵押借款。合同规定用作抵押品的政府债票通常按票面价格的5到8折抵借现款,利息为8厘至1分不等,[1]时间则一般限于半年以内。当政府无力收回押品时,银行或钱庄在获得财政部同意后,可将手中所持债券到交易所开拍获得市价,而后再同财政部进行最终结价,在交易所新开出的债券价格一般为其票面价格的7到8折,政府与金融界结价时往往再让利少许,较市场价格还低。[2]江海关二五库券发行时,经过讨价还价,最后商定六折抵押,七折上市。后来,续发的二五库券更是以五五折抵押,六五折上市。[3]南京政府早期发行的公债,月息在6—8厘。二五库券与续发二五库券的利息1932年改为月息5厘,[4]年利息在3—4分之间。1927年至1931年发行公债共10.058亿元,而实际收入只有5.387 071 7亿元,为发行总额的一半,[5]其余的都成为银行的利润。由于可观的利润的刺激,国民党政府成立以后的几年,几家原来实力雄厚的银行规模有了进一步的发展。1926年,全国那些实力雄厚的银行存款合计为9.3亿元,1931年增加到18.6亿元。[6]1931年,29家主要银行的资产总计比1921年增加了2倍多,银行实收股本和纯利润分别增加2/3和1/2。[7]投资公债的巨额利润也使新建银行的数量不断增加。

[1] 《财政部以卷烟税库券向钱业与银行业押解现款的文书(1928—1931)》,上海市档案馆藏上海钱业公会档案,卷宗号:S174-1-45;中国人民银行上海市分行金融研究室编:《金城银行史料》,上海人民出版社1983年版,第491—494页。

[2] 吴景平:《上海金融业与国民政府关系研究(1927—1937)》,上海财经大学出版社2002年版,第134页。

[3] 陈炳章:《南京国民政府发行公债的回忆》,上海市政协文史资料委员会编:《上海文史资料存稿汇编》(4),上海古籍出版社2001年版。

[4] 千家驹:《旧中国公债史资料》,中华书局1984年版,第370页。

[5] 千家驹:《旧中国公债史资料》,中华书局1984年版,第26页。

[6] 《民国时期上海金融机构在社会变迁中的作用》,洪葭管:《20世纪的上海金融》,上海人民出版社2004年版。

[7] 巴图:《民国金融帝国》,群众出版社2001年版,第32页。

1914 年,上海共有银行 42 家,1927 年至 1931 年新建的银行"即有 60 多家"。因与政府债券的特殊关系,上海银行公会与上海钱业公会客观上充当着广大持票人的代言者角色,在南京国民政府尚未有效建立金融统制前,它们仍有相当大的影响力。[1]

三、上海商业联合会对国民党政权的影响

对于国民党政权来讲,它通过上海商业联合会这样的一个商会组织,不但从上海获取了一定的经济支持,使蒋介石在与异己势力的较量中处于有利地位,也有利于国民党政权的初步巩固。在国民党政权成立初期,上海一些资本家对蒋介石经济、政治上的支持,以及在宁汉之争的过程中,上海银行公会积极配合蒋介石政权对武汉进行金融封锁,为蒋介石打败异己势力、完成北伐战争、统一全国起了重要的作用。1927 年 4 月 18 日,上海银行公会在致蒋介石的电稿称:

> 今武汉当局查封各行库存,停止兑现,推其用意,无非强迫吸收各行现金,供给政府需用;一面滥发无准备之中央银行钞票,破坏金融,贻害社会……流弊所及,将使滥钞永无整理之望,人民生计剥夺无余,军政饷需,同归断绝。[2]

5 月 3 日,国民革命军第二十六军司令部致函上海银行公会,要求"禁止现金运往武汉,并禁止武汉票在各地行使,以杜阴谋",上海银行公会马上积极配合。上海银行公会还向北京、天津等地银行发布特别声明,上海银行公会已暂行停止与汉口各行往来。5 月 12 日,蒋介石对上海银行公会的行为表示赞赏:"共党吸现封存,滥发纸币,流弊所及,军民实交受其困,贵会毅然与之停止往来,允为治标唯一方策,至甚佩钦。"[3]而上海商业联合会为双方牵桥搭线,自然功不可没,它使蒋介石能够顺利地战胜异己力量,在国民党派系斗争中处于有利地位。上海是蒋介石政权最重要的财政来源,是其能够战胜武汉方面的"决定性关键"。在宁汉之争期间,蒋介石政权能够从上海摄取大批资金,而武汉政府却因四面封锁陷入严重的经济恐慌。美国驻汉口领事认为,"汉口政府之所以瓦解,除了它的财政崩溃以外,没有其

---

[1]　王晶:《上海银行公会研究》,复旦大学 2003 年博士论文。

[2]　上海市档案馆编:《一九二七年的上海商业联合会》,上海人民出版社 1983 年版,第 77 页。

[3]　上海市档案馆编:《一九二七年的上海商业联合会》,上海人民出版社 1983 年版,第 78 页。

他任何因素"。[1]在蒋介石下野后,国民党政权曾经组成孙科联合政府,由于孙科联合政府只能在上海筹集到有限的军费,因此它不但不能有效地进行北伐战争,而且很快陷入了政治与经济的双重危机之中。[2]实现对上海的政治与经济控制,是蒋介石政权能够战胜政治对手的重要因素之一。

上海商业联合会筹款的款项在一定程度上也支持了北伐战争。上海商业联合会多次以支援北伐战争为名帮助蒋介石政权进行筹款。4月29日,在上海商业联合会会员会议讨论筹款时,虞洽卿称:"现在九江、江北进兵,月须1700多万元,情形至为紧急,倘军饷不济,军事不能顺手。"[3]据统计,二五附税库券截至9月份的收入是20 514 380.67元。[4]其中,上海商业联合会包括上海银行公会、上海县商会、闸北商会共筹得800万元,几乎占其总数的1/2。

中国共产党及其领导的上海工人运动,使上海大资产阶级寝食不安,"清除"共产党在工人运动的影响,扑灭工人运动使蒋介石政权少了心头大患,上海一些资本家的支持,使上海这个具有全局影响的城市从共产党的手中转移到国民党政权。蒋介石在镇压上海的中国共产党及其领导的工人运动以后很快就控制了上海,通过对上海的控制,以及在上海获得的经济支持,国民党政权获得了巩固的后方。然而,蒋介石政权虽然在上海一些资本家的支持下战胜了异己势力,在镇压中国共产党及其领导的工人运动、不断加强对资本家的勒索控制使政权获得巩固的同时,它一系列不得人心的做法也使国民党政权面临四面楚歌的局面,从而使这个原本就不牢固的政权的统治基础更加脆弱。对于上海的工人阶级,蒋介石血腥地镇压工人运动,必然激起工人反对国民党的斗争,也必然导致工人阶级对国民党政权合法性信仰的流失。对于上海民族资产阶级,蒋介石政权在胁迫资产阶级进行经济资助的同时,也失去了部分资本家的政治支持。为了支撑庞大的战争机器运转,国民党政权极力从现代经济中榨取利益,对民族资本一直进行无穷无尽的财政要索。[5]蒋介石政权不断地对上海商界进行经济掠夺,必定

---

[1]【美】小科布尔:《上海资产阶级与国民政府:1927—1937》,杨希孟、武莲珍译,中国社会科学出版社1988年版,第52页。

[2]《财政部长孙科敬告全国商业同胞》,《民国日报(上海)》1927年10月8日,第1张,第4版;《孙科告全国商人书》,《银行周报》1927年第11卷第40期,第48—50页。

[3]上海市档案馆编:《一九二七年的上海商业联合会》,上海人民出版社1983年版,第69页。

[4]《国府财政部之收支账目》,《申报》1927年9月19日,第9版。

[5]刘景岚:《从参与危机到认同危机——南京国民党政权合法性资源流失的历史考察》,《社会科学战线》2002年第6期。

会招致他们的强烈不满。由此看来,国民党政权也必将失去一支同盟力量,因为"国民党看似成功的政治控制孕(蕴)含着极大的政治危机"。根据现代化理论,新兴的政治力量是现代化的产物,是政治扩大的表现。政治的参与和扩大要求相应的政治制度化从而把新兴的力量整合起来,否则就会产生政治动乱。资产阶级是现代化的新兴力量,是倾向稳定的社会力量,国民党对它的压制就意味着把它排除在制度化的体系之外。[1]所以,国民党政权一开始便招致民族资产阶级诸多的不满,也就难以获得包括民族资产阶级在内的社会各阶层的广泛支持,它失败的命运似乎早已注定。

本 章 小 结

上海商业联合会的解散是多重因素互相作用的结果。就外部环境而言,1926 年的北伐战争是中国结束分裂、走向现代化进而进入国家统一的重要阶段。在国家统一、步入现代化的进程当中,主权国家必须强化国家机构,逐步加强社会控制和社会整合的能力。根据现代化理论,后发外向型现代化国家在进行现代与社会变革的过程中,必须首先建立全国性的政党,在政党的领导下,运用国家力量整合与汲取社会资源,集中力量进行经济建设与社会改革,加强国家与政府的权威,完成传统社会向现代社会转型与变迁。1927 年建立的上海商业联合会正处于逐步消除军阀割据、国家即将完成统一、政府与中央权威重建的初级阶段。因此,同以往商会相比,上海商业联合会不可避免地受到更多的来自国家与政府的控制。

就上海商业联合会而言,同以往商会相比,上海商业联合会的政治倾向大大增加,它宣扬"政商合作",希望通过一定的经济支持来加强与国民党政权的联系,并试图以国民党政权为政治靠山,以谋求有利于上海商业发展的经济政策、社会环境。但是,由于战争的继续、军费等开支巨大,国民党政权不得不加强对上海等地的经济掠夺,这种做法似乎完全超出了上海商界的预期交易成本。从某种程度上来讲,上海商业联合会的决策也并不能够反映与体现会员们的真正意愿,而上海商界广大中小资本家对与国民党政权合作、对政治并不热心。因此,少数资本家所倡导的"政商合作"、加强同国民党政权联系的行为,也只能呈现一种"曲高和寡"的景象。

[1] 涂华奇:《南京国民政府十年政企关系考察》,《经济史》2001 年第 4 期。

从上海商界的发展轨迹来看,上海商业联合会只是取代上海总商会的一个临时性商会组织,是上海商民社会在 1927 年中国的政治局势发生重大转变的形势下发生分裂的产物。然而,经过八个多月的运作,同上海总商会相比,上海商业联合会除了强化商会的政治倾向以外,在组织形式、规章制度、会员资源等方面,尤其是在发挥商会的维护商界利益等功能等方面,都与上海总商会存在较大的差距,商界期望的彻底掌握劳资纠纷主导权、实现关税自主等目标也没有完全实现。在这种情况下,上海商界又必然会进行新的整合。因此,面临上海总商会即将回归上海商界的领导地位,上海商业联合会如果继续存在,也就成为上海商界的"骈枝"。

上海商业联合会虽然存在时间不长,但其影响却不可小觑。在这不到一年的时间里,上海一些资本家通过上海商业联合会这一组织,进行了为国民党筹集款项、联络列强、对抗工人运动等一系列活动。通过上海商业联合会,少数上海一些资本家也因此构筑了与国民党政权新的关系,金融业在垫款与认购库券的过程中获得了一定的经济利益。而蒋介石政权则利用在上海榨取的资金,部分地解决了北伐军费的燃眉之急,并尝试着从政治上控制上海民族资产阶级,将他们整合到政权建设的进程之中。

结　　语

一、上海商业联合会的兴起不是一个偶然现象,而是国内外多种因素合力驱动的结果

开埠通商以来,上海积聚了近代中国最为发达的民族资本主义工商业,已经累积起了各类结社的社会经济基础。上海商人的自治传统、政治经验、经济实力、联合意识为上海商业联合会的兴起创造了条件。1927年,由于中国国内政局剧变、列强虎视眈眈,在上海总商会基本处于瘫痪的状况下,上海虽然商人团体众多,但无论是广为分布的马路商会还是同业公会或是以中小商人为主体的商民协会等商业团体与组织,都难以满足广大上海商人结社的主观需求。[1]在上述显性与隐性因素的共同作用下,以虞洽卿等江浙资本家为主体的上海商业联合会已是呼之欲出,最后对上海商业联合会的发起与建立起"临门一脚"作用的是上海第三次工人武装起义胜利带来的工人运动的蓬勃发展。

自1927年6月起,随着北伐战争的步步推进,南方国民革命势力意欲问鼎中原,即将推翻北洋军阀的统治,取而代之。北伐战争的胜利也推动了工农运动的发展,工农运动的兴起使中国原有的政治、经济秩序受到冲击。北伐战争也引起了列强对华政策的调整与转变。就国内外形势而言,上海商业联合会是上海商界为了保护自身的政治、经济权益,舍弃上海总商会而"维护各业安全起见"、力图实现"政商合作"的努力。蒋介石集团为了保持北伐战争以来取得的政治资源与组织资源,先后制造多起镇压农工的事件,力图"清除"与削弱共产党与国民党左派在国民革命军中的影响,与中国共产党和国民党左派争夺国民革命的领导权。

北伐战争开始以后,西方在华列强为维护近代以来依靠不平等条约取

---

[1] 彭南生:《街区里的商人社会:上海马路商界联合会(1919—1929)》,北京师范大学出版社2021年版;马敏主编:《中国近代商会通史》(全四卷),社会科学文献出版社2015年版。

得的政治、经济等方面的在华特权,面对中国的革命运动,它们先后发表"不干涉"与"同情"中国革命的声明。北伐战争时期,美国等帝国主义列强对华的基本政策是设法软化分化中国革命,诱使中国资产阶级将革命引向改良,以此抵消共产主义在中国的影响。美、日等西方国家对当时中国政治局势的发展以及革命阵营内部的复杂变化,摆出"中立""观望"的姿态,尽量用隐蔽而圆滑的方式进行干涉,也使用武力或施以军事威慑。[1]在发表充满硝烟的和平声明的同时,西方列强又先后向中国增兵,打着保护侨民的旗号,制造了"万县惨案""南京惨案"等多起惨案,对中国革命运动进行赤裸裸的武装干涉。帝国主义列强妄图以"和平"与"炮舰"并举的政策分化瓦解革命统一战线,寻找新的在华利益代理人,以期维持鸦片战争以来所形成的共同瓜分与侵略中国的政治格局。

在全国政局发生变化之际,上海商界也颇不宁静。北伐战争促使工农运动进一步高涨,面对工人运动的熊熊烈火,上海一些资本家惶惶不可终日。在 1926 年上海总商会选举风波中,江浙籍资本家与非江浙籍资本家为争夺上海总商会的领导权与控制权,双方的矛盾日趋尖锐。在国民革命军开展北伐战争之际,上海商界一波未平,一波又起。上海总商会选举纠纷尚未了结,面对北伐战争的浩大声势,江浙资本家群体在政治靠山选择的问题上又出现了严重的分歧,基于早年与蒋介石的关系,同时兼以地缘因素以及北伐战争前夕的先期联络活动,以虞洽卿为首的江浙资本家与蒋介石经过多次密谋与磋商,双方逐步达成交易。以虞洽卿为首的部分江浙资本家另立山头,组织了上海商业联合会,与傅筱庵领导的上海总商会分道扬镳,也给由于选举风波而无所依托的上海总商会会员创造一种新的归属感。

可见,上海商业联合会是中国近代历史上上海商界为了应对政局剧变而建立的第一个商会组织,它的成立是国内外多种因素合力驱动的产物,是国内政治局势变动、中国面临西方在华列强的炮舰政策、上海商界内部矛盾等因素相互作用与博弈的结果。

二、上海商业联合会是一个以中小商人为主体、以维护商人经济利益为基本目的、具有鲜明政治倾向的资产阶级商会组织

第一,上海商业联合会是一个以中小资产阶级为主体、为大资本家掌控的商会组织。

---

[1] 牛大勇:《北伐战争时期美国分化政策与美蒋关系的形成》,《近代史研究》1986 年第 3 期。

　　首先,从它的构成来看,它是一个以众多中下层商人为主体的商会组织。其会员大多来自上海总商会合帮会员所在的行业、团体,也有少量来自原来游离于上海总商会的商业团体。这些会员广泛地分布于整个上海地区,既涵盖了当时的金融、食品、运输、药业、五金、染织、纺织等行业,又囊括了上海县商会、闸北商会、上海银行公会、上海钱业公会等有实力、有影响的团体。从其领导层来看,上海商业联合会领导层也包括了多个行业、团体领袖人物,尽管少数大资产阶级的上层人物与金融资产阶级掌控着该会的决策权与话语权,但这并未改变上海商业联合会以中小资产阶级为主体的结构性特点。

　　上海商业联合会领导层主要包括虞洽卿等 3 个主席、17 名常务委员,以及经济科、调查科、交际科、总务科 40 名四科委员。上海商业联合会主席包括虞洽卿、王一亭、吴蕴斋,分别来自交易所联合会、闸北商会、银行公会,彰显出虞洽卿等三个主席及其所属团体在上海商业联合会的突出地位与作用。上海商业联合会设立经济科、调查科、交际科、总务科 4 个科别和委员。从上海商业联合会的常务委员与四科委员的领导者的行业来源来看,他们分别来自上海的金融、运输、面粉、纺织、食品、销售、染织等不同行业,既囊括了金融业、纺织业等行业的大资本家,又包含了广大金业、茶业等行业的中小资本家。但是,上海商业联合会政策的决定权主要操纵在主席虞洽卿等少数一些资本家手中。当然,像吴蕴斋等经济实力雄厚的金融资本家,在该会也拥有一定的话语权。

　　其次,从其产生方式看,它完全是上海商人在自愿的基础上自发形成的商会组织。自上海银行公会、上海钱业公会、交易所联合会等 19 个商业团体 1927 年 3 月 22 日在《申报》等报纸发布成立公告宣告上海商业联合会成立以后,一些商业团体纷纷申请加入,仅两周时间,该会的会员已接近 60 个团体。上海商业联合会会员既包括经济实力雄厚的金融业大资本家控制的银行公会等团体,也包括一些中小资本家控制的诸如上海银楼公会、南北报关公所等团体。上海商业联合会的成立与扩充,体现了上海商界在动荡的时局下,试图集结在上海商业联合会之周围,以"互助"的形式进行跨行业联系与合作,共同应对时局的变幻,尤其是 1927 年 3 月 21 日上海工人第三次武装起义胜利以后工人运动的快速发展。此外,上海商业联合会的成立宣言中也说明了该会成立的主要目的、职责,上海商业联合会的宣言则是在列举以往商会"在商言商"各种弊端的基础上,极力宣扬与鼓吹"政商合作",不断为上海商界一些资本家与国民党政权合作营造舆论。但是,从某种意义上说,上海商业联合会只不过是上海商人的一种松散的聚合,其宗旨与目的的实现需要不断地强化自我建构,加强自身在商业社会中的责任担当,以此取得社会合法性,增强对商人的号召力和吸引力。

最后,从它的运行过程来看,上海商业联合会的运行体现了多样化与差异性,它没有统一的模式。上海商业联合会的出现并非法律制度的安排,在成立的时候也没有来自政府的权力赋予。因此,在某种程度上来讲,上海商业联合会不是一个严格意义上的法人团体,对会员没有约束力。同时,上海商业联合会会员数量众多,包括会馆、公所、商会、同业公会等样态,会员规模大小不一,实力参差不齐,并非所有上海商业联合会自我建构的努力、期望都能如愿以偿。在上海商业联合会会员当中,积极发起、加入者有之,有名无实者有之,虎头蛇尾者亦有之。在该会的领导层中,各主席、各科委员的态度也各有不同。因此,对上海商业联合会会员、主席和委员的分析与认识不能等量齐观。

上海商业联合会主要行为、活动的差异性可以从该会的会议次数、议题、趋势得以窥见。以 4 月 12 日为界线,该会的次数、议题各有侧重。在 4 月 12 日以前,会议次数较多且会员会议与委会会议的议题主要集中于讨论会员入会和应对工人运动,主要原因在于,一方面,该会成立初期,申请加入的团体较多,但需会员会议讨论通过;而另一方面,这种状况也与上海工人运动的高涨、资本家在劳资纠纷中的守势等政治形势密切相关。不难发现,自 3 月 22 日建立到 4 月 12 日这一段时期,上海商业联合会的主要活动展现了其商界之间的"互助"和该会"维护商业"的任务。在 4 月 12 日以后,会议次数较前段时期有所减少,而会议的议题主要集中于捐款、认购二五库券等方面,其主要原因在于,国民党发动四一二反革命政变,残酷地镇压了工人运动。对于上海商业联合会而言,其中心任务已经转变为上海资本家履行对国民党经济支持的承诺,这也是该会倡导的"互助精神"在另一层面的反映,即体现上海商界与国民党政权之间的"政商合作"。

上海商业联合会的主要行为、活动的差异性还可以从会议次数的趋势得到体现。上海商业联合会会议自 5 月 2 日以后呈现不断递减的总趋势,这种变化趋势与该会的中心任务紧密相关。5 月 2 日以前,上海商业联合会的主要任务是建立该会的规章制度、扩充会员,以及讨论为国民党捐款、摊派二五库券,而捐款与认购二五库券的议题,必然牵涉到各业、各会员的经济支出,也必然会引起各会员团体的高度关注。5 月 2 日以后,该会会议次数的减少,一方面在于上海商业联合会在会员当中摊派认购库券的任务已经初步完成,而另一方面在于广大资本家尤其是中小资本家对上海商业联合会的失望与不满,同时也暴露出商人"水上求财、水下求命"的本性。上海商业联合会会议次数、议题的变化,也反映了广大上海资本家从积极和自愿加入该会到消极和被裹挟的心路历程。

因此,就其性质而言,上海商业联合会是一个以中小工商业者为主体、被上海少数资本家掌控的、初具现代委员制度、自发自愿形成的资产阶级商会组织。

第二,上海商业联合会也是具有浓厚政治色彩的商会组织。

虽然维护上海商人的经济利益始终是上海商业联合会的初衷,但是它同时也具有较强的政治倾向性。上海商业联合会政治倾向性这不仅体现在它的章程条文上,更体现在它的实际行动中。从与蒋介石密切联系、达成交易,到四一二政变拥蒋"清党",从对共产党领导工人运动的忍耐、妥协,到政变以后对中国共产党与工人运动的仇视、抵制,从与蒋介石的密切合作,到双方矛盾不断,其斗争与活动虽然无一不与商人的利益息息相关;但是,无论与近代历史上国内其他商会诸如天津商会、武汉商会等商会组织相比,还是与上海总商会、马路商会、商民协会等其他商会组织相比,其不同之处在于,上海商业联合会的发起成立与1927年政局的巨变联系密切,具有强烈时代色彩、政治意义。当然,对上海商业联合会这种政治意识、政治色彩的认识也要恰如其分,"政商合作"看似是手段,是为了争取政治靠山,但根本目的也是更好地维护商人的利益。上海商业联合会与中国共产党、国民党政权、租界当局关系的演变,其基本目的都是为了维护商人的经济利益。我们不能因为上海商业联合会的政治色彩,或者政治势力对它的介入,又或者它与某些政治势力的交易而否认其经济性,否认商界已经放弃该阶层一直怀抱"在商言商"的传统。

第三,上海商业联合会的政治色彩体现了一定的时代性与民族性。

上海商业联合会的兴起与衰亡的历史,不仅使其蒙上了一定的政治色彩,更赋予其民族性、时代性等特征。鸦片战争以来,中国逐步沦为半殖民地半封建社会,逐步成为西方列强的原料产地与商品倾销市场,发展与振兴中国民族资本主义工商业、实现关税自主,一直是包括上海一些资本家等社会精英阶层在内的全体中国人的强烈愿望。在中国政治局势发生巨大变动的1927年,帝国主义列强依据不平等条约在中国制造诸如"南京惨案"等事件,无不激起上海商界的抗争,激起了上海商人强烈的民族意识。

在1927年中国局势发生变动、全国即将统一的条件下,上海民族资产阶级希望借助强有力的国家政权与强大的民族主义浪潮,取缔帝国主义在华特权,实现关税自主。但与此同时,他们又同列强有着千丝万缕的联系,革命的浪潮与中外冲突有可能使他们的产业最先受到破坏,因此他们又反对暴力革命与中外军事冲突。

上海一些资本家与西方在华列强的关系也处于两难的境地,反映出近代半殖民地半封建的中国,所处的弱国无话语权的困境,这种困境在1927年上海商业联合会与列强的交往中也得以窥见。聚集在上海商业联合会周围的上海商业团体的行为与表现,应从商人群体的内在规定性寻找原因。从经济上看,上海商界希望拥有一个安全的环境,以便自由发展资本主义工商业。但是,在20世纪20年代,中国的民族资本主义工商业内受军阀的压迫,外有帝国主义为强敌,加上不平等条约的存在,关税无权自主,洋货倾销,无力与外商竞争,致使中国资本主义不能独立自由地发展。上海民族资本家为了利用工农群众的力量反抗帝国主义与军阀的压迫,有时同情、支持甚至参加革命,他们也希望国家主权独立、关税自主,为资本主义工商业的发展创造良好的环境。但是,近代以来半殖民地半封建社会的中国那种贫困落后、国力虚弱国情的改变,并非一朝一夕之事。况且,上海的民族资本家中的不少人与帝国主义者有或多或少的联系,在原料、机器设备、金融等方面与外国资本有依附关系。这种状况,也是上海商业联合会对帝国主义在华列强采取有限抗争、妥协为主的原因之一。

三、上海商业联合会的建立反映了上海商界的新陈代谢,体现了上海商会曲折、螺旋式的演进历史

上海商业联合会成立以后,很快制定了章程,建立了各级组织机构,推举了主席与各科委员。随着众多上海工商团体的不断加入,它迅速成为囊括大部分上海资产阶级、林立于上海总商会之外、领导众商的商会组织。在组织与制度、商会功能、章程、会员构成等方面,上海商业联合会表现出对上海总商会诸多的继承性,也体现出与上海总商会一定的差异性。在领导的构成上,上海商业联合会委员既包括一些上海总商会的会董,又吸纳了一些原来游离于上海总商会之外的商界新秀。在章程等规章制度方面,诸如领导人产生办法、会员入会规则、会费的征收、会议制度等方面,上海商业联合会在对上海总商会诸多的借鉴基础上,也出现了不同于上海总商会的新制度、新规定。在会员资源方面,一些商业团体同时兼具上海总商会和上海商业联合会的双重身份,但有些会员的地位发生了一些或升或降的变化,这种情况反映了在政治变局的过程中,商界内部势力的此长彼消。上海商业联合会对上海总商会的传承与嬗变体现了在 1927 年的社会变迁的过程中,上海商界在应对时局变幻的过程中,为了维护商界利益进行的调适性变化与新陈代谢。

同上海总商会等商会相比,上海商业联合会具有短暂性、临时性、过渡性等特征。

上海商业联合会短暂性主要表现在两个方面:其一,该会从建立发起到结束总共才 8 个多月的时间,是上海乃至全国商会史上少有的短命的商会组织。自清末《商会法》颁布以后,全国依法成立的大大小小的商会组织共有数百家。在这些商会组织当中,大多数商会都能够存续至国民政府时期的 1929 年前后,如上海总商会,也有部分一直生存到新中国成立前后,如天津商会等。然而,像上海商业联合会这种存在只有 8 个多月的商会,在全国也好,上海地区也好,都实属罕见。其二,该会缺乏一个"原初"形态萌发而演进的过程,如上海总商会经历了最初的上海商业会议公所、上海商务总会、上海总商会的演进历程,纵观国内其他商会组织,其演进的历史进程与上海总商会大体一致,而上海商业联合会则是经历了发起到扩充的过程,缺乏从"原初"形态到定型的过程。

上海商业联合会临时性在该会成立的目的、宣言、规章制度等方面得到体现。上海商业联合会成立的目的主要是为了完成上海资产阶级和蒋介石的交易,对于上海资产阶级而言,他们成立上海商业联合会的主要目的是对抗上海地区的工人运动,使生产秩序回到他们理想的状态,一旦这个任务基本完成,诚如上海商业联合会解散宣言所说,"大局已定,军事已了",这个商会组织的存在就没多少实际意义了。从上海商业联合会的宣言来看,该会的宣言共有 4 稿,4 篇宣言稿的内容大致相同,但每篇宣言稿都存在不同程度的涂改,4 篇涂改过的宣言当中,却无一成为定稿,可见宣言稿起草的临时性、紧迫性。从上海商业联合会的组织与制度来看,《上海商业联合会章程》是上海商业联合会纲领性、组织性文件,为上海商业联合会的运行提供了依据。但是,国内其他的一些商会,不仅有完善的章程等大的方面的规章制度,而且各部门的运行规则比较详细,如汕头总商会,其章程共十三章、46 条,同时制定了监察委员会、商事公断委员会办事细则,大大增强了规章制度的可操作性。[1]与其他商会的有关规章制度相比,上海商业联合会的章

[1]　陈海忠:《近代商会与地方金融——以汕头为中心的研究》,广东人民出版社 2011 年版,第 368—387 页。

程只是对该会的规章制度等方面作了大致的框架性规定,而且各科、各部门都缺乏详细、具体的议事规则。

上海商业联合会的过渡性主要表现在,上海商业联合会是在上海总商会发生选举纠纷、上海总商会内部江浙籍资本家发生分化的情况下而成立。由于上海商界的内部矛盾,上海商界地位有所下降,上海资产阶级为了恢复商界地位,暂时利用上海商业联合会这一商会组织,以降低上海资产阶级与各派政治势力的交易成本。当上海总商会完成改组、上海商界重新完成整合任务后,上海商业联合会退出历史舞台就是情理之中的事情。在组织制度方面,上海商业联合会完成了商会组织原有的会董制向委员会制的过渡,上海商业联合会的委员会制虽然不够完善,各科在实际操作中可能缺乏相应的指引,但是现代的委员会制度,实行各科管理不同的事务,各司其职,有利于发挥各科的组织与行政效率,也为其他商会组织制度、组织机构的变革提供了契机。从国民党与商会的关系来看,上海商业联合会是国民政府在筹划改造原有商会、民间团体向实现对商会、民间团体控制阶段的一个过渡性工具。从这种意义上讲,上海商业联合会是国民党与上海一些资本家密切配合干预商会、民间团体的发轫与开端,为国民党控制地方团体、整合地方资源准备了条件。

值得注意的是,上海商会于清末诞生之初,就在章程中明文规定以“票举”方式推举总、协理和议董,是近代中国商会中率先制定投票推举领导者的制度,在当时产生了较为广泛的示范效应,许多商会在成立之后也模仿上海商会确定了这一制度。20世纪20年代以前,商会受政治因素影响较少,但是,20年代后,商会的推举受政治因素的影响较为严重,这种现象不只是表现在商会中,还表现在教育、学术等社团领域。从上海商业联合会的代表、委员产生的程序来看,该会的会员代表一般由各行业、各商业团体领袖担任,他们均由一定的推举程序产生。上海商业联合会会员代表、委员、主席的推举机制体现了民间社会的朴素民主原则,虽然每位会员均有推举权,但并非所有会员都重视自己手中的权利,推举程序虽然简单容易操作,但是其外在性、显现性往往不一定是会员真实意愿的反映。同上海总商会等国内其他一些商会组织相比,推举具有相当大的随意性,从而导致上海商业联合会的决策权只能为少数商人所操控。

无论是同国内其他商会相比,还是同上海总商会相比,上海商业联合会很难体现出自身的优越性,这种状况是上海商会发展历程中曲折性的最为直观的表现。

四、上海商业联合会"政商合作"并未摆脱商人职业特性的左右

上海商业联合会与国民党政权之间的关系体现了上海商人力图以最小化的投资获取最大化的收益,因此,该会倡导"政商合作"并未摆脱商人职业特性的左右。

上海资产阶级与国民党政权之间的关系,可以从上海商业联合会会员参与该会活动的情况得到体现。"商人对政治问题的态度与行动,主要还是出于保护商业发展和维持自身利益的目的,这可以说是商人政治的一大特色。"[1]无论是从出席会员会议的团体数量来看,还是从各会员团体参加会议的次数来看,可以发现,既没有一次全体会员都能到会的会员会议,也没有哪一个会员能够出席所有会员会议。可见,各会员团体参与上海商业联合会事务并不积极。具体而言,上海商业联合会共有 64 个会员团体,在上海商业联合会召开的 31 次会员会议中,许多会议只有一半以下甚至十几个会员出席,离 64 个这一团体总数相差甚远。就各个会员参加会议的情况而言,在上海商业联合会的 64 个会员团体中,出席会议次数比较多的只有七八个团体,很多团体的出勤率都在 30% 以下,而有些会员团体只是象征性地加入上海商业联合会,却从来没有参加该会的会员会议。由此看来,绝大多数上海商业联合会会员对该会事务的参与并没有那么积极热心,他们似乎对上海商业联合会倡导的"政商合作"漠不关心,上海多数资本家对国民党政权的经济与政治支持也就无从谈起。不仅如此,出于资本增值的商人本性,上海资产阶级对国民政府的劳资合作政策也多有怨言。国民政府出于自身利益考虑,在劳资纠纷中常常宣教孙中山的"扶助农工"的政策,力图使资本家在劳资冲突中作一些让步,以缓和社会阶级矛盾,这些做法都让对蒋介石政权寄予厚望的资产阶级大失所望。

作为 1927 年上海地区最为重要的商业团体,上海商业联合会的活动也为我们研究 1927 年上海资本家的政治态度提供了新的视角。与以中小资本家为主体的马路商界联合会、商民协会等商会组织相比,[2]上海商业联合会囊括了资本家群体的上中下层,更能够体现 1927 年政局剧变的形势下

---

[1] 朱英:《从清末民初商界"论说"看转型时期的商人世界》,《武汉大学学报》2018 年第 6 期。

[2] 参见彭南生:《街区里的商人社会:上海马路商界联合会(1919—1929)》,北京师范大学出版社 2021 年版;朱英:《曲折的抗争——近代上海商会的社会活动与生存策略》,四川人民出版社 2020 年版;马敏主编:《中国近代商会通史》,社会科学文献出版社 2015 年版。

资产阶级的政治动向与政治态度。虽然上海一些资本家与蒋介石有着共同的利益关系,即双方都强烈反对社会革命,基于这一共同目标,双方是互相依赖的,但上海多数资本家与国民政府之间从未形成亲密关系。上海资产阶级与国民政府及蒋介石的关系,除了虞洽卿以及几个大资产阶级的头面人物以外,其余的上海资本家包括很多像荣宗敬一样的资本家对蒋介石表示反对。在履行给蒋介石的捐款、垫款以及认购二五库券的过程中,有些人固然为之出谋划策,积极奔走,但相当部分人对蒋介石的不断需索已感到失望,甚至表示公开的不满。同时,一些上海资本家那种"水上求财,水下求命""首鼠两端,目光如豆"的商人本性暴露无遗。交易伙伴的合法性保证,最终建立在双方一般都正确假定的制约的前提之上,即双方的任何一方都对将来继续这种交换关系感兴趣,不管是与现在的这位伙伴也好,也不管是与将来的交换伙伴的关系也好,因此会信守业已作出的承诺,至少不违反忠实和信誉。[1]上海资产阶级不仅没有为国民党政权进行过一分钱的捐款,而且截至 1927 年的 6 月 3 日,认购二五库券的缴款也只有 180 余万元。

如果政府与商会之间能够进行良性的互动,那么在一定程度上,这一互动博弈也有利于展示近代新式商人组织参与国家财政治理的积极作用与影响。如在 20 世纪二三十年代,汉口商会与地方政府在财政问题的博弈过程中,政府曾把商会作为市场秩序的维护者与债权人、纳税人集体利益代言人,尝试与商人进行有效沟通以促进财政治理政策的推进,以及财政制度向较为适合经济发展的方向发展。[2]与汉口商会相比,在 1927 年上海商界与国民党政权交往的过程中,由于时局等多重因素的影响,双方缺乏良性的互动,以致双方的愿景都难以实现。就国民党政权而言,国民党必须统合国内的政治、经济资源,将其作为维系国民党政权、清除异己势力的重要环节。一方面,国民党政权试图将上海作为能够提供稳定经济支持的后方,要求上海商界以业界的实力给予国民党最大支持。面对入不敷出的财政状况,国民党政权出于筹措急需军费等之目的,在募集资金方面,不断变换手法,竭尽所能,在不时地进行摊派勒募的同时,也逐渐趋向于采取一些更有效果的募债手段或方式。[3]然而,无论是捐款垫款,还是库券的销售,国民党获得资本家自愿支持的结果并未实现。另一方面,国民党还试图将商人转化为

---

[1]【德】马克斯·韦伯:《经济与社会》,林荣远译,商务印书馆 2004 年版,第 708 页。

[2] 刘杰:《民国时期商人团体与财政治理——以汉口商会为中心》,《江西社会科学》2020 年第 2 期。

[3] 蒋立场:《上海银行业与国民政府内债(1927—1937)》,复旦大学 2009 年博士论文。

支持自身的政治资源,希望上海商界能够成为政府控制下的组织力量,并逐步压缩商界的自由发展的张力与话语空间,组织商民协会与要求上海商业联合会备案、接受指导等都说明了这一点。对于上海一些资本家而言,国民党镇压工人运动,解除了资本家商业秩序与生产的不利因素,而二五库券基金会的成立,也体现了南京国民政府与上海资产阶级共同的民族主义倾向。当时海关总税务司作为北京政府的"客卿",南京国民政府公开表明要推翻北洋政权,当然不可能委之以内债基金的保管权。此时,上海各界酝酿已久的收回关税保管之权的愿望虽没有实现,但二五库券的发行确实为他们取得内债基金保管之权提供了契机。从这个意义上讲,二五库券基金会的成立,是上海金融工商业支持蒋介石所得到的回报。[1]作为主要国民党政权军费垫借方、认购库券的债权方的上海金融业,围绕着承受政府内债问题,前后态度及其与国民党的关系发生着变化,上海金融业鉴于经营环境的变化及政府举债的手段及用途等,银行业对于承受政府举债越发显得审慎,态度更为复杂,由此引发了上海金融资本家与蒋介石政权之间的矛盾。

在 19 世纪以后的全球资本主义化、殖民化和现代化的进程中,在国际经济、政治秩序严重不公平、不平等的形势下,后发展国家自由市场机制的形成、经济的发展,经常性地受到那些以"自由贸易"自诩的列强的干扰。当然,列强的在华经济扩张,在一定程度上也有利于打破传统社会自身不太容易克服的封闭性,表现出"潜在的建设性使命",如何利用这一因素,充分利用经济全球化的潮流来激发本国工商业的发展潜力,必须充分发挥本国政府的积极作用。在工业化、全球化的背景下,政府必须大力推进工业化、市场化的进程,剔除封建专制制度桎梏,实施宽松的经济政策。同时,政府必须推动市场经济微观主体的成长,制定法律保障同盟的生命与财产不受侵犯,允许他们获取一定的政治话语权。政府还必须设法维系一个良好的竞争秩序,制定系统的经济法规,让所有的投资者和厂商自由、平等地竞争,形成和维护自由公正的市场经济秩序。此外,政府应该努力克服不利因素,减少以强权为后盾的外国资本入侵对本国市场造成的不利影响,扶持本国商人,刺激、促进地租等封建性的收入向现代产业流动。[2]

上海民族资产阶级希望国民党政权开创资本主义经济自由发展的新局

[1] 吴景平:《上海金融业与国民政府关系研究(1927—1937)》,上海财经大学出版社 2002年版,第 88 页。
[2] 徐建生、徐卫国:《清末民初的经济政策研究》,广西师范大学出版社 2001 年版,第88 页。

面,扫清阻碍其发展的封建军阀,抵制外国资本势力在华扩张,消弭蓬勃发展的工人运动。这一切靠资本家本身的力量是无法做到的,他们希望蒋介石能满足他们的要求。但是,蒋介石压制工商金融事业发展的粗暴做法,勒索无度的军费需求,似乎与资本家的愿望背道而驰。[1]上海商界那种以最小化投资获取最大化收益的幻想与算盘也随之破灭。

五、上海商业联合会与工人运动和中国共产党关系的演变以经济利益为先导,以政治意识、意识形态为后置

与上海总商会等商人团体相比,在重大政治事件中,上海商业联合会也多以通电、宣言等形式,表明政治态度。无论是在其成立宣言还是结束宣言,上海商业联合会的政治言行更为直白,政治态度更加激进,对中国共产党及其领导的工人运动的仇视之情溢于言表。在这一点上,恰与以镇压中国共产党及其领导的工人运动的国民党右派形成交集,亲近国民党政权、仇视中国共产党,呈现出日益明显的政治倾向。但是,并不能因上述表现便确定上海资产阶级与中国共产党之间的关系的演变源自政治立场、意识形态的分歧。

上海资本家与中国共产党和工人阶级之间关系的发展变化,同样源于资本家维护本阶层经济利益的考虑。在四一二政变以前,上海商业联合会对工人运动的态度主要以妥协为主。虽然上海商业联合会的建立表现了该会会员试图进行密切联合以应对时局与形势的发展,但是此时,面对上海声势浩大的工人运动和工人纠察队等工人武装,上海商业联合会会员即使"抱团"在一起仍然难以对抗工人运动。因此,处于守势的资本家不得不忍气吞声,接受工人提出的增加工资、改善待遇等条件,但他们损失的只是经济利益,否则,资本家损失的不仅仅是经济利益。

四一二政变以后,上海一些资本家采取多种措施防止工人运动的复苏。四一二政变以后,虽然中国共产党领导的工人运动与工会组织遭到严重的破坏与摧残,但是,上海商业联合会的会员及上海一些资本家仍然心有余悸。当工人运动受到国民党的镇压转入低潮时,上海商业联合会的会员、资本家迫不及待地撕毁四一二政变以前与工人签订的劳资纠纷的协议,推翻政变前所接受的有关工人增加工资、改善待遇等要求,从而尽量减少经济损失。不仅如此,上海商业联合会还试图通过组建商民协会、组建商团等商人

---

[1] 邢建榕:《"四·一二"前后的陈光甫与蒋介石》,《史林》1988 年第 1 期。

結　语

武装、参加劳资调解委员会等，进一步巩固与维持上海资本家在劳资纠纷过程中的主导权、话语权，以保证资本家剩余价值的再生产与商业利润的实现。

上海商业联合会对中国共产党的合作与敌视等态度的变化主要源于中国共产党对共产主义的宣传与领导工人开展反资本家的斗争。当工人运动处于高涨时期，上海商业联合会曾经不得不与工人运动领导者中国共产党进行协商与合作，寻求解决劳资纠纷的办法。

以上观之，1927年，上海商人在变局中的诉求是保持资本增值，并在此基础上谋求商界在变局中的政治话语权，上海商界对政治势力与强权的依托与期望并不能说明其热衷于政治活动。在近代中国，商人多以中小商人、中小资本家为主，经济实力有限。因此，在国家与社会统一与整合的过程中，作为一种自觉的民间资源，商人追逐经济利益的特性决定了其在政治上易于苟安，少有作为。对此，国民党曾经讥讽一些商人是不革命商人，并非全无道理。

1927年11月底，上海商业联合会在整体上是消失了，这种结局既在意料之外，又在情理之中，其历史轨迹也只能唤起人们对上海商业联合会的部分回忆，曾经有过的叱咤风云随着时间的推移而渐渐沉寂，以至彻底尘封在历史的故纸堆中。上海商业联合会存在的时间虽然不长，但当我们扒开尘封已久的故纸堆、还原上海商业联合会的历史面貌时，仍不能不惊叹它曾经拥有的历史能量。客观地说，在20世纪20年代的上海历史舞台，乃至于近代中国的历史舞台上，上海商业联合会扮演了一个特殊的历史角色。在北伐战争胜利进军、北洋军阀即将崩溃的近代中国这个大舞台上，以中小商人为主体的上海商业联合会的出现及其在政治、经济、社会、外交中的表现，充分表达了中国商人的维护自身利益的自觉意识。在近代上海这个小舞台上，上海商业联合会的出现丰富了上海商人团体的结构、组织网络，在条状性的同业公会、传统地域性的同乡会、居于中心的上海总商会之外，增添了跨地区、跨行业的抱团和联合的团体，在1927年上海商界为了应对自近代以来中国政局的巨变方面，在上海商人力量的动员与集结上，上海商业联合会发挥了上海总商会、上海县商会、同业公会、会馆、公所等商业组织难以发挥的作用，扮演着不可替代的角色。上海这个近代中国最大的工商业城市造就了上海商业联合会这个特殊的商人团体，上海商业联合会则以自己的实践与逻辑书写了1927年的上海史的一页。上海商业联合会的活动与考量、生存状况，以及商会组织的角色和作用等，都展现出上海商人与政治在

309

近代中国历史中复杂交织的图景。

现代化理论认为,现代化的重要特征有两个方面:第一,是社会和经济的发展,以及有形和无形的资源配置,要成功地推行现代化,一个社会系统必须创造新的政治体制来推动经济与社会改革;第二,政府必须将新兴的社会势力吸收进政治系统,并由此获得经济要素之外的现代化动力。从中国现代化的历程来看,1927年是其中一个重要节点。中国近代各阶段现代化运动表明,中国的现代化进程基本上是一个自上而下的过程,是一个被政府力量牢牢控制的过程,民间力量则处于从属、被动的地位,缺乏自下而上的回应。国家未能有效动员社会力量形成革新与进步的引力中心,于是便出现了充满政治色彩和宣传效果的"虚假的现代化"。[1]官商之间的关系是构成现代化进程中的重要杠杆,正确处理二者的关系,成为近代中国现代化的关键。[2]因此,在中华民族谋求伟大的民族解放与国家富强的历史进程中,如何进行最广泛的政治动员,重塑社会各阶层、各民间团体革命精神与民族精神,使之自觉加入民族解放与国家统一的历史洪流之中,是近代中国社会变革与社会改造的重要任务。

---

[1] 马敏:《官商之间:社会剧变中的近代绅商》,天津人民出版社1995年版,第387页。
[2] 马敏:《官商之间:社会剧变中的近代绅商》,天津人民出版社1995年版,第383页。

参 考 文 献

一、未刊、已刊档案

1. 上海市档案馆藏上海商业联合会档案,卷宗号:Q80-1-1 至 Q80-1-49,共 49 卷。

2. 上海市工商业联合会藏上海总商会档案,卷宗号:第 169—189 卷。

3. 上海市档案馆藏上海银行公会档案,卷宗号:S173。

4. 陈光甫:《陈光甫先生言论集》,上海市档案馆藏上海商业储蓄银行档案,卷宗号:Q275-1-2563。

5. 上海市档案馆编:《一九二七年的上海商业联合会》,上海人民出版社 1983 年版。

6. 上海市工商业联合会、复旦大学历史系编:《上海总商会组织史资料汇编》,上海古籍出版社 2004 年版。

7. 上海市工商业联合会编:《上海总商会议事录》,上海古籍出版社 2006 年版。

二、未刊、已刊日记

1.《张嘉璈日记》,上海图书馆藏残本。

2.《孙筹成日记》,上海市工商业联合会档案史料。

3. 上海市档案馆编:《陈光甫日记》,上海书店出版社 2002 年版。

三、报刊

1. 1926 年、1927 年《申报》

2. 1926 年《广州民国日报》

3. 1927 年《民国日报(上海)》

4. 1927 年《时报》

5.《银行周报》

6.《钱业月报》

7.《向导》周报

8.《东方杂志》

9.《国闻周报》

10. 1927 年《新闻报》

四、资料汇编

1. 何品、宣刚：《陈光甫日记言论集》，上海远东出版社 2015 年版。

2. 国民党中央民众运动指导委员会：《二十一年度各地工会调查总报告》，1933 年铅印本，《民国时期社会调查资料汇编》，第 23 册，国家图书馆出版社 2013 年版。

3. 上海市档案馆编：《上海银行家书信集》，上海辞书出版社 2009 年版。

4. 上海市档案馆编：《工部局董事会会议记录》，上海古籍出版社 2003 年版。

5. 上海市政协文史资料委员会编：《上海文史资料存稿汇编》(4)，上海古籍出版社 2001 年版。

6. 中国人民政协全国委员会文史资料委员会编：《文史资料选辑》第 7 辑，中华书局 1960 年版。

7. 中国人民政协全国委员会文史资料委员会编：《文史资料选辑》第 8 辑，中国文史出版社 1986 年版。

8. 中国人民政协全国委员会文史资料委员会编：《文史资料选辑》第 9 辑，中华书局 1960 年版。

9. 中国人民政协全国委员会文史资料委员会编：《文史资料选辑》第 17 辑，文史资料出版社 1989 年版。

10. 中国人民政协全国委员会文史资料委员会编：《文史资料选辑》第 23 辑，文史资料出版社 1991 年版。

11. 中国人民政协全国委员会文史资料委员会编：《文史资料选辑》第 41 辑，中华书局 1963 年版。

12. 中国人民政协全国委员会文史资料委员会编：《文史资料选辑》第 45 辑，文史资料出版社 1964 年版。

13. 中国人民政协全国委员会文史资料委员会编：《文史资料选辑》第

56 辑,中华书局 1978 年版。

14. 中国人民政协全国委员会文史资料委员会编:《文史资料选辑》第 80 辑,文史资料出版社 1982 年版。

15. 中国人民政协全国委员会文史资料委员会编:《文史资料选辑》第 84 辑,文史资料出版社 1982 年版。

16. 中国人民政协全国委员会文史资料委员会编:《文史资料选辑》第 88 辑,文史资料出版社 1983 年版。

17. 全国政协文史资料委员会编:《文史资料精华丛书》(1),安徽人民出版社 2000 年版。

18. 全国政协文史资料委员会编:《文史资料精华丛书》(8),安徽人民出版社 2000 年版。

19. 戴鞍钢、黄苇主编:《中国地方志经济资料汇编》,汉语大词典出版社 1999 年版。

20. 上海市档案馆编:《上海市档案馆指南》,中国档案出版社 1999 年版。

21. 上海市、区、县政协编:《20 世纪上海文史资料文库》第 1 辑,上海书店出版社 1999 年版。

22. 中共中央宣传部办公厅、中央档案馆编研部编:《中国共产党宣传工作文献选编(1915—1937)》,学习出版社 1996 年版。

23. 全国政协、广东省政协文史资料委员会编:《国民革命军北伐亲历记》,中国文史出版社 1994 年版。

24. 万仁元、方庆秋编:《中华民国史史料长编》,南京大学出版社 1993 年版。

25.《民国丛书》(影印本,下同),第 80 册,上海书店出版社 1989 年版。

26.《民国丛书》,《钱庄学》第二编,上海书店出版社 1989 年版。

27.《民国丛书》第三卷,第 74 册,上海书店出版社 1989 年版。

28. 中国银行总行、中国第二历史档案馆编:《中国银行行史资料汇编(1912—1949)》上编(1),档案出版社 1991 年版。

29. 彭明编:《中国现代史资料选辑》,中国人民大学出版社 1988 年版。

30.《四一二反革命政变资料》,人民出版社 1987 年版。

31. 中国人民大学革命史教研室编:《第一次国内革命战争时期的统一战线》,高等教育出版社 1986 年版。

32. 中共中央党史资料征集委员会编:《中共党史资料》,中共党史资料出版社 1986 年版。

33. 中国第二历史档案馆编:《中国国民党第一、二次全国代表大会会议史料》(上),江苏古籍出版社 1986 年版。

34. 刘明逵编:《中国工人阶级的历史状况》第一卷第一册,中共中央党校出版社 1985 年版。

35. 中国人民政治协商会议上海文史资料委员会编:《上海文史资料选辑》第 49 辑,上海人民出版社 1985 年版。

36. 中国人民政治协商会议上海文史资料委员会编:《上海文史资料选辑》第 56 辑,上海人民出版社 1987 年版。

37. 中国人民政治协商会议上海文史资料委员会编:《上海文史资料选辑》第 63 辑,上海人民出版社 1989 年版。

38. 朱邦兴、胡林阁、徐声编,上海工人运动史料委员会校订:《上海产业与职工》,上海人民出版社 1984 年版。

39. 《中国现代革命史资料丛刊》,人民出版社 1983 年版。

40. 《中国现代史资料丛刊》,人民出版社 1983 年版。

41. 上海社会科学院经济研究所:《美英烟公司在华企业资料汇编》,中华书局 1983 年版。

42. 上海市文史馆:《上海地方史资料》(一),上海社会科学院出版社 1982 年版。

43. 中国人民银行上海市分行金融研究室编:《金城银行史料》,上海人民出版社 1982 年版。

44. 中华全国总工会职工运动研究室编:《中国工会历史文献》,工人出版社 1958 年版。

45. 魏宏运编:《中国现代史资料选编》,黑龙江人民出版社 1981 年版。

46. 上海社会科学院经济研究所编:《上海永安公司的产生、发展和改造》,上海人民出版社 1981 年版。

47. 中国人民解放军政治学院党史教研室:《中共党史参考资料》,人民出版社 1979 年版。

48. 罗家伦主编:《革命文献》第 10 辑,1978 年影印本。

49. 罗家伦主编:《革命文献》第 12 辑,1978 年影印本。

50. 罗家伦主编:《革命文献》第 13 辑,1978 年影印本。

51. 罗家伦主编:《革命文献》第 15 辑,1978 年影印本。

52. 中华民国史事纪要委员会编:《中华民国史事纪要》(1927 年),台北中华民国史料研究中心 1976 年版。

53. 上海社会科学院经济研究所编:《荣家企业史料》(上),上海人民出版社 1962 年版。

54. 彭泽益编:《中国近代手工史资料》(第 3 卷),中华书局 1962 年版。

55.《中美关系史料汇编》,世界知识出版社 1957 年版。

56. 中共党史教研室编:《中共党史教学参考资料》,人民出版社 1957年版。

57. 陈真编:《中国近代工业史资料第一辑》,生活·读书·新知三联书店 1957 年版。

58. 陈真编:《中国近代工业史资料第三辑》,生活·读书·新知三联书店 1961 年版。

59. 陈真编:《中国近代工业史资料第四辑》,生活·读书·新知三联书店 1961 年版。

60. 严中平编:《中国近代经济史统计资料选辑》,科学出版社 1955年版。

61.《民国名人年鉴》,民国名人年鉴社 1943 年版。

五、论著

1. 彭南生:《街区里的商人社会:上海马路商界联合会(1919—1929)》,北京师范大学出版社 2021 年版。

2. 徐昂:《陈光甫与民国政府关系研究(1911—1937)》,上海远东出版社 2020 年版。

3. 朱英:《曲折的抗争——近代上海商会的社会活动与生存策略》,四川人民出版社 2020 年版。

4. 马敏主编:《中国近代商会通史》(全四卷),社会科学文献出版社 2015 年版。

5. 王仲:《民国苏州商会研究(1927—1936)》,上海人民出版社 2015年版。

6. 邢建榕:《非常银行家:民国金融往事》,东方出版中心 2014 年版。

7. 冯筱才:《政商中国:虞洽卿与他的时代》,社会科学文献出版社 2013年版。

8.【美】裴宜理:《上海罢工:中国工人政治研究》,刘平译,江苏人民出版社 2012 年版。

9. 陶水木:《江浙财团研究》,人民出版社 2012 年版。

10. 冯筱才:《北伐前后的商会运动(1924—1930)》,台湾商务印书馆 2004 年版。

11. 冯筱才:《在商言商:政治变局中的江浙商人》,上海社会科学院出版社 2004 年版。

12. 洪葭管:《20 世纪的上海金融》,上海人民出版社 2004 年版。

13. 张国焘:《我的回忆》,东方出版社 2004 年版。

14. 姜良芹:《南京国民政府内债研究:1927—1937——以内债政策及运作绩效为中心》,南京大学出版社 2003 年版。

15. 唐力行:《商人与中国近世社会》,商务印书馆 2003 年版。

16.【日】小浜正子:《近代上海的公共性与国家》,葛涛译,上海古籍出版社 2003 年版。

17. 宋美云:《近代天津商会》,天津社会科学院出版社 2002 年版。

18. 铁岩、李亮:《绝密档案——第一次国共合作内幕》,福建人民出版社 2002 年版。

19. 吴景平:《上海金融业与国民政府关系研究(1927—1937)》,上海财经大学出版社 2002 年版。

20. 巴图:《民国金融帝国》,群众出版社 2001 年版。

21. 徐建生、徐卫国:《清末民初的经济政策研究》,广西师范大学出版社 2001 年版。

22. 上海新闻志编写委员会:《上海新闻志》,上海社会科学院出版社 2000 年版。

23. 王建朗:《中国废除不平等条约的历史进程》,江西人民出版社 2000 年版。

24. 杨天石:《蒋氏密档与蒋介石真相》,社会科学文献出版社 2000 年版。

25. 虞和平:《商会史话》,社会科学文献出版社 2000 年版。

26.《不列颠百科全书》(4),中国大百科全书出版社 1999 年版。

27. 陈诗启:《中国近代海关史》(民国部分),人民出版社 1999 年版。

28. 曲彦斌:《行会史》,上海文艺出版社 1999 年版。

29. 朱华:《上海一百年》,上海人民出版社 1999 年版。

30. 范金民:《明清江南商业的发展》,南京大学出版社 1998 年版。

31. 刘晶芳、唐玉良、赵永波:《中国工人运动史》第 4 卷,广东人民出版社 1998 年版。

32. 虞宝棠：《国民政府与民国经济》，华东师范大学出版社 1998 年版。

33. 中华文化通志委员会编：《中华文化通志》（社会阶层制度志），上海人民出版社 1998 年版。

34. 金普森主编：《虞洽卿研究》，宁波出版社 1997 年版。

35. 徐矛、顾关林、姜天鹰：《中国十银行家》，上海人民出版社 1997年版。

36. 朱英：《转型时期的社会与国家——以近代中国商会为主体的历史透视》，华中师范大学出版社 1997 年版。

37. 张桓忠：《上海总商会研究》，台北知书房 1996 年版。

38. 李宗仁：《李宗仁回忆录》，华东师范大学出版社 1995 年版。

39. 马敏：《官商之间：社会巨变中的近代绅商》，天津人民出版社 1995年版。

40.【美】鲍威尔：《鲍威尔对华回忆录》，邢建榕、薛明扬、徐跃译，知识出版社 1994 年版。

41.【法】白吉尔：《中国资产阶级的黄金时代》，张富强、许世芬译，上海人民出版社 1994 年版。

42. 丁日初：《近代中国的现代化与资本家阶级》，云南人民出版社 1994年版。

43. 胡振良、李中印编：《南京国民政府劳动立法研究》，华夏出版社 1994 年版。

44. 马敏：《过渡形态：中国早期资产阶级构成之谜》，中国社会科学出版社 1994 年版。

45. 庞培吉：《中国近现代对外关系史》，高等教育出版社 1994 年版。

46. 石源华：《中华民国外交史》，上海人民出版社 1994 年版。

47. 唐培吉：《中国近现代对外关系史》，高等教育出版社 1994 年版。

48. 戴一峰：《近代中国海关与中国财政》，厦门大学出版社 1993 年版。

49. 李占才、张凝：《著名的实业家荣氏兄弟》，河南人民出版社 1993年版。

50. 马伯煌主编：《中国经济政策思想史》，云南人民出版社 1993 年版。

51. 马敏、朱英：《传统与近代的二重变奏》，巴蜀书社 1993 年版。

52. 虞和平：《商会与中国早期现代化》，上海人民出版社 1993 年版。

53. 王永玺：《中国工会史》，中共党史出版社 1992 年版。

54. 吴景平：《宋子文评传》，福建人民出版社 1992 年版。

55.【日】信夫清三郎：《日本外交史》，天津社会科学院日本问题研究所译，商务印书馆 1980 年版。

56. 朱英：《中国早期资产阶级概论》，河南大学出版社 1992 年版。

57.【美】道格拉斯·诺思：《经济史中的结构与变迁》，陈郁等译，上海人民出版社 1994 年版。

58. 杜询诚：《民族资本主义与旧中国政府（1840—1937）》，上海社会科学院出版社 1991 年版。

59.【美】费正清主编：《剑桥中华民国史》（一），章建刚等译，上海人民出版社 1991 年版。

60. 沈以行、姜沛南、郑庆声：《上海工人运动史》，辽宁人民出版社 1991 年版。

61. 徐鼎新、钱小明：《上海总商会史（1902—1929）》，上海社会科学院出版社 1991 年版。

62.【美】小科布尔：《上海资本家与国民政府：1927—1937》，杨希孟、武莲珍译，中国社会科学出版社 1988 年版。

63. 叶松年：《中国近代海关税则史》，上海三联书店 1991 年版。

64. 中共上海市委党史研究室编：《中国共产党在上海》，上海人民出版社 1991 年版。

65. 朱英：《辛亥革命时期新式商人社团研究》，中国人民大学出版社 1991 年版。

66.【美】费正清主编：《剑桥中华民国史》（二），章建刚等译，上海人民出版社 1992 年版。

67. 黄逸峰：《旧中国的民族资产阶级》，江苏古籍出版社 1990 年版。

68.【美】韩格理：《中国社会与经济》，张维安等译，台北联经出版公司 1990 年版。

69. 张仲礼：《近代上海城市研究》，上海人民出版社 1990 年版。

70. 黄国雄：《现代商学概论》，中国城市出版社 2004 年版。

71. 刘惠吾：《上海近代史》，华东师范大学出版社 1987 年版。

72. 中国革命博物馆党史研究室编：《党史研究资料》第 7 集，四川人民出版社 1987 年版。

73. 章开沅：《辛亥革命与近代社会》，天津人民出版社 1985 年版。

74. 千家驹：《旧中国公债史资料》，中华书局 1984 年版。

75. 黄逸峰:《旧中国的买办资产阶级》,上海人民出版社 1982 年版。

76. 华岗:《中国大革命史(1925—1927)》,文史资料出版社 1982 年版。

77. 洪葭管:《陈光甫与上海银行》,中国文史出版社 1981 年版。

78. 中共中央党校党史教研室:《中国共产党史稿》,人民出版社 1981年版。

79. 严中平:《中国棉纺织史稿》,科学出版社 1963 年版。

80. 刘立凯、王真:《1919—1927 年的中国工人运动》,工人出版社 1957年版。

81. 吴承明:《帝国主义在旧中国的投资》,人民出版社 1955 年版。

82. 陈训正:《国民革命军战史初稿》第 2 辑第 2 卷,国防部印制厂 1952年重印。

83. 马超俊:《中国劳工运动史》,商务印书馆 1942 年版。

84. 王秀水编:《上海工人运动史》,国民党中央民众运动指导委员会1935 年版。

85.《工人运动的回顾与前瞻》,南华图书局 1929 年版。

86. 彭学沛:《工人运动》,太平洋书店 1927 年版。

六、论文

1. 周家彬、陈奥:《试论中共对领导工人阶级方式的探索(1925—1927)——以上海区委对工会的领导为例》,《人文杂志》2021 年第 11 期。

2. 马敏:《浅谈深化辛亥革命历史影响研究的三个视角》,《广东社会科学》2021 年第 5 期。

3. 罗翠芳:《近代转型时期中西新兴商人资本"角色"比较》,《江汉论坛》2021 年第 10 期。

4. 李在全:《"革命军北伐,司法官南伐"——1927 年前后的政权鼎革与司法人事延续》,《近代史研究》2021 年第 6 期。

5. 肖如平、丁书颖:《英国与南京事件交涉(1927—1928)》,《近代史研究》2020 年第 3 期。

6. 常文相:《儒、贾之间:明代商人的职业选择及价值理念》,《齐鲁学刊》2021 年第 6 期。

7. 刘杰:《民国时期商人团体与财政治理——以汉口商会为中心》,《江西社会科学》2020 年第 2 期。

8. 裴艾琳:《广州商会(1925—1938)——民国政商关系的一个侧面》,

《江海学刊》2020 年第 6 期。

　　9. 王琦：《1927—1936 年南京国民政府公债对上海中资商业银行的盈利性影响研究》，厦门大学 2019 年硕士论文。

　　10. 小田、杨文：《近代劳工阶级的身份表达：以 1927 年苏州铁机工潮为案例》，《史林》2019 年第 1 期。

　　11. 彭南生、李庆宁：《20 世纪二三十年代人造丝对华丝的影响及政府应对》，《湖北大学学报》2019 年第 1 期。

　　12. 朱英：《清末民初中华全国商会联合会的筹设与成立》，《史学月刊》2019 年第 3 期。

　　13. 陈旭东：《近代上海商民协会的沉浮兴衰》，《文汇报》2018 年 4 月27 日。

　　14. 朱英：《论 1926 年上海总商会换届改选风潮》，《江苏社会科学》2018 年第 4 期。

　　15. 黄蕾：《近代华资银行家群体变迁研究》，《东南学术》2018 年第3 期。

　　16. 朱英：《从清末民初商界"论说"看转型时期的商人世界》，《武汉大学学报》2018 年第 6 期。

　　17. 夏巨富：《民初广州商会与地方经济治理》，《民国研究》2018 年第2 期。

　　18. 张可欣：《商人、商帮与地方社会——成都市商民协会研究（1925—1931）》，华中师范大学 2018 年硕士论文。

　　19. 耿庆强：《张嘉璈日记》，《历史文献》2017 年第 1 期。

　　20. 吴志国：《当代中国同乡商会组织兴起背景与原因的分层探讨》，《湖南社会科学》2017 年第 1 期。

　　21. 江文路：《中共领导工人运动与帮会势力之关系演变——以上海罢工（1919—1949）为例》，《党史文苑（学术版）》2017 年第 1 期。

　　22. 章开沅：《近代商会史研究的缘起、发展及其理论与方法运用》，《近代史研究》2017 年第 5 期。

　　23. 田明：《转型中的国民党与工会——以南京国民政府建立初期的劳资关系为视角》，《社会科学辑刊》2016 年第 5 期。

　　24. 夏巨富：《中国近代商会史研究里程碑式之作——评〈中国近代商会通史〉》，《近代史学刊》2016 年第 1 期。

　　25. 熊玉文：《上海总商会佳电来历研究》，《史学集刊》2016 年第 2 期。

26. 方勇骏:《区域商会研究的新思考——张芳霖〈市场环境与制度变迁——以清末至民国南昌商人与商会组织为视角〉述评》,《中国社会经济史研究》2015年第1期。

27. 樊卫国:《近代上海同业公会与总商会、市商会之关系》,《上海经济研究》2014年第3期。

28. 刘杰:《近年来中国公债史研究之回顾与前瞻》,《中国社会经济史研究》2014年第3期。

29. 朱英:《1920年代的戴季陶与商会》,《学术月刊》2014年第4期。

30. 付婷婷:《中共早期领导工人运动的策略(1921—1927)》,华中师范大学2013年硕士论文。

31. 刘梅英:《政府行为对民间金融机构发展的影响——以1927—1937年上海钱庄为例》,《世纪桥》2013年第2期。

32. 彭贵珍:《政治博弈与劳资冲突——1927年上海英美烟厂罢工》,《吉首大学学报(社会科学版)》2013年第5期。

33. 卫然:《申新三厂劳资合作研究(1922—1937)》,华中师范大学2012年硕士论文。

34. 袁晖:《虞洽卿及其民族航运企业述论》,《国家航海》2012年第1期。

35. 朱英:《"革命"与"反革命":1920年代中国商会存废纷争》,《河南大学学报》2012年第5期。

36. 朱英、巴杰:《试论国民革命时期的店员群体》,《学术研究》2012年第1期。

37. 陈海忠:《民国商人、商会与政权力量——基于汕头商会档案中一个商人与商会诉讼案例的讨论》,《汕头大学学报》2011年第3期。

38. 蒋立场:《上海银行业与南京国民政府成立前后的若干内债》,《江海学刊》2011年第2期。

39. 王蓉霞:《北伐初期英国在华非殖民化举措》,《北京科技大学学报(社会科学版)》2011年第2期。

40. 张忠民:《近代上海工人阶层的工资与生活——以20世纪30年代调查为中心的分析》,《中国社会经济史研究》2011年第2期。

41. 朱英:《国民革命时期武汉地区商民协会与商会的冲突及合作》,《江汉论坛》2011年第11期。

42. 朱英:《国民革命时期商民运动的成效与缺陷》,《史学月刊》2011年第 8 期。

　43. 陈万怀:《虞洽卿的社会政治活动特质简析》,《三江论坛》2010 年第2 期。

　44. 冯筱才:《左右之间——北伐前后虞洽卿与中共的合作与分裂》,《近代史研究》2010 年第 5 期。

　45. 马敏、付海晏:《近 20 年来的中国商会史研究(1990—2009)》,《近代史研究》2010 年第 2、3 期。

　46. 秦祖明:《社会变迁中的上海同乡组织》,《理论月刊》2010 年第12 期。

　47. 熊玉文:《也评上海总商会佳电风波——兼与朱英先生商榷》,《江汉论坛》2010 年第 8 期。

　48. 朱英:《商民运动后期上海商民协会的建立》,《社会科学战线》2010年第 12 期。

　49. 朱英:《近代上海商民运动中的店员工商界限之争》,《社会科学》2010 年第 5 期。

　50. 朱英:《国民党"三大"前后的商会存废之争与商民协会的解散》,《华中师范大学学报(人文社会科学版)》2010 年第 5 期。

　51. 朱英:《商民运动时期商民协会与商会的关系:1926—1928》,《中国经济史研究》2010 年第 3 期。

　52. 朱英:《上海商民协会成立的一波三折》,《江苏社会科学》2010 年第6 期。

　53. 蒋立场:《上海银行业与国民政府内债(1927—1937)》,复旦大学2009 年博士论文。

　54. 李国林、华一民:《北伐战争对上海特别市成立的影响》,《都会遗踪》2009 年第 2 期。

　55. 王仲:《民国时期苏州商会组织系统的变迁(1927—1937)》,《江苏社会科学》2009 年第 5 期。

　56. 朱英:《北伐之前的国民党与民众运动》,《江苏社会科学》2009 年第1 期。

　57. 匡丹丹:《上海工人的收入与生活状况(1927—1937)》,华中师范大学 2008 年硕士论文。

　58. 乔丽:《江浙企业家与国民政府关系研究(1927—1949)——以企业家刘鸿生为中心的个案考察》,西南大学 2008 年硕士论文。

59. 李勇军:《南京国民政府后期上海市商会研究(1945—1949)》,华中师范大学 2007 年博士论文。

60. 陶水木:《江浙财团研究八十年》,《浙江社会科学》2007 年第 6 期。

61. 赵洪顺:《国民党政府劳工政策研究(1927—1949)》,山东师范大学 2007 年硕士论文。

62. 冯筱才:《最近商会史研究之刍见》,《华中师范大学学报(人文社会科学版)》2006 年第 5 期。

63. 何品:《从官办、官商合办到商办——浙江实业银行的制度变迁(1908—1937)》,复旦大学 2006 年博士论文。

64. 王仲:《民国时期商会自身的现代化(1927—1937)——以苏州商会为例》,《苏州大学学报》2006 年第 1 期。

65. 汪华:《近代上海社会保障研究(1927—1937)》,上海师范大学 2006 年博士论文。

66. 夏慧玲:《南京国民政府〈工厂法〉研究(1927—1937)》,湖南师范大学 2006 年硕士论文。

67. 朱英:《近代中国的"社会与国家":研究回顾与思考》,《江苏社会科学》2006 年第 4 期。

68. 张启祥:《交通银行研究(1907—1928)》,复旦大学 2006 年博士论文。

69. 周良书:《国民党初掌政权后的劳工政策解析》,《学术界》2006 年第 3 期。

70. 董昕:《中国银行上海分行研究(1912—1937)》,复旦大学 2005 年博士论文。

71. 冯筱才:《劳资冲突与"四一二"前后江浙地区的党商关系》,《史林》2005 年第 1 期。

72. 衡芳珍:《1927—1936 年南京国民政府劳工立法研究》,河南大学 2005 年硕士论文。

73. 李柏槐:《商民的利益集团:商民协会——成都与上海等地商民协会差异之比较》,《社会科学战线》2005 年第 1 期。

74. 闵杰:《近代中国市民社会研究 10 年回顾》,《史林》2005 年第 1 期。

75. 牛大勇、陈长伟:《北伐时期列强对华政策研究评介》,《历史研究》2005 年第 1 期。

76. 乔兆红:《大革命初期的商民协会与商民运动》,《文史哲》2005 年第

6 期。

77. 魏文享:《雇主团体与劳资关系——近代工商同业公会与劳资纠纷的处理》,《安徽史学》2005 年第 5 期。

78. 徐道亨:《虞洽卿的发迹史》,《中国高新区》2005 年第 6 期。

79. 郁建兴、黄红华:《民间商会与地方治理研究:问题与方法》,《中共宁波市委党校学报》2005 年第 6 期。

80. 章雪峰:《绝大之恐慌——中华书局史上的"民六危机"》,《出版人》2005 年第 9、10 期。

81. 朱英:《商民运动与中国近代史研究》,《天津社会科学》2005 年第 4 期。

82. 朱英:《国民党与商民运动的兴起》,《华中师范大学学报(人文社会科学版)》2005 年第 6 期。

83. 陈文彬:《1927—1937 年上海失业人群再就业状况述略》,《安徽史学》2004 年第 3 期。

84. 郭太风:《上海总商会结束之际的虞洽卿》,《世纪》2004 年第 3 期。

85. 吴景平:《上海钱业公会与南京国民政府成立前后的若干内债——对已刊未刊档案史料的比照阅读》,《近代史研究》2004 年第 6 期。

86. 徐淑雅:《蒋介石与江浙财团》,《中学历史教学》2004 年第 6 期。

87. 徐淑雅:《江浙财团政治生命之历史回顾》,《重庆大学学报(社会科学版)》2004 年第 4 期。

88. 诸静:《金城银行的放款与投资研究(1917—1937)》,复旦大学 2004 年博士论文。

89. 白华山:《杜月笙与上海市地方协会》,《上海师范大学学报》2003 年第 2 期。

90. 马敏:《商会史研究与新史学范式转换》,《华中师范大学学报(人文社会科学版)》2003 年第 5 期。

91. 唐力行、吴建华、张翔凤:《国家、地方、民众的互动与社会变迁国际学术研讨会综述》,《历史研究》2003 年第 1 期。

92. 王晶:《上海银行公会研究》,复旦大学 2003 年博士论文。

93. 王仲:《国民党与商会——一例劳资纠纷案折射出国民党政权建立后商会权利的沦丧》,《华东理工大学学报(社会科学版)》2003 年第 3 期。

94. 肖阿伍:《虞洽卿的企业家精神》,《档案与史学》2003 年第 3 期。

95. 朱英:《中国行会史研究的回顾与展望》,《历史研究》2003 年第

2 期。

96. 方舟:《国内轮运巨擘虞洽卿(1867—1945)》,《上海经济》2002 年第
10 期。

97. 侯燕:《南京国民政府初建时期的商业概况(1927—1937)》,厦门大
学 2002 年硕士论文。

98. 刘景岚:《从参与危机到认同危机——南京国民党政权合法性资源
流失的历史考察》,《社会科学战线》2002 年第 6 期。

99. 单冠初:《南京国民政府收复关税自主权的历程》,复旦大学 2002
年博士论文。

100. 吴景平:《对近代上海金融中心地位变迁的思考》,《档案与史学》
2002 年第 6 期。

101. 邢建榕:《陈光甫日记及其史料价值》,《档案与史学》2001 年第
4 期。

102. 严建苗、刘伟峰:《近代中国商会的制度分析》,《商业研究》2002 年
第 8 期。

103. 易继苍:《江浙财团与南京国民政府的关系》,《贵州社会科学》
2002 年第 5 期。

104. 杨奎松:《蒋介石从"三二〇"到"四一二"的心路历程》,《史学月
刊》2002 年第 6、7 期。

105. 张志东:《国家社团主义视野下的制度选择——1928—1931 年的
国民政府、商会与商民协会,天津的个案研究》,《"国家、地方、民众的互动与
社会变迁"国际学术研讨会暨第九届中国社会史年会论文集》,2002 年。

106. 冯小红:《试论高阳商会与高阳织布业》,《社会科学论坛》2001 年
第 6 期。

107. 冯筱才:《中国商会史研究之回顾与反思》,《历史研究》2001 年第
5 期。

108. 宋美云:《近代天津商会与国内其他商会网络机制的构建》,《中国
社会经济史研究》2001 年第 3 期。

109. 涂华奇:《南京国民政府十年政企关系考察》,《经济史》2001 年第
4 期。

110. 王翔:《从云锦公所到铁机公会——近代苏州丝织业同业组织的
嬗变》,《近代史研究》2001 年第 3 期。

111. 王奇生:《工人、资本家与国民党——20 世纪 30 年代一例劳资纠

纷的个案分析》,《历史研究》2001 年第 5 期。

112. 张秀莉:《中国银行与南京国民政府的早期关系》,《史学月刊》2001 年第 3 期。

113. 朱英:《重评五四运动期间上海总商会"佳电"风波》,《历史研究》2001 年第 4 期。

114. 章开沅:《近代中国商人与社会变革》,《天津社会科学》2001 年第 5 期。

115. 陈来幸:《通过中华总商会网络论日本大正时期的阪神华侨与中日关系》,《华侨华人历史研究》2000 年第 4 期。

116. 刘宏:《新加坡中华总商会与亚洲华商网络的制度化》,《历史研究》2000 年第 1 期。

117. 李坚:《上海的宁波人研究(1843—1937)》,华东师范大学 2000 年博士论文。

118. 宋美云:《20 世纪初天津商会对外交往与城市经济的发展》,《南开经济研究》2000 年第 3 期。

119. 宋时娟:《江海关二五附税国库券基金保管委员会始末》,《档案与史学》2000 年第 3 期。

120. 魏文享:《试论民国时期苏州丝绸业同业公会》,《华中师范大学学报(人文社会科学版)》2000 年第 5 期。

121. 王光远:《四一二政变前的庐山密谋》,《文史精华》2000 年第 11 期。

122. 吴景平:《江苏兼上海财政委员会述论》,《近代史研究》2000 年第 1 期。

123. 徐鼎新:《增进中国商会史研究的两岸"对话"》,《近代史研究》2000 年第 5 期。

124. 袁丁:《清政府与泰国中华总商会》,《东南亚》2000 年第 2 期。

125. 姚会元:《上海近代商会在稳定金融中的作用》,《学术月刊》2000 年第 5 期。

126. 张东刚:《商会与近代中国的制度安排与变迁》,《南开经济研究》2000 第 1 期。

127. 马敏:《早期资本家阶级与近代中国社会结构的演化》,《天津社会科学》1999 年第 3 期。

128. 胡光明:《论国民党政权覆亡前的天津商会与工业会》,《天津社会科学》1999 年第 1 期。

129. 黄福才、李永乐:《清末商会与行会并存的原因》,《中国社会经济史研究》1999 年第 3 期。

130. 马敏:《试论晚清绅商与商会的关系》,《天津社会科学》1999 年第5 期。

131. 任云兰:《天津市独立工业团体的兴起及其对商会的影响(1946—1950)》,《天津社会科学》1999 年第 1 期。

132. 宋美云:《中国近代经济社会的中介组织——天津商会(1912—1927)》,《天津社会科学》1999 年第 1 期。

133. 汤可可、蒋伟新:《无锡商会与近代工商企业家的成长》,《江海学刊》1999 年第 2 期。

134. 陶水木:《浙江商人与上海总商会探析》,《宁波大学学报(人文科学版)》1999 年第 4 期。

135. 吴慧:《会馆、公所、行会:清代商人组织述要》,《中国经济史研究》1999 年第 3 期。

136. 徐鼎新:《关于近代上海商会兴衰的几点思考》,《上海社会科学院学术季刊》1999 年第 1 期。

137. 席萍安:《清末四川商会与四川民族工商业》,《四川师范大学学报(社会科学版)》1999 年第 1 期。

138. 叶永车:《论北伐战争时期美国对华政策的特点》,《党史研究与教学》1999 年第 1 期。

139. 朱华、冯绍霆:《崛起中的银行家阶层——上海银行公会早期活动初探》,《档案与史学》1999 年第 6 期。

140. 朱英:《上海总商会与五四运动》,《华中师范大学学报(人文社会科学版)》1999 年第 5 期。

141. 蔡勤禹:《抗战时期国民政府对工商业团体的管制》,《河北师范大学学报》1998 年第 3 期。

142. 贺跃夫:《晚清广州的社团及其近代变迁》,《近代史研究》1998 年第 2 期。

143. 胡光明:《首届商会与近代中国国际学术讨论会综述》,《历史研究》1998 年第 6 期。

144. 李天纲:《1927 年,上海自治运动的终结》,《史林》1998 年第 1 期。

145. 刘增合:《论清末工商产业行政整合的初始努力——以商部之前

的商务局为例》,《中国社会经济史研究》1998年第3期。

146. 王翔:《近代中国手工业行会的演变》,《历史研究》1998年第4期。

147. 王勺:《民国贵阳商会沿革与同业公会之组织》,《贵州文史丛刊》1998年第1期。

148. 姚会元:《江浙金融财团的三个问题》,《历史档案》1998年第2期。

149. 袁成亮:《试论北伐时期日本田中内阁的对华政策》,《苏州大学学报》1998年第2期。

150. 张志东:《近代中国商会与政府关系的研究:角度、模式与问题的再探讨》,《天津社会科学》1998年第6期。

151. 张志东:《中国学者关于近代中国市民社会问题的研究:现状与思考》,《近代史研究》1998年第2期。

152. 刘娟:《近代北京商会》,《北京社会科学》1997年第3期。

153. 李宝梁:《中国民间商会探析》,《天津社会科学》1997年第5期。

154. 罗志田:《北伐前期美国政府对中国革命的认知与对策》,《中国社会科学》1997年第6期。

155. 申晓云:《南京国民政府"撤废不平等条约"交涉述评——兼评王正廷"革命外交"》,《近代史研究》1997年第3期。

156. 邵建国:《论北伐战争时期日本的对华政策》,《日本问题研究》1997年第3期。

157. 薛玉芹:《论大革命时期的上海资产阶级——兼析上海资产阶级支持蒋介石上台的原因》,《淮阴师专学报》1997年第1期。

158. 虞和平:《访日归来谈商会史研究》,《近代史研究》1997年第6期。

159. 赵洪宝:《清末商会兴商学活动述论》,《历史档案》1997年第1期。

160. 丁日初:《五卅运动中的虞洽卿》,《档案与史学》1996年第5期。

161. 郭太风:《虞洽卿与商会的变异》,《档案与史学》1996年第5期。

162. 贺鑫昌:《海上闻人王一亭》,《档案与史学》1996年第6期。

163. 茅蔚然:《中国近代经济史上的名人工商实业家虞洽卿》,《杭州教育学院学报(社会科学)》1996年第1期。

164. 潘涛:《民国时期商会档案》,《民国档案》1996年第4期。

165. 邱松庆:《江浙财团与南京国民政府的建立》,《党史研究与教学》1996年第5期。

166. 石磊:《1927年民族资产阶级的政治选择》,《上海档案》1996年第4期。

167. 王笛:《晚清长江上游地区公共领域的发展》,《历史研究》1996 年第 1 期。

168. 王升:《试论北伐战争时期日本对华政策演变的原因》,《社会科学战线》1996 年第 6 期。

169. 姚金果:《四一二政变前英美日破坏中国革命的策略》,《党史研究与教学》1996 年第 3 期。

170. 朱英:《关于晚清市民社会研究的思考》,《历史研究》1996 年第 4 期。

171. 张琴:《清末商会与商人心理的现代化》,《江海学刊》1996 年第 3 期。

172. 陈诗启:《迈向关税自主的第一步——广东国民政府开征二五附加税》,《近代史研究》1995 年第 1 期。

173. 陈诗启:《南京政府的关税行政改革》,《历史研究》1995 年第 3 期。

174. 梁洪生:《吴城商镇及其早期商会》,《中国经济史研究》1995 年第 1 期。

175. 王良行:《1929 年中国国定税则性质之数量分析》,《近代史研究》1995 年第 4 期。

176. 姚会元:《略论"江浙财团"的形成》,《江海学刊》1995 年第 1 期。

177. 姚金果:《四一二政变的国内外因素探讨》,《广州大学学报》1995 年第 1 期。

178. 赵洪宝:《清末铜元危机与天津商会的对策》,《近代史研究》1995 年第 4 期。

179. 丁隆昌:《提倡国货运动的武汉商会》,《武汉文史资料》1994 年第 2 期。

180. 贺跃夫:《晚清绅商群体的社会构成辨析》,《中山大学学报》1994 年第 4 期。

181. 吕亚红:《试析〈整理中美两国关税关系之条约〉的签订》,《宁波师院学报(社科版)》1994 年第 2 期。

182. 朱英:《论晚清的商务局、农工商局》,《近代史研究》1994 年第 4 期。

183. 祝曙光:《试析北伐战争时期的日本对华政策》,《民国档案》1994 年第 1 期。

184. 陆仰洲:《中国海关自主权的挽回》,《民国春秋》1993 年第 5 期。

185. 吴伦霓霞、莫世祥:《粤港商人与民初革命运动》,《近代史研究》1993 年第 5 期。

186. 王遂今:《"江浙财团"问题初探》,《浙江学刊》1993 年第 6 期。

187. 张生:《南京国民政府初期关税改革述评》,《近代史研究》1993 年第 2 期。

188. 程道德:《试述南京国民政府建立初期争取关税自主权的对外交涉》,《近代史研究》1992 年第 6 期。

189. 顾祥盛:《四一二上海工人纠察队缴械析因》,《中共党史研究》1992 年第 3 期。

190. 黄逸平:《公正客观评价中国资产阶级的历史作用——徐鼎新著〈上海总商会史〉读后》,《社会科学》1992 年第 7 期。

191. 李殿元:《论"商团事件"中的范石生》,《民国档案》1992 年第 3 期。

192. 屠雪华:《略论清末的苏州商务总会》,《近代史研究》1992 年第 4 期。

193. 徐思彦:《20 世纪 20 年代的劳资纠纷问题初探》,《历史研究》1992 年第 5 期。

194. 雄志勇:《试析 20 年代美国对中国收回主权运动的态度》,《近代史研究》1992 年第 3 期。

195. 虞和平:《西方影响与中国资产阶级组织形态的近代化》,《中国经济史研究》1992 年第 2 期。

196. 张亦工:《商民协会初探》,《历史研究》1992 年第 3 期。

197. 张亦工、徐思彦:《20 世纪初期资本家阶级政治文化与政治行为初探》,《近代史研究》1992 年第 2 期。

198. 洒之:《白龙山人王一亭轶事》,《上海档案工作》1991 年第 5 期。

199. 徐鼎新:《从绅商时代走向企业家时代——近代化进程中的上海总商会》,《近代史研究》1991 年第 4 期。

200. 虞和平:《鸦片战争后通商口岸行会的近代化》,《历史研究》1991 年第 6 期。

201. 虞和平:《商会与中国资产阶级的"自为"化问题》,《近代史研究》1991 年第 3 期。

202. 杨树标、杨菁:《论四一二前后江浙财团同蒋介石——读〈一九二七年的上海商业联合会〉》,《杭州大学学报》1991 年第 3 期。

203. 朱镇华:《江浙财阀中谁率先资助蒋介石上台》,《中国金融旧事》,

中国国际广播出版社 1991 年版。

204. 周兴旺:《北伐战争时期农民运动探析》,《北京师范学院学报》1991 年第 5 期。

205. 周巍:《试论南京国民政府创建时期的民族资产阶级》,《学术论坛》1991 年第 6 期。

206. 彭泽益:《民国时期北京的手工业和工商同业公会》,《中国经济史研究》1990 年第 1 期。

207. 桑兵:《论清末城镇结构的变化与商民罢市》,《近代史研究》1990 年第 5 期。

208. 虞和平:《近代商会的法人社团性质》,《历史研究》1990 年第 5 期。

209. 朱英:《清末苏州商会的历史特点》,《历史研究》1990 年第 1 期。

210. 朱英:《清末商会的成立与官商关系的发展演变》,《社会科学战线》1990 年第 2 期。

211. 朱英:《近代中外商会比较研究》,《华中师范大学学报(人文社会科学版)》1990 年第 5 期。

212. 陈祖怀:《论军事北伐政治南伐——北伐战争时期的一种社会现象》,《史林》1989 年第 1 期。

213. 胡光明:《论北洋时期天津商会的发展与演变》,《近代史研究》1989 年第 5 期。

214. 施巨流:《四一二后民族资产阶级叛变革命根据的质疑》,《探索》1989 年第 3 期。

215. 李正华:《江浙财团与南京国民政府的关系》,《历史教学》1988 年第 4 期。

216. 马敏:《名不符实的主干载体——中国早期资产阶级在近代化中的角色》,《华中师范大学学报(人文社会科学版)》1988 年第 6 期。

217. 马敏、朱英:《浅谈晚清苏州商会与行会的区别及其联系》,《中国经济史研究》1988 年第 3 期。

218. 温小鸿:《商团前后广东商人的心理变化》,《学术研究》1988 年第 6 期。

219. 邢建榕:《"四·一二"前后的陈光甫与蒋介石》,《史林》1988 年第 1 期。

220. 朱英:《清末商会与辛亥革命》,《华中师范大学学报(人文社会科学版)》1988 年第 5 期。

221. 黄汉民:《试析 1927—1936 年上海工人工资水平变动趋势及其原因》,《学术月刊》1987 年第 7 期。

222. 何毅亭:《评五卅运动上海资产阶级的募捐活动》,《上海社会科学院学术季刊》1987 年第 3 期。

223. 莫世祥:《孙中山与资产阶级在一九二三年》,《近代史研究》1987 年第 1 期。

224. 宋东:《简论"四·一二"后的民族资产阶级——兼与施巨流同志商榷》,《南充师院学报》1987 年第 4 期。

225. 沈予:《四一二反革命政变的酝酿和发动》,《档案与历史》1987 年第 2 期。

226. 王笛:《试论清末商会的设立与官商关系》,《史学月刊》1987 年第 4 期。

227. 朱英:《辛亥革命时期的孙中山与资产阶级》,《近代史研究》1987 年第 3 期。

228. 朱英:《从清末商会的诞生看资产阶级的初步形成》,《江汉论坛》1987 年第 8 期。

229. 朱英:《清末商会"官督商办"的性质与特点》,《历史研究》1987 年第 6 期。

230. 周永祥:《评国民党御用工具——上海工统会和上海工总会》,《史林》1987 年第 2 期。

231. 程大方:《五卅运动中的上海民族金融资产阶级》,《合肥工业大学学报》1986 年第 1 期。

232. 胡光明:《论早期天津商会的性质与作用》,《近代史研究》1986 年第 3 期。

233. 洪葭管:《张嘉璈与中国银行》,《近代史研究》1986 年第 5 期。

234.【日】金子肇:《上海资产阶级与上海商业联合会——围绕四一二政变》,《史学研究》1986 年第 168 号。

235. 李子文:《简论上海总商会——民治委员会》,《史学集刊》1986 年第 2 期。

236. 牛大勇:《北伐战争时期美国分化政策与美蒋关系的形成》,《近代史研究》1986 年第 3 期。

237. 虞和平:《中华全国商会联合会的成立与中国资产阶级完整形态的形成》,《历史档案》1986 年第 4 期。

238. 朱英:《辛亥革命时期的苏州商团》,《近代史研究》1986 年第 5 期。

239. 沈予:《论北伐战争时期美国对华政策》,《历史研究》1985 年第 4 期。

240. 徐鼎新:《五卅运动与上海的资产阶级》,《上海社会科学院学术季刊》1985 年第 2 期。

241. 朱英:《清末商会与抵制美货运动》,《华中师范大学学报(人文社会科学版)》1985 年第 6 期。

242. 仑桥正直:《清末商会和中国资产阶级》,《中国近代经济史研究资料》1984 年下半年。

243. 史全生:《江浙财团与蒋介石政权的建立》,《江海学刊》1984 年第 4 期。

244. 朱英:《清末商会研究述评》,《史学月刊》1984 年第 2 期。

245. 黄逸平:《江浙"财团"析》,《学术月刊》1983 年第 3 期。

246. 章开沅:《关于改进研究中国资产阶级方法的若干意见》,《历史研究》1983 年第 5 期。

247. 姜铎:《略论旧中国三大财团》,《社会科学战线》1982 年第 3 期。

248. 皮明庥:《武昌首义中的武汉商会和商团》,《历史研究》1982 第 1 期。

249. 邱捷:《辛亥革命时期的粤商自治会》,《近代史研究》1982 年第 3 期。

250. 孙武霞等:《"四·一二"反革命政变始末纪事(1927.2—1927.4)》,《上海师范大学学报(哲学社会科学版)》1980 年第 1 期。

251. 张圻福:《"四·一二"反革命政变与帝国主义》,《江苏师院学报》1979 年第 Z1 期。

252. 谟研:《"四·一二"反革命叛变与资产阶级》,《历史研究》1977 年第 2 期。

253. 穆烜:《"四·一二"前后的上海商业联合会——中国资产阶级的一页史料》,《学术月刊》1964 年第 4 期。

254. 汪绍麟:《五卅运动中的上海民族资产阶级》,《学术月刊》1960 年第 5 期。

255. 金应熙:《从"四·一二"到"九·一八"的上海工人运动》,《中山大学学报(社会科学版)》1957 年第 2 期。

256.【法】白吉尔:《辛亥革命前夜的中国资产阶级》,《国外中国近代史研究》第 4 辑。

257. 洪葭管:《论历史上的金融中心和当前重建上海金融中心》,《上海研究论丛》第 11 辑。

258. 李达嘉:《上海商人的政治意识和政治参与》(1905—1911),《近代史研究所集刊》第 22 期。

259. 李达嘉:《从革命到反革命:上海商人的政治抉择》,《近代史研究所集刊》第 27 期。

260. 李达嘉:《袁世凯政府与商人》,《近代史研究所集刊》第 32 期。

261. 苏云峰:《民初之商人(1912—1928)》,《近代史研究所集刊》第 11 期。

262. 徐鼎新:《清末上海若干行会的演变和商会的早期形态》,《中国近代经济史研究资料》第 9 辑。

263. 陈忠平:《长江下游商会与辛亥革命关系初探》,第三届中国商业史会议论文。

264. 黄挺:《1933—1934 年金融危机中的汕头市商会》,第三届中国商业史会议论文。

265. 蒋伟新、汤可可:《推挽结构:近代地方商会与政府的关系——以无锡为例》,经济组织与市场发展国际学术讨论会论文。

附　　录

上海商业联合会大事记
(1927 年 3 月—1927 年 11 月)

3 月 22 日

上海 19 个商业团体举行联席会,会议决定组织成立上海商业联合会。在当日的成立大会上,发布章程 15 条,宣称以互助精神维护商业,对外应时势之需要,对内谋自身之保障为宗旨,推举虞洽卿、王晓籁、吴蕴斋、王一亭、荣宗敬等 15 人为常务委员。此外,在这一天通过的宣言中,要求实行政商合作,一致拥护蒋介石,"肃清"共产党,振兴实业,普济民生。

3 月 24 日

上海商业联合会会员会议,讨论推举主席、征收会费、刊刻印章、慰劳抵沪的革命军、规定入会的志愿书、增加委员等事宜,众决议:推定虞洽卿、王晓籁、吴蕴斋为主席,入会团体按大小不同分三等交纳会费,定制香烟毛巾并备一公函犒劳国民革命军,委员由 17 人增加至 31 人。

3 月 25 日

上海商业联合会会员会议,讨论如何使工部局消除中国军队打算收回租界的疑虑,维护租界安全,"总期恶感消弭于无形";推举范和笙为调查科委员;通过中华水泥厂联合会、上海银楼公会等八团体加入上海商业联合会;讨论了闸北灾民的救济问题;听取永安、先施两公司代表报告的工潮情形,众会员推举虞洽卿、王晓籁、劳敬修、冯少山四人先到两公司调查情形,再确定调停办法;确定与外人接触事宜由余日章、黄明道担任。

3 月 26 日

上海商业联合会会员会议,决定请劳敬修再向永安、先施两公司劝解,忍耐痛苦,暂时接受职工条件,但劳敬修说调查情形多系工人一方面之言,是否可向公司经理方面详加讨论,以求公平解决,大家表示赞成。

上海商业联合会决定派余日章等致函公共租界与法租界工部局,内称:上海商业联合会已与军事当局及总工会商妥,保证无轨外行动,并商请合作办法。

3月27日

上海商业联合会会员会议,讨论典质业公所、上海料业公会请求加入上海商业联合会事宜;钱承绪向上海商业联合会报告与工部局副总巡毛鼎举行关于维护租界安全会谈情况,并建议军、工、商三界公举代表与洋人进行正式谈判;推举余日章、钱承绪、冯炳南、黄明道为外交委员;虞洽卿转达蒋介石绝对没有以武力收回租界之意图,请商界放心。

3月28日

上海商业联合会议,虞洽卿、王一亭报告请求入会的团体,决议委员由31人增加至41人。推举吴蕴斋、荣宗敬、闻兰亭等为代表,再次见蒋介石,吴蕴斋希望蒋介石"对于商业有维护办法,而商界当与合作到底"。

3月29日

上海商业联合会委员会会议,决议:上海商业联合会会费定于每年阳历四月一日送交大陆银行;会费存于上海商业联合会在大陆银行的银行账号;日常支取用款须由孙景西、胡孟嘉二人之一人签字;会内的零用账由书记兼管,每月由经济委员会派人核查。

通过上海铜锡业公会、纸业公所、染织同业公会加入该会,并交调查科审查。

虞洽卿、王晓籁、吴蕴斋等29人前往谒见蒋介石,表示原有的经济制度不可破坏过甚。蒋介石称:此次革命成功,商界助力非浅,此后仍以协助为期。至于劳资及维护商业问题,旦夕即有解决办法,所有上海地方秩序与中外人民的生命财产,也由他完全负责。

3月30日

上海商业联合会会员会议,决定聘在美华商李国钦、顾子仁担任该会海外代表,暂定宣传费为5万元,并致函蒋介石请求协助解决该宣传费;决定暂垫工部局请求上海商业联合会捐助缴械2000名鲁军日常生活费用3000元,由会员分派,并发函请示蒋介石。

在讨论永安、先施两公司工潮时,上海商业联合会会员一致认为对于工会的"无理请求",该会应当设法抵制,对于"确实报告"应当负责调查,然后先行调解。

上海商业联合会通过致美国政府函,就南京事件请求美国谅解,又致朱兆莘一电,文同前。

上海机器面粉公司公会致函上海商业联合会,商议共同对付工会之办法。

嘉谷堂米业公所、厢业集义公所申请加入上海商业联合会。

3月31日

上海商业联合会会员会议,推定石芝坤、沈润挹为"南京事件"调查委员,以释外人恐慌。

通过呈请国民政府颁布劳工争议调解仲裁法规呈稿、致蒋介石函。

同意押当公所与上海糖业点春堂加入上海商业联合会。

蒋介石以个人的名义发函给上海商业联合会与上海银行公会,要它们迅速垫款300万元。

大陆银行向上海商业联合会寄送支票收据样张。

4月1日

上海商业联合会会员会议,决定以其主席的名义致函工部局,与工部局磋商拆除租界防御工事、代为上海商业联合会会员办理通行证等事宜;上海商业联合会章程经过众会员修改通过。

江苏兼上海财政委员会在银钱业中积极为蒋介石筹款,由银行公会垫借200万元,钱业公会垫借100万元,以二五库券作抵。

上海特别市党部要求上海商业联合会为孙中山逝世二周年纪念活动捐助4 000元。

4月2日

上海商业联合会会员会议,就工部局要求捐助缴械鲁军事请示蒋介石,并商讨对付工人工会的办法。

上海县商会致函上海商业联合会,请其速转恳当局保护外人,避免世界抨击。

上海商业联合会致函蒋介石,请其拨洋2.5万元作为海外宣传费。

李国钦、顾子仁致电上海商业联合会,因美国密西西比河水灾,该会是否能够筹募捐款华币11.5万元,籍表赈协,并探听最近时局状况。

王晓籁任上海闸北商会会长。

4月3日

上海商业联合会会员会议,邀请汪寿华到会发表总工会对工潮外交等问题的意见。汪寿华在会上谈到了外交问题、市政问题、劳资问题、上海建设等问题,并提议召开总工会、商民协会、上海商业联合会联席会议,共同交换意见。

4月4日

上海商业联合会会员会议,听取虞洽卿关于汉口日租界纠纷及日本态度等情况的报告。

一致通过嘉谷堂米业公所、上海出口各业公会、厢业集义公所加入上海商业联合会。

上海商业联合会代表见日领事陈述租界设置铁丝网给商业与交通造成的影响与不便,请求日领事向各国领事建议撤销。

上海商业联合会经济科委员会议,推举孙景西为当日会议主席,决议:要求大陆银行开具会员会费的收据;请银行公会每逢半月开具垫款的清单。

旅沪商帮协会请上海商业联合会转呈蒋介石核准该会向招商局承租江海轮分驶各埠以疏客货。

4月5日

上海商业联合会会员会议,王晓籁、徐庆云、倪云卿等七人到功德林与工人接洽,虞洽卿提议请求工部局拆除铁丝网并将戒严的时间改为晚十二点半。

蒋介石就缴械鲁军事复函上海商业联合会,令江苏交涉员妥为交涉,"务令人枪一并归还,遣散费由国民政府财政部负担"。

上海商业联合会通知陈翊周为调查科委员。

上海商业联合会要求会员填写东路军政治部的调查表。

上海商业联合会恳请蒋介石核准旅沪商帮协会向招商局暂行承租江海轮分驶各埠,以利交通。

上海商业联合会要求各会员按照各自等级将会费交纳至大陆银行。

4月6日

上海商业联合会主席虞洽卿致函工部局,请求工部局对4月1日上海商业联合会与工部局磋商之事早日答复,并再次请求工部局对前述请愿与建议,迅速核准实行。

上海电机丝织厂致函上海商业联合会,陈述该厂的商业困苦,反对工人罢工。

4月7日

上海商业联合会紧急会员大会,决定先由该会暂垫2 000美金汇与顾子仁作为宣传费。

上海商业联合会致函蒋介石,申请备案。

上海商业联合会会议,通过挽留蒋介石维持上海治安信稿。

上海商业联合会推举代表十余人拜见蒋介石,请其暂时坐镇淞沪,不要移驻南京。

江苏火柴同业联合会致函上海商业联合会,请其转呈国民政府财政部,转饬汕头、汉口各处内地税局:凡火柴进口一律免缴半税或二五税,以符向例而惠实业。

4月9日

虞洽卿扣压上海总工会、上海商民协会、上海商业联合会《告上海市民》宣言。

上海商业联合会请经济委员会付洋4 000元作为纪念孙中山逝世二周年的捐款。

4月11日

上海商业联合会致函国民党上海临时政治委员会,申请备案。

上海商业联合会要求政治部提供商民协会章程以便讨论。

4月13日

国民党上海临时政治委员会第四次会议通过决议:在商会法未颁布之前,准予上海商业联合会暂行备案,令上海商业联合会接收上海总商会,虞洽卿、王一亭、吴蕴斋、钱永铭、陈辉德为接收委员。

上海商业联合会委员会议,为抵制工会势力,筹备组建商民协会。

商民陈则武致函上海商业联合会,告诫上海商业联合会不要加入商民协会,并鼓动上海商业联合会阻止商民协会的建立。

4月14日

上海商业联合会致函各会员,号召他们组织商民协会分会,以便将来共同加入上海市商民协会。

4月15日

上海特别市商民协会筹备委员会致函上海商业联合会,邀请上海商业联合会参加商民协会筹备委员会。

上海电机丝织业同业公会称,有人强迫工人罢工,请求上海商业联合会加以保护。

4月16日

上海商业联合会致电蒋介石、国民党中央执监委员,表示愿与三民主义相始终,对于当局"清党",一致表决,愿为后盾。

上海商业联合会委员会议，决议准备致函上海特别市商民协会，告之所属各业已推举代表二人组织商民协会。

陈光甫先生送来蒋介石南京来电，嘱咐上海商业联合会代筹款项，"以济急需"。

众推姚紫若、秦润卿起草致电蒋总司令，请其速颁库券等条例，该会会尽力筹募。

蒋介石致电上海商业联合会，催促该会将本已自动认募的500万元军饷在短期内缴齐。

4月17日

上海商业联合会会员大会，讨论组织商团一事，大会拟定了提纲，交审查委员会审查，指定荣宗敬、王晓籁、王彬彦、范和笙、王一亭、冯少山等11人任审查委员会委员。

国民革命军东路军政治部致函上海商业联合会，就其派员改组工会解除工人武装一事，要求上海商业联合会广为宣传扶助农工政策，勿生误会，倘有乘机压迫劳工，即属违背中国国民党政纲。

上海商业联合会致函其所属会员团体，要求他们根据13日会议的议案迅速组成商民协会分会。

4月18日

上海商业联合会致函11位商团审查委员会委员，通知他们定于19日召开审查委员会会议。

上海商业联合会将政治部17日函精神传达给各会员。

4月19日

工部局总董斯特林·费信惇复上海商业联合会函，同意把宵禁缩减为夜间十二点到早晨四点，对于拆除铁丝网等防御工事，他解释："得视地势而定，且有军事当局决定，才能照准。"

4月20日

因商民协会组织章程将拟请国民党上海市党部修改，上海商业联合会委员会会议，穆藕初提议组织委员会研究该章程，吴蕴斋主席推定胡孟嘉、徐静仁、冯少山、秦润卿、穆藕初五人为委员，上海商业联合会于当日致函五委员，要求他们对商民协会章程进行研究并提出修改意见。

上海银行公会致函上海商业联合会，截至4月20日，上海银行公会共为上海商业联合会垫款1 138.3元。

上海商业联合会致函孙景西，该会的零用款由银行公会代垫，每半月开具清单,交孙景西保管。

4月21日

上海商业联合会致函各业会员,要求他们根据13日会员大会的决议案,迅速组织商民协会分会,并将推定的代表二人名单于27日前报与上海商业联合会,以便集会研究商民协会之章程。

4月22日

上海机电丝织业公会致电上海商业联合会,请求上海商业联合会转请蒋介石修改劳资调解条例第7条、第13条。

4月23日

上海商业联合会委员会议,讨论关于向美国提供消息及筹募宣传费等事宜。

华商码头公会致函上海商业联合会,说明该会只能认缴二等会费300元。

4月23、25、27日

上海商业联合会举行三次委员会议,讨论建议蒋介石与孙传芳弭兵息战、合作反共的通稿。

4月25日

上海商业联合会致电顾子仁、李国钦,内称:国共分裂业已完成;江北孙传芳可能与南京联合,请美国及其他列强区别共产党与友善之中国民众,支持对中国及其他各地之共产党作战,协助中国民众实现自主、平等、互助之正当愿望。

应上海特别市商民协会筹备处代表请求,上海商业联合会各业派二人参加该会的筹备工作,并期望该会会员一致加入商民协会;上海商业联合会举行委员会会议,同意各业派二人参加筹备会,但对上海商业联合会各业加入商民协会的请求,需要章程委员会对商民协会章程研究修订以后才能决定。

4月26日

上海银行业联合会致函上海商业联合会,请其发表呼吁和平通电,"以活民生而救商业"。

上海商业联合会要求江苏兼上海财政委员会拨宣传费2.5万元。

4月27日

上海商业联合会委员会议,讨论了上海鱼业敦和公所加入上海商业联合会、请政治分会指导组织商民协会办法、就信大厂工人事质问政治部;王一亭报告蒋介石面允宣传费2.5万元;上海商业联合会为筹饷组织了审查委员会,推定姚紫若、王晓籁、王彬彦、石芝坤、叶惠钧等为委员,还讨论了筹募垫款的有关文件。

上海特别市商民协会筹备委员会将组织草案送交上海商业联合会讨论,并要求上海商业联合会各业会员推举二人,参加商民协会联合社会各界在上海举行国民政府迁都金陵的庆祝活动的筹备工作。

上海商业联合会决定将 25 日决议致函尚未推举代表各业,要求无论组织商民协会分会与否,一定要于 27 日以前将代表二人名单送交上海商业联合会。

商民协会将其章程送交上海商业联合会,希望其加以讨论。

4 月 28 日

上海商业联合会准备分别致电蒋介石与孙传芳,要求双方弭兵休战,合作反共,然而孙已战败下野,此电并未发出。

上海商业联合会参加商民庆祝国民政府迁都南京大会筹备会,大会通过了标语,确定了庆祝大会的日期。

4 月 29 日

上海商业联合会临时会员大会,讨论认募 500 万元军饷事宜,最后在虞洽卿的主持下,与会的各团体当场确定认购二五库券的数目。

上海运输同业公会请上海商业联合会向工部局交涉,将铁丝网拆除以利交通。

孙景西将上海商业联合会 4 月份的用款 3 365.14 元拨还银行公会。

江苏兼上海财政委员会就蒋介石面允宣传费 2.5 万元之事无案可稽,要上海商业联合会另呈蒋介石。

4 月 30 日

上海商业联合会委员会议,讨论运输公会请上海商业联合会要求工部局拆除铁丝网、决定捐革命运动纪念会筹备会洋 200 元、叶惠钧为该会南市公共体育场主席等事宜。

南京国民党政府发行江海关二五附税库券 3 000 万元,指定以二五附税全部为此项库券基金,并核准组织保管委员会条例,上海商业联合会代表吴蕴斋、吴麟书等均充任保管委员。

上海电机丝织厂同业公会致函上海商业联合会,以营业萧条、资本薄弱等为由,认为该业难以认销 5 万元库券。

上海商业联合会参加商民庆祝国民政府迁都南京筹备会。

商民协会致函上海商业联合会,邀请上海商业联合会于 5 月 5 日在西门体育场参加商民协会组织的庆祝国民政府迁都南京庆祝大会。

上海染织业同业公会因职员瑞宝等人被士兵逮捕事请求上海商业联合会将详情转请并声援。

5月1日

厢业集义公所致函上海商业联合会,陈述营业范围狭小,认为上海商业联合会所定的库券数目过于巨大。

上海参业公所也致函上海商业联合会,称该业商情困苦、精疲力竭,不易分担10万元库券。

上海机器碾米公会致函上海商业联合会,称商店店员应该加入商民协会,劳工应该加入工会。

5月2日

上海商业联合会召开会员会议,动员会员认购二五附税库券。

振华堂洋布公所致函上海商业联合会,称该业营业凋敝、血本难保,恐无余力再购库券,现正劝募认购的2万元。

5月3日

淞沪保卫团致函上海商业联合会,请求与租界当局进行交涉,将被缴的枪支悉数收回,发交淞沪各市乡保卫团备用,以维护治安,而重主权。

杭绸业钱江会馆致函上海商业联合会,称杭州工潮澎湃,商业损失巨大,难以两地分担库券。

上海针织业公会就会员与非会员概以每一商标认销库券一百元事宜请求上海商业联合会转呈国民政府上海政治分会备案。

上海商业联合会致函各会员团体,要求它们将二五库券款项送交江苏兼上海财政委员会。

上海商业联合会派叶惠钧参加五月革命运动纪念会召开的商会代表大会。

5月4日

白崇禧等致电上海商业联合会,催促上海商业联合会缴足库券款。

因上海商业联合会各商业团体认购的二五附税库券之款,一时不能缴齐,上海商业联合会立下字据,向交通银行暂借2.5万元。

上海商业联合会要求上海参业公所务必承销库券10万元,交由江苏及上海财政委员会核收。

上海南北市报关公所以报关事业日益凋敝、全系小本经营为由,称该业无力认销库券。

上海商业联合会致函未认购二五库券的团体,要求它们将认购的数目呈报上海商业联合会。

5月5日

上海商业联合会致函顾子仁,就密西西比河泛滥、美国对中国的态度、宁案之责任及处理、驻沪外国海陆航空军队屡次侵入中国之领空等事件发表看法;上海商业联合会致函政治会议上海分会,请求其为上海商业联合会组织商民协会给予指导。

洋货商业公会致函上海商业联合会,称市面衰颓,自顾不暇,只能认销库券3 000元,无法再请加认。

上海商业联合会参加商民协会举办的南京国民政府迁都南京庆祝大会,上海商业联合会石芝坤在主席台就座。

嘉谷堂米业公所向上海商业联合会询问中央银行的钞票是否可以收用,5月10日上海商业联合会通知该公所官厅已出布告规定该钞票禁用。

上海商业联合会通知杨海南等商人购买二五库券。

5月6日

上海参业公所致函上海商业联合会,称该业准备再认销库券2万元,由上海县商会送至财政委员会。

纱厂联合会、煤业公会分别认购库券12.5万元、1.5万元。

5月7日

上海商业联合会临时会员大会,讨论白崇禧来电催款事。

厢业集义公所再次致函上海商业联合会,诉说该公所困难重重,对于认购二五库券,只凑齐洋3 000元。

杭绸业钱江会馆致函上海商业联合会,称该业在杭州已派认巨款,上海各庄属于杭州分支,一庄之内无两处担任。

华商码头公会要求上海商业联合会转呈司令部免捕民轮当差。

上海铁业公会致函上海商业联合会称该业范围狭隘,"智穷力尽",无法劝销5万元库券。

5月8日

上海商业联合会同意将上海丝织业公会的要求转呈国民政府上海政治分会备案。

江浙丝经同业公会致函上海商业联合会,称该业经营额减少,资本短缺,无力劝销库券。

上海商业联合会请求国民党上海临时分会交还南北杂货公会营业市

场,另觅办公地点。

绸缎业公会通知上海商业联合会该会商民协会的代表为黄季纯、费振麟。

上海染织业同业公会请求上海商业联合会转呈海关监督取消机制布出口增加税。

5月9日

因上海商业联合会各商业团体认购的二五附税库券之款一时不能缴齐,上海商业联合会立下字据,向交通银行暂借2万元。

国民党上海市党部商民部致函上海商业联合会,对上海商业联合会要求组建商民协会提出答复,商民部指出,商民协会依照法令必须有三个区会以上成立才能正式组织,但在特殊时期,应该由取得委任之筹备委员进行筹备,筹备委员应受到市党部审查,同时商民部还要求上海商业联合会与商民协会筹备会一起筹备上海特别市商民协会的组建工作。

上海电机丝织公会致函上海商业联合会,称该业公会已认销库券1.5万元,请其指明代收机关,以便直接解交。

上海染织业同业公会致函上海商业联合会,请其转呈海关监督等处取消机制布匹的出口增税。

上海商业联合会推举吴蕴斋、吴麟书为江苏兼上海财政委员会委员。

5月10日

上海商业联合会会员会议,决议洋货商业公会包含颜料等九大业,规模宏大,要求该业以原定3万元之数认销库券,并即日送交江苏兼上海财政委员会。

上海县商会向上海商业联合会询问纸业景伦堂、鱼业敦和公所是否已经在上海商业联合会购买二五库券,并称两团体应该在县商会的派认范围内。

上海商业联合会要求书业商会将认购的库券10万元迅速解交。

5月11日

项如松报告五金同业公会认购库券数目不及万元,王一亭请委员会再行劝募,众议将未认购团体的名单交财政委员会催收。

5月12日

铜锡业公会致函上海商业联合会,称该业的朱兴隆号、钱泰丰号等六家商号坚决不肯认销库券,要求上海商业联合会派员实地查核。

油厂公会致函上海商业联合会,称该会已经将1.6万元解交江苏兼上海财政委员会。

上海县商会将姚紫若、顾馨一、朱吟江履历表送交上海商业联合会。

5 月 13 日

上海商业联合会致函 26 军并送毛巾、香烟等表示慰劳。

上海运输同业公会恳请蒋介石即日恢复货车交通。

嘉谷堂米业公所致函上海商业联合会,称已经向上海商业联合会购买库券 1 万元,对县商会加派的 2 万元难以担负。

上海商业联合会向北伐军二十六军、二十二军赠送毛巾四箱、香烟一箱。

5 月 14 日

上海特别市商民协会派王汉良、王汉强、成燮春、邬志豪四人持函至上海商业联合会,请王汉强说明修正章程经过与情形,以及商民团结之必要,组织之应有,请求上海商业联合会统一抄示筹备委员名单,以便转请市党部商民部正式加委。

上海商业联合会会员认购二五附税库券达 202.7 万元。

上海商业联合会将未缴清库券各团体名称、数目与代表名称送给江苏兼上海财政委员会,呈请江苏兼上海财政委员会催促上海商业联合会各团体从速认购库券。

江苏兼上海财政委员会致函上海商业联合会,转达蒋介石电令摊派各大公司的认购库券数目。

上海商业联合会致函县商会,说明纸业公所、鱼业敦和公所、嘉谷堂米业公所已经分别向其购买库券 1 万元、2 万元、1 万元。

上海商业联合会致函丝经业同业公会、木商会馆、纸业公所、粤侨商业联合会,要求它们将认购的库券早日解交江苏兼上海财政委员会。

商民协会筹备处致函上海商业联合会,要求上海商业联合会迅速送交该会参加商民协会筹备会的筹备员的名单。

5 月 15 日

商民部要求上海商业联合会填送商民协会筹备会委员的履历表。

5 月 16 日

上海商业联合会会员临时大会,讨论援助被国民党通缉的荣宗敬,虞洽卿提议给蒋介石发一电报,并推举吴蕴斋、穆藕初、孙景西起草,王一亭与穆藕初赴宁面恩。

江苏兼上海财政委员会致函上海商业联合会,要求对于其各业会员认而未缴,或未缴清者,"分别催缴,勿延为荷"。

上海商业联合会要求各会员将未认购或者认购而未缴款者开列一单送呈上海商业联合会。

丝经业同业公会函告上海商业联合会,该会已经开会认购库券,同时向内地商号发函。

5月17日

杭绸业钱江会馆答应拟将凑齐3万元库券送交江苏兼上海财政委员会。

上海书业商会致函上海商业联合会,内称该业营业锐减,请求延期认销库券。

腌腊公所致函上海商业联合会,称该会已向上海县商会认购库券1万元。

5月18日

杭绸业钱江会馆将认购的库券款2.94万元交给财政委员会。

机电公会致函上海商业联合会,称该业已缴款1.27万元,剩余的1 700元将于5月26日解交。

5月19日

上海公共租界纳税华人会致函上海商业联合会,希望上海商业联合会等一致抗争公共租界工部局纳税西人年会加征房捐二成。

上海商业联合会致函煤业公会、铁业公会和鱼业敦和公所,要求缴纳会费。

上海染织业同业公会致函上海商业联合会,称该会只能勉力认购库券5 000元。

中华水泥厂将二五库券款1.5万元解交财政委员会。

5月20日

因上海商业联合会各商业团体认购的二五附税库券之款,一时不能缴齐,上海商业联合会立下字据,向上海银行、交通银行、金城银行、中南银行各暂借10万元,言明月息7厘。

上海机器碾米公所致函上海商业联合会,称该业营业清淡,客货受阻,只能勉强认销库券5 000元。

5月22日

上海商业联合会再次要求杭绸业钱江会馆务必按照原定数目认销库券,早日解交。

5 月 23 日

上海商业联合会通知王晓籁参加 27 日讨论工商界限的会议。

5 月 24 日

上海商业联合会致函江苏兼上海财政委员会,已经有 53 个团体认购二五库券并陆续解款。

上海商业联合会通知会员开会讨论商民协会事宜。

5 月 25 日

上海商业联合会会员会议,吴蕴斋、闻兰亭、冯少山等与国民党党部商民部张振远就工商界限发生争论,最后决定重新研究商民协会章程,将意见交起草委员会。

因上海商业联合会各商业团体认购的二五附税库券之款,一时不能缴齐,上海商业联合会立下字据,向交通银行暂借 35 万元,上海银行暂借 15 万元,金城银行、中南银行各暂借 10 万元,言明月息 7 厘。

煤业公会就向各业征收库券款事告知上海商业联合会。

鱼业教和公所缴款 5 000 元。

5 月 26 日

华商纱厂联合会通知上海商业联合会,已经将认购的二五库券 50 万元交款至江苏兼上海财政委员会。

上海商业联合会致函各会员,要求分别讨论商民协会章程、工商界限。

5 月 27 日

上海商业联合会等十二团体组织的房租助饷委员会在菜市路会所召开第二次常务委员会,通过了章程,发布了通告。

5 月 29 日

上海商业联合会向商民部解释抄送履历表须征得各委员同意。

上海商业联合会向华商码头公会说明,以后若有被封当差之事,上海商业联合会会尽力维护。

5 月 31 日

上海商业联合会致函江苏交涉特派员郭泰祺,请求其为工部局加征房捐二成一事向工部局提出严重的抗议,并复函公共租界纳税华人会,对其反对工部局加征二成房捐之行为表示支持。

上海商业联合会呈文国民党中央执行委员会,称商店店员职业为商,应允许加入商民协会。

6 月 1 日

铜锡业公会致函上海商业联合会,内称该业各商号因烟袋业朱兴隆、钱泰丰等六号相率观望,请求上海商业联合会速赐解决办法。

上海房租讨论委员会请上海商业联合会派代表参加该委员会。

商民协会筹备处致函上海商业联合会,邀请其参加商民协会、工会条例的起草。

6月2日

金业公会要求上海商业联合会返还5万元库券的利息478.33元。

商民协会通知上海商业联合会派代表1至5人参加在总商会举行的"六三"运动纪念大会。

上海绸缎业绪纶公所致函上海商业联合会,认为以资本为工商界限,将使店员与经理的纠纷层出不穷。

6月3日

上海商业联合会参加在上海总商会举行的商民"六三"纪念大会。

闸北商会致函上海商业联合会,对其工商界以职业为标准的观点表示支持。

6月6日

中国水泥公司致函上海商业联合会,反对句容县公署与下关铁路税务分局两处推销库券,要求上海商业联合会设法予以援助。

上海电机丝织公会致函上海商业联合会,对其工商界以职业为标准的观点表示支持。

上海商业联合会、总商会等团体在总商会欢迎"革命元勋"李协和。

6月8日

上海商业联合会要求商民协会各委员填写履历表。

6月9日

上海民众庆祝北伐军胜利大会要求上海商业联合会于6月15日以前来办理登记以便参加,并要求上海商业联合会下属各团体张灯结彩,庆祝北伐胜利,否则将给予处置。

6月10日

上海商业联合会将运输公会的请求分别转呈蒋介石、沪宁路局局长。

6月11日

上海商业联合会致函铜锡业公会,要求该业分别劝导六家认销库券,但如果六家始终不认,上海商业联合会将呈江苏兼上海财政委员会或军事当局核示办理。

上海商业联合会复函中国水泥公司向其解释二五库券系按地区认销,

该公司经上海商业联合会派销之数,系上海市内各商号应该认销者,龙潭分厂则属于另一区域,因此对该公司的请求无力相助。

浦东业主联合会请求上海商业联合会协助解决房租纠纷。

6月12日

上海商业联合会倪文卿、项如松参加在总商会召开的房屋济饷委员会会议。

6月13日

上海机器面粉公司公会致函上海商业联合会,就沪西公会要求增加工资百分之五十、码头工会工人草约三章等问题与上海商业联合会共商对策。

上海染织业商民协会筹备处致函上海商业联合会,内陈该业因工人复提增加工资等原因造成的种种困难,要求上海商业联合会设法进行调解。

上海商业联合会会员大会,为解决劳资问题,虞洽卿提议发函请统一工会组织部部长李子峰、调查部部长刘公畏、调解部部长吴葭生三位出席第二天的会议,共同交换意见,受到大家的一致赞同。

众推闻兰亭为对英经济绝交大同盟会代表,倪文卿为上海房租讨论会代表,冯道君为庆祝北伐胜利大会代表并要求各团体结彩庆祝。

由研究商民协会章程的五委员办理马路商界联合会要求该业加入实业团体起草委员会。

商民协会通知上海商业联合会,根据上海特别市党部决议,商店店员和职工都是商民协会会员,希望上海商业联合会广为宣传。

上海各马路商界总联合会致函上海商业联合会,要求上海商业联合会加入商民协会章程的起草。

6月14日

因上海商业联合会各商业团体认购的二五附税库券之款,一时不能缴齐,上海商业联合会再向交通银行、上海商业银行、中南银行合借10万元,言明月息7厘。

上海工会统一委员会调解部长吴苍敬致函上海商业联合会,表示同意15日参加该会会员大会,共同磋商劳资问题。

振华堂洋布公所就洋行背约要求出货支付即期庄票请上海商业联合会速赐对策。

上海市党部通知上海商业联合会凡上海市的民众运动事宜须征得党部的同意才能进行。

上海商业联合会派闻兰亭参加商民部、宣传部举行的对英经济绝交会议。

蒋介石令上海商业联合会等四商会调查闸北灾户,具报查核,分别抚恤。

6月15日

上海商业联合会召开会员大会,虞洽卿、吴苍敬、李子峰、刘公畏、徐庆云、王晓籁先后发表对劳资问题的看法,诸文绮、潘旭升二人报告了染织业劳资纠纷的情形。

商民协会致函上海商业联合会,要求该会派人参加17日在上海总商会三楼举行的劳资临时调解委员会成立典礼。

6月16日

上海商业联合会通知徐庆云于17日下午二时参加在总商会举行的劳资调解委员会成立典礼。

上海庆祝北伐胜利大会租界筹备会请求上海商业联合会捐助200元。

6月17日

江苏兼上海财政委员会归还5月4日、9日、22日由上海交通银行代上海商业联合会垫付的二五附税库券,该行将所有的原借据三张一并送往上海商业联合会,请其注销。

上海药业饮片公会致函上海商业联合会,就该会是否严厉惩处被解雇工人一事向上海商业联合会请示。

徐庆云致函上海商业联合会,说明因工会因故未能派员参加劳资调解委员会成立典礼,该委员会未能如期成立。

上海商业联合会将该会商民协会的履历表送交商民部。

6月18日

上海商业联合会致函上海药业饮片公会,对其严惩被解雇工人的做法表示支持,同时致函统一工会,将药业饮片公会劳资问题加以转达,并请求统一工会给予被解雇工人"相当处分,用儆将来"。

6月22日

江苏交涉特派员郭泰祺致函上海商业联合会,指出工部局所说的加捐二成是指加捐百分之二。

上海各团体反对日本出兵来华运动委员会通知上海商业联合会到总商会开会讨论对日经济绝交。

6月23日

上海商业联合会通知各会员派代表于26日参加对日经济绝交联席

会议。

为了纪念沙基惨案与"五卅"运动,商民部与上海市党部希望上海商业联合会参加在南十九目新舞台、闸北蒙古路更新舞台举行的纪念大会。

6 月 24 日

上海商业联合会通知各委员 25 日集议是否派代表参加统一工会与商民协会举行的劳资纠纷调解会。

振华堂洋布公所就各洋行自 8 月 1 日起一律改为即期庄票之事请上海商业联合会速赐办法。

闸北火灾各户联合会请求上海商业联合会为闸北救灾事定期召开会议,并希望上海商业联合会派代表参加。

6 月 25 日

上海商业联合会委员会,讨论 7 月 7 日市政府成立时,拟以总商会、马路商界总联合会、商民协会、上海商业联合会四商会名义送镀金镜框;推虞洽卿、王一亭、闻兰亭为统一工会组织代表,徐庆云、孙景西、倪文卿为劳资调解委员会代表。推举虞洽卿、闻兰亭、王一亭为闸北灾户救济委员。

上海特别市党部委任虞洽卿、王晓籁、吴蕴斋、冯少山、叶惠钧、朱吟江为商民协会筹备会筹备员。

6 月 26 日

上海商业联合会各团体参加对日经济绝交团体联席会议。

6 月 27 日

上海商业联合会致函孙景西、徐庆云、倪文卿,内称:根据该会 25 日委员会决议,他们已被选为劳资调解委员会代表。

6 月 28 日

上海商业联合会请求国民党中央宣传委员会驻沪办事处交还南北杂货公会营业市场。

6 月 30 日

上海市党部通知上海商业联合会按时参加每周一举行的总理纪念活动。

上海房租协助北伐军饷委员会请上海商业联合会派一人参加该委员会。

商民协会致函上海商业联合会,称商店店员已为会员,不必再行抗争。

国民党忠实同志并促进沪宁两中央党部统一大会通知上海商业联合会参加 6 月 28 日在上海国民党党部举行的联欢会。

7月1日

上海商业联合会致函各会员团体,要求它们迅速组织商民协会。

7月2日

财政部通知上海商业联合会,要求其对灾户做实地调查,编造详细报告,以便核发救灾款。

7月5日

上海商业联合会通知闸北区灾赈委员会委员虞洽卿、王一亭、闻兰亭参加闸北救灾会议。

7月6日

上海商业联合会通知各委员在上海总商会参加欢迎蒋介石的宴会。

7月7日

江苏兼上海财政委员会归还5月25日、6月14日由上海交通银行代上海商业联合会垫付的二五附税库券,该行将所有的原借据送往上海商业联合会,请其注销。

上海商业联合会举行委员会,通过了致法总领事那齐公文,请其为上海商业联合会组织地方"自卫团"备案。

上海商业联合会通知统一工会,孙景西、徐庆云、倪文卿为劳资调解委员会委员。

7月8日

上海商业联合会致函中央宣传委员会驻沪办事处,请迅速归还糖洋南北杂货公会的房屋。

7月9日

因借用银行公会的议事厅和办公地点,银行公会要求上海商业联合会支付每月租金50元。

上海商业联合会各会员按团体大小摊认(郭泰祺)夫人托销的妇女慰劳兵士游艺会券1 000张。

7月10日

上海商业联合会、上海总商会等四商会在闸北商会开会,决定组成上海四商会发放灾户恤款调查会,讨论了闸北火灾的调查手续等问题。

7月11日

上海商业联合会派人参加商民协会主持召开的劳资调解委员会。

7月13日

上海商业联合会等四商会请求财政部迅速拨发救灾款5万元。

7月15日

上海商业联合会派徐庆云为代表,参加上海工会组织统一委员会、上海特别市商民协会为商议劳资调解问题的工商联席会议。

通商各口转运公所请转呈俞飞鹏监督准予退关面粉出口,由新铭轮运往天津。

通商各口岸转运所将存在纠纷的支票送交财政委员会被拒收。

因山东银行擅自同意工部局加捐,纳税华人会请上海商业联合会通知会员拒用该行支票。

7月16日

上海运输公会请求上海商业联合会转呈路局腾出货车,以运输积存商货。

7月17日

蒋介石要求虞洽卿竭力办理济饷事。

闸北灾户委员会就胡家木桥商联会及新民路商联会灾户表册应否列入一并调查事通知上海商业联合会参加7月19日召开的联席会议。

7月19日

财政部要求上海商业联合会将所属各厂按要求列表统计,以备拟出厂、出产两税代替通过税参考。

财政厅长希望上海商业联合会劝导房主不得加租,房客亦不得减租。

糖业点春堂就各洋行自8月1日起一律改为即期庄票之事请上海商业联合会速赐办法。

上海总商会要求上海商业联合会分摊7日各团体欢迎蒋介石公宴费用82.2元。

7月23日

上海商业联合会紧急委员会会议,讨论联合各团体组成房租济饷劝募委员会、禁止现洋出口、对日经济绝交大同盟事,推定徐庆云为劳资调解委员会代表。

上海商业联合会请蒋介石令各路局恢复货车,以利运输。

7月24日

商民协会致函上海商业联合会,请其在28日以前将该会推出的一代表名单报到协会,并自8月起分担会费洋80元。

7月25日

因经营出口货各洋行自8月1日起改为现洋出货有违契约,请糖业点春堂以契约为理论,如还没结果再由上海商业联合会计议办法。

7月26日

上海商业联合会致函商民协会,内称徐庆云为该会派往劳资调解委员会的代表,至于按月交纳80元经费一案,则要待到该会的委员会以后再行决定。

上海商业联合会要求徐庆云负责日后劳资调解委员会事宜。

7月28日

上海商业联合会召开会员紧急大会,讨论如何调停租界华人纳税会反对工部局增捐,通过了秦润卿提出的三条调停建议。

上海商业联合会等四商会在闸北商会开会,讨论胡家木桥、虬宝路商联会提供的四家是否加入灾户、马钱氏要求接济案等问题。

7月29日

劳资调解委员会去函上海商业联合会和徐庆云,要求支付分摊的经费80元。

8月1日

上海商业联合会为工部局加捐事通知会员开会。

8月2日

商民协会筹备处要求上海商业联合会派二人参加关税自主筹备会并任代表。

8月4日

纳税华人会秘书处致函上海商业联合会,向其报告纳税华人会的近期工作状况。

8月6日

劝募盐余库券委员会致函上海商业联合会,称该库券利息优厚,要求上海商业联合会向各业劝购盐余库券。

8月7日

上海总商会请上海商业联合会参加关税自主报告会。

8月9日

上海商业联合会、上海总商会等四团体在上海总商会常会室开会,欢迎关税处处长程天固。

上海市区押当公所请求上海商业联合会设法营救典当主翁耐圃。

8月11日

上海针织业公会致函上海商业联合会,请其向国民政府转呈修改出厂税条例,主要包括出厂税条例第一条、裁厘加税等方面。

金业公会致函上海商业联合会,称已将收捐的洋员婉言劝离,请上海商业联合会指导具体抗捐办法。

8 月 15 日

上海商业联合会将劳资调解委员会宣言的 600 张传单分发给各会员。

8 月 16 日

商民协会通知上海商业联合会交纳 8 月份承担的经费 80 元。

8 月 17 日

蒋介石要求虞洽卿发起房屋济饷运动。

8 月 23 日

商民协会致函上海商业联合会,向其转达劳资调解委员会接受劳资纠纷案件的办法。

8 月 24 日

上海总商会致函上海商业联合会,通知对于白崇禧要求商界筹款一事,经商界团体共同决定再认借 30 万元,与前次代筹的 70 万元,合成 100 万元,确定由银钱两业、上海商业联合会、上海总商会分担。

上海租界纳税华人会接受上海商业联合会"增捐调停宣言",并发表为接受拒付工部局增捐调停人宣言之宣言。

商民协会筹备会通知上海商业联合会、徐庆云交纳 8 月份承担的经费 80 元。

8 月 25 日

南洋兄弟烟草公司请求上海商业联合会向国民政府代陈免征租界华烟统税及废除华洋纳税不平等待遇;上海商业联合会、上海总商会、县商会、闸北商会在闸北商会开会,讨论闸北支配火灾赈灾款以及向政府领款的方法。

8 月 27 日

上海商业联合会致函虞洽卿、王一亭参加太平洋国交讨论会。

8 月 28 日

上海商业联合会、上海总商会等四团体在闸北商会开会,决议由上海商业联合会起稿请款,等款到后再拟订发放办法,所有调查之情形,均由范和笙赴上海商业联合会报告,以为根据。

上海商业联合会同意参加太平洋国交讨论会。

8 月 30 日

为维持治安,防止工潮,上海总商会要求上海商业联合会召集会议商议办法。

8月31日

上海商业联合会、上海县商会、闸北商会联名召集各入会团体紧急会议,要求各业尽力凑齐7万元筹饷。大会决议9月1日下午四商会领袖开会,按照各自入会的团体照派。

南洋兄弟烟草公司致函上海总商会、上海县商会、闸北商会,请求它们向国民政府转达华商各烟厂抗议华洋纳税不平等宣言。

上海商业联合会等四团体联名致函各入会团体,要求它们31日到上海总商会开会,讨论本埠治安防止工潮问题。

9月1日

上海总商会、上海商业联合会、上海县商会、闸北商会联名致函上海银行公会,要求其将筹借的10万元上缴军需处。

9月2日

上海总商会、上海商业联合会、上海县商会、闸北商会四团体领袖在总商会将筹款按照入会团体大小酌量分配。

粤侨商业联合会向上海商业联合会等四商会说明只能筹款1 500元。

9月3日

上海总商会、上海商业联合会、上海县商会、闸北商会决定9月4日下午欢迎怀德爵士。

上海总商会等致电广东政府请求停止发行1 000万元短期公债,并请求政府将被扣押的商人释放,恢复营业,维持金融秩序,以安商业。

上海商业联合会、上海总商会等四团体要求各会员团体垫借俘虏给养费,声明以上海南北市房租济饷及奢侈品出口附加税并禁烟收入作抵。

9月5日

上海商业联合会等四团体致函白崇禧,对广州省政府扣押商界要人、封闭银钱两业事表示声援。

上海商业联合会、上海总商会等四团体分别致电南京中央执行委员会、政治会议、财政部代钱部长,称自卷烟统税实施以来,洋商抗拒不遵,结果洋商以无税之烟四处行销,而华烟税重价昂无人问津,请求政府采取相应措施保护华商卷烟业。

9月6日

上海总商会、上海商业联合会、上海县商会、闸北商会特备茶点欢迎中国科学社社员。

上海县商会要求上海商业联合会摊派向吴警厅长赠送银鼎的费用
17.79元。

9月7日

上海商业联合会等四商会将闸北火灾损失情形造表册一本、调查表七件送交财政部,希望早日划拨救灾款。

9月8日

上海商业联合会参加上海市商民部在小西门少年团举行的九七纪念大会。

9月8日

上海商业联合会派人参加南市公共体育场举行的北伐军阵亡将士纪念大会。

9月14日

上海商业联合会、上海总商会等四团体致函中央执行委员会政治会议,主张上海市长一职应由上海市民选举产生。

闸北火灾各户联合会请求上海商业联合会在爱国捐内先行移拨灾款,使"几千灾民早沾雨露"。

沪北米业联合会请上海商业联合会恳求市政工作由官督民办。

9月16日

南洋兄弟烟草公司致函上海总商会、上海县商会、闸北商会,向它们传达华商各烟厂抗议华洋纳税不平等宣言。

9月17日

上海特别市农工商局将协调劳资纠纷、维持市内治安的布告送交上海商业联合会。

9月19日

上海总商会通知上海商业联合会集会讨论卷烟统税救济办法。

9月20日

上海总商会、上海商业联合会、上海县商会、闸北商会邀请烟厂公会代表举行联席会议,它们一致认为卷烟统税开办3个月以来,华商不能得到平等的待遇,决定由四商会致电国民政府改善办法。

中国拒毒会通知上海商业联合会参加23日在上海青年会举行的茶话会。

9月24日

上海商业联合会等六团体邀请白崇禧、蒋介石等四人出席25日茶话会,以表欢迎。

纳税华人会通知上海商业联合会,要求其下属各商业团体向外国机关挂号注册者立即撤销其错误行为,并向中国官厅挂号注册。

闸北火灾各灾户联合会再次请求上海商业联合会在爱国捐下暂移 5 万元救济灾户。

9 月 25 日

上海商业联合会等六团体在总商会欢迎伍朝枢、孙科、蔡元培、吴铁城等人,并请白崇禧等长官及冯少山、虞洽卿等各帮各业代表陪席,以示尊重。

上海商业联合会等六团体在上海总商会天后宫开茶话会欢迎国民政府及中央党部在沪各要人。

9 月 27 日

上海商业联合会、上海特别市党部召集各团体在市党部三楼举行庆祝宁汉合作及国民政府成立的筹备会,通过了会议举行的名称、地点等决议,上海商业联合会被推举为执行委员。

国民党上海市党部要求上海商业联合会通知其下属各团体,于 10 月 5 日至 10 月 9 日期间一律悬挂党旗、国旗以及"商民拒毒""肃清鸦片"等旗帜。

9 月 28 日

庆祝宁汉合作国民政府成立大会在上海市党部开第一次执行委员会,上海商业联合会被推为庶务股。

9 月 29 日

上海商业联合会、上海总商会、县商会等四团体联席会议,讨论抚恤闸北灾户的办法,众以天气潮冷,灾民急待赈恤,请求总司令部迅速拨款 5 万元以便按户分配。

上海商业联合会参加庆祝宁汉合作国民政府成立大会在跑马厅中央西菜馆举行的茶话会和小西门上海市教育局举行的第三次执行委员会。

10 月 1 日

第一军军长刘峙在新西区行营举行就职典礼,叶惠钧代表上海商业联合会等六团体致颂词。

10 月 5 日

上海商业联合会参加国庆纪念大会第一次常务委员会。

10 月 7 日

上海总商会决定召开六商会联席会议讨论劳资问题。

10 月 12 日

闸北各灾户要求上海商业联合会等四团体转呈政府在爱国捐内拨灾款5 万元,得到了政府的批准。

商民协会要求上海商业联合会通知下属团体,双十节期间,职工休业,工资照付。

10 月 14 日

上海商业联合会等四团体分别通知各会会董、委员于 15 日在上海总商会开联席会议,讨论财政部续发二五库券。

上海商业联合会等四团体转呈的在 9 月份的爱国捐内转拨的款项 5 万元,获财政部批准。

10 月 15 日

江苏兼上海财政厅长出席上海商业联合会等四商会续发二五库券讨论会,陈述该库券的条例、章程、办法,希望商界明白情形,踊跃购买。

10 月 25 日

上海市党部要求上海商业联合会召开会员大会讨论讨伐唐生智事宜。

10 月 26 日

上海商业联合会等致电国民政府,要求国民政府迅速镇压苏州铁机工人的斗争。

纳税华人会邀请上海商业联合会等团体讨论上海商业联合会、上海总商会、上海各路商界总联合会调停纳税华人会拒付工部局增捐事宣言的某些条款。

10 月 27 日

上海商业联合会等六团体联名欢迎驻华美东亚舰队司令毕斯德。

上海农工商局要求上海商业联合会革除私立小组、控费、顶费等恶习。

10 月 29 日

上海纳税华人会主席冯少山致函上海商业联合会,称由虞洽卿垫付的商店巡捕捐 1 491.76 元将由纳税华人会从将来的会费收入中拨还。

10 月 31 日

纳税华人会要求上海商业联合会提供所属团体的名单。

上海商业联合会等四商会开联席会议,讨论发给闸北灾户款项问题,要求灾户按单领取。

11 月 2 日

上海民众运动委员会通知上海商业联合会开会讨论讨唐讨奉运动。

11 月 3 日

上海商业联合会等四团体联席会议,讨论发放闸北灾户抚恤款的问题,会议指定中华汇丰银行、中国农工银行为发放场所,并拟订了通知单。

参加民众运动委员会在市党部的代表大会。

11 月 8 日

上海商业联合会等四商会自该日起发给闸北灾户恤单。

上海民众庆祝宁汉合作国民政府成立大会筹备委员会邀请上海商业联合会参加庆祝孙中山诞辰会议并请求捐助。

11 月 9 日

上海商业联合会等四团体分别通知中华汇丰银行、中国农工银行对闸北灾款请验照发放。

11 月 11 日

纳税华人会要求上海商业联合会派在公共租界居住 5 年、付房地捐在 50 两以上或者每年付房捐在 1 200 两以上的 2 人参加选举会议。

11 月 13 日

上海商业联合会、上海总商会等团体的代表在闸北商会开联席会议,主席范和笙报告了救济款的发放情况,并定于 21 日继续发放救灾款。

11 月 17 日

纳税华人会通知上海商业联合会派 2 人参加上海总商会举行的纳税华人会选举大会。

11 月 20 日

上海商业联合会等四团体在总商会欢宴中国经济科学社社员,冯少山致欢迎词。

11 月 21 日

虞洽卿致函上海商业联合会,要求其速发通告,邀集各会员于 11 月 23 日开会讨论上海商业联合会解散事宜。

江淮旅沪同乡会请求上海商业联合会调查在火灾中遇难的 6 位同乡,酌情发给抚恤金。

11 月 22 日

上海商业联合会、上海总商会等四团体在总商会开联席会议,讨论国民党中央商人部征询改善商人组织的意见,决议:此事关系重大,应该征集各省意见后方可答复。

上海商业联合会通知各业代表于 23 日举行会员大会,讨论结束办法。

11 月 23 日

上海商业联合会会员会议,讨论该会的解散问题。

上海商业联合会、上海总商会等团体在闸北商会开闸北火灾抚恤款会,决议于 28 日在闸北商会继续发放抚恤款,对审查造册的灾户无额款可发待向各商会、慈善团体筹集再行确定。

11 月 25 日

上海商业联合会致函上海银行公会,以油木桌一件、油木椅两件作为抵押,向上海银行公会借款 100 元,作为该会解散资金。

11 月 29 日

上海商业联合会通知会员于 30 日集议、通过结束宣言,以便发表。

11 月 30 日

交通银行要求上海商业联合会偿还代垫的 2 万元。

11 月 30 日

上海商业联合会呈请解散,文中陈述该会成立的原因,是"因革命军到沪,上海总商会正在整顿,爰外应时势之需要,内谋自身之保障。现上海军事已告结束,东南大局已定,总商会行将正式改选,为避免骈枝,故即日解散,以资结束"。

图书在版编目(CIP)数据

上海商业联合会兴衰史/王永进著.—上海:上
海人民出版社,2023
ISBN 978 - 7 - 208 - 18090 - 1

Ⅰ.①上… Ⅱ.①王… Ⅲ.①商业史-上海 Ⅳ.
①F729

中国版本图书馆 CIP 数据核字(2022)第 241955 号

责任编辑 刘华鱼
封面设计 夏 芳

上海商业联合会兴衰史
王永进 著

出 版 上海人民出版社
      (201101 上海市闵行区号景路 159 弄 C 座)
发 行 上海人民出版社发行中心
印 刷 上海商务联西印刷有限公司
开 本 720×1000 1/16
印 张 23.25
插 页 4
字 数 385,000
版 次 2023 年 3 月第 1 版
印 次 2023 年 3 月第 1 次印刷
ISBN 978 - 7 - 208 - 18090 - 1/F · 2794
定 价 98.00 元